【漢】鄭玄注　【唐】陸德明音義

# 武英殿仿相臺岳氏本五經

# 禮記

上

上海古籍出版社

據上海圖書館藏乾隆四十八
年武英殿刻本影印原書版匡
高二十厘米寬十三點五厘米

# 出版說明

張學謙

## 一、宋廖氏世綵堂九經

廖瑩中世綵堂九經刻於南宋理宗景定（一二六〇—一二六四）至度宗咸淳（一二六五—一二七四）年間，凡《周易》《尚書》《毛詩》《周禮》《禮記》《左傳》《論語》《孝經》《孟子》九種〔一〕，均爲經注附釋文本。周密《志雅堂雜鈔·書史》記其事云：

廖群玉諸書，則始於《開景福華編》……其後開九經，凡用十餘本對定，各委本經人點對，又圈句讀，極其精妙，皆以撫州單抄清江紙、造油烟墨印造，其裝飾至以泥金爲籤，然或者惜其删略經注爲可惜耳。〔二〕

廖氏九經乃據多種版本，經專人校勘、句讀而成，刻印精美、裝飾豪華。每卷末以篆文或八分字體刻「世綵廖氏刻梓家塾」木記，作長方、橢圓、亞字等形〔三〕，與今存世綵堂刻本《昌黎先生集》《河東先生集》相同，蓋爲廖氏刻書定式。至於「删略經注」的説法則不準確，廖氏删略者並非經注文字，而是陸德明《經典釋文》（詳後）。

廖刻《昌黎先生集》《河東先生集》書前均有《凡例》，述編校體例。九經亦附《九經總例》，詳辨諸本互異之處，分爲《書本》《字畫》《注文》《音釋》《句讀》《脱簡》《考異》，凡七則。〔四〕《九經總例》原書雖亦不存，但其内容保存在元人岳浚《相臺書塾刊正九經三傳沿革例》中，屬於鄭樵所説的「書有名亡實不亡」者。廖刻原無《公羊傳》《穀梁傳》及《春秋年表》《春秋名號歸一圖》，故《總例》未及。岳氏既增刻四書，又於《沿革例》卷末著明補刻原委，不與《總例》原文相亂。〔五〕

據《九經總例》所述，可概括出廖本九經的幾個特點：

（一）廣羅衆本，精於校勘。《九經總例·書本》列所用版本二十三種，「專屬本經名士，反覆參訂，始命良工入梓」。《注文》《脱簡》《考異》三則中列有例證。

（二）經注均加句讀。自五代監本以來，官刻經書均無句讀。建本始仿館閣校書之式，添加圈點，但也僅及經文。廖本以前，僅有蜀中字本及興國于氏本經文、注文皆加句讀。廖本又在二本基礎上加以修正，足資參考。

（三）節録音釋，隨音圈發。單經注本不附音釋，《釋文》自爲一書，讀者難於檢尋。建本、蜀中本將《釋文》散附注文之下，甚便翻閲，但又失於龐雜繁瑣。故廖本僅節録《釋文》難字音切（部分改爲直音），釋義、異文等多不取，極爲簡明。《大學》《中庸》《論語》《孟子》併附朱熹「文公音」（據《四書章句集注》）。對於多音字，在此字四角相應處加圈，以示平、上、去、入之别。

## 二、元盱郡重刊廖氏九經及相臺岳氏九經三傳

廖瑩中依附宋末權相賈似道。德祐元年（一二七五），賈氏事敗，廖瑩中仰藥

死，書板很快散落不存，元初已成罕見之本，今日則無一存者。幸而元代出現兩種翻刻本〔六〕，尚可藉以窺見廖本面貌。

一是盱郡刻本。現存《論語》《孟子》二種，毛氏汲古閣舊藏，後入内府，今藏臺北「故宫博物院」。有民國二十一年（一九三二）《天禄琳琅叢書》影印本及一九八五年臺北故宫博物院影印本。八行十八字，注文雙行小字同，細黑口，四周雙邊，有書耳。版心上有寫工名，下有刻工名。卷末木記刻「盱郡重刊廖氏善本」或「盱江重刊廖氏善本」，形狀亦仿廖本作長方、橢圓、亞字、鐘形等式。當時應是重刊廖氏九經及《總例》，時間在元英宗至治二年（一三二二）之前。〔七〕

另一種則是更爲著名的相臺岳氏刻本。此「相臺岳氏」，前人皆以爲南宋岳珂，經張政烺考證，始知乃元代荆谿（今江蘇宜興）岳浚。刊刻時間在大德（一二九七—一三〇七）末年，卷末木記刻「相臺岳氏刻梓荆谿家塾」。岳氏除翻刻廖本九經外，又增刻《公羊傳》《穀梁傳》，凡十一經，稱爲「九經三傳」，另附《春秋年表》《春秋名號歸一圖》。改《九經總例》之名爲《相臺書塾刊正九經三傳沿革例》，内容仍存其舊，僅於卷前增改小引，卷末增《公羊穀梁傳》《春秋年表》《春秋名號歸一圖》三則。岳本與盱郡本的行款、版式完全一致，字體風格、木記樣式近似，文字、句讀及圈發幾乎全同，可見兩者均能忠實反映廖本原貌。〔八〕

岳本九經三傳，現存者僅有《周易》（中國國家圖書館藏，《四庫》底本）、《周禮》（臺北「故宫博物院」藏，殘本）、《左傳》（國圖藏，卷十九、二十配他本；日本静嘉堂文庫藏，殘本）、《論語》（國圖藏）、《孝經》（國圖藏）、《孟子》（國圖藏）六經。〔九〕明代有翻刻岳本者，所刻經數不明，僅見《周禮》《左傳》《孝經》三種，且非一家所刻。《四部叢刊初編》影印明翻岳本《周禮》，行款、版式、字體均極似原本，版心刻工亦照刻，惟無木記爲異。但校勘欠精，注文、音釋多形似之誤。〔一〇〕明翻本《孝經》爲白口，四周雙邊，卷末有「湯仁甫刻字」一行。〔一一〕明翻本《左傳》爲白魚尾，版心刻「左傳卷×」，與原本不同，最易識别。

## 三、清乾隆武英殿仿刻相臺岳氏五經

相臺岳氏九經三傳中，乾隆內府舊藏有《周易》《尚書》《毛詩》《禮記》《左傳》《論語》《孝經》《孟子》八種。

其中《左傳》見於《天禄琳琅書目》（前編）卷一，入藏較早，原與「天禄琳琅」各書一併庋藏於乾清宮昭仁殿。其後復得《周易》《尚書》《毛詩》《禮記》四經，乃於乾隆四十八年（一七八三）「撤出昭仁殿之《春秋》，以還岳氏五經之舊，仍即殿之後廡，所謂慎儉德室者，分其一楹，名之曰『五經萃室』，都置一几。是舊者固不出昭仁殿，而新者亦弗闌入舊書中」。〔一二〕嘉慶二年（一七九七）十月，乾清宮大火，昭仁殿之天禄琳琅藏書及後廡「五經萃室」之岳本五經皆被焚毀。〔一三〕幸而乾隆四十八年高宗曾下旨仿刻五經，今日尚得窺其面貌。

《論語》《孝經》《孟子》則見於《天禄琳琅書目後編》卷三，乃嘉慶三年重建昭仁殿「天禄琳琅」後續入之「天禄繼鑑」書。此三經現均藏於中國國家圖書館，其中《論語》《孝經》已有《中華再造善本》影印本。

據乾隆武英殿仿岳本五經所摹藏印及《天禄琳琅書目後編》所載《論語》《孝經》《孟子》三書藏印，可考得内府八經的遞藏情況如下：

《周易》《尚書》《毛詩》《論語》《孟子》：李國壽→晉府→陳定→季振宜→徐乾學→内府。

《孝經》：李國壽→晉府→陳定→唐良士→季振宜→徐乾學→内府。

《禮記》：李國壽→晉府→内府。

《左傳》：項篤壽→季振宜→内府。

除《左傳》外，内府七經最初均爲李國壽所藏。李國壽生於元初，元代中期主要活動於江浙一帶，很可能與岳浚有交往，故岳本行世不久即爲其所得。〔一四〕

乾隆四十八年正月，高宗於昭仁殿後廡建「五經萃室」以貯岳本五經，並作《五經萃室記》以紀其事。又於正月内下旨，令永璇等「選員仿寫刊刻，並令校訂群經，別爲考證，附刊各卷之末」。至本年十一月，武英殿仿刻五經完竣，裝潢呈覽。〔一五〕其刊刻步驟是：先選派四庫館繕簽處的費振勳、羅錦森、王錫奎、王鵬、金應瑗、胡鈺、吳鼎颺、孫衡、虞衡賓九人據岳本原本摹寫，再交武英殿上版刊刻。武英殿翻岳本各卷末均於版框外下方刻一長條狀書耳，内刻「内閣中書臣費振勳敬書」「進士臣王鵬敬書」「舉人臣金應瑗敬書」等字樣。《周易》書前刻《五經萃室記》，各經前刻高宗爲各經所題詩。〔一六〕翻刻本將原本所鈐包括天禄琳琅諸印在内的歷代藏印一併摹刻，行款、版式、點畫一仍原本之舊。惟原本版心所標書名、卷數極爲簡略，如《周易》作「易×」，《左傳》作「秋×」（亦有作「某（公）第×」者），殿本統改作「周易×」「春秋×」，並於版心上方刻「乾隆四十八年武英殿仿宋本」。

高宗下旨時即令「校訂群經，別爲考證」，但岳本考證實際成於翻刻完成之後。

以《左傳》爲例，卷一考證：「十年，翬帥師會齊人、鄭人伐宋。註：明翬專行，非鄭之謀也。○『鄭之謀』當作『鄧之謀』……原本『鄭』字乃『鄧』字之譌，依殿本改正。」卷五考證：「十四年，沙鹿崩。註：平陽元城縣東有沙鹿土山。○案《晉書·地理志》元城屬陽平郡……原本及諸本訛作『平陽』，今依殿本改正。」卷五考證：「獲晉侯以厚歸也。註：君將晉侯入。○案此乃秦伯自言，不當用『君』字，蓋係『若』字之訛，據殿本改。」卷七考證：「晉侯在外十九年矣。註：晉侯生十七年而亡，亡十九年而反，凡二十六年。○案，十七年、十九年合之得三十六，『二』字乃『三』字之訛，依殿本改。」[一七]相應正文均有明顯的挖改痕跡。檢《中華再造善本》影印岳本《左傳》，此四處均與未挖改前文字相同。

岳本考證參校之本有北監本、汲古閣本（考證或稱「閣本」）、武英殿本、永懷堂本等，且多參用毛居正《六經正誤》之説。岳本《左傳》書前所附《春秋年表》《春秋名號歸一圖》則校以通志堂本，並參考《欽定春秋傳説彙纂》。各條考證出文均爲岳本原文，凡經考證岳本有誤者，翻刻本均改字（即《五經萃室聯句序》所謂「較岳刻而掃葉無譌」），且多有考證未明言改字而正文已改者。阮元校《十三經注疏》，岳本五經用武英殿翻刻本，即有因此而誤以翻刻改字爲岳本原文者。如岳本《周易·歸妹》象注「嫁而係姊」，考證「諸本作係娣」云云，未明言改字，而武英殿翻岳本實作「係娣」。阮校云：「嫁而係娣，岳本、閩、監、毛本同。」誤信翻岳本。因此，使用武英殿翻岳本，需注意核查考證出文。

道光以降，又出現多種殿本的翻刻本，如貴陽書局、廣州書局、成都書局、福建書局、琉璃廠、江南書局等，然或未刻璽印，或刊印不精，不及乾隆殿本遠甚。

總之，宋廖瑩中世綵堂刻本九經校勘細緻、刻印精美，經注均加句讀，又附圈發及簡明音釋，是一套上佳的經書讀本，可惜今已無傳本存世。元代有兩種翻刻本：盱郡刻本僅存《論語》《孟子》二經。相臺岳氏增刻爲九經三傳，今存《周易》《周禮》（殘本）《左傳》《論語》《孝經》《孟子》六經，《尚書》《毛詩》《禮記》三經僅賴乾隆翻刻本以存概貌。

上海古籍出版社今將上海圖書館藏清乾隆武英殿仿元相臺岳氏五經影印出版，以供研究者參考。底本書衣右下方有紅色戳記「丙辰年査過」，書中夾有愚齋圖書館藏書卡片（《四家詞鈔》），首頁鈐有「子文藏書」朱印。因知此書原爲盛宣懷愚齋圖書館舊藏，後歸宋子文，再歸上圖。一九一六年愚齋圖書館爲籌備開館而清點全部藏書，「丙辰年査過」戳記即此時加蓋。一九三三年以後，愚齋圖書館藏書分别捐贈聖約翰大學（後歸華東師範大學）、交通大學（後歸合肥師範學院、安徽師範大學）和山西銘賢學校（後歸山西農學院、山西農業大學）[一八]。聖約翰大學獲贈盛氏藏書乃經宋子文中介[一九]，故宋氏亦有所得。

〔一〕 張政烺《讀〈相臺書塾刊正九經三傳沿革例〉》，《張政烺文集·文史叢考》，北京：中華書局，二〇一二年，第三三四頁。

〔二〕［宋］周密《癸辛雜識・後集》「賈廖刊書」條亦記其事而文字略遜：「廖群玉諸書，則始《開景福華編》……九經本最佳，凡以數十種比校，百餘人校正而後成，以撫州萆抄紙、油烟墨印造，其裝褫至以泥金爲籤，然或者惜其删落諸經注爲可惜耳。」闕「又圈句讀」一句。又「萆抄」乃「單抄」形近之誤，元孔齊《静齋至正直記》卷二「白鹿紙」條云：「臨江亦造紙，似舊宋之單抄清江紙。」所謂「單抄」指抄紙時僅抄一次，幾種《癸辛雜識》點校本均未校正，故附識於此。

〔三〕［清］于敏中等撰、徐德明標點《天禄琳琅書目》卷一《宋版經部・春秋經傳集解》，上海：上海古籍出版社，二〇〇七年，第七—八頁。此本毁於清嘉慶二年乾清宫大火。

〔四〕［明］張萱等《内閣藏書目録》卷二《經部・九經總例》，民國《適園叢書》本，第一b頁。按：此目著録者應爲元盱郡翻刻本，然可反映廖本面貌。

〔五〕張政烺《讀〈相臺書塾刊正九經三傳沿革例〉》，第三一八頁。

〔六〕中國國家圖書館又藏一部元刻本《周禮》殘卷，版式、行款、句讀、圈發等均與岳本相同，字體亦近似，但非同一刻本。卷三末有鐘形木記，但未刻字，刻工與盱郡本亦無重合，或是另一種元代翻刻廖氏本。參見張麗娟《宋代經書注疏刊刻研究》，北京：北京大學出版社，二〇一三年，第一七二頁注。

〔七〕張政烺《讀〈相臺書塾刊正九經三傳沿革例〉》，第三一六—三一七頁。

〔八〕張麗娟《宋代經書注疏刊刻研究》，第一七三—一七四頁。

〔九〕《孝經》無木記，故張政烺懷疑並非岳本。然從刻工及諸經藏印的一致性看，《孝經》確是岳本。之所以無木記，或與卷末空間不足有關。此外，民國間《舊京書影》收録大連圖書館藏《周禮》零葉，爲内閣大庫舊書。史語所清理内閣大庫殘餘檔案，得《禮記》三葉、《周禮》四葉。以上零葉雖無木記可證，是元刻岳本可能性也較大。詳參張學謙《「岳本」補考》，《中國典籍與文化》二〇一五年第三期。

〔一〇〕王重民《中國善本書提要》，上海：上海古籍出版社，一九八三年，第一六頁。

〔一一〕傅增湘《藏園群書經眼録》卷一，北京：中華書局，二〇〇九年，第七六頁。

〔一二〕［清］高宗《五經萃室記》，《御製文二集》卷一四，《景印文淵閣四庫全書》本，臺北：商務印書館，一九八六年。按：文集有注，但未署時間。武英殿翻岳本書前亦附此記，無注，末署「癸卯新正月上澣御筆」。

〔一三〕劉薔《天禄琳琅研究》第一章《清宫「天禄琳琅」藏書始末》，北京：北京大學出版社，二〇一二年，第二八—三五頁。

〔一四〕詳參張學謙《「岳本」補考》。

〔一五〕《多羅儀郡王永璇等奏繕簽處費振勳等請旨分别議敘折》，中國第一歷史檔案館編《纂修四庫全書檔案》，上海：上海古籍出版社，一九九七年，第一八六七頁。

〔一六〕五詩末均署「癸卯新正月御筆」。題詩亦見《御製詩四集》（《景印文淵閣四庫全書》本）卷九四《題五經萃室岳珂宋版五經（有序）》，諸詩並有小注。

〔一七〕岳本考證所據「殿本」指乾隆四年至十二年武英殿刻《十三經注疏》。

〔一八〕周子美《愚齋藏書簡介》，《圖書館雜志》一九八三年第三期。吴平《盛宣懷與愚齋圖書館》，黄秀文主編《傳承·服務·創新——華東師範大學圖書館學術文存》，北京：北京圖書館出版社，二〇〇七年，第三〇一—三〇三頁。

〔一九〕鄭麥《盛宣懷與愚齋圖書館》，《華東師範大學學報》（哲學社會科學版）第三十四卷第四期（二〇〇二年七月）。

# 總目録

## 上册



## 中册



## 下册

# 本册目録

# 題宋版禮記

禮樂貫乎天地人斯須不
可去諸身雖曾二戴異藩籬
涉實異三經屢飫醇捨此

無能為治主宰其有後繼
忠臣周官法度如行者意
在關雎與趾麟

癸卯新正月御筆

古稀天子之寶

猶日孜孜

# 禮記卷第一

## 曲禮上第一　　鄭氏註

曲禮曰。毋不敬。禮主於敬。○陸曰毋音無。說文云。止之詞。其字從女。內有
一畫。象有姦之形。禁止之勿令姦。案毋字與母字不同。俗本多亂。讀者皆朱點母字以
無音。非也。竝不音。儼若思。儼矜莊貌。人之坐思。貌必儼然。○儼魚檢反。思
如字。又息嗣反。安定辭。審言語也。易曰。言語者。君子之樞機。安民哉。此上
三句。可以安民。說曲禮者。美之云耳。敖不可長。欲不可從。志不
可滿。樂不可極。四者慢遊之道。桀紂所以自禍。○敖五報反。又五高反。長

展丈反。又直良反。從足用反。樂音洛。又音岳。賢者狎而敬之。狎習也。近也。謂附而近之。習其所行也。月令曰。雖有貴戚近習。狎戶甲反。畏而愛之。心服曰畏。曾子曰。吾先子之所畏。愛而知其惡。憎而知其善。謂凡與人交。不可以己心之愛憎。誣人之善惡。積而能散。謂己有蓄積。見貧窮者則當能散以賙救之。若宋樂氏。樂音岳。謂宋司城樂喜。安安而能遷。謂己今安此之安。圖後有害。則當能遷。晉咎犯與姜氏醉重耳而行。近之。臨財毋苟得。爲傷廉也。爲于僞反。下同。臨難毋苟免。爲傷義也。難乃旦反。很毋求勝。分毋求多。爲傷平也。很。鬩也。謂爭訟也。詩云。兄弟鬩於牆。○很胡懇反勝舒證反分扶問反鬩喜激反。猶鬬也。**疑事毋質**質成也。彼己俱疑。而已成言之。終不然則傷知。○知音智**直而勿有**直。正也。已若不疑則當稱師友而正之。謙也**若夫**言若欲爲丈夫也。春秋傳曰。是謂我非夫。○夫方于反**坐如尸**視貌正**立如齊**磬且聽也。齊謂祭祀時。○齊側皆反**禮從宜**事不可常也。晉士匄帥師侵齊。聞齊侯卒。乃還。春秋善之。○還音旋。後放此**使從俗**亦事不可常也。牲幣之屬。則當從俗所出。禮器曰。天不生。地不養。君子不以爲禮。鬼神不饗。○使色吏反**夫禮者所以定親疏決嫌疑別同異明是非也。禮不妄說人**爲近佞媚也。君子說之不

以其道。則不說也。○夫音扶。凡發語之端皆
放此。䟽所居反。決古穴反。嫌戶恬反。別彼列
反。下同。說音
悅。又始悅反。
不辭費
爲傷信。君子先行其言
而後從之。○辭本作詞。
後放此。費芳味反。
言而不行爲辭費。
禮不踰節。不侵侮。不好狎。
爲傷敬也。人則習近爲好
狎。○侮亡撫反。好呼報反。
脩身踐言。謂之善
行。
踐。履也。言履而行之。○
行下孟反。下行脩同。
行脩言道。禮之質
也。
言道。言合於道。質猶
本也。禮爲之文飾耳。
禮聞取於人。不聞取
人。
謂君人者。取於人。謂高尚其道。取人。謂制
服其身。○取於。舊七樹反。謂趣就師求道
也。皇如字。謂取師之道。取
人。如字。謂制師使從己。
禮聞來學。不聞往

曲禮上

教尊道藝道德仁義非禮不成教訓正俗非禮不備分爭辯訟非禮不決君臣上下父子兄弟非禮不定宦學事師非禮不親班朝治軍涖官行法非禮威嚴不行禱祠祭祀供給鬼神非禮不誠不莊分辯皆別也宦仕也班次也涖臨也莊敬也學或為御○辯皮勉反宦音患朝直遙反涖音利供音恭是以君子恭敬撙節退讓以明禮撙猶趨也○撙祖本反鸚鵡能言不離飛鳥猩猩能言不離禽獸今人而無禮雖能

言不亦禽獸之心乎夫唯禽獸無禮故父子聚麀聚猶共也鹿牝曰麀○鸚厄耕反鵡音武離力智反下同猩音生禽獸盧本作走獸麀音憂牝頻忍反是故聖人作爲禮以教人使人以有禮知自別於禽獸大上貴德大上帝皇之世其民施而不惟報○大音泰施始豉反下同其次務施報三王之世禮始興焉禮尚往來往而不來非禮也來而不往亦非禮也人有禮則安無禮則危故曰禮者不可不學也夫禮者自卑而尊人雖負販者必有

尊也。而況富貴乎負販者尤輕恌志利。宜若無禮然。○販方萬反。恌吐彫反富貴而知好禮則不驕不淫。貧賤而知好禮則志不懾懾猶怯惑。○好呼報反。下同。懾之涉反。怯丘劫反人生十年曰幼學名曰幼。時始可學也。內則曰。十年出就外傅。居宿於外。學書計二十曰弱冠。三十曰壯。有室有室。有妻也。妻稱室。○冠古亂反四十曰强。而仕。五十曰艾。服官政艾。老也。○艾五蓋反。一音刈。治也六十曰耆。指使指事使人也。六十不與服戎。不親學。○耆渠夷反。至也。至老境也。與音預七十曰老。而傳傳家事。任子孫。是謂宗子之父。傳直專反。又直戀反八十九十曰耄耄。惛忘也。春秋傳曰。
謂老將知。耄又及之。耄莫報反惛音昏忘亡放反。又如字知音智七年曰悼
悼。憐愛也。悼徒報反悼與耄雖有罪不加刑焉愛幼而尊
老百年曰期頤期猶要也。頤養也。不知衣服食味。孝子要盡養道而已。
頤羊時反要於遙反。又如字大夫七十而致事致其所掌之事於君。
而告老若不得謝謝猶聽也。君必有命。勞苦辭謝之。其有德尚壯。則不聽耳
。聽吐丁反。後可以意求。皆不音則必賜之几杖行役以婦
人。適四方。乘安車。自稱曰老夫几杖。婦人。安車。所以養其

身體也。安車，坐乘，若今小車也。老夫，老人稱也，亦明君貪賢。春秋傳曰：老夫耄矣。○乘，安如字。自稱，平聲。坐乘，繩證反。稱，尺證反。

於其國則稱名，

君雖尊異之，自稱猶若臣。

越國而問焉，必告之以其制。

鄰國來問，必問於老者以荅之。制，法度。

謀於長者，必操几杖以從之。

從猶就也。○長，展丈反，下皆同。操，七刀反。

長者問，不辭讓而對，非禮也。

當謝不敏，若曾子之爲。

凡爲人子之禮，冬溫而夏凊，昏定而晨省。

定，安其牀衽也。省，問其安否何如。○夏，遐嫁反。凊，七性反。

在醜夷不爭。

醜，衆也。夷猶儕也。四皓曰：陛下之等夷。○儕，仕皆反。

夫爲人子

者三賜不及車馬三賜。三命也。凡仕者一命而受爵。再命而受衣服。三命而受車馬。車馬而身所以尊者備矣。卿大夫士之子不受。不敢以成尊比踰於父。天子諸侯之子不受。自卑遠於君。○遠于萬反故州閭鄉黨稱其孝也。兄弟親戚稱其慈也。僚友稱其弟也。執友稱其仁也。交遊稱其信也。不敢受重賜者心也。如此而五者備有焉。周禮。二十五家爲閭。四閭爲族。五族爲黨。五黨爲州。五州爲鄉。僚友。官同者。執友。志同者。○僚了彫反弟大計反見父之執。不謂之進不敢進。不謂之退不敢退。不問不敢對。敬父同志。如事父此孝

曲禮上

子之行也。行下孟反　夫爲人子者。出必告。反必面。告面同耳。反言面者。從外來。宜知親之顔色安否。告古毒反　所遊必有常。所習必有業。緣親之意欲知之　恒言不稱老。廣敬　年長以倍。則父事之。謂年二十於四十者。人年二十弱冠成人。有爲人父之端。今四十於二十者。有子道。內則曰。年二十惇行孝弟　十年以長。則兄事之。五年以長。則肩隨之。肩隨者。與之並行差退。差初佳反　羣居五人。則長者必異席。席以四人爲節。因宜有所尊　爲人子者。居不主奧。坐不中席。行不中道。立不中門謂與父同宮者也。不敢當其尊處。室中西南隅謂之奧。道有左右。中門。謂棖闑之中央。內則曰。由命士以上。父子皆異宮。○奧烏報反。又於六反。棖直衡反。上時掌反。凡言以上皆放此食饗不爲槩槩量也。不制待賓客饌具之所有。○食音嗣。饗香兩反。槩古愛反祭祀不爲尸尊者之處。爲其失子之道。然則尸卜筮無父者。○爲其。于僞反。下注皆同聽於無聲視於無形恒若親之將有教使然不登高不臨深不苟訾不苟笑爲其近危辱也。人之性不欲見毀訾。不欲見笑。君子樂然後笑。○訾音紫。又將知反孝子不服闇不登危懼辱親也服事也。闇冥也。不於闇冥之中從事。爲卒有非

曲禮上

常。且嫌失禮也。男女夜行以燭

**父母存。不許友以死。**爲忘親也。死。爲報仇讎。

**不有私財。爲人子者。父母存。冠衣不純素。**爲其有喪象也。純。緣也。玉藻曰。縞冠玄武。子姓之冠也。縞冠素紕。既祥之冠也。深衣曰。具父母。衣純以青。○純諸允反。又之閏反。下同緣悅絹反縞古老反紕音毗。又彼移反

**孤子當室。冠衣不純采。**早喪親。雖除喪。不忘哀也。謂年未三十者。三十壯有室。有代親之端。不爲孤也。當室。適子也。深衣曰。孤子衣純以素。○早喪息浪反適丁歷反

**幼子常視毋誑**視。今之示字。小未有所知。常示以正物。以正教之。無誑欺。○視音示誑九況反

**童子不衣裘裳**裘大溫。消陰氣。使不堪苦。

不衣裘裳便易。○衣於既反。下同。大音泰立必正方。不傾聽。習其自端正。長者與之提攜。則兩手奉長者之手。習其扶持尊者。提攜。謂牽將行。○提大兮反。攜戶圭反。奉芳勇反。又扶恭反。下奉扃席箕皆同負劍辟咡詔之。負。謂置之於背。劍。謂挾之於旁。辟咡詔之。謂傾頭與語。口旁曰咡。○辟匹亦反。又扶赤反。咡如志反則掩口而對。習其鄉尊者屏氣也。○鄉許亮反。後文皆同。屏必領反從於先生。不越路而與人言。尊不二也。先生。老人教學者。○從才用反。下皆同遭先生於道。趨而進。正立拱手。爲有教使。○拱俱勇反先生與之言則對。

不與之言則趨而退（爲其不欲與己竝行。）從長者而上丘陵，則必鄉長者所視。（爲遠視不察，有所問。○上，時掌反。下同。）登城不指，城上不呼。（爲惑人。○呼，火故反。號叫也。）將適舍，求毋固。（謂行而就人館。固，猶常也。求主人物，不可以舊常，或時乏無。周禮土訓辨地物，原其生，以詔地求。其類。）將上堂，聲必揚。（警內人也。）戶外有二屨，言聞則入，言不聞則不入。將入戶，視必下。入戶奉扃，視瞻毋回。（不干掩人之私也。奉扃，敬也。○屨，紀具反。聞，音問，又如字。下同。視，常止反。下同。又市志反。扃，古螢反。關也。）戶開亦開，戶

乾隆四十八年　禮記一

闔亦闔。不以後來變先。○闔胡臘反 有後入者。闔而勿遂。示不拒人 毋踐屨。毋踖席。摳衣趨隅。必慎唯諾。趨隅。升席必由下也。慎唯諾者。不先舉見問乃應。○踖在亦反。一音席。躐也。摳苦侯反。提也。下及注同。趨七俱反。唯于癸反。諾乃各反。大夫士出入君門。由闑右。臣統於君。闑。門橛。○闑魚列反。橛求月反。門中木 不踐閾。閾。門限也。○閾于逼反。又況域反 凡與客入者。每門讓於客。下賓也。敵者迎於大門外。聘禮曰。君迎賓於大門內。○下遐嫁反 客至於寢門。則主人請入爲席。爲猶敷也。雖君亦然 然後出迎客。客固辭。

又讓先入主人肅客而入肅。進也。進客。謂道之主人入門而右。客入門而左右就其右。左就其左。主人就東階。客就西階。客若降等。則就主人之階降。下也。謂大夫於君。士於大夫也。不敢輒由其階。卑統於尊。不敢自專主人固辭。然後客復就西階復其正。○復音服。後不重出主人與客讓登。主人先登。客從之。拾級聚足拾當爲涉。聲之誤也。級。等也。涉等聚足。謂前足躡一等。後足從之并。○拾音涉。級音急。躡女攝反。并步頂反連步以上重蹉跌也。連步。謂足相隨。不相過也。○上時掌反。下皆同上於東階則先右足上於西階則先左足近於相鄉敬帷薄之外不趨不見尊者行自由不爲容也入則容行而張足曰趨堂上不趨爲其迫也堂下則趨○爲于爲反下竝同執玉不趨志重玉也聘禮曰上介授賓玉於廟門外堂上接武武迹也迹相接謂每移足半躡之中人之迹尺二寸堂下布武布武謂每移足各自成迹不相躡室中不翔又爲其迫也行而張拱曰翔竝坐不橫肱爲害旁人○竝如字又步頂反後同肱古閎反授立不跪授坐不立爲煩尊者俛仰受之○跪求委反凡爲長者糞之禮必加帚於箕上如是得兩手奉箕恭也謂初執

而往時也。弟子職曰。執箕膺擖。厥中有帚。爲于僞反 糞音奮。埽席前曰糞。帚之手反 箕音基 膺於陵反 擖以涉反。箕舌**以袂拘而退其塵不及長者**謂埽時也。以袂擁帚之前。埽而卻行之。○袂武世反 拘古侯反。又音俱**以箕自鄉而扱之**扱讀曰吸。謂收糞時也。箕去弃物。以鄉尊者則不恭。○扱音吸。斂也。去丘呂反。下注同。**奉席如橋衡**橫奉之。令左昂右低。如有首尾然。橋。井上挈槹。衡上低昂。○橋居廟反 挈音結 槹古毫反**請席何鄉。請衽何趾**順尊者所安也。衽。卧席也。坐問鄉。卧問趾。因於陰陽。○衽而審反 趾音止**席南鄉北鄉。以西方爲上。東鄉西鄉。以南方爲上**布席無常。此其順之也。上。謂席端也。坐在陽則上左。坐在陰則上右。若非飲食之客則布席席閒函丈謂講問之客也。函猶容也。講問宜相對。容丈。足以指畫也。飲食之客。布席於牖前。丈或爲杖。○(函)胡南反(丈)如字主人跪正席雖來講問。猶以客禮待之。異於弟子客跪撫席而辭撫之者。荅主人之親正。客徹重席主人固辭徹。去也。去重席。謙也。再辭曰固。○(重)直龍反客踐席乃坐客安。主人乃敢安也。講問宜坐主人不問客不先舉客自外來。宜問其安否無恙及所爲來故。○(恙)羊尚反(爲)于僞反。下同將即席容毋怍怍。顏色變也○(怍)才洛反兩手摳衣去齊尺也。齊謂裳下緝也。○齊音咨衣毋撥撥發揚貌。○撥半末反足毋蹶蹶行遽貌。○蹶居衞反。又求月反先生書策琴瑟在前坐而遷之戒勿越虔敬也。在前謂當行之前。○策初革反虛坐盡後謙也。○盡津忍反。後放此食坐盡前爲汙席坐必安執爾顏執猶守也長者不及毋儳言。儳猶暫也。非類雜儳仕鑒反。又蒼鑒反正爾容聽必恭聽先生之言。既說又敬毋勦說勦猶擥也。謂取人之說以爲己說。○勦初交反。又初教反說如字。又音稅擥力敢反毋雷同雷之發聲物無不同時應者。人之言當各由己。不當然也。孟子曰。人無是非之心。非人也必則古昔稱先王言必有依據侍坐於先生先生問焉終則對不敢錯亂尊者之言○坐才臥反後放此請業則起請益則起尊師重道也起若今摳衣前請也業謂篇卷也益謂受說不了欲師更明說之子路問政子曰先之勞之請益曰無倦父召無諾先生召無諾唯而起應辭唯恭於諾○唯于癸反侍坐於所尊敬毋餘席必盡其所近尊者之端為有後來者○為于偽反下為饌同見同等不起不為私敬燭至起異晝夜食至起為饌變上客起敬尊者燭不見跋跋本也燭盡則去之嫌若燼多有厭倦○見賢遍反

〔跋〕半末反，〔去〕起呂反。下同。尊客之前不叱狗，主人於尊客之前不敢倦，嫌若風去之。〔叱〕尺質反，〔狗〕古口反，〔風〕芳鳳反。讓食不唾。嫌有穢惡。〔唾〕吐卧反。侍坐於君子。君子欠伸。撰杖屨視日蚤莫。侍坐者請出矣。以君子有倦意也。撰猶持也。〔欠〕丘劒反，〔伸〕音身，〔撰〕仕轉反，〔屨〕紀具反。下同。〔蚤〕音早，〔莫〕音暮。侍坐於君子。君子問更端。則起而對。離席對。敬異事也。君子必令復坐。〔離〕力智反。侍坐於君子。若有告者曰。少閒願有復也。則左右屏而待。復白也。言欲須少空閒有所白也。屏猶退也。隱也。〔閒〕音閑。注同。毋側聽嫌探人之私也側聽耳屬於垣○探音貪屬之玉反毋噭應毋淫視毋怠荒遊毋倨立毋跛坐毋箕寢毋伏斂髮毋髢冠毋免勞毋袒暑毋褰裳皆爲其不敬噭號呼之聲也淫視睇眄也怠荒放散身體也跛偏任也伏覆也髢髲也毋垂餘如髲也免去也褰袪也髢或爲髭○噭古弔反視如字又市志反倨音據跛彼義反又波我反髢徒細反袒徒旱反褰起連反爲于僞反下同髲皮義反侍坐於長者屨不上於堂屨賤空則不陳於尊者之側○上時掌反解屨不敢當階爲妨後升者就屨跪而舉之屛於側謂獨退也就猶著也屛亦不當階鄉

長者而屨跪而遷屨俯而納屨謂長者送之也不得屛遷之而已俯俛也納內也遷或爲還離坐離立毋往參焉離立者不出中間爲干人私也離兩也男女不雜坐不同椸枷不同巾櫛不親授嫂叔不通問諸母不漱裳外言不入於梱內言不出於梱女子許嫁纓非有大故不入其門姑姊妹女子子已嫁而反兄弟弗與同席而坐弗與同器而食皆爲重別防淫亂不雜坐謂男子在堂女子在房也椸可以枷衣者通問謂相稱謝也諸母庶

母也。漱澣也。庶母賤。可使漱衣。不可使漱裳。裳賤。尊之者。亦所以遠別。外言內言。男女之職也。不出入者。不以相問也。梱門限也。女子許嫁。纓。繫纓。有從人之端也。大故宮中有災變。若疾病。乃後入也。女子有宮者。亦謂由命士以上也。春秋傳曰。羣公子之舍。則已卑矣。女子十年而不出。嫁及成人。可以出矣。猶不與男子共席而坐。亦遠別也。○椸羊支反。衣架也。枷音稼。櫛側乙反。嫂素早反。漱悉侯反。梱苦本反。別彼列反。下及注同。父子不同席異尊卑也男女非有行媒。不相知名見媒往來傳昏姻之言。乃相知姓名。○媒音梅非受幣。不交不親重別。有禮乃相纏固故日月以告君周禮。凡取判妻入子者。媒氏書之以告君。謂此也。齊戒以告鬼神昏禮凡受女之禮。皆於廟爲神席。以告鬼神。謂此也。○齊側皆反爲酒食以召鄉黨僚友會賓客也以厚其別也厚。重慎也取妻不取同姓。故買妾不知其姓則卜之爲其近禽獸也。妾賤。或時非媵。取之於賤者。世無本繫。○取本作娶。下賀取妻同寡婦之子非有見焉弗與爲友辟嫌也。有見謂有奇才卓然。衆人所知。○見賢遍反。辟音避。餘放此賀取妻者曰某子使某。聞子有客使某羞謂不在賓客之中。使人往者。羞。進也。言進於客。古者謂候爲進。其禮蓋壺酒束脩若犬也。不斥主人。昏禮不賀貧者不以貨財爲禮。老者不以筋力爲禮禮許儉。不非無也。年五十始杖。八十拜君命。一坐再至。○筋音斤名子者。不以國。不以日月。不以隱疾。不以山川此在常語之中。爲後難諱也。春秋傳曰。名終將諱之。隱疾。衣中之疾也。謂若黑臀黑肱矣。疾在外者。雖不得言。尚可指擿。此則無時可辟俗語云。隱疾難爲醫。○臀徒孫反　擿梯激反。或音的男女異長各自爲伯季也男子二十。冠而字成人矣。敬其名○冠古亂反父前子名。君前臣名對至尊。無大小皆相名女子許嫁。笄而字以許嫁爲成人。○笄古兮反凡進食之禮。左殽右胾。食居人之

曲禮上

左羹居人之右皆便食也。殽，骨體也。胾，切肉也。食，飯屬也。居人左右，明其近也。殽在俎，胾在豆。○殽，戶交反。胾，音剚。食居，音嗣。注食飯同。膾炙處外，醯醬處內。殽胾之外內也。近醯醬者，食之主。膾炙皆在豆。○膾，古外反。炙，章夜反。醯，呼兮反。醬，子匠反。蔥渿處末。渿，烝蔥也。處醯醬之左。言末者，殊加也。渿在豆。○渿，以制反。酒漿處右。處羹之右。此言若酒若漿耳。兩有之，則左酒右漿。此大夫士與賓客燕食之禮。其禮食，則宜放公食大夫禮云。○漿，子羊反。放，方兩反。公食，音嗣。執食同。以脯脩置者，左朐右末。亦便食也。屈中曰朐。○朐，其俱反。客若降等，執食興辭。辭者，辭主人之臨已食。若欲食於堂下然主人興辭於客。然後客坐。復坐。主人延客祭。延。道也。祭。祭先也。君子有事不忘本也。客若降等則先祭。○〔道〕音導。祭食。祭所先進。主人所先進。先祭之。所後進。後祭之。如其次。殽之序。徧祭之。謂胾炙膾也。以其本出於牲體也。公食大夫禮。魚腊湆醬不祭也。○〔徧〕音遍。〔湆〕音泣。三飯。主人延客食胾。然後辯殽。先食胾。後食殽。殽尊也。凡食殽辯於肩。食肩則飽也。○〔飯〕扶晚反。〔辯〕音遍。下同。主人未辯。客不虛口。俟主人也。虛口。謂酳也。客自敵以上。其酳不待主人飽。主人不先飽也。○〔酳〕音靷。又士覲反。漱口也。以酒曰酳。以水曰漱。侍食於長者。主人親饋。則拜而食勸長者食耳。雖賤不得執食興辭。拜而已。示敬也。○(饋)其類反主人不親饋則不拜而食以其禮於已不隆共食不飽謙也。謂共羹飯之大器也共飯不澤手爲汗生不潔也。澤謂捼莎也。禮。飯以手。澤或爲擇。○(爲)于僞反。下注文皆同(捼)乃禾反。又耳隹反(莎)息禾反毋摶飯爲欲致飽。不謙○(摶)徒端反毋放飯去手餘飯於器中。人所穢。○(去)起呂反毋流歠大歠。嫌欲疾○(歠)川悅反毋咤食嫌薄之。○(咤)陟嫁反毋齧骨爲有聲響。不敬。○(齧)五結反毋反魚肉爲已歷口。人所穢毋投與狗骨爲其賤飲食之物毋固獲爲其不廉也。欲專之曰固。爭取曰獲毋揚飯。

飯黍毋以箸。毋嚃羹亦嫌欲疾也。嚃、爲不嚼菜○飯扶晚反箸直慮反嚃他荅反。又吐計反嚼疾略反毋絮羹爲其詳於味也。絮猶調也○絮勑慮反。謂加以鹽梅也毋刺齒爲其弄口也。口容止○刺七亦反毋歠醢亦嫌詳於味也。歠者爲其淡故。客絮羹。主人辭不能亨。客歠醢。主人辭以窶優貧○亨音烹。煮也○窶其禹反。貧也濡肉齒決決猶斷也○斷音短。下同乾肉不齒決堅宜用手毋嘬炙爲其貪食甚也。嘬。謂一舉盡臠。特牲少牢。嚌之加于俎○嘬初怪反炙章夜反卒食。客自前跪。徹飯齊。以授相者謙也。自。從也。齊。醬屬也。相者。主人贊饌者。

公食大夫禮。賓卒食。北面取粱與醬以降也。○卒子恤反。後更不音者同。齊將兮反。相息亮反

主人興辭於客。然後客坐。不聽親徹

侍飲於長者。酒進則起。拜受於尊所。降席拜受。敬也。燕飲之禮。鄉尊。○鄉音嚮

長者辭。少者反席而飲。長者舉未釂。少者不敢飲。不敢先尊者。盡爵曰釂。燕禮曰。公卒爵而後飲也。○少式召反。下皆同。釂子妙反

長者賜。少者賤者不敢辭。不敢亢禮也。賤者僮僕之屬。○亢苦浪反

賜果於君前。其有核者懷其核。嫌弃尊者物也。木實曰果。○核戶革反

御食於君。君賜餘。器之溉者

不寫。其餘皆寫重汙辱君之器也。溉謂陶梓之器。不溉謂萑竹之器也。寫者。傳已器中。乃食之也。歡侑曰御。○溉古愛反餕餘不祭。父不祭子。夫不祭妻食人之餘曰餕。餕而不祭。唯此類也。食尊者之餘則祭。盛之。○餕子閏反御同於長者。雖貳不辭謂侍食於長者。饌具與之同也。貳謂重殽膳也。辭之。爲長者嫌。○重直龍反偶坐不辭盛饌不爲已配也。○偶五口反。羹之有菜者用梜。其無菜者不用梜梜。猶箸也。今人或謂箸爲梜提。○梜古協反。又音甲。箸直慮反爲天子削瓜者副之。巾以絺副。析也。既削。又四析之。乃橫斷之。而巾覆焉。○爲于僞反。下同。削息

咯反副普逼反絺勑宜反。細葛爲國君者華之。巾以綌華。中裂之
不四析也。○華胡瓜反綌去逆反。麤葛爲大夫累之累。倮也。謂不巾覆也。
○累力果反。又如字士疐之不中裂橫斷。去疐而巳○疐音帝去丘呂反庶
人齕之不橫斷。○齕恨沒反。又胡切反父母有疾。冠者不櫛。
行不翔憂不爲容也。○冠如字。又古亂反言不惰憂不在私好。○惰。不
正之言惰徒禾反。又徒臥反好呼報反琴瑟不御憂不在樂食肉不
至變味。飲酒不至變貌憂不在味笑不至矧。怒不
至詈憂在心。難變也。齒本曰矧。大笑則見○矧失忍反詈力智反見賢遍反疾

乾隆四十八年 禮記

止復故自若常也有憂者側席而坐側猶特也。憂不在接人。不布他面席有喪者專席而坐降居處也。專猶單也。水潦降不獻魚鼈○不饒多也○潦音老獻鳥者佛其首爲其喙害人也。佛戾也。葢爲小竹籠以冒之。○佛扶弗反。下同。爲于僞反。下同。喙吁廢反畜鳥者則勿佛也畜養也。養則馴。○畜許六反。又況又反獻車馬者執策綏獻甲者執冑獻杖者執末獻民虜者操右袂獻粟者執右契獻米者操量鼓獻孰食者操醬齊獻田宅者操書致凡操執者。謂手所舉以告者也。設其大者。舉其小者。便也。甲。鎧也。冑。兜鍪也。民虜。軍所獲也。操其右袂制之。契。券要也。右爲尊。量鼓。量器名。○綏音雖　冑直又反　操七刀反　下及注皆同　契苦計反　量音亮。又音良　鼓隱義云。樂浪人呼容十二石者爲鼓　齊子兮反

**凡遺人弓者。張弓尚筋。弛弓尚角**

弓有往來體。皆欲令其下曲。隤然順也。遺人無時。已定體則張之。未定體則弛之。○遺于季反　弛式是反

**右手執簫。左手承弣**

簫弭頭也。謂之簫。簫。邪也。弣。把中○弣音撫。下同　把音霸

**尊卑垂帨**

帨。佩巾也。磬折則佩垂。授受之儀。尊卑一○帨始鋭反　磬苦定反　折時列反。又之列反

**若主人拜**

拜受也

**則客還辟辟拜**

辟拜。謙不敢當○辟　辟上蒲亦反。下音避

主人自受由客之左接下承弣由從也從客之左右客尊之接下接客手下也承弣卻手則簫覆手與○覆芳服反與音餘鄉與客竝然後受於堂上則俱南面禮敵者竝授進劒者左首左首尊也進戈者前其鐏後其刃進矛戟者前其鐓後刃敬也三兵鐏鐓雖在下猶爲首銳底曰鐏取其鐏也平底曰鐓取其鐓也○鐏在困反舊子困反鐓徒對反進几杖者拂之尊者所馮依拂去塵敬○拂如字效馬效羊者右牽之用右手便效猶呈見○效胡教反下同效犬者左牽之犬齧齧人右手當禁備之○齧常世反執禽者左首

左首尊飾羔鴈者以繢繢。畫也。諸侯大夫以布。天子大夫以畫。○繢胡對反受珠玉者以掬愼也。掬。手中○掬九六反受弓劍者以袂敬也飲玉爵者弗揮爲其實而脆。○揮音輝。振去餘酒曰揮凡以弓劍苞苴簞笥問人者問猶遺也。苞苴裹魚肉。或以葦。或以茅。簞笥盛飯食者。圜曰簞。方曰笥○苴子餘反簞音單笥思嗣反操以受命。

如使之容謂使者。○使色吏反。注及下同凡爲君使者已受命。君言不宿於家急君使也。言謂有故所問也。聘禮曰。君有言則以束帛如饗禮。○爲于僞反。下注並同君言至則主人出拜君言之辱。使者歸。則必拜送于門外〔敬君命也。此謂國君問事於其臣〕若使人於君所。則必朝服而命之。使者反。則必下堂而受命〔此臣有所告請於其君。○朝直遥反〕博聞强識而讓。敦善行而不怠。謂之君子〔敦。厚。○識如字。又式異反。行下孟反。怠音待〕君子不盡人之歡。不竭人之忠。以全交也〔歡謂飲食。忠謂衣服之物〕禮曰。君子抱孫不抱子。此言孫可以爲王父尸。子不可以爲父尸〔以孫與祖昭穆同。○昭時招反〕爲君尸者。大夫士見之則下之。君知所以爲尸者。則自下之。尊尸也。下下車也。國君或時幼少。不能盡識羣臣。有以告者乃下之。○少式召反尸必式。禮之。乘必以几。尊者慎也。○乘繩證反。下注同齊者不樂不弔。爲哀樂則失正。散其思也。○齊側皆反。樂音洛。思絲嗣反。又如字居喪之禮。毀瘠不形。視聽不衰。爲其廢喪事。形謂骨見。○瘠在昔反升降不由阼階。出入不當門隧。常若親存。隧道也。○阼才故反居喪之禮。頭有創則沐。身有瘍則浴。有疾則飲酒食肉。疾止復初。不勝喪。乃比於不慈不孝。勝。任也。○

創初良反。又初亮反。瘍音羊。勝音升。任而金反。五十不致毀。六十不毀。七十唯衰麻在身。飲酒食肉處於內。所以養衰老人。五十始衰也。○衰七雷反生與來日。死與往日。與猶數也。生數來日。謂成服杖。以死明日數也。死數往日。謂殯斂。以死日數也。此士禮貶於大夫者。大夫以上皆以來日數。士喪禮曰。死日而襲。厥明而小斂。又厥明。大斂而殯。則死三日。而更言三日成服杖。似異日矣。喪大記曰。士之喪。二日而殯。三日之朝。主人杖。二者相推。其然明矣。與或爲予。○數所主反。下皆同。知生者弔。知死者傷。知生而不知死。弔而不傷。知死而不知生。傷而不弔人恩各施於所知也。弔。傷皆謂致命辭也。雜記曰。諸侯使人弔。辭曰。寡君聞君之喪。寡君使某。如何不淑。此施於生者。傷辭未聞也。說者有弔辭云。皇天降災。子遭罹之。如何不淑。此施於死者。蓋本傷辭。辭畢。退。皆哭

弔喪弗能賻。不問其所費。問疾弗能遺。不問其所欲。見人弗能館。不問其所舍。賜人者不曰來取。與人者不問其所欲。皆爲傷恩也。見人。見行人。館。舍也。與人不問其所欲。已物或時非其所欲。將不與也。○賻音附。費芳味反。遺于季反。皆爲于僞反。下同

適墓不登壟。爲其不敬。壟。冢也。墓。塋域。○壟力勇反

助葬必執紼。葬。喪之大事。紼。引車索。○

紼音弗　臨喪不笑臨喪宜有哀色揖人必違其位禮以變爲敬望柩不歌。入臨不翔哀傷之。無容樂。○柩求又反臨如字。舊力鴆反當食不歎食或以樂。非歎所鄰有喪。舂不相。里有殯不巷歌助哀也。相。謂送杵聲。○舂束容反相息亮反適墓不歌非樂所哭日不歌哀未忘也送喪不由徑。送葬不辟塗潦所哀在此。○徑經定反辟音避臨喪則必有哀色。執紼不笑。臨樂不歎。介冑則有不可犯之色貌與事宜相配。○介甲也故君子戒愼。不失色於人色厲而內荏。貌恭心很。非情者也。○茬而審反國君撫式。大夫下之。大夫撫式。士下之。撫猶據也。據式小俛。崇敬也。乘車必正立。○俛音免禮不下庶人。爲其遽於事。且不能備物。○下遐嫁反。又如字刑不上大夫。不與賢者犯法。其犯法則在八議輕重。不在刑書。○上時掌反。與音預刑人不在君側。爲怨恨爲害也。春秋傳曰。近刑人則輕死之道兵車不式。尚威武。不崇敬武車綏旌。盡飾也。綏謂垂舒之也。武車亦兵車。○綏耳隹反德車結旌。不盡飾也。結謂收斂之也。德車。乘車。史載筆。士載言。謂從於會同。各持其職以待事也。筆謂書具之屬。言謂會同盟要之辭前有水則載青旌。前有塵埃。則載鳴鳶。前有車騎。則載飛鴻。前有士師。則載虎皮。前有摯獸。則載貔貅。載謂舉於旌首以警衆也。禮。君行師從。卿行旅從。前驅舉此。則士衆知所有。所舉各以其類象。青。青雀。水鳥。鳶鳴則將風。鴻取飛有行列也。士師謂兵衆。虎取其有威勇也。貔貅亦摯獸也。書曰。如虎如貔。士或爲仕。○載音戴。下及注同。鳶悅專反。摯音至。貔婢支反。貅許求反。從才用反。下同。

行。前朱鳥而後玄武。左青龍而右白虎。招搖在上。急繕其怒。以此四獸爲軍陳。象天也。急猶堅也。繕讀曰勁。又畫招搖星於旌旗上。以起居堅勁軍之威怒。象天帝也。招搖星在北斗杓端。主指者。招搖並如字繕音勁陳直覲反進退有度度。謂伐與步數左右有局各司其局局。部分也。分扶問反父之讎弗與共戴天父者子之天。殺己之天。與共戴天。非孝子也。行求殺之。乃止。讎常由反兄弟之讎不反兵恒執殺之備交遊之讎不同國讎不吾辟則殺之。交遊或爲朋友四郊多壘此卿大夫之辱也辱其謀人之國不能安也。壘。軍壁也。數見侵伐則多壘。壘力軌反地廣大荒而不治。此亦士之辱也辱其親民不能安。荒。穢也臨祭不惰爲無神也。爲于僞反。下皆同祭服敝則焚之。祭器敝則埋之龜筴敝則埋之牲死則埋之此皆不欲人褻之也焚之必已不用埋之不知鬼神之所爲○埋武乖反褻息列反凡祭於公者必自徹其俎臣不敢煩君使也大夫以下或使人歸之祭於公助祭於君也卒哭乃諱敬鬼神之名也諱辟也生者不相辟名衛侯名惡大夫有名惡君臣同名春秋不非○辟音避下皆同禮不諱嫌名二名不偏諱爲其難辟也嫌名謂音聲相近若禹與雨丘與區也偏謂二名不一一諱也孔子之母名徵在言在不稱徵言徵不稱在逮事父母則諱王父母不逮事父母則不諱王父母逮及也謂幼孤不及識父母恩不至於祖名孝

子聞名心瞿。諱之由心。此謂庶人。適士以上廟事祖。雖不逮事父母。猶諱祖。○逮音代。又大計反。瞿俱附反。適丁歷反

君所無私諱謂臣言於君前。不辟家諱。尊無二

大夫之所有公諱辟君諱也

詩書不諱。臨文不諱爲其失事正

廟中不諱爲有事於高祖。則不諱曾祖以下。尊無二也。於下則諱上

夫人之諱。雖質君之前。臣不諱也臣於夫人之家。恩遠也。質猶對也

婦諱不出門婦親遠。於宮中言辟之

大功小功不諱。入竟而問禁。入國而問俗。入門而問諱皆爲敬主人也。禁。謂政教。俗。謂常所行與所惡也。國。城中也。○竟音境。惡烏路

反外事以剛日順其出爲陽也。出郊爲外事。春秋傳曰。甲午祠兵內事以柔日順其居內爲陰凡卜筮日。旬之外曰遠某日。旬之內曰近某日旬。十日也。○筮市制反喪事先遠日。吉事先近日孝子之心。喪事。葬與練祥也。吉事。祭祀冠取之屬也。○冠古亂反曰。爲日。假爾泰龜有常。假爾泰筮有常命龜筮辭。龜筮於吉凶有常。大事卜。小事筮。○假古雅反。下同卜筮不過三求吉不過三。魯四卜郊。春秋譏之卜筮不相襲卜不吉則又筮。筮不吉則又卜。是瀆龜筴也。晉獻公卜取驪姬不吉。公曰筮之。是也龜爲卜。筴爲筮。

卜筮者。先聖王之所以使民信時日。敬鬼神。畏法令也。所以使民決嫌疑。定猶與也。故曰。疑而筮之。則弗非也。日而行事。則必踐之。弗非。無非之者。日。所卜筮之吉日也。踐讀曰善。聲之誤也。筴或爲著。○與音預。踐音善君車將駕。則僕執策立於馬前。監駕。且爲馬行。○監古銜反已駕。僕展軨。展軨。具視。○軨歷丁反。一音領。車轄頭鞧也。舊云車闌效駕。白已駕奮衣由右上。取貳綏。奮振去塵也。貳副也。○上時掌反。下同。去羌呂反跪乘。未敢立。敬也。○乘繩證反。下除乘君不乘奇車乘乘路馬外。

皆同執策分轡驅之五步而立謂試之。○轡悲位反君出就車則僕并轡授綏車上僕所主。○并必政反左右攘辟謂羣臣陪位侍駕者。攘，卻也。或者攘古讓字。○攘如羊反。又音讓。辟音避。又扶亦反車驅而騶至于大門君撫僕之手而顧命車右就車門閭溝渠必步車右勇力之士備制非常者。君行則陪乘。君式則下步行。○驅起俱反。又起遇反。騶仕救反。又七須反。又仕溝反凡僕人之禮必授人綏若僕者降等則受不然則否若僕者降等則撫僕之手不然則自下拘之撫小

止之。謙也。自下拘之。由僕手下取之也。僕客
與已同爵則不受。○拘古侯反。又音俱
車不入大門謙也婦人不立乘異於男子犬馬不上
於堂非摯幣也故君子式黃髮敬老也。發句言故。明此衆篇雜辭也
下卿位尊賢也。卿位卿之朝位也。君出。過之而上車。入未至而下車入國
不馳愛人也。馳善藺人也○藺力刃反入里必式不誣十室君命
召雖賤人。大夫士必自御之御當爲訝。訝。迎也。君雖使賤人
來。必自出迎之。尊君命也。春秋傳曰。跛者御跛者。訝眇者御眇者。皆訝也。世人亂之○御音
訝。五嫁反○跛波我反○眇名小反介者不拜。爲其拜而蓌拜蓌則

失容節。蔓猶詐也。○爲于僞反。下注同。蔓子卧反。又側嫁反。挫也祥車曠左

空神位也。祥車。葬之乘車乘君之乘車不敢曠左。左必式

君存惡空其位○惡烏路反僕御婦人則進左手。後右手

遠嫌。○遠于萬反御國君。則進右手。後左手而俯敬也

國君不乘奇車出入必正也。奇車。獵衣之屬。○奇居宜反。不正之車車

上不廣欬爲若自矜。廣猶弘也。○欬開代反不妄指爲惑衆立

視五巂立。平視也。巂猶規也。謂輪轉之度。巂或爲綮。○巂惠圭反。車輪轉一周爲

巂。一周丈九尺八寸地。綮如捶反式視馬尾小俛顧不過轂爲掩

在後國中以策彗䘏勿驅。塵不出軌。入國不馳。彗，竹帚。䘏勿，搔摩也。○彗音遂。又雖醉反。䘏蘇沒反。勿音沒。驅如字。又羌遇反。國君下齊牛。式宗廟。大夫士下公門。式路馬。乘路馬必朝服。載鞭策。不敢授綏。左必式。步路馬必中道。以足蹙路馬芻有誅。齒路馬有誅。皆廣敬也。路馬，君之馬。載鞭策，不敢執也。齒，欲年也。誅，罰也。○齊側皆反。蹙采六反。又子六反。芻初俱反。

曲禮下第二　鄭氏註

凡奉者當心。提者當帶。高下之節。○奉芳勇反。提徒兮反。執天子之器則上衡謂高於心。彌敬也。此衡謂與心平。上時掌反國君則平衡。大夫則綏之。士則提之綏讀曰妥。妥之。謂下於心。綏音妥。又他回反凡執主器。執輕如不克重慎之也。主。君也。克。勝也。勝音升執主器。操幣圭璧。則尚左手。行不舉足。車輪曳踵重慎也。尚左手。尊左也。車輪謂行不絕地。操七刀反。曳以制反。踵支勇反立則磬折垂佩。主佩倚。則臣佩垂。主佩垂。則臣佩委君臣俛仰之節。倚。謂附於身。小俛則垂。大俛則委於地。折之列反。又市列反。倚於綺反執玉。其有藉者則裼。無藉者則襲藉藻也。裼襲文質相變耳。有藻爲文。裼見美亦文。無藻爲質。襲充美亦質。圭璋特而襲。璧琮加束帛而裼。亦是也。○藉在夜反。下同。裼先擊反。藻音早。見賢遍反

國君不名卿老世婦。大夫不名世臣姪娣。士不名家相長妾。雖貴於其國家。猶有所尊也。卿老。上卿也。世臣。父時老臣。○姪大節反。又丈一反。娣大計反。相息亮反。長丁丈反。下注同

君大夫之子。不敢自稱曰余小子。辟天子之子未除喪之名。君大夫。天子大夫有土地者。○辟音避。下同

大夫士之子。不敢自稱曰嗣子某。亦辟其君之子未除喪之名。不敢與世子同名。辟僭傚也。其先

之生。則亦不改。世或爲犬君使士射。不能則辭以疾。言曰。某有負薪之憂射者所以觀德。唯有疾可以辭也。使士射。謂以備耦也。憂或爲疾。○使音史射市夜反侍於君子。不顧望而對。非禮也禮尚謙也。不顧望若子路率爾而對君子行禮。不求變俗求猶務也。不務變其故俗。重本也。謂去先祖之國居他國祭祀之禮。居喪之服。哭泣之位。皆如其國之故。謹脩其法而審行之其法。謂其先祖之制度。若夏殷去國三世。爵祿有列於朝。出入有詔於國三世。自祖至孫。踰久可以忘故俗。而猶不變者。爵祿有列於朝。謂君不絕其祖祀。復立其族。若臧紇奔邾。立臧爲矣。詔告也。謂與卿大夫吉凶往來相赴告。朝直遙反。紇恨發反。若兄弟宗族猶存。則反告於宗後。謂無列無詔者。反告。亦謂吉凶也。宗後。宗子也。去國三世。爵祿無列於朝。出入無詔於國。唯興之日。從新國之法。以故國與已無恩。興。謂起爲卿大夫。亦重本。君子已孤不更名。已孤暴貴。不爲父作謚。子事父。無貴賤。爲于僞反。謚音示。居喪未葬讀喪禮。既葬讀祭禮。喪復常。讀樂章。爲禮各於其時。居喪不言樂。祭事不言凶。公庭不言婦女非其時也振書端書於君前有誅倒筴側龜於君前有誅臣不豫事不敬也振去塵也端正也倒顛倒也側反側也皆謂甫省視之○倒多老反去羌呂反下同龜筴几杖席蓋重素袗絺綌不入公門龜筴嫌問國家吉凶几杖嫌自長老席蓋載喪車也雜記曰士輤葦席以爲屋蒲席以爲裳帷重素衣裳皆素喪服也袗單也孔子曰當暑袗絺綌必表而出之爲其形褻○重直龍反袗之忍反輤千見反苞屨扱衽厭冠不入公門此皆凶服也苞藨也齊衰藨蒯之菲也問喪曰親始死扱上衽厭猶伏也喪冠厭伏苞或爲菲○苞白表反草也扱初洽反厭於涉反藨白表反又

扶苗反蒯苦怪反菲扶味反。屨也書方。衰凶器。不以告。不入

公門此謂喪在內。不得不入。當先告君耳。方。板也。士喪禮下篇曰。書賵於方。若九若

七若五。凶器。明器也。○賵芳仲反。車馬曰賵公事不私議嫌若姦也君

子將營宮室。宗廟為先。廄庫為次。居室為後

重先祖及國之用。○廄九又反凡家造。祭器為先。犧賦為次。

養器為後大夫稱家。謂家始造事。犧賦。以稅出牲。○造才早反犧許宜反養羊

尚反。○如字無田祿者。不設祭器。有田祿者。先為

祭服祭器可假。祭服宜自有君子雖貧。不粥祭器。雖寒。

不衣祭服。爲宮室不斬於丘木廣敬鬼神也。鬻。賣也。丘。壟也。○鬻音育。衣於既反大夫士去國。祭器不踰竟此用君祿所作。取以出竟。恐辱親也。○竟音境。下同大夫寓祭器於大夫。士寓祭器於士寓。寄也。與得用者。言寄覬已後還。○寓魚具反大夫士去國踰竟。爲壇位。鄉國而哭。素衣素裳素冠。徹緣鞮屨。素簚。乘髦馬。不蚤鬋。不祭食。不說人以無罪。婦人不當御。三月而復服言以喪禮自處也。臣無君。猶無天也。壇位。除地爲位也。徹猶去也。鞮屨無絇之菲也。簚。覆笭也。髦馬。不鬋落也。蚤讀爲爪。鬋。鬋鬢也。不自說於人以無罪。嫌惡其君也。御。接見也。三月。一時。天氣變。可以遂去也。簚或爲幕。○墠音善。鄉許亮反。緣悅絹反。鞮都兮反。又徒兮反。簚莫歷反。髦音毛。蚤音爪。謂除爪也。鬋子淺反。絇求俱反。笭力丁反。草、闌。鬄梯潵反。又他計反。說亦劣反。又如字。惡去聲。見音現。下見於見君同。

大夫士見於國君。君若勞之。則還辟。再拜稽首。謂見君。既拜矣而後見勞也。聘禮曰。君勞使者及介。君皆荅拜。○勞力報反。下同。辟婢亦反。下同。還辟。逡巡也。君若迎拜。則還辟。不敢荅拜。嫌與君亢賓主之禮。迎拜謂君迎而先拜之。聘禮曰。大夫入門再拜。君拜其辱。

大夫士相見。雖貴賤不敵。主人

敬客則先拜客。客敬主人則先拜主人。尊賢凡非弔喪非見國君。無不荅拜者。禮尚往來。喪賓不荅拜。不自賓客也。國君見士。不荅其拜。士賤○見相見見士如字大夫見於國君。國君拜其辱。士見於大夫。大夫拜其辱。同國始相見。主人拜其辱。自外來而拜。拜見也。自內來而拜。拜辱也君於士。不荅拜也。非其臣則荅拜之。不臣人之臣大夫於其臣。雖賤必荅拜之。辟正君○辟音避男女相荅拜也。嫌遠別。不相荅拜以明之○別彼列反國君春田不圍澤。大夫不掩羣。士不取麛卵。生乳之時。重傷其類。○麛音迷卵力管反乳如注反歲凶。年穀不登。登。成也君膳不祭肺。馬不食穀。馳道不除。祭事不縣。大夫不食粱。士飲酒不樂。皆自爲貶損。憂民也。禮食殺牲則祭先。有虞氏以首。夏后氏以心。殷人以肝。周人以肺。不祭肺則不殺也。天子食。日少牢。朔月大牢。諸侯食。日特牲。朔月少牢。除。治也。不治道。爲妨民取蔬食也。縣。樂器鍾磬之屬也。粱。加食也。不樂。去琴瑟。○肺芳廢反縣音懸。下同君無故玉不去身。大夫無故不徹縣。士無故不徹琴瑟。憂樂不相干也。故。謂災患喪病士有獻於國君。他日君問之。曰。安取彼。再拜稽首而后對。起敬也　大夫私行。出疆必請。反必有獻。士私行。出疆必請。反必告。臣不敢自專也。私行。謂以己事也。士言告者。不必有其獻也。告反而已。○疆居良反。下同　君勞之。則拜。問其行。拜而后對。亦起敬也。問行。謂道中無恙及所經過　國君去其國。止之曰。柰何去社稷也。大夫曰。柰何去宗廟也。士曰。柰何去墳墓也。皆民臣殷勤之言　國君死社稷。死其所受於天子也。謂見侵伐也。春秋傳曰。國滅。君死之。正也　大夫死衆士死制死其所受於君。衆。謂君師。制謂君教令所使爲之君天下曰皆擯者辭也。天下。謂外及四海也。今漢於蠻夷稱天子。於王侯稱皇帝。覲禮曰。伯父寔來。余一人嘉之。余予。古今字。○分方云反。又扶問反天子。朝諸侯。分職授政任功。曰予一人踐阼。臨祭祀。內事曰孝王某。外事曰嗣王某皆祝辭也。唯宗廟稱孝。天地社稷祭之郊內。而曰嗣王。不敢同外內臨諸侯。畛於鬼神。曰有天王某甫。畛致也。祝告致于鬼神辭也。曰有天王某甫。某甫。且字也。不名者。不親往也。周禮。大會同過山川。則大祝用事焉。鬼神。謂百辟卿士也。畛或爲祗。○畛之忍反大祝。音泰。下文注除大宗皆同崩曰天王崩史書策辭復曰天子復矣始死時呼魄辭也。不呼名。臣不名君也。諸侯呼字告喪曰天王登假告赴也。登上也。假已也。上已者。若僊去云耳。○假音遐上時掌反措之廟立之主曰帝同之天神。春秋傳曰。凡君卒哭而祔。祔而作主。○措七故反天子未除喪曰予小子謙未敢稱一人。春秋傳曰。以諸侯之踰年即位。亦知天子之踰年即位。以天子三年然後稱王。亦知諸侯於其封內三年稱子生名之死亦名之生名之曰小子王。死亦曰小子王也。晉有小子侯。是僭取於天子號也

天子有后。有夫人。有世婦。有嬪。有妻。有妾。妻八

十一御妻。周禮謂之女御。以其御序於王之燕寢。妾賤者。○嬪音頻

天子建天官。先六大。曰大宰。大宗。大史。大祝。大士。大卜。典司六典。典。法也。此蓋殷時制也。周則大宰爲天官。大宗曰宗伯。宗伯爲春官。大史以下屬焉。大士以神仕者。

天子之五官。曰司徒。司馬。司空。司士。司寇。典司五衆。衆謂羣臣也。此亦殷時制也。周則司士屬司馬。大宰。司徒。宗伯。司馬。司寇。司空爲六官。

天子之六府。曰司土。司木。司水。司草。司器。司貨。典司六職。府。主藏六物之稅者。此亦殷時制也。周則皆屬司徒。司土。土均也。司木。山虞也。司水。川衡也。司草。稻人也。

司器。角人也。司貨。丱人也。(丱)華猛反，又虢猛反。徐故猛反。丱人，掌金玉錫石未成器者。

天子之六工，曰土工、金工、石工、木工、獸工、草工。典制六材。此亦殷時制也。周則皆屬司空。土工，陶、旊也。金工，築、冶、鳧、栗、鍛、桃也。石工，玉人、磬人也。木工，輪、輿、弓、廬、匠、車、梓也。獸工，函、鮑、韗、韋、裘也。唯草工職亡，蓋謂作萑葦之器。(陶)音桃。(旊)方往反。(築)音竹。(冶)音也。(鳧)音符。(鍛)多亂反。(函)音含。(韗)況萬反，一音運。

五官致貢曰享。貢，功也。享，獻也。致其歲終之功於王，謂之獻也。周禮大宰歲終則令百官府各正其治，受其會，聽其致事而詔王廢置。(享)許兩反，舊許兒反。後皆放此。不復重出。(會)古外反。

五官之長曰伯。謂爲三公者。周禮九命作

伯。○長展丈反。後皆同是職方職。主也。是伯分主東西者。春秋傳曰。自陝以東。周公主之。自陝以西。召公主之。一相處乎內。是或爲氏。○陝式冉反其擯於天子也曰天子之吏擯者辭也。春秋傳曰。王命委之三吏。謂三公也。○擯必刃反天子同姓謂之伯父。異姓謂之伯舅。自稱於諸侯曰天子之老。於外曰公。於其國曰君稱之以父與舅。親親之辭也。外。自其私土之外。天子畿內。九州之長入天子之國曰牧每一州之中天子選諸侯之賢者以爲之牧也。周禮曰。乃施典於邦國而建其牧。○牧音目天子同姓謂之叔父。異姓。

謂之叔舅。於外曰侯。於其國曰君。牧尊於大國之君。而謂之叔父。辟二伯也。亦以此爲尊。禮或損之而益。謂此類也。外。自其國之外。九州之中。曰侯者。本爵也。二王之後不爲牧。其在東夷北狄西戎南蠻。雖大曰子。謂九州之外長也。天子亦選其諸侯之賢者。以爲之子。子猶牧也。入天子之國曰子。天子亦謂之子。雖有侯伯之地。本爵亦無過子。是以同名曰子。於內自稱曰不穀。與民言之謙稱。穀。善也。○謙。稱。尺證反。於外自稱曰王老。威遠國也。外。亦其戎狄之中。庶方小侯入天子之國。曰某人。於外曰子。自稱曰孤。謂戎狄子男君也。男者於外亦曰男舉尊言之天子當依而立。諸侯北面而見天子曰覲。天子當宁而立。諸公東面，諸侯西面，曰朝。諸侯春見曰朝。受摯於朝，受享於廟，生氣。文也。秋見曰覲。一受之於廟，殺氣質也。朝者位於內朝而序進。覲者位於廟門外而序入。王南面立於依宁而受焉。夏宗依春，冬遇依秋。春秋時齊侯唁魯昭公，以遇禮相見，取易略也。覲禮今存，朝宗遇禮今亡。○依，於豈反。狀如屏風，畫爲黼文。見，賢遍反。宁，珍呂反。又音儲。門屏之間。易，以豉反。諸侯未及期相見曰遇。相見於郤地曰會。諸侯使大夫問於諸侯曰聘。約信曰誓。涖牲曰盟。及，至也。郤閒也。涖、臨也。坎用牲。臨而讀其盟書。聘禮今存。遇會誓盟禮亡。誓之辭、尚書見有六篇。○郤丘逆反。涖音利。盟音明。又音莫更反。閒如字。又音閑。坎苦感反

諸侯見天子曰臣某侯某謂嗇夫承命告天子辭也。其爲州牧則曰天子之老臣某侯某來圭請覲其與民言自稱曰寡人謙也。於臣亦然其在凶服曰適子孤凶服、亦謂未除喪。○適音的臨祭祀內事曰孝子某侯某外事曰曾孫某侯某稱國者遠辟天子死曰薨亦史書策辭復曰某甫復矣某甫、且字既葬見天子曰類見代父受國。類猶象也。執皮帛象諸侯之禮見也。其禮亡

言謚曰類使大夫行象聘問之禮也言謚者序其行及謚所宜其禮亡諸侯使人使於諸侯使者自稱曰寡君之老繫於君以爲尊也此謂諸侯之卿上大夫○使於色吏反下同天子穆穆諸侯皇皇大夫濟濟士蹌蹌庶人僬僬皆行容止之貌也聘禮曰賓入門皇又曰皇且行又曰眾介北面鏘鏘焉凡行容尊者體盤卑者體蹙○濟子禮反○蹌七良反○僬子妙反○盤步丹反○蹙將六反天子之妃曰后后之言後也○妃芳非反諸侯曰夫人夫之言扶大夫曰孺人孺之言屬○孺而樹反士曰婦人婦之言服庶人曰妻妻之言齊公侯

乾隆四十八年 禮記一 三八

有夫人。有世婦。有妻。有妾。貶於天子也。無后與嬪。去上中。○貶彼檢反。去羌呂反。夫人自稱於天子曰老婦。自稱於天子謂畿內諸侯之夫人助祭。若時事見。自稱於諸侯曰寡小君。謂饗來朝諸侯之時。自稱於其君曰小童。自世婦以下。自稱曰婢子。小童若云未成人也。婢之言卑也。於其君稱此。以接見體敵。嫌其當子於父母。則自名也。名。父母所爲也。言子者。通男女。列國之大夫入天子之國。曰某士。亦謂諸侯之卿也。三命以下。於天子爲士。曰某士者。若晉韓起聘於周。擯者曰晉士起。自稱曰陪臣某。陪。重也○重直恭反於外曰子子有德之稱魯春秋曰齊高子來盟於其國曰寡君之老使者自稱曰某使謂使人於諸侯也某名也○使色吏反天子不言出諸侯不生名君子不親惡天子之言出諸侯之生名皆有大惡君子所遠出名以絕之春秋傳曰天王出居於鄭衛侯朔入於衛是也○遠于萬反諸侯失地名滅同姓名絕之爲人臣之禮不顯諫爲奪美也顯明也謂明言其君惡不幾微○爲奪于僞反三諫而不聽則逃之逃去也君臣有義則合無義則離子之事親也三諫而不聽則號泣而隨之至親無去○

志在感動之○號戶刀反君有疾飲藥。臣先嘗之。親有疾飲藥。子先嘗之。嘗度其所堪○度待洛反醫不三世。不服其藥。慎物齊也。○齊才細反儗人必於其倫。儗猶比也。倫猶類也。比大夫當於大夫。比士當於士。不以其類。則有所褻。○儗魚起反。注同問天子之年。對曰。聞之始服衣若干尺矣。既不敢言年。又不敢斥至尊所能問國君之年。長曰能從宗廟社稷之事矣。幼曰未能從宗廟社稷之事也。問大夫之子。長曰能御矣。幼曰未能御也。問士之子。

長曰能典謁矣。幼曰未能典謁也。問庶人之子。長曰能負薪矣。幼曰未能負薪也。皆言其能。則長幼可知。御猶主也。書曰。越乃御事。謂主事者。謁。請也。謂能擯贊出入。以事請告也。禮。四十强而仕。五十命爲大夫問國君之富。數地以對。山澤之所出。問大夫之富。曰有宰食力。祭器衣服不假。問士之富。以車數對。問庶人之富。數畜以對。皆在其所制以多少對。宰。邑士也。食力。謂民之賦稅。○數。色主反。下同。畜。許又反天子祭天地。祭四方。祭山川。祭五祀。歲徧。諸侯方祀。祭山川。祭五祀。歲徧。大夫祭五祀。歲徧。士祭其先。祭四方。謂祭五官之神於四郊也。句芒在東。祝融后土在南。蓐收在西。玄冥在北。詩云。來方禋祀。方祀者。各祭其方之官而已。五祀。戶。竈。中霤。門。行也。此蓋殷時制也。祭法曰。天子立七祀。諸侯立五祀。大夫立三祀。士立二祀。謂周制也○徧音遍句古侯反　凡祭。有其廢之。莫敢舉也。有其舉之。莫敢廢也。爲其瀆神也。廢舉。謂若殷廢農祀棄。後不可復廢棄祀農也。後有德者繼之。不嫌也○爲于僞反復扶又反　非其所祭而祭之。名曰淫祀。淫祀無福。妄祭。神不饗　天子以犧牛。諸侯以肥牛。大夫以索牛。士以羊豕。犧純毛也。肥養於滌也。索求得而用之。○索所百反。注同。滌直的反。養牲官也。又同弔反支子不祭。祭必告于宗子。不敢自專。謂宗子有故支子當攝而祭者也。五宗皆然凡祭宗廟之禮。牛曰一元大武。豕曰剛鬣。豚曰腯肥。羊曰柔毛。雞曰翰音。犬曰羹獻。雉曰疏趾。兔曰明視。脯曰尹祭。槀魚曰商祭。鮮魚曰脡祭。水曰清滌。酒曰清酌。黍曰薌合。粱曰薌萁。稷曰明粢。稻曰嘉蔬。韭曰豐本。鹽曰鹹鹺。玉曰嘉玉幣曰量幣號牲物者異於人用也。元頭也。武迹也。腯亦肥也。春秋傳作腯。腯充貌也。翰猶長也。羹獻食人之餘也。尹正也。商猶量也。脡直也。其辭也。嘉善也。稻菰蔬之屬也。豐茂也。大鹹曰鹺。今河東云。幣帛也。○大武如字。一音泰。鬣力輒反。豚徒門反。腯徒忽反。翰戶旦反。羹古衡反。又音衡。槀苦老反。鮮音仙。脡他頂反。薌音香。合如字。或音閤。萁音姬。又音期。粢音咨。蔬色魚反。韭音久。鹺才何反。量音亮。又音良天子死曰崩。諸侯曰薨。大夫曰卒。士曰不祿。庶人曰死異死名者。爲人褻其無知。若猶不同然也。自上顛壞曰崩。薨。顛壞之聲。卒。終也。不祿。不終其祿。死之言澌也。精神澌盡也。○爲于僞反。澌音賜在牀曰尸尸。陳也。言形體在**在棺曰柩**。柩之言究也。【柩】音舊。白虎通云。久也**羽鳥曰降四足曰漬**。異於人也。降落也。漬謂相瀸汙而死也。春秋傳曰。大災者何。大漬也。【降】戶江反。又音絳【漬】辭賜反【瀸】子廉反**死寇曰兵**。異於凡人。當饗祿其後**祭王父曰皇祖考王母曰皇祖妣父曰皇考母曰皇妣夫曰皇辟**。更設稱號。尊神異於人也。皇君也。考成也。言其德行之成也。妣之言媲也。媲於考也。辟法也。妻所取法也。【妣】必履反【辟】婢亦反**生曰父曰母曰妻死曰考曰妣曰嬪**。嬪婦人有法度者之稱也。周禮。九嬪掌婦學之法。教九御婦德婦言婦容婦功**壽考曰卒**。

短折曰不祿祿。謂有德行任爲大夫士而不爲者。老而死。從大夫之稱。少而死。從士之稱。〇折市設反。任音壬。又如字天子視不上於袷不下於帶袷。交領也。天子至尊。臣視之。目不過此。〇上時掌反。下及注同。袷音劫國君綏視視國君彌高。綏讀爲妥。妥視。謂視上於袷。〇綏音妥大夫衡視視大夫又彌高也。衡平也。平視。謂視面也士視五步士視。得旁遊目五步之中也。視大夫以上。上下遊目不得旁。〇遊如字。又音流凡視上於面則敖敖則仰。〇敖五報反下於帶則憂憂則低傾則姦辟頭旁視。心不正也。傾或爲側。〇辟匹亦反君命大夫與士肄肄。習也。君有命。大夫則與士展習其事。謂欲有所發爲也。○君命。絕句（肄）以二反在官言官。在府言府。在庫言庫。在朝言朝唯君命所在。就展習之也。官。謂版圖文書之處。府。謂寶藏貨賄之處也。庫。謂車馬兵甲之處也。朝。謂君臣謀政事之處也

朝言不及犬馬非公議也輟朝而顧。不有異事。必有異慮心不正。志不在君。輟猶止也。○（輟）丁劣反故輟朝而顧。君子謂之固固。謂不達於禮也在朝言禮。問禮。對以禮於朝廷言。無所不用禮大饗不問卜祭五帝於明堂。莫適卜也。郊特牲曰。郊血。大饗腥。○（適）丁歷反不饒富富之言備也。備而已。勿多於禮也凡摯。

乾隆四十八年　禮記一　四十二

天子鬯。諸侯圭。卿羔。大夫鴈。士雉。庶人之摯匹。童子委摯而退。摯之言至也。天子無客禮。以鬯爲摯者。所以唯用告神爲至也。童子委摯而退。不與成人爲禮也。說者以匹爲鶩。○摯音至。鬯勑亮反。匹音木。鴨也。野外軍中無摯。以纓拾矢可也。非爲禮之處。用時物相禮而已。纓。馬繁纓也。拾。謂射韝。○繁步丹反。韝音溝。又古豆反。婦人之摯。椇榛脯脩棗栗。婦人無外事。見以羞物也。椇榛。木名。椇。枳也。有實。今邳郯之東食之。榛。實似栗而小。○椇俱羽反。榛側巾反。邳被悲反。郯音談。納女於天子。曰備百姓。於國君。曰備酒漿。於大夫。曰備埽灑納女猶致女也。壻不親迎。則女之家遣人致之。此其辭也。姓之言生也。天子。皇后以下百二十人。廣子姓也。酒漿。埽灑。賤婦人之職。○埽悉報反灑所買反。又山寄反迎魚敬反

禮記卷第一

曲禮下

舉人臣吴鼎颺敬書

禮記卷一考證

曲禮若夫坐如尸立如齊○鄭氏夫作丈夫解故原本若夫二字另作一節劉氏七經小傳謂此篇取大戴禮曾子事父母篇辭而誤留若夫二字應作發語辭解與鄭註異

謀於長者音義長展丈反○武英殿注疏本汲古閣本兼義本並作丁丈反案切音用丁字爲母往往讀作錚非丁字本音如丁仲爲種丁長爲張是也然岳氏嘗謂丁之爲征蒲之爲扶究係吳音不當用爲字母則此作展丈反乃據監韻以訂吳音之失也

求毋固註或時乏無○案或時謂或際其乏無之時如下疏謂地所本無及物未生是也諸本或字作致於義未協

主人延客祭註客不降等則先祭○案不字當爲若字之訛玩疏則知主人先祭專指卑客而言非敵客也

酒漿處右○殿本監本閣本右作內誤案註明言處羮之右且上文已有醯醬處內矣此不應複見

共飯不澤手註爲汗生不絜也○諸本俱作汗手不絜案正義云絜淨也若澤手手必汗生則不絜淨原本汗生解澤手於理爲長一本作汗生不圭圭絜也義

同

言不惰音義惰不正之言○案此五字乃陸氏音義中語故原本置諸圈外諸本混入於註非

進戈者前其鐏註鋭底曰鐏取其鐏地平底曰鐓取其鐓地○孔疏曰鐏在尾而鈍鐏人爲敬平底如鐓柄下以平鐏人敬也案鐏人則非在地可知又考衛湜諸家集説亦並無作鐏地解者今依　殿本改也字語意較順

大夫士必自御之註御當爲訝○案玉篇訝與迓同説文相迎也舊本通用呂覽必已篇無訝無訾始以訝

作疑怪意後人仍之今　殿本監本俱作迓
齒路馬有誅註齒欲年也○欲年　殿本閣本作數年
解似直捷然案欲年猶欲知其年古人往往以年字
作活解如左傳有與疑年使之年是也義無不通
司貨註丱人也音義丱華猛反又虢猛反○華猛諸本
作𠅘猛非案華與虢係兩音故云又若𠅘與虢則同
爲一母矣不必云又也

# 禮記卷第二

## 檀弓上第三

鄭氏註

公儀仲子之喪。檀弓免焉。故爲非禮以非仲子也。禮。朋友皆在邦。乃袒免。公儀。氏。仲子。字。魯之同姓也。音問。以布廣一寸。從項中而前交於額上。卻向後繞髻。袒音但。仲子舍其孫而立其子。此其所立非也。公儀蓋魯同姓。周禮。適子死。立適孫爲後。○舍音捨。下皆同。適丁激反。下皆同。檀弓曰。何居。我未之前聞也。居讀爲姬姓之姬。齊魯之閒語助也。前猶故也。○居音姬。下同。趨而就子服伯子於門右。曰。仲子

舍其孫而立其子。何也（去賓位就主人兄弟之賢者而問之。子服）伯子曰。仲子亦
（伯子。蓋仲孫蔑之玄孫子服景伯。蔑。魯大夫。○蔑芒結反）
猶行古之道也。昔者文王舍伯邑考而立武
王。微子舍其孫腯而立衍也。夫仲子亦猶行
古之道也（伯子爲親者隱耳。立子非也。文王之立武王。權也。微子適子死。立其
弟衍。殷禮也。○腯徒本反。又徒遜反。衍以善反。爲于僞反。下同）子游問諸孔
子。孔子曰否。立孫（據周禮）事親有隱而無犯（隱謂
不稱揚其過失也。無犯。不犯顏而諫。論語曰。事父母幾諫）左右就養無方

左右。謂扶持之。方猶常也。子則然，無常人。左右徐音佐佑。今並如字。下同。養以尚反。下同。

服勤至死，致喪三年。勤。勞辱之事也。致。謂戚容稱其服也。凡此以恩爲制。稱尺證反。

事君有犯而無隱，既諫。人有問其國政者。可以語其得失。若齊晏子爲晉叔向言之。向香兩反。

左右就養有方，不可侵官。

服勤至死，方喪三年。方喪資於事父。凡此以義爲制。

事師無犯無隱。左右就養無方。服勤至死。心喪三年。心喪。戚容如父而無服也。凡此以恩義之閒爲制。

季武子成寢，武子。魯公子季友之曾孫季孫夙。

杜氏之葬在西階之下。請合

葬焉。許之。入宮而不敢哭。武子曰。合葬非古也。自周公以來。未之有改也。自見夷人冢墓以爲宅。欲文過。○葬才浪反。又如字。合如字。又音閤。後皆同。吾許其大而不許其細。何居。命之哭。記此者。善其不奪人之恩。子上之母死而不喪。子上。孔子曾孫。子思伋之子。名白。其母出。○喪如字。下同。又息浪反。伋音急。門人問諸子思曰。昔者子之先君子喪出母乎。曰。然。禮。爲出母期。父卒。爲父後者不服耳。○期居宜反。後放此。子之不使白也喪之。何也。子思曰。昔者吾先君子無所失道。道隆則從而隆，道汙則從而汙。汙猶殺也。有隆有殺。進退如禮。○隆力中反。汙音烏。下同。殺所戒反。又所例反。伋則安能。自予不能及。○予羊許反。又音餘。爲伋也妻者，是爲白也母。不爲伋也妻者，是不爲白也母。故孔氏之不喪出母，自子思始也。記禮所由廢。非之。孔子曰：拜而后稽顙，頎乎其順也。此殷之喪拜也。頎順也。○顙先拜賓。順於事也。○素黨反。○頎徒回反。稽顙而后拜，頎乎其至也。此周之喪拜也。頎。至也。先觸地無容。哀之至。○頎音懇。惻隱之貌。又音纖。觸昌欲反。三年之喪，吾從其至者重者尚哀戚。自期如殷可孔子既得合葬於防言既得者。少孤不知其墓。○少詩召反。下同曰吾聞之古也墓而不墳墓謂兆域。今之封塋也。古謂殷時也。土之高者曰墳。○墳扶云反今丘也東西南北之人也。不可以弗識也。於是封之崇四尺東西南北。言居無常處也。聚土曰封。封之周禮也。周禮曰以爵等為丘封之度。崇高也。高四尺。蓋周之士制。○識式志反。又如字。處昌慮反孔子先反當脩虞事門人後。雨甚至後。待封也孔子問焉。曰。爾來何遲也。曰。防墓崩言所以遲者。脩之而來孔子不

應以其非禮。〔應〕應對之應三。三言之。以孔子不聞〔三〕息暫反。又如字孔子
泫然流涕曰。吾聞之。古不脩墓。脩猶治也。〔泫〕胡犬反〔涕〕
音體孔子哭子路於中庭。寢中庭也。與哭師同。親之有人弔
者。而夫子拜之爲之主也既哭。進使者而問故使者。
自衛來赴者。故謂死之意狀。〔使〕色吏反。下及注同使者曰。醢之矣時衞
世子蒯聵篡輒而立。子路死之。醢之者。示欲啗食以怖衆。〔醢〕音海〔蒯〕苦怪反〔聵〕五怪反
遂命覆醢。覆。弃之。不忍食〔覆〕芳服反曾子曰。朋友之墓。
有宿草而不哭焉宿草。謂陳根也。爲師心喪三年。於朋友期可。〔期〕音

朞

子思曰喪三日而殯凡附於身者必誠必信勿之有悔焉耳矣三月而葬凡附於棺者必誠必信勿之有悔焉耳矣言其日月欲以盡心脩備之附於身謂衣衾附於棺謂明器之屬喪三年以爲極亡去已久遠而除其喪○極如字又紀力反王以極字絕句亡作忘向下讀則弗之忘矣則之言曾故君子有終身之憂念其親毀不滅性而無一朝之患故忌日不樂謂死日言忌日不用舉吉事○樂如字又音洛孔子少孤不知其墓孔子之父郰叔梁紇與顏氏之女徵在野合而生孔

子徵在恥焉不告。(郰)側留反。(紞)恨發反。又胡沒反。殯於五父之衢欲有所就而問之。孔子亦爲隱焉。殯於家則知之者無由怪已。欲發問端。五父。衢名。蓋郰曼父之鄰。(父)音甫。注及下同。(衢)求于反。人之見之者皆以爲葬也見柩行於路。其慎也蓋殯也慎當爲引。禮家讀然聲之誤也。殯引。飾棺以輴。葬引。飾棺以柳翣。孔子是時以殯引。不以葬引。時人見者。謂不知禮。(慎)羊刃反。(輴)七見反。(翣)所甲反。問於郰曼父之母然後得合葬於防曼父之母與徵在爲鄰。相善。鄰有喪舂不相。里有殯不巷歌皆所以助哀也。相。謂以音聲相勸。(相)息亮反。喪冠不緌。去飾。(緌)

耳佳反〔去〕起呂反 有虞氏瓦棺始不用薪也。有虞氏上陶。夏后氏堲周火孰曰堲，燒土冶以周於棺也。或謂之土周，由是也。弟子職曰：右手折堲。〔堲〕子栗反。又音稷。注下同。〔折〕之設反 殷人棺椁椁，大也。以木爲之，言椁大於棺也。殷人上梓。〔棺〕音官〔椁〕音郭 周人牆置翣牆，柳衣也。凡此言後王之制文。周人以殷人之棺椁葬長殤，以夏后氏之堲周葬中殤、下殤，以有虞氏之瓦棺葬無服之殤。略未成人。〔長〕展兩反〔殤〕式羊反 夏后氏尚黑以建寅之月爲正，物生色黑。大事斂用昏昏時亦黑。此大事，謂喪事也。〔斂〕力驗反。下皆同戎事乘驪戎兵也。馬黑色曰驪。爾雅曰。騋。牝驪牡玄。○驪力知反牲用玄玄。黑類也殷人尚白以建丑之月爲正。物牙色白大事斂用日中日中時亦白戎事乘翰翰。白色馬也。易曰。白馬翰如。○翰胡旦反。又音寒牲用白。周人尚赤以建子之月爲正。物萌色赤。○萌芒耕反大事斂用日出日出時亦赤戎事乘騵騵。騮馬白腹。○騵音原。○騮力求反牲用騂騂。赤類。○騂息營反。又呼營反穆公之母卒穆公。魯哀公之曾孫使人問於曾子曰。如之何問居喪之禮。曾子。曾參之子。名申。○參所金反對曰。申也聞諸申之父曰。哭泣之哀。齊斬之情。饘粥之食。自天子達子喪父母。尊卑同。○齊音咨。後放此。饘之然反。粥之六反。又音育布幕衛也。縿幕。魯也幕所以覆棺上也。縿縑也。縿讀如綃。衛諸侯禮。魯天子禮。兩言之者。僭已久矣。幕或爲幦。○幕音莫。又音覓。下同。縿音消。又音蕭

晉獻公將殺其世子申生信驪姬之譖公子重耳謂之曰。子蓋言子之志於公乎蓋皆當爲盍。盍。何不也。志。意也。重耳欲使言見譖之意。重耳。申生異母弟。後立爲文公。○重直龍反。注皆同。蓋戶臘反。下同世子曰。不可。君安驪姬。是我傷公之心也言其意則驪姬必誅也。驪姬。獻

公伐驪戎所獲女也。申生之母蚤卒。驪姬嬖焉。○嬖必計反曰。然則蓋行乎行猶去也世子曰。不可。君謂我欲弒君也。天下豈有無父之國哉。吾何行如之言人有父。則皆惡欲弒父者使人辭於狐突曰。申生有罪。不念伯氏之言也。以至于死。申生不敢愛其死辭猶告也。狐突。申生之傅。舅犯之父也。前此者獻公使申生伐東山臯落氏。狐突謂申生欲使之行。今言此者。謝之。伯氏。狐突別氏。○突徒忽反雖然。吾君老矣。子少。國家多難子。驪姬之子奚齊。少詩召反難乃旦反伯氏不出而圖吾

君圖猶謀也。不出爲君謀國家之政。然則自皋落氏反後。狐突懼。乃稱疾伯氏
苟出而圖吾君。申生受賜而死賜猶惠也再拜稽
首乃卒既告狐突。乃雉經是以爲恭世子也言行如此。可以
爲恭。於孝則未之有魯人有朝祥而莫歌者子路笑之
笑其爲樂速。莫音暮樂音洛夫子曰由爾責於人終無已
夫三年之喪亦已久矣夫爲時如此。人行三年喪者希。抑子路
以善彼。夫音扶子路出夫子曰又多乎哉踰月則
其善也又。復也魯莊公及宋人戰于乘丘十年夏。

乘繩證反縣賁父御。卜國爲右。縣。卜。皆氏也。凡車右。勇力者爲之。縣音懸賁音奔馬驚敗績。驚奔失列公隊。佐車授綏。戎車之貳曰佐。授綏乘公。隊直類反綏息佳反公曰。末之卜也。末之猶微哉。言卜國無勇縣賁父曰。他日不敗績。而今敗績。是無勇也。公他日戰。其御馬。未甞驚奔遂死之。二人赴敵而死圉人浴馬。有流矢在白肉。圉人。掌養馬者。白肉。股裏肉。圉魚呂反公曰。非其罪也。流矢中馬。非御與右之罪遂誄之。誄其赴敵之功以爲謚。誄力軌反士之有誄。自此始也。記禮失所由來也。周雖以士爲爵。猶無諡也。殷大夫以上爲爵。曾子寢疾，病。病謂疾困。樂正子春坐於牀下，子春，曾參弟子。曾元、曾申坐於足，元、申，曾參之子。童子隅坐而執燭。隅坐，不與成人並。童子曰：「華而睆，大夫之簀與？」華，畫也。簀謂牀第也。說者以睆爲刮節目。字或爲刮。○睆，華板反。明貌。又音刮。簀音責。與音餘。畫，衡賣反。第，側吏反。子春曰：「止！」以病困不可動。曾子聞之，瞿然曰：「呼！」呼，虛憊之聲。○瞿，紀具反。下同。呼音吁。曰：「華而睆，大夫之簀與？」曾子曰：「然。斯季孫之賜也，我未之能易也。元，起易簀。」未之能易，已病故也。曾元曰：

夫子之病革矣。不可以變。幸而至於旦。請敬易之。言夫子者。曾子親沒之後。齊晉聘以爲卿而不爲也。革。急也。變。動也。幸。覬也。○革紀力反曾子曰。爾之愛我也不如彼。彼。童子也君子之愛人也以德。成己之德細人之愛人也以姑息。息。猶安也。言苟容取安也吾何求哉。吾得正而斃焉。斯已矣。斃。仆也。吾一作君。舉扶而易之。反席未安而沒。言病雖困。猶勤於禮。○沒音殁始死。充充如有窮。既殯。瞿瞿如有求而弗得。既葬。皇皇如有望而弗至。練而

慨然。祥而廓然。皆憂悼在心之貌也。求猶索物。○慨苦愛反廓苦郭反

邾婁復之以矢。蓋自戰於升陘始也。戰於升陘。魯僖二十二年秋也。時師雖勝。死傷亦甚。無衣可以招魂。○邾音誅婁力俱反。或如字陘音形

魯婦人之髽而弔也。自敗於臺鮐始也。敗於臺鮐。魯襄四年秋也。臺當爲壺。字之誤也。春秋傳作狐鮐。時家家有喪。髽而相弔。去纚而紒曰髽。禮。婦人弔服。大夫之妻錫衰。士之妻則疑衰與。皆吉笄無首素總。○髽側瓜反臺音胡鮐音臺去羌呂反纚所買反。又所綺反紒音計衰七雷反與音餘

南宮縚之妻之姑之喪南宮縚。孟僖子之子南宮閱也。字子容。其妻孔子兄女。○縚吐

刀反夫子誨之髽曰爾毋從從爾爾毋扈扈爾誨。教也。爾。女也。從從。謂大高。扈扈。謂大廣。爾。語助。○從音摠。一音崇。扈音戶。大音泰。蓋榛以爲笄長尺而總八寸總。束髮垂爲飾。齊衰之總八寸。○榛側巾反。長直亮反孟獻子禫縣而不樂比御而不入可以御婦人矣。尚不復寢。孟獻子。魯大夫仲孫蔑。○禫大感反。比必利反。下比及同夫子曰獻子加於人一等矣加猶踰也孔子既祥五日彈琴而不成聲哀未忘十日而成笙歌踰月且異旬也。祥亦凶事。用遠日。五日彈琴。十日笙歌。除由外也。琴以手。笙歌以氣有子蓋既祥。而絲屨組纓。譏其早也。禮。既祥白屨無絇。縞冠素紕。有子。孔子弟子有若。○屨音句組音祖絇其俱反死而不弔者三。謂輕身忘孝也畏。人或時以非罪攻己。不能有以說之。死之者。孔子畏於匡厭。行止危險之下。○厭于甲反溺。不乘橋船。○溺奴狄反子路有姊之喪。可以除之矣。而弗除也。孔子曰。何弗除也。子路曰。吾寡兄弟而弗忍也。孔子曰。先王制禮。行道之人。皆弗忍也。行道猶行仁義。○除如字。又治慮反子路聞之。遂除之。大公封於營丘。比及五世。皆反葬於周。齊大公受封。留爲大師。死葬於周。子孫生焉。不忍離也。五世之後。乃葬於齊。齊曰營丘。○大音泰。注及下同　君子曰。樂樂其所自生。禮不忘其本。言其似禮樂之義。○樂樂竝音岳。一讀下五教反。又音洛　古之人有言曰。狐死正丘首。仁也。正丘首。正首丘也。仁恩也。○首手又反　伯魚之母死。期而猶哭。伯魚。孔子子也。名鯉。猶。尚也。○期音基　夫子聞之曰。誰與哭者。門人曰。鯉也。夫子曰。嘻。其甚也。嘻。悲恨之聲。○與音餘。嘻許其反。又於其反　伯魚聞之。遂除之。舜葬於蒼梧之野。舜征有苗而死。因留葬焉。書說舜曰。陟方乃死。

蒼梧。於周南越之地。今爲郡。蓋三妃未之從也。古者不合葬。帝嚳而立四妃矣。象后妃四星。其一明者爲正妃。餘三小者爲次妃。帝堯因焉。至舜不告而取。不立正妃。但三妃而已。謂之三夫人。離騷所歌湘夫人。舜妃也。夏后氏增以三三而九。合十二人。春秋說云。天子取十二。即夏制也。以虞夏及周制差之。則殷人又增以三九二十七。合三十九人。周人上法帝嚳。立正妃。又三二十七。爲八十一人以增之。合百二十一人。其位。后也。夫人也。嬪也。世婦也。女御也。五者相三。以定尊卑。○嚳苦毒反

季武子曰。周公蓋祔。祔謂合葬。合葬自周公以來

曾子之喪。浴於爨室。見曾元之辭易簀。矯之以謙儉也。禮。死浴於適室。○爨七亂反。適丁歷反

大

功廢業。或曰。大功誦可也許其口習故也子張病。召申祥而語之曰。君子曰終。小人曰死申祥。子張子。欲使執喪成己志也。死之言澌也。事卒爲終。消盡爲澌。大史公傳曰。子張姓顓孫。今曰申祥。周秦之聲。二者相近。未聞孰是。○語魚據反。澌音賜。下同吾今日其庶幾乎言易成也。○易以豉反曾子曰。始死之奠。其餘閣也與不容改新。閣。庋藏食物。○奠田練反。庋九毀反。又居僞反曾子曰。小功不爲位也者。是委巷之禮也譏之也。位謂以親疏敘列哭也。委巷猶街里委曲所爲也子思之哭嫂也爲位善之也。禮。嫂叔無服

○嫂悉早反婦人倡踊有服者。娣姒婦小功。倡。先也。○倡昌尚反。踊音勇申祥之哭言思也亦然說者云。言思。子游之子。申祥妻之昆弟。亦無服。過此以往。獨哭。不爲位古者冠縮縫今也衡縫縮從也。今禮制。衡讀爲橫。今冠橫縫。以其辟積多。○縮所六反。縫音逢。又扶用反。下同。衡音橫。從子容反故喪冠之反吉非古也解時人之惑。喪冠縮縫。古冠耳曾子謂子思曰伋吾執親之喪也水漿不入於口者七日言已以疾時禮而不如子思曰先王之制禮也過之者俯而就之不至焉者跂而及之故君子之執親之喪也。水漿不入於口者三日，杖而后能起。爲曾子言難繼。以禮抑之。○跂丘跂反 曾子曰。小功不稅。據禮而言也。日月已過。乃聞喪而服曰稅。大功以上然。小功輕。不服。○稅他外反 則是遠兄弟終無服也。言相離遠者。聞之恒晚。而可乎。以已恩怪之。伯高之喪。伯高死時在衛。未聞何國人。孔氏之使者未至。謂賻賵者。○使色吏反。賵芳用反 冉子攝束帛乘馬而將之。冉子。孔子弟子冉有。攝猶貸也。○乘繩證反 孔子曰。異哉。徒使我不誠於伯高。徒猶空也。禮所以副忠信也。忠信而無禮。何傳乎○傳直專反伯高死於衛。赴於孔子。赴。告也。凡有舊恩者則使人告之孔子曰。吾惡乎哭諸以其交會尚新○惡音烏兄弟。吾哭諸廟。父之友。吾哭諸廟門之外別親疏也師。吾哭諸寢。朋友。吾哭諸寢門之外。所知。吾哭諸野別輕重也於野則已疏。於寢則已重已猶大也夫由賜也見我。吾哭諸賜氏本於恩。哭於子貢寢門之外○夫音扶。又如字見如字。又賢遍反遂命子貢爲之主明恩所由曰。爲爾哭也。來者拜之。知伯高而來者勿拜也異於正主。○爲于僞反。下皆同曾子曰。喪有疾。食肉飲酒。必有草木之滋焉。增以香味。爲其疾不嗜食以爲薑桂之謂也。爲記者正曾子所云。草木滋者。謂薑桂。子夏喪其子而喪其明。明。目精。○喪息浪反。下喪明。喪爾明同曾子弔之。曰。吾聞之也。朋友喪明則哭之。痛之曾子哭。子夏亦哭。曰。天乎。予之無罪也。怨天罰無罪曾子怒曰。商。女何無罪也。吾與女事夫子於洙泗之間。言其有師也。洙泗。魯水名。○女音汝。下同退而老於西河之上。西河。龍門至華陰之地。華胡化反。使西河之民疑女於夫子，爾罪一也。言其不稱師也。喪爾親，使民未有聞焉，爾罪二也。言居親喪無異稱。稱，尺證反。喪爾子，喪爾明，爾罪三也。言隆於妻子。而曰女何無罪與？子夏投其杖而拜曰：吾過矣！吾過矣！謝之，且服罪也。與音餘。吾離羣而索居，亦已久矣。羣謂同門朋友也。索猶散也。離音詈。索，悉各反，下注索居同。夫晝居於內，問其疾可也；似有疾。夜居於外，弔之可也；似有喪。是故君子非有大故，不宿於外。大故謂喪憂非致齊也。非疾也。不晝夜居於內內，正寢之中。齊，側皆反高子皐之執親之喪也子皐，孔子弟子，名柴。泣血三年言泣無聲。如血出未嘗見齒言笑之微。見，賢遍反君子以爲難言人不能然衰，與其不當物也，寧無衰惡其亂禮。不當物，謂精麤廣狹不應法制。衰，七雷反。下同。當，丁浪反齊衰不以邊坐，大功不以服勤爲褻衰喪服。邊，偏倚也。褻，息列反孔子之衛，遇舊館人之喪前日君所使舍己入而哭之哀，出，使子貢說驂而賻之賻，助喪用也。騑馬曰驂。說，他活反。

又始銳反。下及注同子貢曰。於門人之喪未有所說驂。說驂於舊館。無乃已重乎。言說驂大重。比於門人恩爲偏頗夫子曰。予鄉者入而哭之。遇於一哀而出涕。遇見也。舊館人恩雖輕。我入哭。見主人爲我盡一哀。是以厚恩待我。我爲出涕。恩重。宜有施惠。○鄉許亮反。出如字。又尺遂反。涕音體予惡夫涕之無從也。小子行之。客行無他物可以易之者。使遂以往。○惡烏路反。夫音扶孔子在衛。有送葬者。而夫子觀之。曰。善哉爲喪乎。足以爲法矣。小子識之。子貢曰。夫子何善爾也。曰。其往也如慕。其反也如疑（慕謂小兒隨父母啼呼。疑者。哀親之在彼。如不欲還然。【識】式志反。又音式。下皆同【呼】火故反）子貢曰。豈若速反而虞乎（速。疾）子曰。小子識之。我未之能行也（哀戚本也。祭祀末也）顏淵之喪。饋祥肉（饋。遺也。【饋】其位反）孔子出受之。入彈琴而后食之（彈琴以散哀也）與門人立。拱而尚右。二三子亦皆尚右（傚孔子也）。（【拱】恭勇反）孔子曰。二三子之嗜學也（嗜。貪。【嗜】市志反）我則有姊之喪故也。二三子皆尚左（復正也。喪尚右。）

右。陰也。吉尚左。左。陽也。孔子蚤作。作。起負手曳杖。消搖於門。欲人之怪已。○曳羊世反歌曰。泰山其頹乎。泰山。衆山所仰。○頹徒回反梁木其壞乎。梁木。衆木所放。○放方兩反哲人其萎乎。哲人。亦衆人所仰放也。以上二句喻之。萎。病也。詩云。無木不萎。○萎紆危反旣歌而入。當戶而坐。蚤坐。急見人也子貢聞之。曰。泰山其頹。則吾將安仰。梁木其壞。哲人其萎。則吾將安放。夫子殆將病也。覺孔子歌意。殆。幾也。○幾音祁。又音饑遂趨而入。夫子曰。賜。爾來何遲也。坐則望之夏后氏殯於東階之上。則猶在阼也。殷人殯於兩楹之間。則與賓主夾之也。周人殯於西階之上。則猶賓之也以三王之禮占已夢。○阼才故反。楹音盈。夾古洽反。而丘也殷人也。予疇昔之夜。夢坐奠於兩楹之間是夢坐兩楹之間而見饋食也。言奠者以爲凶象。疇發聲也。昔猶前也。夫明王不興。而天下其孰能宗予。予殆將死也孰誰也。宗。尊也。兩楹之間。南面鄉明。人君聽治正坐之處。今無明王。誰能尊我以爲人君乎。是我殷家奠殯之象。以此自知將死。蓋寢疾七日而沒明聖人知命孔子之喪。門人疑所服。（無喪師之禮）子貢曰。昔者夫子之喪顏淵。若喪子而無服。喪子路亦然。請喪夫子。若喪父而無服。（無服。不爲衰。弔服而加麻。心喪三年）

孔子之喪。公西赤爲志焉。（公西赤。孔子弟子。字子華。志謂章識）飾棺牆。（牆之障柩。猶垣牆障家）置翣。（牆。柳衣。翣。以布衣木。如攝與。○翣所甲反。衣去聲。攝所甲反。與音餘）設披。周也。設崇。殷也。綢練設旐。夏也。（夫子雖殷人。兼用三王之禮。尊之。披柩行夾引棺者。崇。崇牙。旌旗飾也。綢練。以練綢旌之杠。此旌。葬乘車所建也。旌之旐。緇布廣充幅。長尋曰旐。爾雅說旌旗曰。素錦綢杠。○披彼義反。綢吐刀反。又直留反。旐直小反。杠音江。乘繩證反。廣光浪反。子張之喪，公明儀爲志焉。志亦謂章識。褚幕丹質，以丹布幕爲褚。葬覆棺。不牆不翣。○褚張呂反。蟻結于四隅。畫褚之四角。其文如蟻行往來相交錯。蟻。蚍蜉也。殷之蟻結。似今蛇文畫。○蟻魚綺反。蚍避尸反。蜉音浮。殷士也。學於孔子。傚殷禮。子夏問於孔子曰：居父母之仇，如之何？夫子曰：寢苫枕干不仕，雖除喪。居處猶若喪也。干。盾也。○苫始占反。枕之鴆反。弗與共天下也。不可以竝生。遇諸市朝，不反兵而鬬。言雖適市朝。不釋兵。曰：請問居昆弟之仇如之何曰仕弗與共國銜君命而使雖遇之不鬬（爲負而廢君命○銜音咸使色吏反爲于僞反）曰請問居從父昆弟之仇如之何曰不爲魁（魁猶首也天文北斗魁爲首杓爲末○從如字徐才用反魁苦回反）主人能則執兵而陪其後（爲其負當成之）孔子之喪二三子皆絰而出（尊師也出謂有所之適然則凡弔服加麻者出則變服○絰大結反）羣居則絰出則否（羣謂七十二弟子相爲朋友服子夏曰吾離羣而索居）易墓非古也（易謂芟治草木不易者丘陵也○易以豉反）子路曰吾聞諸

夫子。喪禮與其哀不足而禮有餘也。不若禮不足而哀有餘也喪主哀祭禮。與其敬不足而禮有餘也。不若禮不足而敬有餘也祭主敬曾子弔於負夏負夏。衛地主人既祖塡池祖。謂移柩車去載處爲行始也。塡池。當爲奠徹。聲之誤也。奠徹。謂徹遣奠設祖奠。○塡音奠池音徹。又如字遣弃戰反推柩而反之反於載處。榮曾子弔。欲更始。○推昌佳反。又吐回反柩其久反降婦人而后行禮禮既祖而婦人降。今反柩。婦人辟之。復升堂矣。柩無反而反之。而又降婦人。蓋欲矜賓於此婦人。皆非。○辟音避復扶又反從

者曰禮與怪之曾子曰夫祖者且也且未定之辭○夫音扶

且胡爲其不可以反宿也給說從者又問諸

子游曰禮與疑曾子言非子游曰飯於牖下小斂

於戶內大斂於阼殯於客位祖於庭葬於墓

所以即遠也故喪事有進而無退明反柩非○飯煩晚反牖音有斂力驗反阼才故反曾子聞之曰多矣乎予出祖

者善子游言且服也曾子襲裘而弔子游裼裘而弔

曾子指子游而示人曰夫夫也爲習於禮者

如之何其裼裘而弔也曾子蓋知臨喪無飾。夫夫猶言此丈夫也。子游於時名爲習禮。○（裼）先激反（夫）（夫）上音扶。下如字。一讀竝如字主人既小斂。袒括髮。子游趨而出。襲裘帶絰而入於主人變乃變也。所弔者朋友。○（袒）徒旱反曾子曰：我過矣，我過矣。夫夫是也服。且善子游子夏既除喪而見。見於孔子。○（見）音現。下同予之琴。和之而不和。彈之而不成聲樂由人心。○（予）羊汝反。下同（和）音禾。或胡卧反。下同作而曰：哀未忘也。先王制禮而弗敢過也作起子張既除喪而見予之琴。和之而和。彈之而成聲。作而曰。先王制禮。不敢不至焉。雖情異。善同。俱順禮。司寇惠子之喪。惠子。衛將軍文子彌牟之弟惠叔蘭也。生虎者。子游爲之麻衰。牡麻絰。惠子廢適立庶。爲之重服以譏之。麻衰。以吉服之布爲衰。○爲，于僞反。文子辭曰。子辱與彌牟之弟游。謝其存時。又辱爲之服。敢辭。止之服也。子游曰。禮也。文子退反哭。子游名習禮。文子亦以爲當然。未覺其所譏。子游趨而就諸臣之位。深識之。大夫之家臣。位在賓後。文子又辭曰。子辱與彌牟之弟游。又辱爲之服。又辱臨其喪。敢辭（止之在臣位）子游曰。固以請（再不從命）文子退扶適子南面而立。曰。子辱與彌牟之弟游。又辱爲之服。又辱臨其喪。虎也敢不復位（覺所識也。虎適子名。文子親扶而辭。敬子游也。南面而立。則諸臣位在門內北面明矣）子游趨而就客位（所識行）將軍文子之喪。既除喪而后越人來弔。主人深衣練冠。待于廟。垂涕洟（主人。文子之子簡子瑕也。深衣練冠。凶服變也。待于廟。受弔不迎賓也。○涕他計反。洟音夷。自目曰涕。自鼻曰洟）子游觀之曰。

將軍文氏之子。其庶幾乎。亡於禮者之禮也。其動也中中禮之變。○中丁仲反。注及下注同幼名。冠字。五十以伯仲。死謚。周道也。經也者實也所以表哀戚。○冠古亂反掘中霤而浴。毀竈以綴足。及葬。毀宗躐行。出于大門。殷道也明不復有事於此。周人浴不掘中霤。葬不毀宗躐行。毀宗。毀廟門之西而出。行神之位。在廟門之外。○掘求月反。又求勿反。霤力救反。綴丁劣反。又丁衞反。躐良輒反。復扶又反學者行之學於孔子者行之。傚殷禮子柳之母死。子碩請具具。葬之器用。子柳。魯叔仲皮之子。子碩兄。○碩音石子柳曰。何以哉。言無其財子碩曰。請粥庶弟之母。粥，謂嫁之也。妾賤，取之曰買。○粥音育子柳曰。如之何其粥人之母以葬其母也。不可。忠恕既葬，子碩欲以賻布之餘具祭器。古者謂錢爲泉布。所以通布貨財子柳曰。不可。吾聞之也。君子不家於喪。惡因死者以爲利請班諸兄弟之貧者。以分死者所矜也。祿多則與鄰里鄉黨君子曰。謀人之軍師，敗則死之。謀人之邦邑，危則亡之。利己亡衆，非忠也。言亡之者，雖辟賢，非義退公叔文子升於瑕丘。蘧伯玉從二子。衛大夫。文子。獻公之孫名拔。蘧其魚反。從才用反。又如字。文子曰。樂哉斯丘也。死則我欲葬焉。蘧伯玉曰。吾子樂之。則瑗請前。刺其欲害人良田。瑗。伯玉名。樂音洛。下同。一五教反。瑗于眷反。又於願反。弁人有其母死。而孺子泣者。言聲無節。弁皮彥反。孔子曰。哀則哀矣。此誠哀。而難爲繼也。失禮中。夫禮。爲可傳也。爲可繼也。故哭踊有節。傳直專反。叔孫武叔之母死。武叔。公子牙之六世孫。名州仇。毀孔子者。既小斂。舉者出戶。出戶袒。且投其冠。括髮尸出戶。乃變服。失哀節。冠。素委貌。子游曰。知禮嗤之扶君。卜人師扶右。射人師扶左謂君疾時也。卜當爲僕。聲之誤也。僕人射人。皆平生時贊正君服位者。○卜音僕君薨以是舉不忍變也。周禮射人。大喪與僕人遷尸從母之夫。舅之妻。二夫人相爲服。君子未之言也二夫人猶言此二人也。時有此二人同居。死相爲服者。甥居外家而非之。○從才用反。夫音扶。爲于僞反或曰同爨緦。以同居生緦之親可○爨七亂反。緦音絲喪事欲其縱縱爾趨事貌。縱讀如揔領之揔。○縱音揔吉事欲其折折爾安舒貌。詩云。好人提提。折大兮反故喪事雖遽不陵節。吉事雖止不怠陵躐也。止。立俟事時也。怠。惰也故騷騷爾則野謂大疾。騷素刀反大音泰鼎鼎爾則小人謂大舒君子蓋猶猶爾疾舒之中喪具。君子恥具辟不懷也。喪具棺衣之屬一日二日而可爲也者君子弗爲也謂絞紟衾冒。絞戶交反。後同。紟其蔭反冒莫報反喪服。兄弟之子猶子也。蓋引而進之也。嫂叔之無服也。蓋推而遠之也或引或推。重親遠別。遠于萬反別彼列反姑姊妹之薄也。蓋有受我而厚之者也欲其一心於厚之者。姑姊妹嫁。大功。夫爲妻。期。食於有喪者之側。未嘗飽也助哀戚也。曾子與客立於門側。其徒趨而出徒。謂客之旅。曾子曰。爾將何之。曰。吾父死。將出哭於巷以爲不可發凶於人之館。曰。反哭於爾次次。舍也。禮館人使專之。若其自有然。曾子北面而弔焉。孔子曰。之死而致死之。不仁而不可爲也。之死而致生之。不知而不可爲也之。往也。死之生之。謂無知與有知也。爲猶行也。是故竹不成用。瓦不成味。木不成斲成猶善也。竹不可善用。謂邊無縢。味當作沫。沫。靧也。○味亡曷反。斲陟角反。靧音悔琴瑟張而不平。竽笙備而不和。無宮商之調。○和胡卧反有鐘磬而無簨虡。不縣之也。橫曰簨。植曰虡。○簨息允反。虡音巨其曰明器。神明之也。言神明死者也。神明者非人所知。故其器如此有子問於曾子曰。問喪於夫子乎。有子。孔子弟子有若也。夫子卒後問此。庶有異聞也。喪謂仕失位也。魯昭公孫於齊。曰喪人。其何稱。○喪息浪反。下同。孫音遜曰。聞之矣。喪欲速貧。死欲速朽。有子曰。是非君子之言也。貧朽非人所欲曾子曰。參也聞諸夫子也。有子又曰。是非君子之言也。曾子曰。參也與子游聞之。有子曰。然。然則夫子有爲言之也。曾子以斯言告於子游。子游曰。甚哉有子之言似夫子也。昔者夫子居於宋。見桓司馬自爲石椁。三年而不成。桓司馬。宋向戌之孫。名魋。○爲于僞反。下皆同。向式上反。戌音恤。魋大回反。夫子曰。若是其靡也。死不如速朽之愈也。死之欲速朽。爲桓司馬言之也。靡侈。南宮敬叔反。必載寶而朝。敬叔。魯孟僖子之子仲孫閱。蓋嘗失位去魯。得反。載其寶來朝於君。○朝直遙反　夫子曰：若是其貨也，喪不如速貧之愈也。喪之欲速貧，爲敬叔言之也。曾子以子游之言告於有子，有子曰：然。吾固曰非夫子之言也。曾子曰：子何以知之？有子曰：夫子制於中都，四寸之棺，五寸之椁，以斯知不欲速朽也。中都，魯邑名也。孔子嘗爲之宰，爲民作制。孔子由中都宰爲司空，由司空爲司寇。昔者夫子失魯司寇，將之荆，將應聘於楚。○應去聲　蓋先之以子夏，又申之以冉有。

以斯知不欲速貧也言汲汲於仕得祿陳莊子死赴於魯魯人欲勿哭君無哭鄰國大夫之禮陳莊子齊大夫陳恒之孫名伯繆公召縣子而問焉縣子曰古之大夫束脩之問不出竟雖欲哭之安得而哭之以其不外交。繆音木竟音境今之大夫交政於中國雖欲勿哭焉得而弗哭言時君弱臣强政在大夫專盟會以交接。焉於虔反且臣聞之哭有二道有愛而哭之有畏而哭之以權微勸之公曰然然則如之何而可縣子曰請哭諸異姓之廟明不當哭於是與哭諸縣氏。仲憲言於曾子曰。夏后氏用明器。示民無知也所謂致死之。仲憲。孔子弟子原憲殷人用祭器。示民有知也所謂致生之周人兼用之。示民疑也言使民疑於無知與有知曾子曰。其不然乎。其不然乎非其說之非也夫明器。鬼器也。祭器。人器也。夫古之人。胡爲而死其親乎言仲憲之言。三者皆非。此或用鬼器。或用人器公叔木有同母異父之昆弟死。問於子游木當爲朱。春秋作戍。衛公叔文子之子。定公十四年奔魯。(木)式樹反。又音朱子游曰。其大功乎。疑所服也。親者屬大功是狄儀有同母異父之昆弟死。問於子夏。子夏曰。我未之前聞也。魯人則爲之齊衰。狄儀行齊衰。今之齊衰。狄儀之問也。子思之母死於衛子思。孔子孫。伯魚之子。伯魚卒。其妻嫁於衛柳若謂子思曰。子聖人之後也。四方於子乎觀禮。子蓋慎諸柳若。衛人也。見子思欲爲嫁母服。恐其失禮。戒之。嫁母齊衰期子思曰。吾何慎哉。吾聞之。有其禮。無其財。君子弗行也

謂時可行。而財不足以備禮　有其禮。有其財。無其時。君子
弗行也　謂財足以備禮。而時不得行者　吾何慎哉　時所止則止。時所行
則行。無所疑也。喪之禮如子。贈襚之屬。不踰主人　縣子瑣曰。吾聞之。
古者不降。上下各以其親　古謂殷時也。上不降遠。下不降卑
滕伯文為孟虎齊衰。其叔父也。為孟皮齊衰
其叔父也　伯文。殷時滕君也。爵為伯。名文。○為去聲。下同　后木曰。喪
吾聞諸縣子曰。夫喪不可不深長思也　后木。魯孝
公子惠伯鞏之後　買棺外內易。我死則亦然　此孝子之事。非

所託以豉反○（易）曾子曰尸未設飾故帷堂小斂而徹帷仲梁子曰夫婦方亂故帷堂小斂而徹帷斂者動搖尸帷堂爲人褻之言方亂非也仲梁子魯人也小斂之奠子游曰於東方曾子曰於西方斂斯席矣曾子以俗說非又大斂奠於堂乃有席小斂之奠在西方魯禮之末失也末世失禮之爲縣子曰綌衰繐裳非古也非時尚輕涼慢禮○（綌）去逆反（衰）七回反（繐）音歲子蒲卒哭者呼滅滅蓋子蒲名子皋曰若是野哉非之也唯復呼名子皋孔子弟子高柴哭

者改之。杜橋之母之喪，宮中無相，以爲沽也。
沽猶略也。○相息亮反，沽音古。夫子曰：始死，羔裘玄冠者易
之而已。羔裘玄冠，夫子不以弔。不以吉服弔喪。○易音亦。
又以豉反。子游問喪具。夫子曰：稱家之有亡。子游
曰：有亡惡乎齊？惡乎齊，問豐省之比。○稱尺證反，亡如字，一音無，下同。惡
音烏，齊才細反，又如字，比必利反。夫子曰：有毋過禮，苟亡矣，
斂首足形，形，體。○斂力驗反。還葬，還之言便也。言已斂即葬，不待三月。
○還句緣反。縣棺而封，不設碑繂，不備禮。封當爲窆。窆，下棺也。春秋傳作塴。

○縣音懸封彼驗反又甫鄧反繂音律堋北鄧反文豈有非之者哉

不責於人所不能司士賁告於子游曰請襲於牀時失之也。禮，唯始死廢牀。○賁音奔子游曰諾。縣子聞之曰汰哉叔氏專以禮許人當言禮然。言諾非也。叔氏子游字。○汰音泰

宋襄公葬其夫人醯醢百甕。曾子曰既曰明器矣而又實之言名之爲明器而與祭器皆實之。是亂鬼器與人器。○醯呼兮反醢音海

孟獻子之喪獻子魯大夫仲孫蔑司徒旅歸四布旅下士也。司徒使下士歸四方之賻布夫子曰可也時人皆貪。善其能廉。

讀賵。曾子曰。非古也。是再告也。曾子言喪禮。祖而讀賵。賓致命將行。主人之史又讀賵。所以存錄之。成子高寢疾。成子高。齊大夫國成伯高父也。慶遺入請曰。子之病革矣。如至乎大病則如之何。觀其意。革。急也。遺。慶封之族。○遺于季反。又如字。革紀力反。子高曰。吾聞之也。生有益於人。死不害於人。吾縱生無益於人。吾可以死害於人乎哉。我死。則擇不食之地而葬我焉。不食。謂不墾耕。子夏問諸夫子曰。居君之母與妻之喪。居處言語飲食衎爾。衎爾。自得貌。爲小君。惻隱不能至。○衎若旦反賓客至。無所館。

夫子曰。生於我乎館。死於我乎殯。仁者不厄人

國子高曰。葬也者。藏也。藏也者。欲人之弗得見

也。是故衣足以飾身。棺周於衣。椁周於棺。土

周於椁。言皆所以爲深邃。難人發見之也。國子高。成子高也。成。謚也。○難。乃旦反

見。如字。又賢遍反反壤樹之哉。反。復也。怪不如大古也。而反封樹之。意在

於儉。非周禮。○壤而丈反。復。扶又反。舊音服孔子之喪。有自燕來

觀者。舍於子夏氏。子夏曰。聖人之葬人與人

之葬聖人也，子何觀焉？與，及也。（燕）烏田反 昔者夫子言之曰：吾見封之若堂者矣，封，築土爲壟。堂形四方而高 見若坊者矣，坊形旁殺，平上而長。（坊）音防 見若覆夏屋者矣，覆謂茨瓦也。夏屋，今之門廡也。其形旁廣而卑 見若斧者矣，斧形旁殺，刃上而長 從若斧者焉，孔子以爲刃上難登，狹又易爲功 馬鬣封之謂也。俗間名。（鬣）力輒反 今一日而三斬板而已封，板，蓋廣二尺，長六尺。斬板，謂斷其縮也。三斷止之，旁殺。蓋高四尺。其廣袤未聞也。詩云：縮板以載。（斷）音短（廣）古曠反（袤）音茂 尚行夫子之志乎哉！尚，庶幾也婦人不葛帶婦人質。不變重者。至期除之。卒哭變經而已有薦新。如朔奠重新物。爲之殷奠既葬各以其服除卒哭當變衰麻者變之。或有除者。不視主人池視重霤如堂之有承霤也。承霤以木爲之。用行水。亦宮之飾也。柳宮象也。以竹爲池。衣以靑布。縣銅魚焉。今宮中有承霤云以銅爲之○重直容反。霤力救反。衣于既反君即位而爲椑椑。謂杝棺親尸者。椑堅著之言也。言天子椑內。又有水兕革棺○椑蒲歷反。又房益反。杝音移。著直略反歲壹漆之若未成然藏焉虛之。不合復楔齒綴足飯設飾帷堂竝作設飾。謂遷尸又加新衣。○楔悉節反。綴丁劣反。又丁衛反。飯煩晚反父兄命赴者謂大夫以上也。士主人親命之。君復於小寢、大寢、小祖、大祖、庫門、四郊。尊者求之備也。亦他日所嘗有事。喪不剝奠也與？祭肉也與？剝猶倮也。有牲肉則巾之，為其久設，塵埃加也。脯醢之奠不巾。○剝，邦角反。與音餘，下同。倮，力果反。既殯，旬而布材與明器。木工宜乾腊，且豫成。材，椁材也。○腊音昔。朝奠日出，夕奠逮日。陰陽交接，庶幾遇之。○逮音代，或大計反。父母之喪，哭無時。使必知其反也。謂既練，或時為君服金革之事，反必有祭。練，練衣黃裏、縓緣。小祥練冠、練中衣，以黃為內，縓為飾。黃之色卑於纁。縓，纁之類。明外

除。○縓七絹反緣悅絹反。下注同葛要絰。繩屨無絇。角瑱。瑱充
耳也。吉時以玉。人君有瑱。○要一遙反絰大結反絇其俱反瑱吐練反鹿裘衡
長袪衡當爲橫。字之誤也。袪謂褎緣袂口也。練而爲裘。橫廣之。又長之。又爲袪。則先
時狹短無袪可知。吉時麛裘。○衡華彭反。下衡三同袪起魚反。又丘據反褎徐秀反袪。
裼之可也裼。表裘也。有袪而裼之。備飾也。玉藻曰。麛裘青豻褎。絞衣以裼之。鹿
裘亦用絞乎。○裼音昔麛音迷豻音岸絞戶交反有殯。聞遠兄弟之
喪。雖緦必往。親骨肉也非兄弟。雖鄰不往。䟽無所親也所
識。其兄弟不同居者皆弔。就其家弔之。成恩舊也天子

之棺四重尚深邃也。諸公三重。諸侯再重。大夫一重。士不重。○重直龍反水兕革棺被之其厚三寸以水牛兕牛之革以爲棺被。革各厚三寸。合六寸也。此爲一重。被皮寄反。厚胡豆反杝棺一所謂椑棺也。爾雅曰。椵杝○杝羊支反。椵徒亂反梓棺二所謂屬與大棺。○屬音燭四者皆周周。帀也。凡棺用能濕之物○帀子合反。能乃代反棺束縮二衡三衽每束一衡亦當爲横。衽。今小要衽。或作漆。或作髹。○衽而審反。又而鴆反。髹許求反柏椁以端長六尺以端。題湊也。其方蓋一尺。○題頭也。湊七豆反天子之哭諸侯也爵弁絰紂衣服士之祭服以哭之。明爲變也。天子至尊。不見尸柩。不弔服。麻不加於采。此言經。衍字也。時人聞有弁經。因云之耳。周禮。王弔諸侯弁經緦衰也。○或曰使有司(紂)側其反(爲)于僞反。下皆同哭之。非也。哀戚之事不可虛。爲之不以樂食。蓋謂殯斂之閒。天子之殯也。菆塗龍輴以椁菆木以周龍輴如椁而塗之。天子殯以輴車畫轅爲龍。○(菆)才官反(輴)勑龍反加斧于椁上畢塗屋斧謂之黼。白黑文也。以刺繡於繆幕。加椁以覆棺。已乃屋其上。盡塗之。○(繆)音消天子之禮也。唯天子之喪有別姓而哭使諸侯同姓異姓庶姓相從而爲位。別於朝覲來時。朝覲爵同同位。○(別)彼列反魯哀公誄孔丘曰。天不遺耆老。莫相予位焉。嗚呼哀哉。尼父。誄其行以爲謚也。莫。無也。相。佐也。言孔子死。無佐助我處位者。尼父。因且字以爲之謚。○誄力軌反。耆巨支反。相息亮反。國亡大縣邑。公卿大夫士皆厭冠。哭於大廟三日。君不舉。軍敗失地。以喪歸也。厭冠。今喪冠。其服未聞。○厭于葉反。大音泰。或曰。君舉而哭於后土。后土。社也。孔子惡野哭者。爲其變衆。周禮。銜枚氏掌禁野叫呼歎嗚於國中者。行歌哭於國中之道者。○惡烏路反。呼火故、火胡二反。未仕者不敢税人。如税人。則以父兄之命。不專家財也。税。謂遺予人。○税如銳反維季反(遺)士備入而后朝夕踊備猶盡也。國君之喪。嫌主人哭。入則踊祥而縞縞冠素紕也。○(縞)古老反(紕)避支反是月禫徙月樂言禫明月可以用樂○(禫)大感反君於士有賜帟帟。幕之小，所以承塵。賜之則張於殯上。大夫幕人職共焉。○(帟)音亦(共)音恭

乾隆四十八年 禮記二 三十五

禮記卷第二



相臺岳氏刻梓荊谿家塾

舉人臣胡鈺敬書

# 禮記卷二考證

檀弓杜氏之葬註自見夷人冢墓以爲宅○爲宅 殿本閣本永懷堂本俱作爲寢案宅與寢義同凡居室曰寢劉氏亦云寢者所以安其家宅居處也見爾雅釋言原本爲宅二字意甚明曉

蓋三妃未之從也註五者相三以定尊卑○ 殿本作五者相參以定尊果案博雅參三也前漢刑法志秦造參夷之誅參與三同據此則參三兩字本可通用而果字則卑字之訛也

梁木其壞○案謝枋得見劉尚書美中家藏古本禮記

此句下有則吾將安仗五字

置翣註如攝與○案攝漢時之扇楚語屏攝之位註攝形如今要扇字本作攝从手　殿本閣本作襵从衣乃裙襵字梁簡文帝樂府熨斗成裙襵是也意古或通用耳

食於有喪者之側○食字上應鏞謂脫孔子二字

有無惡乎齊○案無字本與亡通但此處上下文俱亡字不宜參用應依　殿本改正

讀賵註曾子言非禮祖而讀賵賓致命將行主人之吏又讀賵○非禮　殿本作喪禮蓋鄭氏引喪禮之文

明本文再告之義耳又案儀禮主人之史請讀賵訓如祝史之史原本作吏訛並據改

池視重霤註如堂之有承霤也○堂　殿本坊本作屋案說文霤屋水流也玉藻註如屋霤之垂又左思吳都賦玉堂對霤註云堂前有承霤據此則二字皆可從

莪塗龍輴以椁註莪木以周龍輴如椁而塗之○案孔疏解以椁曰題湊莪木象椁之形此鄭註所以云如椁也如字諸本俱訛作加

禮記卷第三

檀弓下第四　　鄭氏註

君之適長殤車三乘。公之庶長殤車一乘。大夫之適長殤車一乘。皆下成人也。自上而下。降殺以兩。成人遣車五乘。長殤三乘。下殤一乘。尊卑以此差之。庶子言公。卑遠之。傳曰。大功之殤。中從上。○適丁歷反。下同。長丁丈反。下同。殤音傷。乘去聲。皆下戶嫁反。殺色戒反。遣弃戰反。公之喪。諸達官之長杖。謂君所命。雖有官職。不達於君。則不服斬。君於大夫。將葬。弔於宮。及出。命引之。三步則止。以義

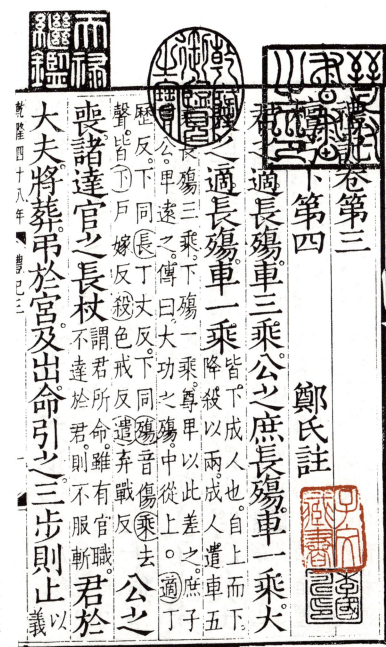

奪孝子宮。殯宮。出。謂柩已在路。如是者三。君退退。去也。三命引之。凡移九步朝亦如之。哀次亦如之君弔不必於宮。朝。喪朝廟也。次。他日賓客所受大門外舍也。孝子至此而哀。君或於是弔焉。○朝直遙反五十無車者不越疆而弔人氣力始衰。○疆居良反季武子寢疾。蟜固不說齊衰而入見。曰。斯道也將亡矣。士唯公門說齊衰季武子。魯大夫季孫夙也。世爲上卿。强且專政。國人事之如君。蟜固能守禮不畏之。矯失俗也。道猶禮也。○蟜居表反。說他活反。又申銳反。下同。見賢遍反武子曰。不亦善乎。君子表微時無如之何。佯若善之。表猶明也。及其喪也，曾點倚其門而歌。明已不與也。點字晳。曾參父。○點多忝反。倚于綺反。大夫弔，當事而至，則辭焉。辭猶告也。擯者以主人有事告也。主人無事則爲大夫出。○擯必刃反。後放此。弔於人，是日不樂。君子哀樂不同日。子於是日哭，則不歌。○樂音岳。又音洛。婦人不越疆而弔人。不通於外。行弔之日，不飲酒食肉焉。以全哀也。弔於葬者必執引，若從柩及壙，皆執紼。示助之以力。車曰引。棺曰紼。從柩贏者弗。○引音酳。壙苦晃反。又音壙。後同。紼音弗。贏音盈。喪公弔之，必有拜者。往謝之。雖朋友州里舍人可也謂無主後弔曰寡君承事示亦爲執事來主人曰臨君辱臨其臣之喪○臨如字又力鴆反君遇柩於路必使人弔之君於民臣有父母之恩大夫之喪庶子不受弔不以賤者爲有爵者主妻之昆弟爲父後者死哭之適室以其正也子爲主袒免哭踊親者主之○免音問夫入門右北面辟正主○辟音避下辟難同使人立于門外告來者狎則入哭狎相習知者○使色吏反又如字狎戶甲反父在哭於妻之室不以私喪干尊非爲父後者哭諸異室有殯

聞遠兄弟之喪，哭于側室。嫌哭殯。無側室，哭于門內之右。近南者，爲之變位。同國則往哭之。喪無外事。子張死，曾子有母之喪，齊衰而往哭之。或曰："齊衰不以弔。"以其無服非之。曾子曰："我弔也與哉？"於朋友哀痛甚，而往哭之，非若凡弔。○與音餘。有若之喪，悼公弔焉。悼公，魯哀公之子。子游擯由左。擯，相侑喪禮者。喪禮廢亡，時人以爲此儀當如詔辭，而皆由右相，是善子游正之。孝經說曰："以身擯侑。"○擯必刃反。相息亮反，下同。齊穀王姬之喪，穀當爲告，聲之誤也。王姬，周女，齊襄公之夫人。○穀音告，又古毒反。

魯莊公爲之大功。或曰。由魯嫁。故爲之服姊妹之服。或曰外祖母也。故爲之服春秋。周女由魯嫁卒。服之如內女。服姊妹。是也。天子爲之無服。嫁於王者之後。乃服之。莊公。齊襄公女弟文姜之子。當爲舅之妻。非外祖母也。外祖母又小功也○爲之。去聲。下及注同晉獻公之喪。秦穆公使人弔公子重耳獻公殺其世子申生。重耳辟難出奔。是時在翟。就弔之○重直龍反。下皆同翟音迪且曰。寡人聞之。亡國恒於斯。得國恒於斯言在喪代之際雖吾子儼然在憂服之中。喪亦不可久也。時亦不可失也。孺子其圖之。勸其反國。意欲納之。喪。謂亡失位。孺，稚也。○儼魚檢反。喪息浪反。下皆同。孺如樹反。以告舅犯。舅犯，重耳之舅狐偃也。字子犯。舅犯曰。孺子其辭焉。喪人無寶。仁親以爲寶。寶謂善道可守者。仁親，親行仁義。父死之謂何。又因以爲利。欲反國求爲後。是利父死。而天下其孰能說之。孺子其辭焉。說猶解也。公子重耳對客曰。君惠弔亡臣重耳。身喪父死。不得與於哭泣之哀。以爲君憂。謝之。○與音預。父死之謂何。或敢有他志。以辱君義。稽顙而不拜。哭而起。起而不私。他志。謂利心。稽音啓。顙桑黨反子顯以致命於穆公。使者。公子縶也。盧氏云。古者名字相配。顯當作韅。顯呼遍反。又苦見反。縶陟立反穆公曰。仁夫公子重耳。夫稽顙而不拜。則未爲後也。故不成拜。哭而起。則愛父也。起而不私。則遠利也。夫音符。遠于萬反帷殯。非古也。自敬姜之哭穆伯始也。穆伯。魯大夫。季悼子之子公甫靖也。敬姜。穆伯妻。文伯歜之母也。禮。朝夕哭不帷。歜昌燭反喪禮。哀戚之至也。節哀。順變也。君子念始之者也。始猶生也。

念父母生已。不欲傷其性。復盡愛之道也。有禱祠之心焉。復謂招魂。且分禱五祀。庶幾其精氣之反。○禱丁老反。一音丁報反。望反諸幽。求諸鬼神之道也。鬼神處幽闇。望其從鬼神所來。北面求諸幽之義也。鄉其所從來也。禮。復者升屋北面。○鄉許亮反。拜稽顙。哀戚之至隱也。稽顙。隱之甚也。隱痛也。稽顙者。觸地無容。飯用米貝。弗忍虛也。不以食道。用美焉爾。尊之也。食道褻。米貝美。○飯扶晚反。褻息列反。銘。明旌也。神明之旌。以死者爲不可別已。故以其旗識之。不可別。形貌不見。○別彼列反。識式至反。又如字愛之斯錄之矣。敬之斯盡其道焉耳。
謂重與奠。○重直龍反。下皆同重主道也。始死未作主。以重主其神也。重既虞
而埋之。乃後作主。春秋傳曰。虞主用桑。練主用栗殷主綴重焉。綴猶聯也。
殷人作主。而聯其重。縣諸廟也。去顯考。乃埋之。○綴丁劣反。又丁衛反周主重
徹焉。周人作主。徹重埋之。奠以素器。以生者有哀素之
心也。哀素。言哀痛無飾也。凡物無飾曰素唯祭祀之禮。主人自
盡焉爾。豈知神之所饗。亦以主人有齊敬之
心也。哀則以素。敬則以飾。禮由人心而已。○齊側皆反辟踊。哀之至

也。有筭爲之節文也。筭數也。辟婢亦反。筭桑亂反。袒括髮變也。慍哀之變也。去飾。去美也。袒括髮。去飾之甚也。有所袒有所襲。哀之節也。弁經葛而葬。與神交之道也。接神之道。不可以純凶。天子諸侯變服而葬。冠素弁。以葛爲環經。既虞卒哭。乃服受服也。雜記曰。凡弁經。其衰侈袂。括觀闊反。慍紆粉反。又紆運反。去羌呂反。有敬心焉。踰時哀衰而敬生。敬則服有飾。大夫士三月而葬。未踰時。衰如字。周人弁而葬。殷人冔而葬。周弁殷冔。俱象祭冠而素。禮同也。冔況甫反。歠主人主婦室老爲其病也。

君命食之也尊者奪人易也。歠，歠粥也。歠昌悅反。又常悅反。爲于僞反。下同。食音嗣。易以豉反。反哭升堂反諸其所作也親所行禮之處。主婦入于室反諸其所養也。親所饋食之處。養羊尚反。反哭之弔也哀之至也反而亡焉失之矣於是爲甚哀痛甚。殷既封而弔周反哭而弔封當爲窆。窆，下棺也。封彼驗反。下同。孔子曰殷已慤吾從周慤者得哀之始。未見其甚。慤苦角反。葬於北方北首三代之達禮也之幽之故也。北方國北也。首手又反。既封主人贈而祝宿虞尸贈。以幣送死者於壙也。於主人贈。祝先歸既反哭。主人與有司視虞牲日中將虞。省其牲有司以几筵舍奠於墓左。反。日中而虞所使奠墓有司來歸。乃虞也。舍奠墓左。爲父母形體在此。禮其神也。周禮。冢人。凡祭墓爲尸。○舍音釋葬日虞。弗忍一日離也弗忍其無所歸。○離力智反。下同是日也。以虞易奠虞。喪祭也卒哭曰成事既虞之後。卒哭而祭。其辭蓋曰。哀薦成事。成祭事也。祭以吉爲成。○卒遵聿反是日也。以吉祭易喪祭卒哭吉祭。○易以豉反。又音亦明日祔于祖父祭告於其祖之廟。○祔音附其變而之吉祭也。比至於祔，必於是日也接，不忍一日末有所歸也。末，無也。日有所用接之。虞禮所謂他用剛日也。其祭祝曰哀薦曰成事。○比，必利反。末，莫曷反。殷練而祔，周卒哭而祔。孔子善殷。期而神之，人情。君臨臣喪，以巫祝桃茢執戈，惡之也。為有凶邪之氣在側。君聞大夫之喪，去樂卒事而往，未襲也。其已襲則止巫，去桃茢。桃，鬼所惡。茢，萑苕，可埽不祥。○茢音列，又音例。惡，烏路反。萑音完。苕，大彫反。所以異於生也。生人無凶邪。喪有死之道焉，言人之死有如鳥獸死之狀。鳥獸之死，人賤之。先王之所難言也。聖人不明說。爲人甚惡之○難乃旦反喪之朝也。順死者之孝心也。朝。謂遷柩於廟。○朝直遙反。注及下皆同其哀離其室也。故至於祖考之廟而后行。殷朝而殯於祖。周朝而遂葬。孔子謂爲明器者。知喪道矣。備物而不可用也。神與人異道。則不相傷哀哉。死者而用生者之器也。不殆於用殉乎哉。殆。幾也。殺人以衞死者曰殉。用其器者。漸幾於用人。○殉辭俊反幾音祈。又音機其曰明器。神明之也。神明死者。異於生人塗車芻靈。自古有之。芻靈。束茅爲人馬。謂之靈者。神之類

○芻初拘反明器之道也言與明器同孔子謂爲芻靈者善。謂爲俑者不仁。不殆於用人乎哉。俑。偶人也。有面目機發。有似於生人。孔子善古而非周。○俑音勇穆公問於子思曰。爲舊君反服。古與。仕焉而已者。穆公。魯哀公之曾孫。○爲于僞反。下皆同。與音餘。下同子思曰。古之君子進人以禮。退人以禮。故有舊君反服之禮也。今之君子進人若將加諸膝。退人若將隊諸淵。毋爲戎首。不亦善乎。又何反服之禮之有。言放逐之臣。不服舊君也。爲兵

主來攻伐曰戎首。○悼公之喪。季昭子問於
滕音悉隊直媿反
孟敬子曰。爲君何食。悼公。魯哀公之子。昭子。康子之曾孫名强。敬子。武伯之子名捷。○捷在接反
敬子曰。食粥。天下之達禮也。
吾三臣者之不能居公室也。四方莫不聞矣。言鄰國皆知吾等不能居公室以臣禮事君也。三臣。仲孫。叔孫。季孫氏
勉而爲瘠。則吾能。毋乃使人疑夫不以情居瘠者乎
哉。我則食食。存時不盡忠。喪又不盡禮。非也。孔子曰。喪事不敢不勉。○瘠在益反夫音扶食食上如字。下音嗣
衞司徒敬子死。司徒。官氏。公子許之

後

子夏弔焉。主人未小斂。絰而往。子游弔焉。主人既小斂。子游出絰反哭。皆以朋友之禮往。而二人異子夏曰。聞之也與。曰。聞諸夫子。主人未改服則不絰。曾子曰。晏子可謂知禮也已。恭敬之有焉。言禮者敬而已矣有若曰。晏子一狐裘三十年。遣車一乘。及墓而反。國君七个。遣車七乘。大夫五个。遣車五乘。晏子焉知禮。言其大儉偪下。非之。及墓而反。言其既窆則歸。不留賓客有事也。人臣賜車馬者。乃得有遣車。遣車之差。大夫五。諸侯七。則天子九。諸侯不以命數。喪數略也。个謂所包遣奠牲體之數也。雜記曰。遣車視牢具。○遣弃戰反。下文及注同。乘繩證反。下同。个古賀反。下及注同。焉於虔反。大音泰。或他佐反

曾子曰。國無道。君子恥盈禮焉。國奢則示之以儉。國儉則示之以禮。時齊方奢。矯之是也

國昭子之母死。問於子張曰。葬及墓。男子婦人安位。國昭子。齊大夫

子張曰。司徒敬子之喪。夫子相。男子西鄉。婦人東鄉。夾羨道爲位。夫子。孔子也。○相息亮反。下注同。鄉許亮反。下皆同。羨音賤

曰。噫。毋。噫。不寤之聲。毋禁止之辭。○噫於其反。毋音無

曰我

喪也斯沾（斯盡也沾讀曰覘覘視也國昭子自謂齊之大家有事人盡視之欲人觀之法其所爲○斯音賜沾音覘）爾專之賓爲賓焉主爲主焉（專猶同也時子張相）婦人從男子皆西鄉（非也）穆伯之喪敬姜晝哭文伯之喪晝夜哭孔子曰知禮矣（喪夫不夜哭嫌思情性也）文伯之喪敬姜據其牀而不哭曰昔者吾有斯子也吾以將爲賢人也（蓋見其有才藝）吾未嘗以就公室（未嘗與到公室觀其行也季氏魯之宗卿敬姜有會見之禮○行下孟反見賢遍反）今及其死也朋友諸臣

未有出涕者而內人皆行哭失聲斯子也必多曠於禮矣夫內人妻妾○夫音扶下同季康子之母死陳褻衣褻衣非上服陳之將以斂敬姜曰婦人不飾不敢見舅姑將有四方之賓來褻衣何爲陳於斯命徹之言四方之賓嚴於舅姑敬姜者康子從祖母○從才用反有子與子游立見孺子慕者有子謂子游曰予壹不知夫喪之踊也子欲去之久矣情在於斯其是也夫喪之踊猶孺子之號慕○去羌呂反號戶刀反子游曰禮有

微情者節哭踊有以故興物者衰絰之制有直情而徑行者戎狄之道也哭踊無節衣服無制○徑古定反禮道則不然與戎狄異人喜則斯陶陶鬱陶也○陶徒刀反陶斯咏咏謳也○咏音詠咏斯猶猶當爲搖聲之誤也搖謂身動搖也秦人猶搖聲相近○猶音遙猶斯舞手舞之舞斯慍慍猶怒也慍斯戚戚憤恚○慍紆運反戚斯歎歎吟息歎斯辟辟拊心○辟婢亦反辟斯踊矣踊躍○躍羊灼反品節斯斯之謂禮舞踊皆有節乃成禮人死斯惡之矣無能也斯倍之矣無能心謂之無

所復能。惡去聲。下同倍音佩。下同復扶又反是故制絞衾設蔞翣。爲使人勿惡也絞衾。尸之飾。蔞翣。棺之牆飾。周禮蔞作柳。絞戶交反蔞音柳翣所甲反始死脯醢之奠將行遣而行之既葬而食之將行。將葬也。葬有遣奠。食。反虞之祭。食音嗣未有見其饗之者也。自上世以來未之有舍也。爲使人勿倍也。舍猶廢也舍音捨故子之所刺於禮者亦非禮之呰也呰病也。呰似斯反吳侵陳斬祀殺厲祀。神位有屋樹者。厲。疫病。吳侵陳。以魯哀元年秋師還出竟陳大宰嚭使於師。夫差謂行人儀曰。是夫也多言。盍嘗問焉。師必有名。人之稱斯師也者。則謂之何大宰。行人官名也。夫差吳子光之子。盍何不也。嘗猶試也。夫差修舊怨。庶幾其師有善名。○還音旋竟音境。大音泰。下皆同。嚭普彼反。使去聲。夫音扶。差初佳反大宰嚭曰。古之侵伐者。不斬祀。不殺厲。不獲二毛獲謂係虜之。二毛。鬢髮斑白今斯師也。殺厲與。其不謂之殺厲之師與。欲微切之。故其言似若不審然。正言殺厲。重人。○與音餘。下同曰。反爾地。歸爾子。則謂之何子。謂所獲民臣曰。君王討敝邑之罪。又矜而赦之。師與有無名乎又微勸之。終其意。吳楚僭號稱王顏丁善居喪顏丁。魯人始死皇皇焉。如有求而弗得。及殯望望焉。如有從而弗及。既葬。慨焉如不及其反而息。從隨也。慨憊貌。慨苦愛反子張問曰。書云。高宗三年不言。言乃讙。有諸時人君無行三年之喪禮者。問有此與。怪之也。讙。喜説也。言乃喜説。則民臣望其言久。讙音歡仲尼曰。胡爲其不然也。古者天子崩。王世子聽於冢宰三年。冢宰。天官卿。貳王事者。三年之喪。使之聽朝知悼子卒未葬悼子。晉大夫荀盈。魯昭九年卒。○知音智。下同平公飲酒與羣臣燕。平公。晉侯彪。○彪彼虯反師曠李調侍侍。與君飲也。燕禮記曰。請旅侍臣鼓鐘樂作也。燕禮。賓入門奏肆夏。既獻而樂闋。獻君亦如之。○闋苦穴反杜蕢自外來聞鐘聲曰安在怪之也。杜蕢或作屠蒯。○蕢苦怪反曰在寢燕於寢杜蕢入寢歷階而升酌曰曠飲斯又酌曰調飲斯又酌堂上北面坐飲之降趨而出三酌皆罰。○飲除一飲飲何外。音蔭平公呼而進之曰蕢曩者爾心或開予是以不與爾言曩鄉也。謂

始來入時。開。謂諫爭有所發起。○（囊）乃黨反

爾飲曠何也。曰。子卯不樂。紂以甲子死。桀以乙卯亡。王者謂之疾日。不以舉樂爲吉事。所以自戒懼。○（樂）如字

知悼子在堂。斯其爲子卯也大矣。言大臣喪重於疾日也。雜記曰。君於卿大夫。比葬不食肉。比卒哭不舉樂。○（比）必利反。下同

曠也。大師也。不以詔。是以飲之也。詔。告也。大師典奏樂

爾飲調何也。曰。調也。君之褻臣也。爲一飲一食。忘君之疾。是以飲之也。言調貪酒食。褻。嬖也。近臣亦當規君疾憂。○（爲）于僞反

爾飲何也。曰。蕢也。宰夫也。非刀匕是共。

又敢與知防是以飲之也防，禁放溢。○匕必李反 共音供 與音預 防音房。又扶放反平公曰寡人亦有過焉酌而飲寡人聞義則服杜蕢洗而揚觶舉爵於君也。禮揚作騰。揚，舉也。騰，送也。揚近得之。○觶之豉反。又音支公謂侍者曰如我死則必毋廢斯爵也欲後世以爲戒至于今既畢獻斯揚觶謂之杜舉此爵遂因杜蕢爲名。畢獻，獻賓與君公叔文子卒文子，衞獻公之孫名拔。或作發其子戍請謚於君曰日月有時將葬矣請所以易其名者謚者，行之迹。有時，猶言有數也。大夫士三

月而葬。君曰昔者衛國凶饑。夫子爲粥與

行下孟反國之餓者。是不亦惠乎。君靈公也粥音祝昔者衛國

有難。夫子以其死衛寡人。不亦貞乎。難。謂魯昭公二

十年。盜殺衛侯之兄縶也。時齊豹作亂。公如死鳥。難乃旦反夫子聽衛國

之政。脩其班制以與四鄰交衛國之社稷不

辱。不亦文乎。班制。謂尊卑之差故謂夫子貞惠文子

後不言貞惠者。文足以兼之石駘仲卒駘仲。衛大夫。石碏之族。駘大來反

碏七略反無適子有庶子六人。卜所以爲後者莫適

立也○適丁歷反注同曰沐浴佩玉則兆言齊絜則得吉兆五人者皆沐浴佩玉。石祁子曰。孰有執親之喪而沐浴佩玉者乎。不沐浴佩玉心正且知禮石祁子兆。衛人以龜爲有知也。陳子車死於衛。其妻與其家大夫謀以殉葬子車齊大夫定而后陳子亢至。以告曰。夫子疾。莫養於下。請以殉葬子亢。子車弟。孔子弟子。下。地下。○亢音剛。又苦浪反。養羊尚反。下皆同子亢曰。以殉葬。非禮也。雖然。則彼疾。當養者。孰若妻與宰得已則吾欲已不得已則吾欲以二子者之爲之也度諫之不能止以斯言拒之已猶止也於是弗果用果決子路曰傷哉貧也生無以爲養死無以爲禮也孔子曰啜菽飲水盡其歡斯之謂孝斂手足形還葬而無槨稱其財斯之謂禮還猶疾也謂不及其日月○啜昌劣反斂力檢反還音旋後同稱尺證反衛獻公出奔反於衛及郊將班邑於從者而后入欲賞從者以懼居者獻公以魯襄十四年出奔齊二十六年復歸於衛○從才用反下同柳莊

曰如皆守社稷則執羈靮而從如皆從則孰守社稷言從守若一。靮，紲也。○羈音基。靮丁歷反。紲陳忍反。君反其國而有私也毋乃不可乎言有私則生怨。弗果班衛有大史曰柳莊寢疾公曰若疾革雖當祭必告革，急也。○革居力反。公再拜稽首請於尸曰有臣柳莊也者非寡人之臣社稷之臣也聞之死請往急弔賢者。不釋服而往遂以襚之脫君祭服以襚臣，親賢也。所以此襚之者，以其不用襲也。凡襚以斂。○襚音遂。與之邑裘氏與縣潘氏。書而納諸棺曰。世世萬子孫毋變也。所以厚賢也。裘。縣潘邑名。○縣音懸。潘普干反。陳乾昔寢疾屬其兄弟而命其子尊己曰。如我死則必大爲我棺。使吾二婢子夾我。婢子。妾也。○乾音干。屬之玉反。夾古洽反。陳乾昔死。其子曰。以殉葬非禮也。況又同棺乎。弗果殺。善尊己不陷父於不義。

仲遂卒于垂。壬午猶繹。萬入去籥。春秋經在宣八年。仲遂魯莊公之子東門襄仲。先日辛巳有事於大廟。而仲遂卒。明日而繹。非也。萬干舞也。籥籥舞也。傳曰。去其有聲者。廢其無聲者。○繹音亦。去羌呂

反

仲尼曰非禮也卿卒不繹季康子之母死公輸若方小公輸若。匠師。方小。言年尚幼。未知禮也斂般請以機封斂。下棺於槨。般。若之族。多技巧者。見若掌斂事而年尚幼。請代之。而欲嘗其技巧。○般音班封彼驗反將從之時人服般之巧公肩假曰不可。夫魯有初初。謂故事公室視豐碑言視者。時僭天子也。豐碑。斲大木爲之。形如石碑。於槨前後四角樹之。穿中於間爲鹿盧。下棺以繂繞。天子六繂四碑。前後各重鹿盧也。○碑彼皮反繂音律重直龍反三家視桓楹時僭諸侯。諸侯下天子也。斲之。形如大楹耳。四植謂之桓。諸侯四繂二碑。碑如桓矣。大夫二繂二碑。士二縪無碑。(下)戶嫁反般爾以人之母嘗巧則豈不得以以。已字。言寧有强使女者與。僭於禮有似。作機巧非也。以與已字本同。(强)其丈反其母以嘗巧者乎。則病者乎母。無也。於女寧有病苦與。止之。(毋)音無噫不寤之聲。(噫)於其反弗果從戰于郎郎。魯近邑也。哀十一年。齊國書帥師伐我是也。公叔禺人遇負杖入保者息遇見也。見走辟齊師將入保。罷倦加杖頸上。兩手掖之休息者。保。縣邑小城。禺人。昭公之子。春秋傳曰公叔務人。(禺)音遇。又音務。(辟)音避。(罷)音皮曰。使之雖病也謂時繇役。(繇)音遙任之雖重也謂時賦稅君子不能爲謀也。

士弗能死也。不可君子。謂卿大夫也。魯政既惡。復無謀臣。士又不能死難。焉人恥之。爲于僞反。下同我則既言矣欲敵齊師。踐其言與其鄰重汪踦往。皆死焉奔敵死齊寇。鄰。鄰里也。重皆當爲童。童。未冠者之稱。姓汪名踦。鄰或爲談。春秋傳曰童汪踦。○重音童。下同。汪烏黄反。踦魚綺反魯人欲勿殤重汪踦見其死君事。有士行。欲以成人之喪治之。言魯人者。死君事。國爲斂葬。○行下孟反問於仲尼。仲尼曰。能執干戈以衛社稷。雖欲勿殤也。不亦可乎善之子路去魯。謂顏淵曰。何以贈我贈。送曰。吾聞之也。去國則哭于墓而后行。反其國不哭。展墓而入。無君事。主於孝。哭。哀去也。展。省視之。謂子路曰。何以處我。處。猶安也。子路曰。吾聞之也。過墓則式。過祀則下。居者主於敬。

工尹商陽與陳弃疾追吴師。及之。工尹。楚官名。弃疾。楚公子弃疾也。以魯昭八年帥師滅陳。縣之。楚又善之。因號焉。至十二年。楚子狩於州來。使蕩侯。潘子。司馬督。囂尹午。陵尹喜。圍徐以懼吴。於時有吴師。陳或作陵。楚人聲。陳弃疾謂工尹商陽曰。王事也。子手弓而可。手弓。子射諸。商陽仁。不忍傷人。以王事勸之。○射。食亦反。射之。斃一人。

韔弓不忍復射。斃仆也。韔韜也。○斃婢世反。下同。韔勑亮反又及謂之。又斃二人。每斃一人。揜其目揜其目。不忍視之止其御曰。朝不坐。燕不與。殺三人。亦足以反命矣朝燕於寢。大夫坐於上。士立於下。然則商陽與御者皆士也。兵車參乘。射者在左。戈盾在右。御在中央。○朝直遥反。與音預。盾食允反孔子曰。殺人之中。又有禮焉善之諸侯伐秦。曹桓公卒于會魯成十三年。曹伯廬卒於師是也。廬諡宣。言桓聲之誤也。○桓音宣諸侯請含。以朋友有相啖食之道。○含胡闇反。啖徒暫反。食音嗣使之襲非也。襲。賤者之事襄公朝于荊。康王卒在魯襄二十八年。康王，楚子昭也。楚言荊者，州言之荊人曰：必請襲。欲使襄公衣之○(衣)於既反魯人曰：非禮也。荊人強之。欲尊康王。○(強)其丈反，下同巫先拂柩。荊人悔之。巫祝桃茢。君臨臣喪之禮○(拂)芳勿反(柩)其久反滕成公之喪，魯昭三年使子叔敬叔弔進書，子叔敬叔，魯宣公弟叔肸之曾孫叔弓也。進書，奉君弔書○(肸)許乙反子服惠伯為介，惠伯，慶父玄孫之子名椒介，副也。○(介)音界及郊，為懿伯之忌不入，郊，滕之近郊也。懿伯，惠伯之叔父。忌，怨也。敬叔有怨於懿伯，難惠伯也。春秋傳曰：敬叔不入。○(難)乃旦反惠伯曰。政也。不可以叔父之私。不將公事。政。君命所爲。敬叔於昭穆。以懿伯爲叔父。○昭常遙反遂入惠伯強之乃入哀公使人弔蕢尚。遇諸道。辟於路。畫宮而受弔焉。哀公。魯君也。畫宮。畫地爲宮象。○蕢苦怪反 辟音避。又婢亦反 畫音獲曾子曰。蕢尚不如杞梁之妻之知禮也行弔禮於野。非齊莊公襲莒于奪。杞梁死焉。魯襄二十三年。齊侯襲莒是也。春秋傳曰。杞殖。華還。載甲夜入且于之隧。隧奪聲相近。或爲兊。梁即殖也。○奪徒外反 杞音豈 殖時職反 華胡化反 且子餘反其妻迎其柩於路。而哭之哀。莊公

使人弔之。對曰。君之臣不免於罪。則將肆諸
市朝而妻妾執肆。陳尸也。大夫以上於朝。士以下於市。執。拘也。○肆音四
朝直遙反君之臣免於罪。則有先人之敝廬在。君
無所辱命無所辱命。辭不受也。春秋傳曰。齊侯弔諸其室。○廬力居反孺
子鞼之喪。魯哀公之少子。○鞼吐孫反哀公欲設撥撥。可撥引
輴車。所謂紼。○撥半末反。下同。輴勑倫反。下同問於有若。有若曰。其
可也。君之三臣猶設之猶。尚也。以臣況子也。三臣。仲孫叔孫季孫
氏顏柳曰。天子龍輴而椁幬輴。殯車也。畫轅爲龍。幬。覆也。殯

以椁覆棺而塗之。所謂菆塗龍輴以椁。○椁音郭。幬大報反。菆才丸反。**諸侯輴而設幬**，輴不畫龍。**爲榆沈，故設撥**，以水澆榆白皮之汁，有急以播地。於引輴車滑。○沈昌審反。**三臣者廢輴而設撥，竊禮之不中者也，而君何學焉。**止其學非禮也。廢，去也。紼繫於輴。三臣於禮失輴，今有紼，是用輴，僭禮也。殯禮大夫菆置西序，士掘肂見衽。○中丁仲反，又如字。學如字，或戶教反。非掘求勿反，又求月反。肂以二反。**悼公之母死，**母。哀公之妾。**哀公爲之齊衰。有若曰：爲妾齊衰，禮與？**譏而問之。妾之貴者，爲之緦耳。○爲于僞反。下皆同。與音餘。**公曰：吾得已乎？**

哉。魯人以妻我言國人皆名之爲我妻。重服嬖妾。文過。非也。季子皐葬其妻犯人之禾季子皐。孔子弟子高柴。孟氏之邑成宰。或氏季。犯。躐也。○躐力輒反申祥以告曰。請庚之申祥。子張子。庚。償也。○庚古衡反償音尚子皐曰。孟氏不以是罪予時僭後朋友不以是弃予言非大故以吾爲邑長於斯也。買道而葬後難繼也。恃寵虐民。非也。○長丁丈反仕而未有祿者。君有饋焉曰獻。使焉曰寡君見在臣位。與有祿同也。君有饋。有饋於君。○饋其位反。遺也。使色吏反違而君薨。弗爲服也。

以其恩輕也。違。去也虞而立尸有几筵卒哭而諱諱。辟其名○辟音避生事畢而鬼事始已謂不復饋食於下室。而鬼神祭之。已辭也既卒哭宰夫執木鐸以命于宮曰舍故而諱新故。謂高祖之父當遷者也。易說帝乙曰。易之帝乙爲成湯。書之帝乙六世王。天之錫命。疏可同名。○鐸大各反舍音捨自寢門至于庫門百官所在庫門。宮外門。明堂位曰。庫門。天子皐門二名不偏諱夫子之母名徵在言在不稱徵言徵不稱在稱。舉也。雜記曰。妻之諱。不舉諸其側軍有憂則素服哭於庫門之外憂。謂爲敵所敗也。素服者。縞冠也。赴車不載櫜韔。兵不戢。示當報也。以告喪之辭言之。謂還告於國。櫜。甲衣。韔。弓衣。○櫜音羔。韔勑亮反。戢側立反。有焚其先人之室。則三日哭。謂人燒其宗廟。哭者。哀精神之有虧傷。故曰。新宮火。亦三日哭。火。人火也。新宮火。在魯成三年。孔子過泰山側。有婦人哭於墓者而哀。夫子式而聽之。使子貢問之曰。怪其哀甚。子之哭也。壹似重有憂者。而曰。然。昔者吾舅死於虎。吾夫又死焉。今吾子又死焉。而猶乃也。夫之父曰舅。○重直用反。夫子曰。何爲不去也曰無苛政夫子曰小子識之苛政猛於虎也魯人有周豐也者哀公執摯請見之（下賢也摯禽摯也諸侯而用禽摯降尊就卑之義○贄音志下戶嫁反）而曰不可（辭君以尊見卑士禮先生異爵者請見之則辭）公曰我其已夫（已止也重強變賢○夫音符強其丈反）使人問焉曰有虞氏未施信於民而民信之夏后氏未施敬於民而民敬之何施而得斯於民也（時公與三桓始有惡懼將不安）對曰墟墓之間未施哀於民而民哀社稷宗廟

之中。未施敬於民而民敬言民見悲哀之處則悲哀。見莊敬之處則莊敬。非必有使之者。墟。毀滅無後之地。○墟起魚反殷人作誓而民始畔。周人作會而民始疑會。謂盟也。盟誓所以結衆以信。其後外恃衆而信不由中。則民畔疑之。孔子曰。其身正。不令而行。其身不正。雖令不從苟無禮義忠信誠慤之心以涖之。雖固結之民。其不解乎涖。臨。○涖音利。解佳買反。舊胡買反喪不慮居謂賣宅舍以奉喪毀不危身謂憔悴將滅性喪不慮居。爲無廟也。毀不危身。爲無後也。延陵季子適齊。於其反也其長子死葬於嬴博之閒季子名札魯昭二十七年吳公子札聘於上國是也季子讓國居延陵因號焉春秋傳謂延陵延州來嬴博齊地今泰山縣是也○爲于僞反下同長丁丈反嬴音盈孔子曰延陵季子吳之習於禮者也往而觀其葬焉之往弔其坎深不至於泉以生恕死○深式鴆反其斂以時服以行時之服不改制節既葬而封廣輪揜坎其高可隱也亦節也輪從也隱據也封可手據謂高四尺所○廣古曠反揜音奄隱於刃反從子容反既封左袒右還其封且號者三曰骨肉歸復于土

命也。若魂氣則無不之也，無不之也。還，圜也。號哭且言也。命猶性也。○號戶高反而遂行也。行，去也孔子曰：延陵季子之於禮也，其合矣乎。邾婁考公之喪，考公，隱公益之曾孫。考或爲定。○婁力俱反。下同徐君使容居來弔含，弔且含。○含胡闇反。下同曰：寡君使容居坐含，進侯玉，其使容居以含。欲親含，非也。含不使賤者。君行則親含，大夫歸含耳。言侯玉者，時徐僭稱王，自比天子有司曰：諸侯之來辱敝邑者，易則易，于則于，易于雜者，未之有也。易，謂臣禮。于，謂君禮。雜者容居以臣欲行君禮。徐自比天子。使大夫敵諸侯。有司拒之。○易以豉反。下同容居對曰。容居聞之。事君不敢忘其君。亦不敢遺其祖。昔我先君駒王。西討濟於河。無所不用斯言也。容居魯人也。不敢忘其祖言我祖與今君。於諸侯。初如是。不聞義則服。駒王。徐先君僭號。容居其子孫也。濟。渡也。言西討渡於河。廣大其國。魯。魯鈍也。言魯鈍者。欲自明不安。○頓徒困反

子思之母死於衛嫁母也。姓庶氏赴於子思。子思哭於廟。門人至曰。庶氏之母死。何爲哭於孔氏之廟乎門人。弟子也。嫁母與

廟絶族　子思曰。吾過矣。吾過矣。遂哭於他室。天
子崩。三日。祝先服。祝佐含斂。先病五日。官長服。官長大夫
士七日。國中男女服。庶人三月。天下服。諸侯之大夫
虞人致百祀之木。可以爲棺椁者斬之。虞人。掌山
澤之官。百祀。畿内百縣之祀也。以爲棺椁。作棺椁也。斬。伐也不至者。廢其
祀。刎其人。齊大饑。黔敖爲食於路。以待餓者
而食之。有餓者蒙袂輯屨。貿貿然來。蒙袂。不欲見人
也。輯。斂也。斂屨。力憊不能屨也。貿貿。目不明之貌。○刎勿粉反。又亡粉反。饑居希反。黔其

廉反。而食音嗣。下奉食同。徙彌世反。輯側立反。貿亡救反。一音牟。黔敖左奉食。右執飲。曰。嗟來食。揚其目而視之。曰。予唯不食嗟來之食。以至於斯也。嗟來食。雖閔而呼之。非敬辭。奉芳勇反。從而謝焉。終不食而死。從猶就也。曾子聞之曰。微與。其嗟也可去。其謝也可食。微猶無也。無與。止其狂狷之辭。與音餘。狷音絹。邾婁定公之時。有弒其父者。定公。貜且也。魯文十四年即位。弒式志反。貜俱縛反。且子餘反。有司以告。公瞿然失席。曰。是寡人之罪也。民之無禮。教之罪。瞿紀具反曰寡人嘗學斷斯獄矣臣弒君凡在官者殺無赦子弒父凡在官者殺無赦言諸臣子孫無尊卑皆得殺之其罪無赦○斷丁亂反殺其人壞其室洿其宮而豬焉明其大逆不欲人復處之豬都也南方謂都爲豬○殺如字壞音怪洿音烏豬音誅復扶又反蓋君踰月而后舉爵自貶損晉獻文子成室晉大夫發焉文子趙武也作室成晉君獻之謂賀也諸大夫亦發禮以往張老曰美哉輪焉美哉奐焉心譏其奢也輪輪囷言高大奐言衆多○奐音喚囷起倫反歌於斯哭於斯聚國族

乾隆四十八年 禮記三

於斯。祭祀死喪燕會於此足矣。言此者欲防其後復爲。文子曰。武也。得歌於斯。哭於斯。聚國族於斯。是全要領以從先大夫於九京也。北面再拜稽首。全要領者免於刑誅也。晉卿大夫之墓地在九原。京蓋字之誤。當爲原。○要一遙反。京音原。下同。君子謂之善頌善禱。善頌。謂張老之言。善禱。謂文子之言。禱。求也。○禱丁老反。仲尼之畜狗死。畜狗。馴守。○畜許六反。又許又反。使子貢埋之。曰。吾聞之也。敝帷不棄。爲埋馬也。敝蓋不棄。爲埋狗也。丘也貧。無蓋。於其封也。亦予之席毋使其首陷焉。封當爲窆。陷謂没於土。爲于僞反。埋亡皆反。下同。封彼劒反。路馬死埋之以帷。路馬。君所乘者。其他狗馬。不能以帷。蓋。季孫之母死。哀公弔焉。曾子與子貢弔焉。閽人爲君在弗內也。閽人。守門者。閽音昏。內音納。曾子與子貢入於其廄而脩容焉。更莊飾。廄九又反。子貢先入。閽人曰。鄉者已告矣。既不敢止。以言下之。鄉許亮反。下戶嫁反。曾子後入。閽人辟之。見兩賢相隨。彌益恭也。辟音避。下同。涉內霤。卿大夫皆辟位。公降一等而揖之。禮之。

〇霤力又反　君子言之曰。盡飾之道。斯其行者遠矣。陽門之介夫死。陽門。宋國門名。介夫。甲衛士　司城子罕入而哭之哀。宋以武公諱司空爲司城。子罕。戴公子樂甫術之後。樂喜也。〇罕呼旱反　晉人之覘宋者。反報於晉侯曰。陽門之介夫死。而子罕哭之哀。而民說。殆不可伐也。覘闚視也。〇覘勑廉反。下同。說音悅　孔子聞之曰。善哉覘國乎。善其知微　詩云。凡民有喪。扶服救之。救猶助也。〇扶服。竝如字。又上音蒲。下蒲北反　雖微晉而已。天下其孰能當之。微猶

非也

魯莊公之喪，既葬，而絰不入庫門。時子般弑，慶父作亂，閔公不敢居喪。葬已，吉服而反。正君臣，欲以防遏之，微弱之至。○般音班。士大夫既卒哭，麻不入。麻猶絰也。羣臣畢虞卒哭，亦除喪也。閔公既吉服，不與虞卒哭。○與音預。

孔子之故人曰原壤，其母死，夫子助之沐椁。沐，治也。○壤如丈反。原壤登木曰：久矣予之不託於音也。木，椁材也。託，寄也。謂叩木以作音。歌曰：貍首之斑然，執女手之卷然。說人辭也。○貍力知反。女如字，又音汝。卷音權。夫子爲弗聞也者而過之，佯不知。從者曰：子未可以已乎已猶止也○從才用反夫子曰丘聞之親者毋失其爲親也故者毋失其爲故也趙文子與叔譽觀乎九原叔譽叔向也晉羊舌大夫之孫名肸○譽音預向許兩反肸許乙反文子曰死者如可作也吾誰與歸作起也叔譽曰其陽處父乎陽處父襄公之大傅○父音甫文子曰行并植於晉國不沒其身其知不足稱也并猶專也謂剛而專己爲狐射姑所殺沒終也植或爲特○行下孟反又如字并必正反植直吏反又時力反知音智射音亦又音夜其舅犯乎文子曰見

利不顧其君其仁不足稱也謂久與文公辟難。至將反國。無安君之心。及河。授璧請亡。要君以利是也。○難乃旦反要一遙反我則隨武子乎。利其君不忘其身。謀其身不遺其友。武子。士會也。食邑於隨范。字季。晉人謂文子知人見其所善於前。則知其來所舉。文子其中退然如不勝衣中身也。退柔和貌。鄉射記曰。弓二寸以爲侯中。退或爲妥。○勝音升妥他果反其言吶吶然如不出諸其口吶吶。舒小貌。○吶如悅反。又奴劣反所舉於晉國管庫之士七十有餘家管庫之士。府史以下。官長所置也。舉之於君。以爲大夫士也。管。鍵也。庫。物所藏。○鍵其展反 生不交利廉也死不屬其子焉絜也。○屬音燭叔仲皮學子柳叔仲皮。魯叔孫氏之族。學。教也。子柳。仲皮之子。○學戶教反叔仲皮死其妻魯人也衣衰而繆絰衣當爲齊。壞字也。繆讀爲不樛垂之樛。士妻爲舅姑之服也。言雖魯鈍。其於禮勝學。○衣依注音咨。繆居虯反。爲舅。于僞反。下同叔仲衍以告告子柳。言此非也。衍。蓋皮之弟。衍或爲皮。○衍以善反請總衰而環絰總衰。小功之縷而四升半之衰。環絰。弔服之絰。時婦人好輕細而多服此者。衍既不知禮之本。子柳亦以爲然。而請於衍。使其妻爲舅服之。○總音歲。衰七雷反曰昔者吾喪姑姊妹亦如斯末吾禁也行荅子柳也。姑姊妹在室齊衰與婦爲舅姑同。末無也。言無禁我。欲其言行。○喪如字末莫曷反退使其妻緫衰而環絰婦以諸侯之大夫爲天子之衰。弔服之絰。服其舅非成人有其兄死而不爲衰者聞子皋將爲成宰遂爲衰成人曰蠶則績而蟹有匡范則冠而蟬有緌兄則死而子皋爲之衰蚩兄死者。言其衰之不爲兄死。如蟹有匡蟬有緌。不爲蠶之績范之冠也。范蜂也。蟬蜩也。緌謂蜩喙長在腹下。○成音承蠶士南反蟹戶買反緌耳佳反蚩昌之反喙呼惠反樂正子春之母死。

五日而不食曰吾悔之勉強過禮。子春曾子弟子自吾母而不得吾情吾惡乎用吾情惡乎猶於何也。惡音烏歲旱穆公召縣子而問然然之言焉也。凡穆或作繆。旱音汗縣音懸繆音穆曰天久不雨吾欲暴尪而奚若奚若何如也。尪者面鄉天覬天哀而雨之。雨于付反。下同暴步卜反。下同尪烏光反鄉許亮反曰天則不雨而暴人之疾子虐毋乃不可與錮疾人之所哀。暴之是虐。子一讀以子字向下。與音餘。錮音固然則吾欲暴巫而奚若曰天則不雨而望之愚婦人於以求之毋乃已疏乎已猶甚也。巫主接神。亦覬天哀而雨之。春秋傳說巫曰。在女曰巫。在男曰覡。周禮女巫旱暵則舞雩。○覡胡狄反。暵呼旦反徙市則奚若。曰。天子崩。巷市七日。諸侯薨。巷市三日。爲之徙市。不亦可乎徙市者庶人之喪禮。今徙市。是憂戚於旱若喪。○爲于僞反孔子曰。衛人之祔也離之。祔。謂合葬也。離之。有以間其椁中。○祔音附。下同。合音閤魯人之祔也合之。善夫善夫。善魯人也。祔葬當合也。○夫音扶

御定倣宋相臺本 禮記三 三

# 禮記卷第三

乾隆御覽之寶

天祿琳琅

相臺岳氏刻梓荊谿家塾

檀弓下

舉人臣陳昶敬書

禮記卷三考證

當事而至則辭焉註辭猶告也○告也　殿本閣本俱作去也案下註擯者以主人有事告正義亦云孝子遣人辭告之則去字乃告字之訛

明旌也註神明之旌○案旌猶旌別也諸本作神明之精於義無著當係音義中音精所誤

必于是日也接註虞禮所謂他用剛日者○案註者字當作也此句乃鄭氏引虞禮他字釋經變字非引虞禮文而復釋之也

陳太宰嚭使于師夫差謂行人儀曰○案嚭乃吳太宰

儀則陳行人也此是記者簡錯故洪邁云當作陳行人儀使于師夫差謂太宰嚭曰

旣葬慨焉音義慨苦愛反○　殿本閣本作皆愛反案皆愛乃慨字音非

杜蕢洗而揚觶註禮揚作騰○騰　殿本閣本俱作媵案儀禮主人媵爵於賓註媵送也又凡送皆曰媵楚辭魚鱗鱗兮媵子是也今鄭註訓送字當从媵但公食大夫禮衆人騰羞者註云騰當作媵送也則二字古原互用

使子貢問之○子貢　殿本閣本俱作子路通志堂衛

湜集說本陳澔集說本皆同但案七經考文補遺載
宋板本作子貢則原本確有可據
祝先服註先病○先病　殿本閣本俱作先服案嚴陵
方慤謂凡冠裳杖屨皆謂之服此則耑指杖杖所以
扶病祝先服者力勞而先病故也據此則先病字義
本的確陳氏集說引孔疏文亦與原本同
鄉者已告矣註以下言之音義下戶嫁反○案陸氏經
典釋文原作戶嫁諸本俱作戶籬反誤甚
衣衰而繆經註繆讀爲木樛垂之樛○案喪服傳作不
樛垂孔氏云樛謂兩股相交也五服之經皆然唯弔

服環絰不樛又雜記云纏而不樛是環絰不樛也據
此則原本木字乃不字之訛依　殿本改正

# 禮記卷第四

## 王制第五　鄭氏註

王者之制祿爵。公侯伯子男。凡五等。諸侯之上大夫卿。下大夫。上士。中士。下士。凡五等。二五。象五行剛柔十日。祿。所受食。爵。秩次。上大夫曰卿。○王如字。又于況反　天子之田方千里。象日月之大。亦取暑同也。此謂縣內。以祿公卿大夫元士。○暑音軌　公侯田方百里。伯七十里。子男五十里。不能五十里者。不合於天子。附於諸侯曰附庸。天子之三公之田視公。侯天子之卿視伯。天子之大夫視子男。天子之元士視附庸。皆象星辰之大小也。不合謂不朝會也。小城曰附庸。附庸者以國事附於大國。未能以其名通也。視猶比也。元善也。善士謂命士也。此地殷所因夏爵三等之制也。殷有鬼侯梅伯。春秋變周之文從殷之質。合伯子男以爲一。則殷爵三等者公侯伯也。異畿內謂之子。周武王初定天下更立五等之爵。增以子男。而猶因殷之地。以九州之界尚狹也。周公攝政致大平。斥大九州之界。制禮成武王之意。封王者之後爲公。及有功之諸侯。大者地方五百里。其次侯四百里。其次伯三百里。其次子二百里。其次男百里。所因殷之諸侯。亦以功黜陟之。其不合者皆益之地爲百里焉。是以周世有爵尊而國小，爵卑而國大者。唯天子畿內不增，以祿羣臣，不主爲治民。○朝，直遥反。畿，求衣反。主爲，于僞反。

制：農田百畝。百畝之分，上農夫食九人，其次食八人，其次食七人，其次食六人，下農夫食五人。庶人在官者，其祿以是爲差也。農夫皆受田於公，田肥墽有五等，收入不同也。庶人在官，謂府史之屬，官長所除，不命於天子國君者。分或爲糞。○分，扶問反。食音嗣，下同。差，初佳反，又初宜反，下注同。墽，苦交反。

諸侯之下士視上農夫，祿足以代其耕也。中士倍下士，上士倍中士。

下大夫倍上士。卿四大夫祿。君十卿祿。次國之卿。三大夫祿。君十卿祿。小國之卿。倍大夫祿。君十卿祿。此班祿尊卑之差次國之上卿。位當大國之中。中當其下。下當其上大夫。小國之上卿。位當大國之下卿。中當其上大夫。下當其下大夫此諸侯使卿大夫覜聘竝會之序也。其位爵同。小國在下。爵異。固在上耳○覜吐弔反其有中士下士者。數各居其上之三分謂其爲介。若特行而竝會也。居猶當也。此據大國而言。大國之上爲上。次國之士爲中。小國之士爲下。士之數。國皆二十七人。各三分之。上九。中九。下九。以位相當。則次國之上士。當大國之中。中當其下。小國之上士當大國之下。凡非命士。亦無出會之事。春秋傳謂士爲微。三分如字

凡四海之內九州。州方千里。州建百里之國三十。七十里之國六十。五十里之國百有二十。凡二百一十國。名山大澤不以封。其餘以爲附庸閒田。八州州二百一十國。

建。立也。立大國三十。十三公也。立次國六十。十六卿也。立小國百二十。十二小卿也。名山大澤不以封者。與民同財。不得障管。亦賦稅之而已。此大界方三千里。三三而九。方

千里者九也。其一爲縣內。餘八各立一州。此殷制也。周公制禮。九州大界方七千里。七七四十九。方千里者四十有九也。其一爲畿內。餘四十八。八州各有方千里者六。設法。一州封地方五百里者不過四。謂之大國。又封方四百里者不過六。又封方三百里者不過十一。謂之次國。又封方二百里者不過二十五。及餘方百里者。謂之小國。盈上四等之數。并四十六。一州二百一十國。則餘方百里者百六十四也。凡處地方千里者五。方百里者五十九。其餘方百里者四十一。附庸地也。閒音閑。下同

天子之縣內方百里之國九。七十里之國二十有一。五十里之國六十有三。凡九十三國。名山大澤不以

**朌其餘以祿士。以爲閒田。**縣內。夏時天子所居州界名也。殷曰畿。詩殷頌曰。邦畿千里。維民所止。周亦曰畿。畿內大國九者。三公之田三。爲有致仕者副之爲六也。其餘三。待封王之子弟。次國二十一者。卿之田六。亦爲有致仕者副之爲十二。又三。爲三孤之田。其餘六。亦待封王之子弟。小國六十三。大夫之田二十七。亦爲有致仕者副之爲五十四。其餘九。亦以待封王之子弟。三孤之田不副者。以其無職。佐公論道耳。雖其致仕。猶可即而謀焉。朌讀爲班。○朌音班。賦也。

**凡九州千七百七十三國。天子之元士。諸侯之附庸不與。**不與。不在數中也。春秋傳曰。禹會諸侯於塗山。執玉帛者萬國。言執玉帛。則是唯謂中國耳。中國而言萬國。則是諸侯之地。有方百里。有方七十里。有方五十里者。禹承堯舜而然矣。要服之內。地方七千里。乃能容之。夏末既衰。夷狄內侵。諸侯相并。土地減。國數少。殷湯承之。更制中國方三千里之界。亦分爲九州。而建此千七百七十三國焉。周公復唐虞之舊域。分其五服爲九。其要服之內。亦方七千里。而因殷諸侯之數。廣其土。增其爵耳。孝經說曰。周千八百諸侯。布列五千里內。此文改周之法。關盛衰之中。三七之閒以爲說也。終此說之意。五五二十五。方千里者。二十五也。其一爲畿內。餘二十四州。各有方千里者三。其餘諸侯之地大小。則未得而聞。○與音預。下同

天子百里之內以共官。

千里之內以爲御謂此地之田稅所給也。官。謂其文書財用也。御。謂衣

食。音恭（共）千里之外設方伯。五國以爲屬。屬有長。十國以爲連。連有帥。三十國以爲卒。卒有正。二百一十國以爲州。州有伯。屬。連。卒。州。猶聚也。伯。帥。正。亦長也。凡長皆因賢侯爲之。殷之州長曰伯。虞夏及周皆曰牧。（帥）色類反。下同（卒）子忽反。下同八州八伯。五十六正。百六十八帥。三百三十六長。八伯各以其屬。屬於天子之老二人。分天下以爲左右。曰二伯。老。謂上公。周禮曰。九命作伯。春秋傳曰。自陜以東。周公主之。自陜以西。召公主之。（陜）失冉反千里之內曰甸。服治田。出穀稅○甸大薦反千里之外曰采九州之內地。取其美物。以當穀稅。○采蒼改反當丁浪反曰流謂九州之外也。夷狄流移。或貢或不。禹貢荒服之外。三百里蠻。二百里流天子三公。九卿。二十七大夫。八十一元士此夏制也。明堂位曰。夏后氏之官百。舉成數也大國三卿。皆命於天子。下大夫五人。上士二十七人。次國三卿。二卿命於天子。一卿命於其君。下大夫五人。上士二十七人。小國二卿。皆命於其君。下大夫五人。上士二十七人命於天子者。天子選用之。如今詔書除吏矣。小國亦三卿。一卿命於天子。二卿命於其君。此文似誤脫耳。或者欲見畿內之國二卿與天子使其大夫爲三監。監於方伯之國。國三人。使佐方伯領諸侯。監古暫反。監於。古銜反。卷末同天子之縣內諸侯祿也。選賢置之於位。其國之祿如諸侯。不得世外諸侯嗣也。有功乃封之。使之世世也。冠禮記曰。繼世以立諸侯。象賢也。○冠古亂反

制三公一命卷。若有加則賜也。不過九命。次國之君不過七命。小國之君不過五命。卷。俗讀也。其通則曰袞。三公八命矣。復加一命。則服龍袞。與王者之後同。多於此則賜。非命服

也。虞夏之制。天子服有日月星辰。周禮曰。諸公之服。自袞冕而下。如王之服。○卷音袞復扶又反

大國之卿。不過三命。下卿再命。小國之卿與下大夫一命。不著次國之卿者。以大國之下互明之。此卿命則異。大夫皆同。周禮。公侯伯之卿三命。其大夫再命。子男之卿再命。其大夫一命

凡官民材。必先論之。論。謂考其德行道藝。論辨然後使之。辨。謂考問得其定也。易曰。問以辨之。任事然後爵之。爵。謂正其秩次。○任而鴆反位定然後祿之。與之以常食

爵人於朝。與士共之。刑人於市。與眾棄之。必共之者。所以審慎之也。書曰。克明德慎

罰是故公家不畜刑人。大夫弗養。士遇之塗。弗與言也。屏之四方。唯其所之。不及以政。示弗故生也。屏猶放去也。已施刑則放之弃之。役賦不與。亦不授之以田。困乏又無賙餼也。虞書曰。五流有宅。五宅三居。是也。周則墨者使守門。劓者使守關。宮者使守內。刖者使守囿。髡者使守積。○畜許六反　屏必政反　髡五忽反。又作完　積子智反諸侯之於天子也。比年一小聘。三年一大聘。五年一朝。比年每歲也。小聘使大夫。大聘使卿。朝則君自行。然此大聘與朝。晉文霸時所制也。虞夏之制。諸侯歲朝。周之制。侯甸男采衛要服。六者各以其服數來朝。○數色角反天子五年一巡守。天子以海內爲家。時一巡省之。五年者。虞夏之制也。周則十二歲一巡守。○守手又反。後皆同。歲二月東巡守。至于岱宗。岱宗。東嶽。○岱音代。柴而望祀山川。柴。祭天告至也。覲諸侯。覲。見也。問百年者就見之。就見老人。命大師陳詩以觀民風。陳詩。謂采其詩而視之。○大音泰。後大學。大祖。大子。大樂正。大史。皆同。命市納賈以觀民之所好惡。志淫好辟。市。典市者。賈。謂物貴賤厚薄也。質則用物貴。淫則侈物貴。民之志淫邪。則其所好者不正。○賈音嫁。好惡皆去聲。辟匹亦反。命典禮考時月定日。同律禮樂。

制度衣服。正之同。陰律也山川神祇有不舉者爲不敬。不敬者君削以地舉猶祭也削息約反。宗廟有不順者爲不孝。不孝者君絀以爵不順者。謂若逆昭穆。絀丑律反變禮易樂者爲不從。不從者君流流放也革制度衣服者爲畔。畔者君討討。誅也有功德於民者加地進律律。法也五月南巡守。至于南嶽。如東巡守之禮。八月西巡守。至于西嶽。如南巡守之禮。十有一月北巡守。至于北嶽。

如西巡守之禮歸假于祖禰用特假至也特牛也祖下及禰皆一牛○假音格禰乃禮反父廟也天子將出類乎上帝宜乎社造乎禰諸侯將出宜乎社造乎禰帝謂五德之帝所祭於南郊者類宜造皆祭名其禮亡○造七報反下及注同天子無事與諸侯相見曰朝事謂征伐考禮正刑一德以尊于天子天子賜諸侯樂則以柷將之賜伯子男樂則以鼗將之將謂執以致命柷鼗皆所以節樂○柷昌六反鼗音桃諸侯賜弓矢然後征賜鈇鉞然後殺賜圭

瓚然後爲鬯。未賜圭瓚則資鬯於天子得其器乃敢爲其事。圭瓚。鬯爵也。鬯。秬酒也。○鈇方于反。又音斧。鉞音越。瓚才旦反。鬯音暢。秬音巨

天子命之教。然後爲學。小學在公宮南之左。

大學在郊學。所以學士之宮。尚書傳曰。百里之國。二十里之郊。七十里之國。九里之郊。五十里之國。三里之郊。此小學大學。殷之制天子曰辟廱。諸侯曰頖宮尊卑學異名。辟。明也。廱。和也。所以明和天下。頖之言班也。所以班政教也。○辟音璧頖音判

天子將出征。類乎上帝。宜乎社。造乎禰。禡於所征之地禡。師祭也。爲兵禱。其禮亦亡。○禡馬怕反。又音

受命於祖告祖也受成於學定兵謀也出征執有罪反釋奠于學以訊馘告釋菜奠幣。禮先師也。訊馘。所生獲。斷耳者。詩曰。執訊獲醜。又曰。在泮獻馘。馘或爲國。○訊音信馘古獲反天子諸侯無事則歲三田。一爲乾豆。二爲賓客。三爲充君之庖三田者。夏不田。蓋夏時也。周禮。春曰蒐。夏曰苗。秋曰獮。冬曰狩。乾豆。謂腊之以爲祭祀豆實也。庖。今之廚也。○乾音干庖步交反蒐所求反獮息淺反無事而不田。曰不敬。田不以禮。曰暴天物不敬者。簡祭祀。略賓客天子不合圍。諸侯不掩羣爲盡物也。○合如字。又音

閣

天子殺則下大綏，諸侯殺則下小綏。綏當爲緌。緌，有虞氏之旌旗也。下謂弊之。○綏耳佳反。下注同。大夫殺則止佐車。佐車止則百姓田獵。佐車，驅逆之車。○驅丘于反。又丘遇反。獺祭魚，然後虞人入澤梁。豺祭獸，然後田獵。鳩化爲鷹，然後設罻羅。草木零落，然後入山林。昆蟲未蟄，不以火田。取物必順時候也。梁，絶水取魚者。罻，小網也。昆，明也。明蟲者，得陽而生，得陰而藏。○獺他達反。豺仕皆反。罻音尉。一音鬱。蟄直立反。不麛，不卵，不殺胎，不殀夭。重傷未成物。殀，斷殺。少長曰夭。○麛音迷

乾隆四十八年 禮記四 十

卵力管反胎吐來反殀於表反夭烏老反斷丁亂反不覆巢覆敗也。覆芳服反冢宰制國用。必於歲之杪。五穀皆入。然後制國用制國用。如今度支經用。杪。末也。○杪亡小反用地小大。視年之豐耗小國大國。豐凶之年。各以歲之收入。制其用多少。多不過禮。少有所殺。○耗呼報反殺色戒反以三十年之通制國用。量入以爲出通三十年之率。當有九年之蓄。出。謂所當給爲。○量音亮率音律。又音類祭用數之仂筭今年一歲經用之數。用其什一。○仂音勒。又音力喪三年不祭。唯祭天地社稷。爲越紼而行事不敢以卑廢尊。越猶躐也。紼輴車索。○紼音弗輴勑倫反喪用三年之仂喪。大事。用三歲之什一。喪祭用不足曰暴有餘曰浩暴猶耗也。浩猶饒也。○浩胡老反祭豐年不奢凶年不儉常用數之仂國無九年之蓄曰不足無六年之蓄曰急無三年之蓄曰國非其國也三年耕必有一年之食九年耕必有三年之食以三十年之通雖有凶旱水溢民無菜色然後天子食日舉以樂菜色。食菜之色。民無食菜之飢色。天子乃日舉。以樂侑食天子七日而殯七月而葬。諸侯五日而殯。五月而葬。大夫士庶人三日而殯。三月而葬。尊者舒。卑者速。春秋傳曰。天子七月而葬。同軌畢至。諸侯五月。同盟至。大夫三月。同位至。士踰月。外姻至。三年之喪自天子達。下通庶人。於父母同。天子諸侯降期。○期居宜反庶人縣封。葬不爲雨止。不封不樹。喪不貳事。縣封當爲縣窆。縣窆者。至卑。不得引紼下棺。雖雨猶葬。以其禮儀少。封。謂聚土爲墳。不封之。不樹之。又爲至卑無飾也。周禮曰。以爵等爲丘封之度。與其樹數。則士以上乃皆封樹。貳之言二也。庶人終喪無二事。不使從政也。喪大記曰。大夫士既葬。公政入於家。既卒哭。弁絰帶。金革之事無辟也○縣封上音懸。下彼驗反爲于僞反自天子達於庶人喪從死者。祭從生者。支子不祭從死者。謂衣衾棺槨。從生者。謂奠祭之牲器天子七廟。三昭三穆。與大祖之廟而七此周制。七者。大祖及文王武王之祧。與親廟四。大祖。后稷。殷則六廟。契及湯與二昭二穆。夏則五廟。無大祖。禹與二昭二穆而已。○祧他彫反諸侯五廟。二昭二穆與大祖之廟而五大祖。始封之君。王者之後。不爲始封之君廟大夫三廟。一昭一穆。與大祖之廟而三大祖。別子始爵者。大傳曰。別子爲祖。謂此。雖非別子。始爵者亦然士一廟謂諸侯之中士

乾隆四十八年 禮記四 十二

下士。名曰官師者。上士二廟　庶人祭於寢。寢。適寢也（適）音的　天子

諸侯宗廟之祭。春曰礿。夏曰禘。秋曰嘗。冬曰

烝。此蓋夏殷之祭名。周則改之。春曰祠。夏曰礿。以禘爲殷祭。詩小雅曰。礿祠烝嘗。于公

先王。此周四時祭宗廟之名。○（礿）余若反（夏）戶嫁反。下同（禘）大計反　天子祭天

地。諸侯祭社稷。大夫祭五祀。五祀。謂司命也。中霤也。門也。行也。

也。厲也。此祭謂大夫有地者。其無地。祭三耳。○（霤）力救反　天子祭天下名

山大川。五嶽視三公。四瀆視諸侯。視。視其牲器之數

諸侯祭名山大川之在其地者。魯人祭泰山。晉人祭河是也。

王制

也 天子諸侯祭因國之在其地而無主後者謂所因之國。先王先公。有功德宜享世祀。今絕無後。爲之祭主者。昔夏后氏郊鯀。至杞爲夏後而更郊禹。晉侯夢黃熊入國而祀夏郊。此其禮也。○熊音能。又音雄 天子犆礿祫禘祫嘗祫烝犆猶一也。祫合也。天子諸侯之喪畢。合先君之主於祖廟而祭之謂之祫。後因以爲常。天子先祫而後時祭。諸侯先時祭而後祫。凡祫之歲。春一礿而已。不祫。以物無成者不殷祭。周改夏祭曰礿。以禘爲殷祭也。魯禮。三年喪畢而祫於大祖。明年春。禘於羣廟。自爾之後。五年而再殷祭。一祫一禘。○犆音特祫音洽 諸侯礿則不禘。禘則不嘗。嘗則不烝。烝則不礿虞夏之制。諸侯歲朝。廢一時祭。○朝直遙反諸侯礿犆互明犆礿文禘一犆一祫下天子也。祫歲不禘嘗祫烝祫天子社稷皆大牢。諸侯社稷皆少牢。大夫士宗廟之祭有田則祭。無田則薦有田者。既祭。又薦新。祭以首時。薦以仲月。士薦牲用特豚。大夫以上用羔。所謂羔豚而祭。百官皆足。詩曰。四之日其早。獻羔祭韭。○大如字。又音泰。少詩照反庶人春薦韭。夏薦麥。秋薦黍。冬薦稻。韭以卵。麥以魚。黍以豚。稻以鴈庶人無常牲。取與新物相宜而已祭天地之牛角繭栗。宗廟之牛角握。賓客之牛角尺握。謂長不出膚。○〔繭〕公典反〔握〕戹角反諸侯無故不殺牛。大夫無故不殺羊。士無故不殺犬豕。庶人無故不食珍故。謂祭饗庶羞不踰牲祭以羊。則不以牛肉爲羞燕衣不踰祭服。寢不踰廟。古者公田藉而不稅藉之言借也。借民力治公田。美惡取於此。不稅民之所自治也。孟子曰。夏后氏五十而貢。殷人七十而助。周人百畝而徹。則所云古者。謂殷時。○〔燕〕伊見反〔藉〕在亦反〔稅〕式銳反〔借〕子亦反市廛而不稅廛。市物邸舍。稅其舍。不稅其物。○〔廛〕直連反關譏而不征譏。譏異服。識異言。征亦稅也。周禮。國凶札則無門關之征。猶譏也。○札如字。又音截 林麓川澤以時入而不禁 麓。山足也。○麓音鹿 夫圭田無征 夫猶治也。征。稅也。孟子曰。卿以下必有圭田。治圭田者不稅。所以厚賢也。此則周禮之士田。以任近郊之地。稅什一 用民之力。歲不過三日 治宮室城郭道渠 田里不粥。墓地不請 皆受於公。民不得私也。粥。賣也。請。求也。○粥音育。後皆同 司空執度度地 司空。冬官卿。掌邦事者。度。丈尺也。○度度上如字。下大洛反 居民山川沮澤。時四時 觀寒煖燥濕。沮。謂萊沛。○沮將慮反。沮。沮洳也。草所生曰萊。沛蒲貝反。水所生曰沛 量地遠近 制邑井之處 興事任力 事。謂築邑廬宿市也。○任而鴆反凡使民任老者之事，食壯者之食。寬其力，饒其食。○食壯音嗣，又如字凡居民材，必因天地寒煖燥濕，使其材藝堪地氣也。○燥素老反廣谷大川異制，謂其形象民生其閒者異俗，謂其所好惡剛柔輕重遲速異齊，謂其情性緩急。○齊才細反五味異和，謂香臭與鹹苦。○和胡臥反，下同器械異制，謂作務之用。○械戶戒反衣服異宜，謂旃裘與絺綌脩其教，不易其俗；齊其政，不易其宜。教，謂禮義。政，謂刑禁中國戎夷，五方之民，皆有性也，不可推移。

地氣使之然

東方曰夷，被髮文身，有不火食者矣。南方曰蠻，雕題交趾，有不火食者矣。彫文，謂刻其肌，以丹青涅之。交趾，足相鄉然。浴則同川，卧則僢。不火食，地氣煖，不爲病。○被，皮義反。下同。題，大兮反。涅，乃結反。僢，昌戀反。西方曰戎，被髮衣皮，有不粒食者矣。北方曰狄，衣羽毛穴居，有不粒食者矣。不粒食，地氣寒，少五穀。○衣，於旣反。下同。中國夷蠻戎狄，皆有安居、和味、宜服、利用、備器。其事雖異，各自足。五方之民，言語不通，嗜欲不同。達其志，通其欲，東方曰寄。南方曰象。西方曰狄鞮。北方曰譯皆俗間之名。依其事類耳。鞮之言知也。今冀部有言狄鞮者。○嗜市志反寄京義反鞮丁兮反譯如字凡居民。量地以制邑。度地以居民。地邑民居。必參相得也。得猶足也。○度大洛反參七南反無曠土。無游民。食節事時。民咸安其居。樂事勸功。尊君親上。然後興學。立小學大學司徒脩六禮以節民性。明七教以興民德。齊八政以防淫。一道德以同俗。養耆老以致孝。恤孤獨以逮不足。上賢以崇德。簡不肖以絀惡司徒。地官卿。掌邦教者。逮。及也。簡。差擇也。○逮音代。又大計反。絀敕律反命鄉簡不帥教者以告帥。循也。不循教。謂敖很不孝弟者。司徒使鄉簡擇以告者。鄉屬司徒。○帥音率。敖五報反。很胡墾反耆老皆朝于庠。元日習射上功。習鄉上齒。大司徒帥國之俊士與執事焉將習禮以化之。使之觀焉。耆老。致仕及鄉中老賢者。朝猶會也。此庠謂鄉學也。鄉。謂飲酒也。鄉。禮。春秋射。國蜡而飲酒養老。○朝直遙反與音預。蜡仕詐反不變。命國之右鄉簡不帥教者移之左。命國之左鄉簡不帥教者移

王制

之右。如初禮中年考校而又不變。使轉徙其居。覬其見新人。有所化也。亦復習禮於鄉學。使之觀焉○覬音冀復扶又反不變移之郊。如初禮郊。鄉界之外者也。稍出遠之。後中年。又爲之習禮於郊學。○爲于僞反不變移之遂。如初禮遠郊之外曰遂。遂大夫掌之。又中年。復移之使居遂。又爲習禮於遂之學不變。屏之遠方。終身不齒遠方。九州之外。齒猶錄也命鄉論秀士。升之司徒。曰選士移名於司徒也。秀士。鄉大夫所考有德行道藝者○選宣戀反。下皆同司徒論選士之秀者。而升之學。曰俊士可使習禮者學大學升於司徒者不

乾隆四十八年武英殿仿宋本　禮記四

王制

征於鄉。升於學者不征於司徒。曰造士不征。不給其繇役。造。成也。能習禮則爲成士。○繇音遙樂正崇四術。立四教樂正。樂官之長。掌國子之教。虞書曰。夔。命汝典樂。教冑子。崇。高也。高尚其術以作教也。幼者教之於小學。長者教之於大學。尚書傳曰。年十五始入小學。十八入大學順先王詩書禮樂以造士順此四術而教。以成是士也春秋教以禮樂。冬夏教以詩書春夏。陽也。詩樂者聲。聲亦陽也。秋冬。陰也。書禮者事。事亦陰也。互言之者。皆以其術相成王大子王子羣后之大子卿大夫元士之適子國之俊選皆造焉皆以四術成之。王子。王之庶子也。羣后。公及諸侯。○適丁歷反。造才早反。又七到反凡入學以齒皆以長幼受學。不用尊卑將出學。小胥大胥小樂正簡不帥教者以告于大樂正。大樂正以告于王此所簡者。謂王大子。王子。羣后之大子。卿大夫元士之適子。大胥小胥皆樂官屬也。出學謂九年大成。學止也。○胥息餘反。又息呂反。下同王命三公九卿大夫元士皆入學。不變。王親視學亦謂使習禮以化之。不變。王又親爲之臨視。重弃賢者子孫。此習禮皆於大學也不變。王三日不舉去食樂。重弃人屏之遠方。西方曰棘。東方曰寄。終身不齒。棘當爲僰。僰之言偪。使之偪寄於夷戎。不屏於南北。爲其大遠。○屏必郢反。棘蒲北反。大樂正論造士之秀者以告于王而升諸司馬。曰進士。移名於司馬。司馬。夏官卿。主邦政者。進士。可進受爵祿也。司馬辨論官材。辨其論。官其材。觀其所長。○其論如字。舊力困反。論進士之賢者以告于王而定其論。各署其所長。論定然後官之。使之試守。任官然後爵之。命之。○任而金反。下注同。位定然後祿之。大夫廢其事。終身不仕。死以士禮葬之。以不任大夫也。有發則命大司徒教士以車甲乘兵車衣甲之儀。有發。謂有軍師發卒。○衣於既反凡執技論力。適四方。贏股肱。決射御謂擐衣出其臂脛。使之射御。決勝負。見勇力。○技其綺反贏力果反擐音患。又先全反凡執技以事上者。祝史射御醫卜及百工言技。謂此七者凡執技以事上者。不貳事。不移官欲專其事。亦爲不德出鄉不與士齒賤也。於其鄉中則齒。親親也仕於家者。出鄉不與士齒亦賤司寇正刑明辟。以聽獄訟司寇。秋官卿。掌刑者。辟。罪也。○辟婢亦反必三刺以求民情斷其獄訟之中。一曰訊羣臣。二曰訊羣吏。三曰訊萬民。○刺七智反。殺也。斷丁亂反有旨無簡不聽簡。誠也。有其意無其誠者。不論以爲罪附從輕附。施刑也。求出之。使從輕赦從重雖是罪可重。猶赦之凡制五刑必即天論制。斷也。即就也。必即天論。言與天意合。閔子曰。古之道。不即人心。即或爲則。論或爲倫○論音倫。理也郵罰麗於事郵。過也。麗。附也。過人罰人。當各附於其事。不可假他以喜怒○郵音尤。麗郎計反凡聽五刑之訟必原父子之親立君臣之義以權之權。平也意論輕重之序愼測淺深之量以別之意。思念也。淺深。謂俱有罪。本心有善惡○量音亮。後皆同

〔別〕彼列反。悉其聰明，致其忠愛以盡之。盡其情。疑獄，氾與衆共之。衆疑，赦之。必察小大之比以成之。小大猶輕重。已行故事曰比。〇〔氾〕孚劍反。〔比〕必利反。成獄辭，史以獄成告於正。正聽之。史，司寇吏也。正，於周鄉師之屬。今漢有正平丞，秦所置。〇〔平〕皮命反。正以獄成告于大司寇。大司寇聽之棘木之下。周禮。鄉師之屬，辨其獄訟，異其死刑之罪而要之。職聽於朝。司寇聽之朝。王之外朝也。左九棘，孤卿大夫位焉。右九棘，公侯伯子男位焉。面三槐，三公位焉。〇〔棘〕紀力反。〔要〕於妙反。舊一遙反。大司寇以獄之成告於王。王命三公參聽之王使三公復與司寇及正共平之。重刑也。周禮。王欲免之。乃命公會其期三公以獄之成告於王。王三又。然後制刑又當作宥。宥寬也。一宥曰不識。再宥曰過失。三宥曰遺忘。○忘音安凡作刑罰。輕無赦法雖輕。不赦之。爲人易犯○爲于僞反易以豉反刑者侀也。侀者成也。一成而不可變。故君子盡心焉變。更也。○侀音刑○析言破律亂名改作。執左道以亂政。殺析言破律。巧賣法令者也。亂名改作。謂變易官與物之名。更造法度。左道。若巫蠱及俗禁○析思歷反作淫聲異服。奇技。奇器。以疑衆殺。淫聲。鄭衛之屬也。異服。若聚鷸冠瑱弁也。奇技奇器。若公輸般請以機窆之。○鷸伊必反。又音述。般百閒反。行偽而堅。言偽而辯。學非而博。順非而澤。以疑衆殺。皆謂虛華捷給無誠者也。○行下孟反。假於鬼神時日卜筮以疑衆殺。今時持喪葬築蓋嫁取卜數文書。使民倍禮違制。此四誅者不以聽。爲其爲害大。而辭不可明。凡執禁以齊衆。不赦過。亦爲人將易犯。有圭璧金璋。不粥於市。命服命車。不粥於市。宗廟之器。不粥於市。犧牲不粥於市。戎器不粥於市。尊物非民所宜有。戎器。軍器也。粥。賣也。○粥音育。下竝同用器不中度。不粥於市。兵車不中度。不粥於市。布帛精麤不中數。幅廣狹不中量。不粥於市。姦色亂正色。不粥於市凡以其不可用也。用器。弓矢耒耜飲食器也。度。丈尺也。數。升縷多少。○中丁仲反。下皆同錦文珠玉成器。不粥於市。衣服飲食。不粥於市不示民以奢與貪也。成猶善也五穀不時。果實未熟。不粥於市物未成。不利人木不中伐。不粥於市伐之非時不中用。周禮。仲冬斬陽木。仲夏斬陰木禽獸魚鼈不中殺。不粥於市殺之非時。不中用。月令。季冬始漁。周禮。春獻鼈蜃關執禁以譏禁異服識異言關。竟上門。譏。呵察。○竟音境大史典禮執簡記奉諱惡簡記。策書也。諱。先王名。惡。忌日。若子卯。○惡烏路反天子齊戒受諫歲終羣臣奏歲事。諫王當所改爲也。○齊側皆反司會以歲之成質於天子司會。冢宰之屬。掌計要者。成。計要也。質。平也。平其計要。○會古外反冢宰齊戒受質贊王。受之大樂正大司寇市三官以其成從質於天子大樂正。於周宗伯之屬。市。司市也。於周司徒之屬。從。從於司會也大司徒大司馬大司空齊戒受質百官各以其成質於三官。大司徒。大司馬大司空以百官之成質於天子百官此三官之屬百官齊戒受質受平報也然後休老勞農。饗養之○勞力報反成歲事。斷計要也制國用。凡養老有虞氏以燕禮。夏后氏以饗禮。殷人以食禮。周人脩而兼用之。兼用之。備陰陽也。凡飲養陽氣。凡食養陰氣。陽用春夏。陰用秋冬。○食音嗣。注及下並同。養如字。又以尚反五十養於鄉。六十養於國。七十養於學。達於諸侯。天子諸侯。養老同也。國國中。小學在王宮之左。

學。大學也。在郊。小學在國中。大學在郊。此殷制明矣八十拜君命。一坐再至瞽亦如之。九十使人受命。謂君不親饗食。必以其禮致之。○瞽音古五十異粻。六十宿肉。七十貳膳。八十常珍。九十飲食不離寢。膳飲從於遊可也粻。糧也。貳。副也。遊。謂出入止觀。○粻陟良反離力智反觀古亂反六十歲制。七十時制。八十月制。九十日脩。唯絞紟衾冒。死而后制絞。紟。衾。冒。一日二日而可爲者。○絞戶交反紟其鴆反冒亡報反五十始衰。六十非肉不飽。七十非帛不煖。八十非人不煖。九十雖得人不煖矣煖。溫五十杖於家。六十杖於鄉。七十杖於國。八十杖於朝。九十者天子欲有問焉則就其室以珍從尊養之。從才用反。又如字七十不俟朝大夫士之老者。揖君則退八十月告存每月致膳九十日有秩秩。常也。有常膳五十不從力政。六十不與服戎。七十不與賓客之事。八十齊喪之事弗及也力稍衰也。力政。城道之役也。與。及也。八十不齊則不祭也。子代之祭。是謂宗子不孤。○與音預。下及注同五十而爵賢者命爲大夫六十不親學不能備弟子禮七十致政唯衰麻爲喪致政還君事有虞氏養國老於上庠養庶老於下庠。夏后氏養國老於東序養庶老於西序。殷人養國老於右學養庶老於左學。周人養國老於東膠養庶老於虞庠。虞庠在國之西郊

皆學名也。異者。四代相變耳。或上西。或上東。或貴在國。或貴在郊。上庠。右學。大學也。在西郊。下庠。左學。小學也。在國中王宮之東。東序。東膠。亦大學。在國中王宮之東。西序。虞庠。亦小學也。西序在西郊。周立小學於西郊。膠之言糾也。庠之言養也。周之小學。爲有虞氏之

庠制。是以名庠云。其立鄉學亦如之。膠或作絿有虞氏皇而祭深衣而養老。夏后氏收而祭燕衣而養老。殷人冔而祭縞衣而養老。周人冕而祭玄衣而養老皇。冕屬也。畫羽飾焉。凡冕屬。其服皆玄上纁下。有虞氏十二章。周九章。夏殷未聞。凡養老之服。皆其時與羣臣燕之服。有虞氏質。深衣而已。夏而改之。尚黑而黑衣裳。殷尚白而縞衣裳。周則兼用之。玄衣素裳。其冠則牟追章甫。委貌也。諸侯以天子之燕服爲朝服。燕禮曰。燕朝服。服是服也。王者之後。亦以燕服爲之。魯季康子朝服以縞。僭宋之禮也。天子皮弁以日視朝也。○冔況甫反縞古老反。又古報反追丁雷反凡三王養老

皆引年已而引戶校年。當行復除也。老人衆多。非賢者不可皆養○復除。音福

八十者。一子不從政。九十者。其家不從政。廢疾非人不養者。一人不從政廢。廢於人事○養如字。又以尚反

父母之喪。三年不從政。齊衰大功之喪。三月不從政。將徙於諸侯。三月不從政。自諸侯來徙家。期不從政自從也○期音基

少而無父者謂之孤。老而無子者謂之獨。老而無妻者謂之矜。老而無夫者謂之寡。此四者。天民之窮而

無告者也。皆有常餼。餼，廩也。○少，詩照反。矜，古頑反。瘖聾跛躄斷者侏儒百工各以其器食之。斷，謂支節絕也。侏儒，短人也。器，能也。○瘖，於金反。聾，力東反。跛，彼我反。躄，必亦反。侏，音朱。道路男子由右，婦人由左，車從中央。道有三塗，遠別也。○別，彼列反。下同。父之齒隨行，兄之齒鴈行，朋友不相踰。廣敬也。謂於塗中。○行，如字。又戶剛反。下鴈行同。輕任幷，重任分，斑白者不提挈。皆謂以與少者。雜色曰斑。○幷，必性反。挈，苦結反。君子耆老不徒行，庶人耆老不徒食。徒猶空也。大夫祭器不假。祭器未成不造燕器（造，爲也）方一里者爲田九百畝（一里，方三百步）方十里者爲方一里者百爲田九萬畝方百里者爲方十里者百爲田九十億畝（億，今十萬）方千里者爲方百里者百爲田九萬億畝（萬億，今萬萬也）自恒山至於南河千里而近（冀州域）自南河至於江千里而近（豫州域）自江至於衡山千里而遙（荊州域）自東河至於東海千里而遙（徐州域）自東河至於西河千里而近

亦冀州域自西河至於流沙千里而遥雍州域。雍於用反
西不盡流沙南不盡衡山東不盡東海北不
盡恆山凡四海之內斷長補短方三千里爲
田八十萬億一萬億畝。九州州之大計斷音短方百里
者爲田九十億畝山陵林麓川澤溝瀆城郭
宮室塗巷三分去一其餘六十億畝以一大國爲率其餘所以授民也。山足曰麓。去羌呂反。率音律。又音類古者以周尺八
尺爲步今以周尺六尺四寸爲步古者百畝

當今東田百四十六畝三十步。古者百里。當今百二十一里六十步四尺二寸二分。周尺之數。未詳聞也。案禮制。周猶以十寸爲尺。蓋六國時。多變亂法度。或言周尺八寸。則步更爲八八六十四寸。以此計之。古者百畝。當今百五十六畝二十五步。古者百里。當今百二十五里方千里者。爲方百里者百。封方百里者三十國。其餘方百里者七十。又封方七十里者六十。爲方百里者二十九。方十里者四十。其餘方百里者四十。方十里者六十。又封方五十里者百二十。爲方百里者三十。其餘方百里者十。方十里者六十。名山大澤不以封。其餘以爲附庸閒田。諸侯之有功者。取於閒田以祿之。其有削地者。歸之閒田。天子之縣內。方千里者。爲方百里者百。封方百里者九。其餘方百里者九十一。又封方七十里者二十一。爲方百里者十。方十里者二十九。其餘方百里者八十。方十里者七十一。又封方五十里者六十三爲方百里者十五方十里者七十五其餘方百里者六十四方十里者九十六諸侯之下士祿食九人中士食十八人上士食三十六人下大夫食七十二人卿食二百八十八人君食二千八百八十人次國之卿食二百一十六人君食二千一百六十人小國之卿食百四十四人君食千四百四十人次國之卿命於其君者如小國之卿天子

之大夫爲三監。監於諸侯之國者。其祿視諸侯之卿。其爵視次國之君。其祿取之於方伯之地。方伯爲朝天子。皆有湯沐之邑於天子之縣內。視元士。給齊戒自絜清之用。浴用湯。沐用潘。○閒音閑。下同。祿食音嗣。又如字。下皆同。爲朝于僞反。潘芳袁反。米汁也。諸侯世子世國。象賢也。大夫不世爵。使以德。爵以功。謂縣內及列國諸侯爲天子大夫者。不世爵而世祿。辟賢也。○辟音避。未賜爵。視天子之元士。以君其國。列國及縣內之國也。諸侯之大夫。不世爵禄六禮冠昏喪祭鄉相見鄉，鄉飲酒、鄉射。○冠，古亂反。七教父子兄弟夫婦君臣長幼朋友賓客八政飲食衣服事爲異別度量數制飲食爲上，衣服次之，事爲百工技藝也，異別，五方用器不同也，度，丈尺也，量，斗斛也，數，百十也，制，布帛幅廣狹也。○長，丁丈反。斛，洪木反。幅，方服反。

# 禮記卷第四

相臺岳氏刻
梓荊谿家塾



舉人臣虞衡寶敬書

# 禮記卷四考證

王制凡二百一十國註盈上四等之數并四十六○四十六　殿本監本作四十九案盈上四等之數謂添上公侯伯子四等數也上旣云方五百里者四四百里者六三百里者十一二百里者二十五綜四六十一二十五計之共應四十六并小國一百六十四是爲一州二百一十國則非四十九明矣諸本六作九非

天子之縣內諸侯註選賢置之於位其國之祿如諸侯不得世○案不得世孔氏疏以爲得采國爲祿而不

得繼世也閣本及引本並作不得位誤
亦弗故生也○亦字　殿本閣本兼義本俱作示義雖
可通但綮正義云意在亦不欲使生則明疏經文亦
字也應從原本
曰舉以樂註天子乃日舉樂以食○　殿本閣本俱作
天子乃日舉以樂侑食陳澔集說亦引周禮王日一
舉以樂侑食之文以釋之與諸本同原本小異省文
也
西方曰狄鞮音義鞮丁兮反○丁兮　殿本作子兮閣
本兼義本作于兮皆非

樂正崇四術註尚書傳曰年十五始入小學十八入大學○此據伏生大傳也案白虎通則云八歲入小學十五入大學

西方曰棘註棘當爲僰○當字下　殿本閣本俱無爲字義未晰

冡宰齋戒受質註贊王受之○案此解冡宰齋戒以贊王受質也諸本贊字作質讀斷是以王受之三字解質字矣于義未協

君子耆老不徒行庶人耆老不徒食註徒猶空也○案方慤解徒行曰無乘而行解徒食曰無羞而食即鄭

註空字之義閣本作徒猶黨也謬矣

禮記卷第五

月令第六　　鄭氏註

孟春之月，日在營室，昏參中，旦尾中。孟，長也。日月之行，一歲十二會，聖王因其會而分之，以爲大數焉。觀斗所建，命其四時。此云孟春者，日月會於諏訾，而斗建寅之辰也。凡記昏明中星者，爲人君南面而聽天下，視時候以授民事。○參，所林反。中，如字，又丁仲反，後同。長，丁丈反。諏，足俱反，又足侯反。訾，子斯反。

其日甲乙。乙之言軋也。日之行，春東從青道，發生萬物，月爲之佐，時萬物皆解孚甲，自抽軋而出，因以爲日名焉。乙不爲月名者，君統臣功也。

其帝大皞，其神句

芒此蒼精之君。木官之臣。自古以來。著德立功者也。大皞宓戲氏。句芒少皞氏之子曰
重。爲木官。○大音太。後大蔟。大史。大寢。大室。大微。大廟。大祝。大尉。大宰。皆同。暤胡老反。句
古侯反。重直龍反。其蟲鱗象物孚甲將解。鱗龍蛇之屬。其音角謂樂
器之聲也。三分羽益一以生角。角數六十四。屬木者。以其清濁中。民象也。春氣和則角聲
調。樂記曰。角亂則憂。其民怨。凡聲尊卑取象五行。數多者濁。數少者清。大不過宮。細不過
羽。律中大蔟律候氣之管。以銅爲之。中猶應也。孟春氣至。則大蔟之律應。應
謂吹灰也。大蔟者。林鐘之所生。三分益一。律長八寸。凡律空圍九分。周語曰。大蔟所以金
奏。贊陽出滯。○中丁仲反。後放此。蔟七豆反。奏也。空音孔其數八數者。五行佐天

地生物成物之次也。易曰。天一。地二。天三。地四。天五。地六。天七。地八。天九。地十。而五行自水始。火次之。木次之。金次之。土爲後。木生數三。成數八。但言八者。舉其成數。其味酸。其臭羶。木之臭味也。凡酸羶者皆屬焉。○羶失然反其祀戶。祭先脾。春陽氣出。祀之於戶。內陽也。祀之先祭脾者。春爲陽中。於藏直脾。脾爲尊。凡祭五祀於廟。用特牲。有主有尸。皆先設席于奧。祀戶之禮。南面設主于戶內之西。乃制脾及腎爲俎。奠于主北。又設盛于俎西。祭黍稷祭肉。祭醴。皆三。祭肉。脾一。腎再。既祭。徹之。更陳鼎俎。設饌于筵前。迎尸略如祭宗廟之儀。○脾婢支反藏才浪反。後放此直丈吏反。又如字。下宿直同東風解凍。蟄蟲始振。魚上冰。獺祭魚。

鴻鴈來皆記時候也。振。動也。夏小正正月啓蟄。魚陟負冰。漢始亦以驚蟄爲正月中。此時魚肥美。獺將食之。先以祭也。鴈自南來。將北反其居。今月令。鴻皆爲候○凍東送反蟄直立反獺他達反天子居青陽左个。乘鸞路。駕倉龍。載青旂。衣青衣。服倉玉。食麥與羊。其器疏以達皆所以順時氣也。青陽左个。大寢東堂北偏。鸞路。有虞氏之車。有鸞和之節。而飾之以青。取其名耳。春言鸞。冬夏言色。互文。馬八尺以上爲龍。凡所服玉。謂冠飾及所珮者之衡璜也。麥實有孚甲。屬木。羊火畜也。時尚寒。食之以安性也。器疏者。刻鏤之。象物當貫土而出也。凡此車馬衣服。皆所取於殷時。而有變焉。非周制也。周禮朝祀。戎獵。車服各以其事不以四時爲異又玉藻曰天子龍衮以祭玄端而朝日皮弁以日視朝與此皆殊○个古賀反後放此鑾力官反載音戴後放此旅巨機反後放此衣青於既反後放此畜許又反端音冕是月也以立春先立春三日大史謁之天子曰某日立春盛德在木天子乃齊大史禮官之屬掌正歲年以序事謁告也○先悉薦反齊側皆反卷內放此立春之日天子親帥三公九卿諸侯大夫以迎春於東郊還反賞公卿諸侯大夫於朝迎春祭倉帝靈威仰於東郊之兆也王居明堂禮曰出十五里迎歲蓋殷禮也周近郊五十里賞謂有功德者

有以顯賜之也。朝。大寢門外。○還音旋。後放此。

命相布德和令。行慶施惠下及兆民。

相。謂三公相王之事也。德。謂善教也。令。謂時禁也。慶。謂休其善也。惠。謂恤其不足也。天子曰兆民。○相去聲。下善相同。施如字。又去聲。休許收。許糾二反。

慶賜遂行。毋有不當。

遂猶達也。言使當得者皆得。得者無非其人。○當丁浪反。

乃命大史守典奉法。司天日月星辰之行。宿離不貸。毋失經紀。以初爲常。

典。六典。法。八法也。離讀如儷偶之儷。宿儷。謂其屬馮相氏。保章氏。掌天文者。相與宿偶。當審候伺。不得過差也。經紀。謂天文進退度數。○宿如字。又音秀。離音儷。貸吐得反。又音二。馮相去聲。伺音司。又如字。是月也，天子乃以元日祈穀于上帝。謂以上辛郊祭天也。春秋傳曰：夫郊祀后稷以祈農事。是故啓蟄而郊，郊而後耕。上帝，大微之帝也。乃擇元辰，天子親載耒耜，措之于參保介之御間，帥三公、九卿、諸侯、大夫躬耕帝藉。天子三推，三公五推，卿、諸侯九推。元辰，蓋郊後吉亥也。耒，耜之上曲也。保介，車右也。置耒於車右與御者之間，明已勸農，非農者也。人君之車，必使勇士衣甲居右而參乘，備非常也。保猶衣也。介，甲也。帝藉，爲天神借民力所治之田也。○耒力對反。耜音似。措七故反。介音界。藉在亦反。推出佳反，又吐回反。下同。反。執爵于大寢三公九卿諸侯大夫皆御命曰勞酒既耕而宴飲以勞羣臣也大寢路寢御侍也○勞力報反是月也天氣下降地氣上騰天地和同草木萌動此陽氣蒸達可耕之候也農書曰土長冒橛陳根可拔耕者急發○蒸音證又之承反橛求月反王命布農事命田舍東郊皆脩封疆審端徑術田謂田畯主農之官也舍東郊順時氣而居以命其事也封疆田首之分職術周禮作遂夫閒有遂遂上有徑遂小溝也步道曰徑今尚書曰分命羲仲宅嵎夷也○疆居良反徑古定反術音遂畯音俊善相丘陵阪險原隰土地所宜五

穀所殖。以教道民。必躬親之。相。視也。〇阪音反。又蒲版反。

田事既飭。先定準直。農乃不惑。說所以命田舍東郊之意也。準直。謂封疆徑遂也。夏小正曰。農率均田。〇飭音敕。率所類反。謂田正。是月也。

命樂正入學習舞。爲仲春將釋菜。乃脩祭典。重祭禮。歲始省錄也。

命祀山林川澤。犧牲毋用牝。爲傷妊生之類。〇牝頻忍反。

禁止伐木。盛德所在。毋覆巢。毋殺孩蟲。胎夭飛鳥。毋麛毋卵。爲傷萌幼之類。〇覆芳服反。孩戶哀反。夭烏老反。麛音迷。毋

聚大衆。毋置城郭。爲妨農之始。掩骼埋胔。爲死氣逆生也。

骨枯曰骼。肉腐曰胔。〇骼江百反。胔才賜反。亦作骴是月也。不可以稱兵。稱兵必天殃逆生氣兵戎不起。不可從我始爲客不利。主人則可毋變天之道以陰政犯陽毋絕地之理易剛柔之宜毋亂人之紀仁之時而舉義事孟春行夏令。則雨水不時巳之氣乘之也。四月於消息爲乾草木蚤落生日促。〇蚤音早國時有恐以火訛相驚行秋令。則其民大疫申之氣乘之也。七月始殺。〇疫音役猋風暴雨總至正月宿直尾箕。箕好風。其氣逆也。回風爲猋。〇猋必遙反。又芳遙反。宿音秀藜莠蓬蒿竝

興生氣亂。惡物茂。藜力兮反莠音酉行冬令。則水潦爲敗。雪霜大摯。首種不入亥之氣乘之也。舊說首種謂稷。潦音老摯音至種章勇反

仲春之月。日在奎。昏弧中。旦建星中。仲。中也。仲春者日月會於降婁。而斗建卯之辰也。弧在輿鬼南。建星在斗上。奎苦圭反弧音胡降戶江反其日甲乙。其帝大皞。其神句芒。其蟲鱗。其音角。律中夾鍾。其數八。其味酸。其臭羶。其祀戶。祭先脾夾鍾者。夷則之所生。三分益一。律長七寸二千一百八十七分寸之

千七十五。仲春氣至。則夾鍾之律應。周語曰。夾鍾出四隙之細。○夾古洽反。一音頰始雨水。桃始華。倉庚鳴。鷹化爲鳩。皆記時候也。倉庚。驪黃也。鳩。搏穀也。漢始以雨水爲二月節。○搏音博天子居青陽大廟。乘鸞路。駕倉龍。載青旂。衣青衣。服倉玉。食麥與羊。其器疏以達。青陽大廟。東堂當大室。是月也。安萌牙。養幼少。存諸孤。助生氣也。○少去聲擇元日。命民社。社。后土也。使民祀焉。神其農業也。祀社日用甲命有司。省囹圄。去桎梏。毋肆掠。止獄訟。順陽寬也。省。減也。囹圄。所以禁守繫者。若今别獄矣。桎梏。

令械也。桎手曰梏。桎足曰桎。肆。謂死刑暴尸也。周禮曰。肆之三日。掠。謂捶治人。○省所景反。又所幸反。囹音零。圄魚呂反。去羌呂反。桎音質。梏古毒反。掠音亮。械戶戒反。暴步卜反。捶之蘂反

是月也。玄鳥至。至之日。以大牢祠于高禖。天子親往

玄鳥。燕也。燕以施生時來。巢人堂宇而孚乳。嫁娶之象也。媒氏之官以爲候。高辛氏之世。玄鳥遺卵。娀簡吞之而生契。後王以爲媒官嘉祥。而立其祠焉。變媒言禖。神之也。○禖音梅。施始豉反。孚方無反。又芳付反。乳而樹反。娀夙中反。契息列反

后妃帥九嬪御

御。謂從往侍祠。周禮。天子有夫人。有嬪。有世婦。有女御。獨云帥九嬪。舉中言也。○嬪毗人反。從才用反

乃禮天子所御帶

以弓韣授以弓矢于高禖之前天子所御謂今有娠者於祠。大祝酌酒飲於高禖之庭。以神惠顯之也。帶以弓韣。授以弓矢。求男之祥也。王居明堂禮曰。帶以弓韣。禮之禖下。其子必得天材。○韣大木反。弓衣。娠音身。一音震

是月也。日夜分。雷乃發聲。始電。蟄蟲咸動。啓戶始出又記時候。發猶出也。○電大練反先雷三日。奮木鐸以令兆民曰。雷將發聲。有不戒其容止者。生子不備。必有凶災主戒婦人有娠者也。容止猶動靜。○先悉薦反。奮方問反

日夜分。則同度量。鈞衡石。角斗甬。正權槪因晝夜等。

而平當平也。同。角。正。皆謂平之也。丈尺曰度。斗斛曰量。三十斤曰鈞。稱上曰衡。百二十斤曰石。甬。今斛也。稱錘曰權。概。平斗斛者。○度如字。量音亮。甬音勇。概古代反。稱尺證反。錘丈僞反。又音椎。是月也。耕者少舍。乃脩闔扇。寢廟畢備。舍猶止也。因蟄蟲啓戶。耕事少閒。而治門戶也。用木曰闔。用竹葦曰扇。畢猶皆也。凡廟。前曰廟。後曰寢。○闔戶臘反。閒音閑。毋作大事。以妨農之事。大事。兵役之屬。是月也。毋竭川澤。毋漉陂池。毋焚山林。順陽養物也。畜水曰陂。穿地通水曰池。○漉音鹿。天子乃鮮羔開冰。先薦寢廟。鮮當爲獻。聲之誤也。獻羔謂祭司寒也。祭司寒而出冰。薦於宗廟。乃後賦之。春秋傳曰。古者日在北陸而藏冰。西陸朝覿而出之。其藏冰也。深山窮谷。固陰沍寒。於是乎取之。其出之也。朝之祿位。賓食喪祭。於是乎用之。其藏之也。黑牡秬黍。以饗司寒。其出之也。桃弧棘矢。以除其災。其出入也時。食肉之祿。冰皆與焉。大夫命婦。喪浴用冰。祭寒而藏之。獻羔而啓之。公始用之。火出而畢賦。自命夫命婦至于老疾。無不受冰。○鮮音獻　與音預

上丁命樂正習舞釋菜　樂正。樂官之長也。命習舞者。順萬物始出地鼓舞也。將舞。必釋菜於先師以禮之。夏小正曰。丁亥。萬用入學。

天子乃帥三公九卿諸侯大夫親往視之　順時達物也。

仲丁又命樂正入學習樂　爲季春將合樂也。習樂者。

習歌與八音。〔爲〕于僞反。下注同。是月也。祀不用犧牲。用圭璧。更皮幣。爲季春將選而合騰之也。更猶易也。當祀者。古以玉帛而已。仲春行秋令。則其國大水。寒氣揔至。酉之氣乘之也。八月宿直昴畢。畢好雨。寇戎來征。金氣動也。畢又爲邊兵。行冬令。則陽氣不勝。麥乃不熟。子之氣乘之也。十一月爲大陰。〔大〕音泰。民多相掠。陰姦衆也。行夏令。則國乃大旱。煖氣早來。午之氣乘之也。〔煖〕乃緩反。又音暄。蟲螟爲害。暑氣所生。爲災害也。〔螟〕亡丁反。爾雅曰。食苗心曰螟。

季春之月。日在胃。昏七星中。旦牽牛中。季。少也。季春者。日月會於大梁。而斗建辰之辰。○胃音謂少詩召反其日甲乙。其帝大皞。其神句芒。其蟲鱗。其音角。律中姑洗。其數八。其味酸。其臭羶。其祀戶。祭先脾。姑洗者南呂之所生也。三分益一。律長七寸九分寸之一。季春氣至。則姑洗之律應。周語曰。姑洗所以脩絜百物。考神納賓。○洗素典反桐始華。田鼠化爲鴽。虹始見。蓱始生。皆記時候也。鴽。毋無。蝃蝀謂之虹。蓱萍也。其大者曰蘋。○鴽音如。鶉⿰酋鳥之屬。虹音紅。又音絳。見賢遍反蓱步丁反毋音牟。又如字天子居青陽右个。乘鸞路。駕倉龍。載青旂。衣青衣。服倉玉。食麥與羊。其器疏以達。青陽右个。東堂南偏。是月也。天子乃薦鞠衣于先帝。爲將蠶。求福祥之助也。鞠衣。黄桑之服。先帝。大皞之屬。○鞠居六反。又去六反。命舟牧覆舟。五覆五反。乃告舟備具于天子焉。舟牧。主舟之官也。覆反舟者。備傾漏也。○覆芳服反。天子始乘舟。薦鮪于寢廟。進時美物。○鮪于軌反。乃爲麥祈實。於含秀求其成也。不言所祈。承寢廟可知。是月也。生氣方盛。陽氣發泄。句者畢出。萌者盡達。不可以內。時可宣出。不可收斂也。句，屈生者。芒而直曰萌。○泄，息列反。句，古侯反。天子布德行惠。命有司發倉廩，賜貧窮，振乏絕。振猶救也。○廩，力甚反。開府庫，出幣帛，周天下。勉諸侯，聘名士。禮賢者。周，謂給不足也。勉猶勸也。聘，問也。名士，不仕者。是月也，命司空曰：時雨將降，下水上騰，循行國邑，周視原野，修利隄防，道達溝瀆，開通道路，毋有障塞。廣平曰原。國也，邑也，平野也。溝瀆與道路皆不得不通，所以除水潦，便民事也。古者溝上有路。○行，下孟反。障，之亮反，又音章。田獵罝罘、羅罔、畢翳、餧獸之藥。毋出九門。爲鳥獸方孚乳。傷之逆天時也。獸罟曰罝罘。鳥罟曰羅罔。小而柄長。謂之畢翳。射者所以自隱也。凡諸罟及毒藥。禁其出九門。明其常有。時不得用耳。天子九門者。路門也。應門也。雉門也。庫門也。皐門也。城門也。近郊門也。遠郊門也。關門也。今月令無罘。翳爲弋。○罝子斜反罘音浮翳於計反餧於僞反是月也。命野虞無伐桑柘。愛蠶食也。野虞。謂主田及山林之官。○柘之夜反鳴鳩拂其羽。戴勝降于桑。蠶將生之候也。鳴鳩飛且翼相擊。趨農急也。戴勝。織紝之鳥。是時恒在桑。言降者。若時始自天來。重之也。○戴音帶紝女今反具曲植籧筐。時所以養蠶器也。曲。薄也。植。槌也。○植直吏反籧居呂反槌直追反。

又直類反后妃齊戒，親東鄉躬桑。禁婦女毋觀，省婦使，以勸蠶事。后妃親採桑，示帥先天下也。東鄉者，鄉時氣也。是明其不常留養蠶也。留養者，所卜夫人與世婦。婦謂世婦及諸臣之妻也。內宰職曰：仲春詔后帥外內命婦始蠶于北郊。女外內子女也。夏小正曰：妾子始蠶，執養宮事。毋觀，去容飾也。婦使，縫線組紃之事。○鄉許亮反　觀古喚反　省所景反　去起呂反　線息賤反　紃音旬

蠶事既登，分繭稱絲效功，以共郊廟之服，無有敢惰。登，成也。敕往蠶者，蠶畢將課功，以勸戒之。繭古典反　共音恭　惰徒卧反

是月也，命工師令百工審五庫之量，金鐵皮革

月令

筋角齒羽箭幹脂膠丹漆毋或不良工師司空之屬官也。五庫藏此諸物之舍也。量謂物善惡之舊法也。幹器之木也。凡輮幹有當用脂良善也。○量音亮筋音斤幹古旦反輮如九反百工咸理監工日號毋悖于時毋或作爲淫巧以蕩上心咸皆也。於百工皆理治其事之時工師則監之日號令之戒之以此二事也。悖猶逆也。百工作器物各有時逆之則不善。時者若弓人春液角夏治筋秋合三材冬定體之屬也。淫巧謂僞飾不如法也。蕩謂動之使生奢泰也。今月令無于時作爲爲詐僞○監古銜反悖必內反液音亦是月之末擇吉日大合樂天子乃率三公九卿諸侯大夫親往視之大合樂者。所以助陽達物。風化天下也。其禮亡。今天子以大射。郡國以鄉射禮代之是月也乃合累牛騰馬遊牝于牧累。騰。皆乘匹之名。是月所合牛馬。謂繫在廄者。其牝欲遊。則就牧之牡而合之。○累力追反騰大登反牝毗忍反。又扶死反廄居又反犧牲駒犢舉書其數以在牧而校數書之。明出時無他故。至秋當錄內。且以知生息之多少也○數所主反命國難九門磔攘以畢春氣此難。難陰氣也。陰寒至此不止。害將及人。所以及人者。陰氣右行。此月之中。日行歷昴。昴有大陵積尸之氣。氣佚則厲鬼隨而出行。命方相氏帥百隸。索室毆疫以逐之。又磔牲以攘於四方之神。

所以畢止其災也。王居明堂禮曰。季春出疫于郊。以攘春氣。○(難)乃多反。後同。驅疫鬼(磔)竹伯反(攘)如羊反(毆)丘于反 季春行冬令。則寒氣時發。草木皆肅。丑之氣乘之也。肅謂枝葉縮栗 國有大恐。以水訛相驚 行夏令。則民多疾疫。時雨不降。未之氣乘之也。六月宿直鬼。鬼爲天尸。時又有暑也 山陵不收。高者暵於熱也。○(暵)呼旱反 行秋令。則天多沈陰。淫雨蚤降。戌之氣乘之也。九月多陰。淫霖也。雨三日以上爲霖。今月令曰衆雨。○(蚤)音早 兵革竝起。陰氣勝也

孟夏之月。日在畢。昏翼中。旦婺女中。孟夏者。日月會

於實沈。而斗建巳之辰。○婺音務

**其日丙丁**丙之言炳也。日之行。夏南從赤道。長育萬物。月爲之佐。時萬物皆炳然著見而强大。又因以爲日名焉。易曰。齊乎巽。相見乎離。○著見賢遍反

**其帝炎帝其神祝融**此赤精之君。火官之臣。自古以來。著德立功者也。炎帝。大庭氏也。祝融。顓頊氏之子曰黎。爲火官

**其蟲羽**象物從風鼓葉。飛鳥之屬

**其音徵**三分宮去一以生徵。徵數五十四。屬火者。以其微清。事之象也。夏氣和則徵聲調。樂記曰。徵亂則哀。其事勤。○徵張里反。後放此。去起呂反

**律中中呂**孟夏氣至。則中呂之律應。中呂者。無射之所生。三分益一。律長六寸萬九千六百八十三分寸之萬二千九百七十四。周語曰。中呂宣中氣。○中呂。音仲。

又如字。射音亦。其數七火生數二。成數七。但言七者。亦舉其成數。其味苦。其臭焦火之臭味也。凡苦焦者皆屬焉。○焦子遥反。其祀竈祭先肺夏陽氣盛。熱於外。祀之於竈。從熱類也。祀之先祭肺者。陽位在上。肺亦在上。肺爲尊也。竈在廟門外之東。祀竈之禮。先席於門之奧東面。設主于竈陘。乃制肺及心肝爲俎。奠于主西。又設盛于俎南。亦祭黍三。祭肺心肝各一。祭醴三。亦既祭徹之。更陳鼎俎。設饌于筵前。迎尸如祀戶之禮。○肺芳廢反。陘音刑。螻蟈鳴。丘蚓出。王瓜生。苦菜秀。皆記時候也。螻蟈。蛙也。王瓜。萆挈也。今月令云。王萯生。夏小正云。王萯秀。未聞孰是。○螻音婁。蟈古獲反。蚓以忍反。萆皮八反。挈起八反。萯房九反。天子居明堂左个。乘朱路。駕赤騮。載赤旂。衣朱衣。服赤玉。食菽與雞。其器高以粗。（明堂左个。大寢南堂東偏也。菽實孚甲堅合。屬水。雞。木畜。時熱食之。亦以安性也。粗猶大也。器高大者。象物盛長。○騮音留。粗七奴反。畜許又反。下同）是月也。以立夏。先立夏三日。大史謁之天子曰。某日立夏。盛德在火。天子乃齊。（謁。告也）立夏之日。天子親帥三公。九卿大夫。以迎夏於南郊。還反。行賞。封諸侯。慶賜遂行。無不欣說。（迎夏。祭赤帝赤熛怒於南郊之兆也。不言帥諸侯。而云封諸侯。諸侯時或無在京師者，空其文也。祭統曰。古者於禘也。發爵賜服。順陽義也。於嘗也。出田邑。發秋政。順陰義也。今此行賞可也。而封諸侯則違於古。封諸侯。出土地之事。於時未可。似失之。○說音悅。𨗿必遙反

乃命樂師習合禮樂。爲將飲酎。○爲去聲。下同。酎直又反。重釀之酒

命大尉贊桀俊遂賢良舉長大。助長氣也。贊猶出也。桀俊。能者也。遂猶進也。三王之官。有司馬。無大尉。秦官則有大尉。今俗人皆云周公作月令。未通於古。○長大。如字。下繼長同。或上聲非

行爵出祿必當其位。使順之也。○當去聲

是月也繼長增高。謂草木盛蕃廡

毋有壞墮。亦爲逆時氣。○壞音怪。墮許規反

毋起土

功。毋發大衆爲妨蠶農之事毋伐大樹亦爲逆時氣是月也。天子始絺初服暑服。絺勑其反。命野虞出行田原。爲天子勞農勸民。毋或失時重敕之。行去聲。下同。勞去聲命司徒巡行縣鄙。命農勉作。毋休于都急趨於農也。縣鄙。鄉遂之屬。主民者也。王居明堂禮曰。毋宿于國。今月令休爲伏是月也。驅獸毋害五穀。毋大田獵爲傷蕃廡之氣農乃登麥。天子乃以彘嘗麥。先薦寢廟登。進也。麥之新。氣尤盛。以彘食之。散其熱也。彘。水畜是月也。聚畜百藥蕃廡之時。毒氣盛。畜丑六反。

又許六反靡草死。麥秋至。斷薄刑。決小罪。舊說云。靡草。薺亭歴之屬。祭統曰。草艾則墨。謂立秋後也。刑無輕於墨者。今以純陽之月斷刑決罪。與毋有壞隳自相違。似非。○斷丁亂反蘼才禮反艾音乂。後同出輕繫。崇寬蠶事畢。后妃獻繭。乃收繭稅。以桑爲均。貴賤長幼如一。以給郊廟之服。后妃獻繭者。內命婦獻繭於后妃。收繭稅者。收於外命婦。外命婦雖就公桑蠶室而蠶。其夫亦當有祭服以助祭。收以近郊之稅耳。貴賤長幼如一。國服同是月也。天子飲酎。用禮樂。酎之言醇也。謂重釀之酒也。春酒至此始成。與羣臣以禮樂飲之於朝。正尊卑也。孟冬云。大飲烝。此言用

乾隆四十八年 禮記五 十六

禮樂。互其文

孟夏行秋令。則苦雨數來。五穀不滋申之氣乘之也。苦雨。白露之類。時物得雨傷。數所角反四鄙入保金氣爲害也。鄙。界上邑。小城曰保行冬令則草木蚤枯長日促後乃大水敗其城郭亥之氣乘之也行春令則蝗蟲爲災。暴風來格寅之氣乘之也。必以蝗蟲爲災者寅有啓蟄之氣。行於初暑。則當蟄者大出矣。格。至也。○蝗華孟反。又音橫。字林音黃秀草不實氣更生之。不得成也

仲夏之月。日在東井。昏亢中。旦危中仲夏者日月會

於鶉首。而斗建午之辰也。○亢音剛。又苦浪反其日丙丁。其帝炎帝。其神祝融。其蟲羽。其音徵。律中蕤賓。其數七。其味苦。其臭焦。其祀竈。祭先肺。蕤賓者。應鍾之所生。三分益一。律長六寸八十一分寸之二十六。仲夏氣至。則蕤賓之律應。周語曰。蕤賓所以安靜神人。獻酬交酢。○蕤人誰反小暑至。螳蜋生。鵙始鳴。反舌無聲。皆記時候也。螳蜋。螵蛸母也。鵙。搏勞也。反舌。百舌鳥。○螳音堂。蜋音郎。鵙古闃反。搏音博。又作伯天子居明堂大廟。乘朱路。駕赤騮。載赤旂。衣朱衣。服赤玉。食菽與雞。其器高以粗（明堂大廟。南堂當大室也）養壯佼（助長氣也。○佼古卯反長丁丈反）是月也。命樂師脩鞀鞞鼓。均琴瑟管簫。執干戚戈羽。調竽笙篪簧。飭鐘磬柷敔（爲將大雩帝。習樂也。脩。均。執。調。飭者。治其器物。習其事之言。○鞀大刀反鞞步西反竽音于篪音池飭音勑柷昌六反敔魚呂反）命有司爲民祈祀山川百源。大雩帝。用盛樂。乃命百縣雩祀百辟卿士有益於民者。以祈穀實（陽氣盛而常旱。山川百源。能興雲雨者也。衆水始所出爲百源。必先祭其本乃雩。雩。吁嗟求雨之祭也。雩帝。謂爲壇南郊之旁。雩五精之帝。配以先帝也。）

自鞀鞞至柷敔皆作。曰盛樂。凡他雩。用歌舞而已。百辟卿士。古者上公。若句龍后稷之類也。春秋傳曰。龍見而雩。雩之正。當以四月。凡周之秋。三月之中而旱。亦脩雩禮以求雨。因著正雩此月。失之矣。天子雩上帝。諸侯以下雩上公。周。冬及春夏雖旱。禮有禱無雩。〇爲去聲。後同

**農乃登黍**登。進也

**是月也天子乃以雛嘗黍。羞以含桃先薦寢廟**此嘗雛也。而云以嘗黍。不以牲主穀也。必以黍者。黍火穀。氣之主也。含桃。櫻桃也。〇雛仕于反。雞也

**令民毋艾藍以染**爲傷長氣也。此月藍始可別。夏小正曰。五月啓灌藍蓼。〇藍力甘反

**毋燒灰**爲傷火氣也。火之氣於是爲盛。火之滅者爲灰

**毋暴布**不以陰功干大陽之事。〇

暴步卜反大音太門閭毋閉。關市毋索順陽敷縱。不難物。索所白反難去聲挺重囚。益其食挺猶寬也。挺大頂反游牝別羣。孕妊之欲止也別彼列反則縶騰駒爲其壯氣有餘相蹄齧也。縶音執班馬政馬政。謂養馬之政教也。庾人職曰掌十有二閑之政教以阜馬。佚特教駣攻駒。此之謂也。庾所留反駣音兆。又音道。又音桃是月也。日長至。陰陽爭。死生分爭者。陽方盛。陰欲起也。分猶半也君子齊戒。處必掩身。毋躁掩猶隱翳也。躁猶動也。今月令毋躁爲欲靜止聲色。毋或進進猶御見也。聲謂樂也。易及樂春秋說。夏至。人主與羣臣從入能之士作樂五日。令止之。非其道也。○從子用反薄滋味。毋致和。爲其氣異。此時傷人。○和戶卧反節耆欲。定心氣。微陰扶精。不可散也。○耆市志反百官靜。事毋刑。罪罰之事。不可以聞。今月令刑爲徑以定晏。陰之所成。晏。安也。陰稱安○晏伊見反鹿角解。蟬始鳴。半夏生。木堇榮。又記時候也。半夏藥草。木堇王蒸也。○解戶買反○始市志反○堇音謹是月也。毋用火南方。陽氣盛。又用火於其方。害微陰也。可以居高明。可以遠眺望。可以升山陵。可以處臺榭。順陽在上也。高明。謂樓觀也。闍者謂之臺。有木者謂之榭。○榭音謝。闍音都仲夏行冬令。則雹凍傷穀。子之氣乘之也。陽為雨。陰起脅之。凝為雹。○雹步角反道路不通。暴兵來至。盜賊攻刼。亦雹之類行春令。則五穀晚孰。卯之氣乘之也。生日長百螣時起。其國乃饑。螣蝗之屬。言百者。明衆類並為害。○螣音特。食苗葉虫。饑音機行秋令。則草木零落。酉之氣乘之也。八月宿直昴畢。為天獄。主殺果實早成。生日短民殃於疫。大陵之氣。來為害也

季夏之月。日在柳。昏火中。旦奎中。季夏者。日月會於鶉火。而斗建未之辰也其日丙丁。其帝炎帝。其神祝融。其

蟲羽。其音徵。律中林鍾。其數七。其味苦。其臭焦。其祀竈。祭先肺。林鍾者。黄鍾之所生。三分去一。律長六寸。季夏氣至。則林鍾之律應。周語曰。林鍾和展百物。俾莫不任肅純恪。○去起呂反 任音壬。又如字 恪苦各反

溫風始至。蟋蟀居壁。鷹乃學習。腐草爲螢。皆記時候也。鷹學習。謂攫搏也。夏小正曰。六月鷹始摯。螢飛蟲。螢火也。○腐扶矩反 螢戶扃反

天子居明堂右个。乘朱路。駕赤駵。載赤旂。衣朱衣。服赤玉。食菽與雞。其器高以粗。明堂右个。南堂西偏也

命漁師伐蛟。取鼉。登龜。取黿。四者甲類。

秋乃堅成。周禮曰。秋獻龜魚。又曰。凡取龜用秋時。是夏之秋也。作月令者以爲此秋。據周之時也。周之八月。夏之六月。因書於此。似誤也。蛟言伐者。以其有兵衛也。龜言登者。尊之也。鼉黿言取。羞物賤也。鼉皮又可以冒鼓。令月令漁師爲榜人。○蛟音交。鼉大多反。黿音元。榜必孟反

命澤人納材葦。蒲葦之屬。此時柔刃。可取作器物也。○葦于鬼反。刃而慎反

是月也。命四監大合百縣之秩芻。以養犧牲。令民無不咸出其力。四監。主山林川澤之官。百縣。鄉遂之屬。地有山林川澤者也。秩。常也。百縣給國養犧牲之芻。多少有常。民皆當出力爲艾之。令月令四爲田

以共皇天上帝名山大川四方

之神。以祠宗廟社稷之靈。以爲民祈福。牲以供祠神靈。爲民求福。明使民艾毋。是不虛取也。皇天。北辰、耀魄寶。冬至所祭於圓丘也。上帝。大微五帝。○共音恭

是月也。命婦官染采。黼黻文章。必以法故。無或差貸。婦官。染人也。采。五色。○黼音甫。黻音弗。差貸音二。又他得反黑黃倉赤。莫不質良。毋敢詐僞。質。正也。良。善也。所用染者。當得眞采正善也以給郊廟祭祀之服。以爲旗章。以別貴賤等級之度。○旗章。旌旗及章識也。別彼列反。識申志反。又如字

是月也。樹木方盛。乃命虞人。入山行木。

毋有斬伐。爲其未堅刃也。㊀行下孟反不可以興土功。不可以合諸侯。不可以起兵動衆。土將用事。氣欲靜。毋舉大事。以搖養氣。大事興徭役以有爲。㊀徭音遙毋發令而待。以妨神農之事也。發令而待。謂出繇役之令以預驚民也。民驚則心動。是害土神之氣。土神稱曰神農者。以其主於稼穡。水潦盛昌。神農將持功。舉大事則有天殃。言土以受天雨澤。安靜養物爲功。動之則致害也。孝經說曰。地順受澤。謙虛開張。含泉任萌。滋物歸中。是月也。土潤溽暑。潤溽。謂塗濕也。大雨時行。燒薙行水。利以殺草如以熱湯。薙謂迫地芟草也。此謂欲稼萊地。先薙其草。草乾燒之。至此月大雨。流水潦畜於其中。則草死不復生。而地美可稼也。薙人掌殺草。職曰。夏日至而薙之。又曰。如欲其化也。則以水火變之。○薙他計反。又直履反。芟所銜反。可以糞田疇。可以美土彊。土潤溽暑。澤易行也。糞美互文耳。土彊。強檗之地。○糞方問反。彊其丈反。易以豉反。強其兩反。檗好覽反。季夏行春令。則穀實鮮落。國多風欬。辰之氣乘之也。未屬巽。辰又在巽位。二氣相亂爲害。○鮮音仙。又仙典反。欬苦代反。民乃遷徙。象風轉移物也。行秋令。則丘隰水潦。戌之氣乘之也。九月宿直奎。奎爲溝瀆。溝瀆與此月大雨并。而高下皆水。

禾稼不熟傷於水也乃多女災含任之類敗也行冬令則風寒不時丑之氣乘之也鷹隼蚤鷙得疾厲之氣也。○隼息允反。鷙音至四鄙入保象鳥雀之走竄也。都邑之城曰保

中央土火休而盛德在土也。○央於相反其日戊己戊之言茂也。己之言起也。日之行。四時之間從黃道。月爲之佐。至此萬物皆枝葉茂盛。其含秀者抑屈而起。故因以爲日名焉其帝黃帝其神后土此黃精之君。土官之神。自古以來著德立功者也。黃帝軒轅氏也。后土亦顓頊氏之子曰黎。兼爲土官其蟲倮象物露見不隱藏。虎豹之屬恒淺毛。○倮力果反。又乎瓦反。見賢遍反其音

宮聲始於宮。宮數八十一。屬土者。以其最濁。君之象也。季夏之氣和則宮聲調。樂記曰。宮亂則荒。其君驕。律中黃鍾之宮黃鍾之宮最長也。十二律轉相生。五聲具。終於六十焉。季夏之氣至。則黃鍾之宮應。禮運曰。五聲六律十二管。還相爲宮。其數五土生數五。成數十。但言五者。土以生爲本。其味甘其臭香土之臭味也。凡甘香者皆屬之。其祀中霤祭先心中霤猶中室也。土主中央而神在室。古者複穴。是以名室爲霤云。祀之先祭心者。五藏之次。心次肺。至此。心爲尊也。祀中霤之禮。設主於牖下。乃制心及肺肝爲俎。其祭肉。心肺肝各一。他皆如祀戶之禮。霤力又反藏才浪反天子居大廟大室。乘大路。駕黃駵。

載黃旂。衣黃衣。服黃玉。食稷與牛。其器圜以閎大廟大室。中央室也。大路。殷路也。車如殷路之制。而飾之以黃。稷。五穀之長。牛。土畜也。器圜者。象土周帀於四時。閎讀如紘。紘。謂中寬。象土含物。○圜音圓。閎音宏。畜呼又反

孟秋之月。日在翼。昏建星中。旦畢中孟秋者。日月會於鶉尾。而斗建申之辰也。其日庚辛庚之言更也。辛之言新也。日之行。秋西從白道。成孰萬物。月爲之佐。萬物皆肅然改更。秀實新成。又因以爲日名焉其帝少皡。其神蓐收此白精之君。金官之臣。自古以來。著德立功者也。少皡。金天氏。蓐收。少皡氏之子曰該。爲金官。○少詩召反。蓐音辱其蟲毛象物應凉氣而備寒。

狐貉之屬。生旃毛也。**其音商**三分徵。益一以生商。商數七十二。屬金者。以其濁次宮。臣之象也。秋氣和則商聲調。樂記曰。商亂則陂。其官壞。○陂彼義反**律中夷則**孟秋氣至。則夷則之律應。夷則者。大呂之所生也。三分去一。律長五寸七百二十九分寸之四百五十一。周語曰。夷則所以詠歌九則。平民無貳**其數九**金生數四。成數九。但言九者。亦舉其成數**其味辛其臭腥**金之臭味也。凡辛腥者皆屬焉**其祀門祭先肝**秋。陰氣出。祀之於門。外陰也。祀之先祭肝者。秋爲陰中。於藏直肝。肝爲尊也。祀門之禮。北面設主于門左樞。乃制肝及肺心爲俎。奠于主南。又設盛于俎東。其他皆如祭竈之禮**涼風至白露降寒蟬鳴鷹**

乃祭鳥用始行戮皆記時候也。寒蟬，寒蜩，謂蜺也。鷹祭鳥者，將食之，示有先也。既祭之後，不必盡食，若人君行刑，戮之而已。○戮音六　蜩大彫反　蜺五兮反天子居總章左个，乘戎路，駕白駱，載白旂，衣白衣，服白玉，食麻與犬，其器廉以深。總章左个，大寢西堂南偏。戎路，兵車也。制如周革路，而飾之以白。白馬黑鬣曰駱。麻實有文理，屬金。犬，金畜也。器廉以深，象金傷害，物入藏。○總子孔反　駱音洛是月也，以立秋。先立秋三日，大史謁之天子曰：某日立秋，盛德在金。謁，告。天子乃齊。立秋之日，天子親帥三公、九卿。諸侯。大夫。以迎秋於西郊。還反。賞軍帥武人於朝。迎秋者。祭白帝白招拒於西郊之兆也。軍帥。諸將也。武人。謂環人之屬。有勇力者。帥所類反。下同。拒音矩天子乃命將帥選士厲兵。簡練桀俊。專任有功。以征不義。征之言正也。伐也詰誅暴慢。以明好惡。順彼遠方。詰。謂問其罪窮治之也。順猶服也。詰去吉反。好惡竝如字。又去聲是月也。命有司脩法制。繕囹圄。具桎梏。禁止姦。慎罪邪。務搏執。順秋氣。政尚嚴。繕市戰反命理瞻傷。察創。視折。理。治獄官也。有虞氏曰士。

夏曰大理。周曰大司寇。創之殘者曰傷○創初良反審斷決獄訟必端平。端猶正也○審斷決丁亂反下同戮有罪。嚴斷刑。天地始肅。不可以贏。肅嚴急之言也。贏猶解也○贏音盈解古賣反是月也。農乃登穀。天子嘗新。先薦寢廟。黍稷之屬。於是始孰命百官始收斂。順秋氣。收斂物完隄防。謹壅塞。以備水潦。備者。備八月也。八月宿直畢。畢好雨○完胡官反脩宮室。坏牆垣。補城郭。象秋收斂。物當藏也○坏步回反是月也。毋以封諸侯。立大官。毋以割地。行大使。出大幣。古者於嘗。出田邑。此其月也。而禁封諸侯割地、失其義。○使色吏反孟秋行冬令則陰氣大勝亥之氣乘之也介蟲敗穀介甲也。甲蟲屬冬。敗穀者。稻蟹之屬戎兵乃來十月宿直營室。營室之氣爲害也。營室主武士行春令則其國乃旱寅之氣乘之也。雲雨以風除也陽氣復還。五穀無實陽氣能生而不能成。○復扶又反。還音環。又音旋行夏令則國多火災巳之氣乘之也寒熱不節。民多瘧疾瘧疾。寒熱所爲也。今月令瘧疾爲疾疫。○瘧魚略反

仲秋之月。日在角。昏牽牛中。旦觜觿中仲秋者。日

月會於壽星。而斗建酉之辰也。○觜子斯反。又子髓反。觿戶圭反。其日庚辛。其帝少皞。其神蓐收。其蟲毛。其音商。律中南呂。其數九。其味辛。其臭腥。其祀門。祭先肝。南呂者。大蔟之所生。三分去一。律長五寸三分寸之一。仲秋氣至。則南呂之律應。周語曰。南呂者。贊陽秀物。盲風至。鴻鴈來。玄鳥歸。羣鳥養羞。皆記時候也。盲風。疾風也。玄鳥。燕也。歸。謂去蟄也。凡鳥隨陰陽者。不以中國爲居。羞。謂所食也。夏小正曰。九月丹鳥羞白鳥。說曰。丹鳥也者。謂丹良也。白鳥也者。謂閩蚋也。其謂之鳥者。重其養者也。有翼爲鳥。養也者。不盡食也。二者文異。羣鳥丹良。未聞孰是。○盲亡庚反。閩音文。其養去聲。下同天子居總章大廟。乘戎路。駕白駱。
載白旂。衣白衣。服白玉。食麻與犬。其器廉以
深。總章大廟。西堂當大室也是月也。養衰老。授几杖。行糜
粥飲食。助老氣也。行猶賜也○糜亡皮反粥音祝乃命司服。具飭
衣裳。文繡有恒。制有小大。度有短長。此謂祭服也。文
謂畫也。祭服之制。畫衣而繡裳。○飭音敕衣服有量。必循其故。此謂
朝燕及他服。凡此爲寒益至也。詩云。七月流火。九月授衣。於是作之可也。○量音亮。下同
爲去聲。下爲民同服冠帶有常。因制衣服而作之也乃命有司申

嚴百刑。斬殺必當。毋或枉橈。枉橈不當。反受其殃。申。重也。當謂值其罪。○當去聲。下同。橈女教反。又乃絞反。是月也。乃命宰祝循行犧牲。視全具。案芻豢。瞻肥瘠。察物色。必比類。量小大。視長短。皆中度。五者備當。上帝其饗。於鳥獸肥充之時。宜省羣牲也。宰祝。大宰大祝。主祭祀之官也。養牛羊曰芻。犬豕曰豢。五者謂所視也。所案也。所瞻也。所察也。所量也。此皆得其正。則上帝饗之。上帝饗之。而無神不饗也。○行下孟反。芻初俱反。豢音患。瘠音籍。天子乃難。以達秋氣。此難。難陽氣也。陽暑至此不衰。害亦將及人。所以及人者。陽氣左行。此月宿直昴畢。昴畢亦得大陵積尸之氣。氣佚則厲鬼亦隨而出行。於是亦命方相氏帥百隸而難之。王居明堂禮曰。仲秋九門磔攘。以發陳氣。禦上疾疫。○難乃多反以犬嘗麻。先薦寢廟。麻始熟也是月也。可以築城郭。建都邑。穿竇窖。脩囷倉。爲民將入。物當藏也。穿竇窖者。入地隋曰竇。方曰窖。王居明堂禮曰。仲秋命庶民畢入于室。曰。時殺將至。毋罹其災。○竇音豆窖古孝反囷丘倫反隋他果反。謂狹而長乃命有司趣民收斂。務畜菜。多積聚。始爲禦冬之備。○趣七住反。又七綠反畜丑六反乃勸種麥。毋或失時。其有失時。行罪無疑。麥者接絕續乏之穀。

尤重之　是月也日夜分雷始收聲蟄蟲坏戶殺氣浸盛陽氣日衰水始涸又記時候也雷始收聲在地中動內物也坏益也蟄蟲益戶謂稍小之也涸竭也此甫八月中雨氣未止而云水竭非也周語曰辰角見而雨畢天根見而水涸又曰雨畢而除道水涸而成梁辰角見九月本也天根見九月末也王居明堂禮曰季秋除道致梁以利農也○坏音陪涸戶各反　日夜分則同度量平權衡正鈞石角斗甬是月也易關市來商旅納貨賄以便民事四方來集遠鄉皆至則財不匱上無乏用百事乃遂易關

市。謂輕其稅。使民利之。商旅。賈客也。匱亦乏也。遂猶成也。○易以豉反　便婢面反　匱其位反　賈音古

凡舉大事。毋逆大數。必順其時。愼因其類。事。謂興土功。合諸侯。舉兵衆也。季夏禁之。孟秋始征伐。此月築城郭。季秋教田獵。是以於中爲之戒焉

仲秋行春令。則秋雨不降。卯之氣乘之也。卯宿直房心。心爲大火草木生榮應陽動也國乃有恐以火訛相驚行夏令。則其國乃旱。蟄蟲不藏。五穀復生午之氣乘之也○復扶又反行冬令。則風災數起子之氣乘之也。北風殺物。○數所角反收雷先行先猶蚤也。冬主閉藏草木蚤死

寒氣盛也

季秋之月。日在房。昏虛中。旦柳中。季秋者。日月會於大火。而斗建戌之辰也其日庚辛。其帝少皞。其神蓐收。其蟲毛。其音商。律中無射。其數九。其味辛。其臭腥。其祀門。祭先肝。無射者。夾鍾之所生。三分去一。律長四寸六千五百六十一分寸之六千五百二十四。季秋氣至。則無射之律應。周語曰。無射所以宣布喆人之令德。示民軌儀 ○射音亦 喆貞列反

鴻鴈來賓。爵入大水爲蛤。鞠有黃華。豺乃祭獸戮禽皆記時候也。來賓。言其客止未

去也。大水。海也。戮猶殺也○蛤古荅反。鞠本作菊。豺音柴。天子居總章右个。乘戎路。駕白駱。載白旂。衣白衣。服白玉。食麻與犬。其器廉以深。總章右个。西堂北偏。是月也。申嚴號令。申。重。命百官貴賤無不務內。以會天地之藏。無有宣出。內。謂收斂入之也。會猶聚也。乃命冢宰。農事備收。備猶盡也。舉五穀之要。定其租稅之簿。藏帝藉之收於神倉。祗敬必飭。重粢盛之委也。帝藉。所耕千畝也。藏祭祀之穀爲神倉。祗亦敬也。○委紆僞反。是月也。霜始降。則百工休。寒而膠漆之作不堅好也乃命有司曰寒氣總至民力不堪其皆入室總猶猥卒○猥溫罪反卒音猝上丁命樂正入學習吹爲將饗帝也春夏重舞秋冬重吹也○吹去聲爲去聲下爲來同是月也大饗帝言大饗者徧祭五帝也曲禮曰大饗不問卜謂此也嘗犧牲告備于天子嘗者謂嘗羣神也天子親嘗帝使有司祭于羣神禮畢而告焉合諸侯制百縣爲來歲受朔日與諸侯所稅於民輕重之法貢職之數以遠近土地所宜爲度以給郊廟之事無有所私秦以建亥之月爲歲首於是歲

終。使諸侯及鄉遂之官受此法焉。合諸侯制者。定其國家宮室車旗衣服禮儀也。諸侯言合制。百縣言受朔日。互文也。貢職。謂所入天子。凡周之法。以正月和之。正歲而縣於象魏。○合諸侯制。絕句。縣音懸。

是月也天子乃教於田獵以習五戎。班馬政。教於田獵。因田獵之禮。教民以戰法也。五戎。謂五兵。弓矢殳矛戈戟也。馬政。謂齊其色。度其力。使同乘也。校人職曰。凡軍事。物馬而頒之。○殳音殊。

命僕及七騶咸駕。載旌旐。授車以級。整設于屏外。僕。戎僕及御夫也。七騶。謂趣馬主爲諸官駕說者也。既駕之。又爲之載旌旗。司馬職曰。仲秋教治兵。如振旅之陳。辨旗物之用。王載大常。諸侯載旂。軍吏載旗。師都載旜。鄉遂載物。郊野載旐。百官載旟。是也。級。等次也。整。正列也。設。陳也。屛。所田之地門外之蔽。○騶側求反。○載丁代反。又如字。司徒搢扑北面誓之。誓衆以軍法也。○搢如字。又音箭。扑普卜反。天子乃厲飾執弓挾矢以獵。厲飾。謂戎服尚威武也。今月令獵爲射。○挾子協反。又音協。命主祠祭禽于四方。以所獲禽祀四方之神也。司馬職曰。羅弊致禽以祀祊。○祊音方。是月也。草木黃落。乃伐薪爲炭。伐木必因殺氣。蟄蟲咸俯在內。皆墐其戸。墐。謂塗閉之。辟殺氣。○墐其靳反。辟音避。乃趣獄刑。毋留有罪。殺氣已至。有罪者即決也。○趣音促。又七住反。收祿秩之不當。供養之不宜者天氣殺而萬物咸藏。可以去之也。祿秩之不當。恩所增加也。供養之不宜。欲所貪者。熊蹯之屬。非常食。○當丁浪反 供九用反 養餘亮反是月也。天子乃以犬嘗稻。先薦寢廟稻始孰也季秋行夏令。則其國大水。冬藏殃敗。民多鼽嚏未之氣乘之也。六月宿直東井。氣多暑雨。○鼽音求。病塞鼻窒。嚏丁計反行冬令。則國多盜賊。邊竟不寧。土地分裂丑之氣乘之也。極陰爲外。邊竟之象也。大寒之時。地隆坼也。○竟音境行春令。則煖風來至。民氣解惰辰之氣乘之也。巽爲風。○煖乃管反。又許元反 解古買反

師興不居辰宿直角。角主兵。不居。象風行不休止也

孟冬之月。日在尾。昏危中。旦七星中。孟冬者日月會於析木之津。而斗建亥之辰也。○析思歷反其日壬癸壬之言任也。癸之言揆也。日之行。冬北從黑道。閉藏萬物。月爲之佐。時萬物懷任於下。揆然萌牙。又因以爲日名焉其帝顓頊。其神玄冥此黑精之君。水官之臣。自古以來。著德立功者也。顓頊。高陽氏。玄冥。少皞氏之子曰脩曰熙。爲水官。○顓音專。頊許玉反。冥亡丁反其蟲介介。甲也。象物閉藏地中。龜鼈之屬其音羽三分商。去一以生羽。羽數四十八。屬水者。以爲最清。物之象也。冬氣和則羽聲調。樂記曰。羽亂則危。其財匱

律中應鍾孟冬氣至。則應鍾之律應。應鍾者姑洗之所生。三分去一。律長四寸二十七分寸之二十。周語曰。應鍾均利器用。俾應復。○應去聲其數六水生數一。成數六。但言六者。亦舉其成數其味鹹。其臭朽水之臭味也。凡鹹朽者皆屬焉。氣若有若無爲朽。○朽許九反其祀行。祭先腎冬。陰盛寒於水。祀之於行。從辟除之類也。祀之先祭腎者。陰位在下。腎亦在下。腎爲尊也。行在廟門外之西。爲軷壤厚二寸。廣五尺。輪四尺。祀行之禮。北面設主于軷上。乃制腎及脾爲俎。奠于主南。又設盛于俎東。祭肉。腎一。脾再。其他皆如祀門之禮。○辟必亦反。又婢亦反水始冰。地始凍。雉入大水爲蜃。虹藏不見皆記時候也。大水。淮也。大蛤曰蜃。○〔蜃〕常忍反〔見〕賢遍反天子居玄堂左个。乘玄路。駕鐵驪。載玄旂。衣黑衣。服玄玉。食黍與彘。其器閎以奄。玄堂左个。北堂西偏也。鐵驪。色如鐵。黍秀舒散。屬火。寒時食之。亦以安性也。彘。水畜也。器閎而奄。象物閉藏也。今月令曰。乘軫路。似當爲袗字之誤也。○〔驪〕力知反〔彘〕直吏反是月也。以立冬。先立冬三日。大史謁之天子曰。某日立冬。盛德在水。天子乃齊。謁告立冬之日。天子親帥三公九卿大夫。以迎冬於北郊。還反。賞死事。恤孤寡。迎冬者。祭黑帝叶光紀於北郊

之兆也。死事。謂以國事死者。若公叔禺人顔涿聚者也。孤寡。其妻子也。有以惠賜之。大功加賞。○叶音協。禺音遇

是月也。命大史釁龜筴占兆審卦吉凶。筴蓍也。占兆。龜之繇文也。周禮龜人上春釁龜。謂建寅之月也。秦以其歲首使大史釁龜筴。與周異矣。卦吉凶。謂易也。審。省録之。而不釁筮。筮短賤。於兆也。今月令曰釁祠。祠行字。○釁許靳反。筴初格反。著音尸。繇直又反

是察阿黨則罪無有掩蔽。阿黨。謂治獄吏以私恩曲橈相爲也。○爲去聲。下同

是月也。天子始裘。九月授衣。至此可以加裘

命有司曰。天氣上騰。地氣下降。天地不通。閉塞而成冬。使有司助閉藏之氣。

門戶可閉。閉之。窻牖可塞塞之。命百官謹蓋藏。謂府庫囷倉有藏物。○藏才浪反。又如字。命司徒循行積聚。無有不斂。謂芻禾薪蒸之屬。○行下孟反。積子賜反。又如字。坏城郭。戒門閭。脩鍵閉。慎管籥。固封疆。備邊竟。完要塞。謹關梁。塞徯徑。坏。益也。鍵。牡。閉。牝也。管籥。搏鍵器也。固封疆。謂使有司循其溝樹。及其衆庶之守法也。要塞。邊城要害處也。梁。橋橫也。徯徑。禽獸之道也。今月令疆或爲壃。○鍵其輦反。籥羊灼反。塞先代反。徯音奚。飭喪紀。辨衣裳。審棺槨之薄厚。塋丘壟之大小。高卑厚薄之度。貴賤之等級。此亦

閉藏之具。順時飭正之也。辨衣裳謂襲斂尊
卑所用也。所用又有多少。(壍)音塋(壟)力勇
反是月也。命工師效功。陳祭器。案度程。毋或
作爲淫巧。以蕩上心。必功致爲上霜降而百工休。至此
物皆成也。工師。工官之長也。效功。録見百工
所作器物也。主於祭器。祭器尊也。度。謂制大
小也。程。謂器所容也。淫巧。謂奢僞怪好
也。蕩。謂搖動生其奢淫。(致)直吏反物勒
工名。以考其誠勒。刻也。刻工姓名於其器。以察其信。知其不功致功
有不當。必行其罪。以窮其情功不當者。取材美而器不堅也
○(當)丁浪反是月也。大飲烝十月農功畢。天子諸侯與其羣臣飲酒於

大學。以正齒位。謂之大飲。別之於他。其禮亡。今天子以燕禮。郡國以鄉飲酒禮代之。燕。謂有牲體爲俎也。黨正職曰。國索鬼神而祭祀。則以禮屬民。而飲酒于序。以正齒位。亦謂此時也。詩云。十月滌場。朋酒斯饗。曰殺羔羊。躋彼公堂。稱彼兕觵。受福無疆。是頌大飲之詩。○屬之玉反　觵古宏反

天子乃祈來年于天宗。大割祠于公社及門閭。臘先祖五祀。此周禮所謂蜡祭也。天宗。謂日月星辰也。大割。大殺羣牲割之也。臘。謂以田獵所得禽祭也。五祀。門戶中霤竈行也。或言祈年。或言大割。或言臘。互文。○蜡仕迓反

勞農以休息之。黨正屬民飲酒正齒位是也。○勞力報反

天子乃命將帥講武習射御。角

力爲仲冬將大閱簡習之。亦因營室主武士也。凡田之禮。唯狩最備。夏小正。十一月王狩。○將子匠反是月也。乃命水虞漁師收水泉池澤之賦。毋或敢侵削衆庶兆民。以爲天子取怨于下。其有若此者。行罪無赦。因盛德在水。收其稅孟冬行春令。則凍閉不密。地氣上泄。寅之氣乘之也民多流亡。象蟄蟲動行夏令。則國多暴風。方冬不寒。蟄蟲復出。巳之氣乘之也。立夏巽用事。巽爲風。○復扶又反行秋令。則雪霜不時。申之氣乘之也小兵時起。土地侵削。申陰氣尚

徵。申宿直參伐。參伐爲兵。○參所林反

仲冬之月。日在斗。昏東辟中。旦軫中。仲冬者。日月會於星紀。而斗建子之辰也。○辟必亦反其日壬癸。其帝顓頊。其神玄冥。其蟲介。其音羽。律中黃鍾。其數六。其味鹹。其臭朽。其祀行。祭先腎。黃鍾者。律之始也。九寸。仲冬氣至。則黃鍾之律應。周語曰。黃鍾所以宣養六氣九德也。冰益壯。地始坼。鶡旦不鳴。虎始交。皆記時候也。鶡旦求旦之鳥也。交猶合也。○鶡戶割反天子居玄堂大廟。乘玄路。駕鐵驪。載玄旂。衣黑衣。服玄玉。食黍與彘。其器閎以奄。玄堂大廟，北堂當大室。飭死事。飭軍士。戰必有死志。命有司曰：土事毋作。愼毋發蓋。毋發室屋。及起大衆。以固而閉。地氣沮泄。是謂發天地之房。諸蟄則死。民必疾疫。又隨以喪。命之曰暢月。而猶女也。暢猶充也。大陰用事，尤重閉藏。〔暢〕勑亮反。是月也。命奄尹申宮令。審門閭。謹房室。必重閉。奄尹，主領奄豎之官也。於周則爲內宰。掌治王之內政。宮令。幾出入及開閉之屬。重閉。外內閉也。〔重〕直龍反。省婦事。毋得淫。雖有貴戚近習毋有不禁省婦事。所以靜陰類也。淫。謂女功奢僞怪好物也。貴戚。謂姑姊妹之屬。近習。天子所親幸者。○省所景反。乃命大酋秫稻必齊。麴糵必時。湛熾必絜。水泉必香。陶器必良。火齊必得。兼用六物。大酋監之。毋有差貸。酒孰曰酋。大酋者。酒官之長也。於周則爲酒人。秫稻必齊。謂孰成也。湛。漬也。熾。炊也。火齊。腥孰之調也。物猶事也。差貸。謂失誤有善有惡也。古者穫稻而漬米麴。至春而爲酒。詩云。十月穫稻。爲此春酒。以介眉壽。○酋子由反。又在由反。秫音述。麴丘六反。糵魚列反。湛子廉反。熾尺志反。齊才計反。監古銜反。貸音二。又他得反。天子命有司祈祀四海。大川。名源。淵澤。井泉。（順其德盛之時祭之也。今月令淵為深）是月也。農有不收藏積聚者。馬牛畜獸有放佚者。取之不詰。（此收斂尤急之時。人有取者不罪。所以警懼其主也。王居明堂禮曰。孟冬之月。命農畢積聚。繫收牛馬。○畜許六反詰起吉反）山林藪澤。有能取蔬食田獵禽獸者。野虞教道之。其有相侵奪者。罪之不赦。（務收斂野物也。大澤曰藪。草木之實為蔬食）是月也。日短至。陰陽爭。諸生蕩。（爭者。陰方盛。陽欲起也。蕩謂物動。將萌牙也）君子齊戒。處必掩身。身欲寧。

去聲色禁耆慾安形性事欲靜以待陰陽之所定寧，安也。聲，謂樂也。易及樂、春秋說云：冬至，人主與羣臣從八能之士作樂五日。此言去聲色，又相反。○去，上聲，下同。耆，音嗜。從，音縱。芸始生荔挺出蚯蚓結麋角解水泉動又記時候也。芸，香草也。荔挺，馬薤也。水泉動，潤上行。○麋，音眉。薤，戶介反。日短至則伐木取竹箭此其堅成之極時。是月也可以罷官之無事去器之無用者謂先時權所建作者也。天地閉藏而萬物休，可以去之。塗闕廷門閭築囹圄此所以助天地之閉藏也順時氣也。仲冬行夏令則其國乃旱午之氣乘之也氛霚冥冥霜露之氣散相亂也○氛音分雷乃發聲震氣動也午屬震行秋令則天時雨汁瓜瓠不成酉之氣乘之也。酉宿直昴畢。畢好雨。雨汁者。水雪雜下也。子宿直虛危。虛危內有瓜瓠○雨汁。于付反汁音執瓠戶故反國有大兵兵亦軍之氣行春令則蝗蟲爲敗當蟄者出。卯之氣乘之也水泉咸竭大火爲旱民多疥癘疥癘之病。孚甲象也○疥音介

季冬之月。日在婺女。昏婁中。旦氐中季冬者日月會於玄枵。而斗建丑之辰也○婺無付反婁力侯反氐丁兮反其日壬癸。其

帝顓頊。其神玄冥。其蟲介。其音羽。律中大呂。其數六。其味鹹。其臭朽。其祀行。祭先腎。大呂者。蕤賓之所生也。三分益一。律長八寸二百四十三分寸之百四。季冬氣至。則大呂之律應。周語曰。大呂助陽宣物。鴈北鄉。鵲始巢。雉雊。雞乳。皆記時候也。雊雉鳴也。詩云。雉之朝雊。尚求其雌。○鄉音向。雊古豆反。乳如住反。天子居玄堂右个。乘玄路。駕鐵驪。載玄旂。衣黑衣。服玄玉。食黍與彘。其器閎以奄。玄堂右个。北堂東偏。命有司。大難旁磔。出土牛。以送寒氣。此難。難陰氣也。難陰始於此者。

陰氣右行。此月之中。日歷虛危。虛危有墳墓四司之氣。爲厲鬼。將隨强陰出害人也。旁磔於四方之門。磔。攘也。出猶作也。作土牛者。丑爲牛。牛可牽止也。送猶畢也。○(難)乃多反(磔)竹百反

征鳥厲疾殺氣當極也。征鳥。題肩也。齊人謂之擊征。或名曰鷹。仲春化爲鳩。○(題)大兮反

乃畢山川之祀及帝之大臣天之神祇四時之功成於冬。孟月祭其宗。至此可以祭其佐也。帝之大臣。句芒之屬。天之神。祇。司中。司命。風師。雨師。○(祇)音祁

是月也命漁師始漁天子親往乃嘗魚先薦寢廟天子必親往視漁。明漁非常事。重之也。此時魚絜美。

冰方盛水澤腹堅命取冰腹。厚也。此月日在北陸。冰

堅厚之時也。北陸。謂虛也。今月令無堅

冰以入。令告民出五種

冰既入。而令田官告民出五種。明大寒氣過。農事將起也。○種章勇反

命農計耦耕事。脩耒耜。具田器

耜者。耒之金也。廣五寸。田器。鎡錤之屬。○鎡音茲 錤音基

命樂師大合吹而罷

歲將終。與族人大飲。作樂於大寢。以綴恩也。言罷者。此用禮樂於族人最盛。後年若時。乃復然也。凡用樂必有禮。用禮則有不用樂者。王居明堂禮。季冬命國爲酒以合三族。君子說。小人樂。○合古荅反 吹昌睡反 罷如字。又音皮

乃命四監收秩薪柴以共郊廟及百祀之薪燎

四監。主山林川澤之官也。大者可析謂之薪。小者合束謂之柴。

薪施炊爨。柴以給燎。春秋傳曰。其父析薪。令月令無共百祀之薪燎。○共音恭燎力召反

是月也日窮于次月窮于紀星回于天數將幾終言日月星辰運行于此月。皆周匝於故處也。次。舍也。紀。會也。○幾音祈。又音機

歲且更始。專而農民毋有所使而猶女也。言專一女農民之心。令之豫有志於耕稼之事。不可徭役。徭役之則志散失業也。○女音汝

天子乃與公卿大夫共飭國典論時令以待來歲之宜飭國典者。和六典之法也。周禮以正月爲之。建寅而縣之。今用此月。則所因於夏殷也

乃命大史次諸侯之列賦之犧牲以共

皇天上帝社稷之饗此所與諸侯共者也。列國有大小也。賦之犧牲。大者出多。小者出少。饗。獻也乃命同姓之邦。共寢廟之芻豢此所以與同姓共也。芻豢猶犧牲命宰歷卿大夫。至于庶民土田之數。而賦犧牲。以共山林名川之祀此所與卿大夫庶民共者也。歷猶次也。卿大夫采地亦有大小。其非采地。以其邑之民多少賦之凡在天下九州之民者。無不咸獻其力。以共皇天上帝社稷寢廟。山林名川之祀民非神之福不生。雖有其邦國采地。此賦要由民出季冬行秋令。則白露蚤降。介蟲爲妖戌之氣乘之也。九月初尚有白露。月中乃爲霜。丑爲鼈蟹四鄙入保。畏兵。辟寒象。【辟】毗異反行春令則胎夭多傷辰之氣乘之也。夭。少長也。此月物甫萌牙。季春乃向者畢出。萌者盡達。胎夭多傷者。生氣早至。不充其性。【夭】烏老反國多固疾生不充性。有久疾也命之曰逆衆害莫大於此行夏令則水潦敗國。時雪不降。冰凍消釋未之氣乘之也。季夏大雨時行。【釋】如字。又音亦

# 禮記卷第五

月令

內閣中書臣費振勳敬書

禮記卷五考證

月令乃擇元辰註元辰蓋郊後吉亥也○案鄭註吉亥猶詩云吉日維戊孔疏以陰陽式法亥爲天倉故耕用亥日皇氏云正月建寅日月會辰在亥故耕在亥其明證也閣本坊本改作吉辰反失其義

仲丁又命樂正入學習樂註爲季春將合樂也○殿本閣本合字上有習字案季春則竟擇日大合樂矣不必再習諸本習字應衍

田鼠化爲鴽註鴽母無○母無諸本皆作鴾母案鴾母乃陸氏音義所解鴽字也至鄭註中則當依原本作

毋無觀音義下重釋毋無二字可見

祭先胏○胏當改肺案說文肺金藏也从肉市聲無作胏者葢朿與朿同加肉成胏乃乾胏之胏非肺石之肺也觀廣韻及經典釋文可見

王瓜生註王瓜萆挈也○挈　殿本作絜訛案魯本草原作萆挈从手不从糸

鶪始鳴○鶪　殿本坊本作鵙案曹植惡鳥論鵙嗅嗅故以名之說文字本从狊集韻謂鶪本字也禽經埤雅皆作鶪古通

搏勞也音義搏音博○諸本搏作博而音義則作搏

與此互異案易通卦驗云博勞夏至應陰而鳴晉趙
整援琴歌曰阿得脂阿得脂博勞舊交是讐綏賈島
詩日斜飛伯勞註伯又作博皆無作搏者然此鳥一
物數名或云伯勞或云百勞博之與搏猶百之與伯
無定義也

是月也毋以封諸侯註此其月也而禁封諸侯割地失
其義○案嘗是秋祭祭統云古者于嘗出田邑謂于
此嘗祭時王者割田邑與諸侯今正是此月而禁封
諸侯及割地故註云失其義諸本月也二字作嘗並
秋三字文義未協

戎兵乃來註營室主武士○案元命苞云營室星十六度主軍之糧是主武事也原本作士與諸本異然孟冬天子乃命將帥講武註亦有此句而諸本亦作武士則非原本之誤可知

載旌旐註師旅載旜○案周禮司馬職旅當作都春官司常云師都建旗註師都都民所聚也

其日壬癸註日之行冬北從黑道○冬　殿本閣本通志堂本及諸坊本並作東案日有九道河圖帝覽嬉云黑道二出黃道北後漢書云青白黑赤各一道其交必于黃道故爲九博雅釋天月行九道並冬冬至

北從黑道二蓋立冬星辰南遊日則北遊冬至星辰南遊之極日北遊之極以此推之青白赤黑俱在四正而非四隅此不得云東北從黑道矣觀上孟春註云春東從青道是其句法一例諸本疑冬爲東誤而改之謬矣

麹蘖必時○案玉篇蘖麴也尚書爾惟麴蘖禮運禮之於人猶酒之有蘖又與孽通顔師古註漢書媒孽如麴蘖之蘖下皆从米諸本从木作蘖乃萌蘖字不可混也

國有大兵註兵亦軍之氣○案軍即兵也上言酉之氣

乘之酉宿直昴畢疑軍字即畢字之訛　殿本作酉之氣解最合今據改

禮記卷第六

曾子問第七　　鄭氏註

曾子問曰君薨而世子生如之何孔子曰卿大夫士從攝主北面於西階南變於朝夕哭位也攝主上卿代君聽國政大祝裨冕執束帛升自西階盡等不升堂命毋哭將有事宜清靜也裨冕者接神則祭服也諸侯之卿大夫所服裨冕絺冕也玄冕也士服爵弁服大祝裨冕則大夫○大音泰下皆同祝之六反下同裨音皮絺張里反祝聲三告曰某之子生敢告聲噫歆警神也

某夫人之氏也。〇祝又音呪，三息暫反，又如字，後同。升奠幣于殯東几上，哭，降。几筵於殯東，明繼體也。衆主人、卿大夫、士房中皆哭不踊，衆主人，君之親也。房中，婦人。盡一哀，反位，遂朝奠。反朝夕哭位。小宰升舉幣。所主也。舉而下埋之階間。三日，衆主人、卿大夫、士如初位，北面。三日，負子日也。初，告生時。大宰、大宗、大祝皆裨冕，少師奉子以衰，祝先，子從，宰、宗人從，入門，哭者止。宰、宗人，詔贊君事者。〇少，升召反。奉，芳勇反。衰，七雷反，下同。從，才用反，下同。子升自西階，殯前北面。

祝立于殯東南隅。祝聲三，曰：「某之子某從執事，敢見。」子拜稽顙哭。奉子者拜哭。○見，賢遍反，下同。祝、宰、宗人、衆主人、卿、大夫、士哭踊三者三，降東反位，皆袒。子踊，房中亦踊，三者三。襲衰杖，踊襲衰杖，成子禮也。奠出，亦謂朝奠。大宰命祝史以名徧告于五祀山川。因負子名之，喪於禮略也。曾子問曰：「如已葬而世子生，則如之何？」孔子曰：「大宰、大宗從大祝而告于禰，告生也。○禰，乃禮反。三月乃名于禰，以名徧告及社稷。宗廟。山川。孔子曰。諸侯適天子。必告于祖。奠于禰。皆奠幣以告之。互文也。冕而出視朝。聽國事也。諸侯朝天子必裨冕。爲將廟受也。裨冕者。公衮。侯伯鷩。子男毳。○朝直遙反。下同。鷩必列反。毳昌銳反。命祝史告于社稷。宗廟。山川。臨行又徧告宗廟。孝敬之心也。乃命國家五官而后行。五官。五大夫典事者。命者。勑之以其職。道而出。祖道也。聘禮曰。出祖。釋軷。祭酒脯也。○軷步末反。告者五日而徧。過是非禮也。既告不敢久留。凡告用牲幣。反亦如之。牲當爲制。字之誤也。制幣一丈八尺。○牲音制。諸侯相見。

必告于禰道近。或可以不親告祖朝服而出視朝朝服。爲事故也命祝史告于五廟所過山川山川所不過則不告。貶於適天子也亦命國家五官道而出反必親告于祖禰乃命祝史告至于前所告者而后聽朝而入反必親告祖禰。同出入禮曾子問曰竝有喪如之何何先何後竝。謂父母若親同者同月死孔子曰葬先輕而後重其奠也先重而後輕禮也自啓及葬不奠不奠。務於當葬者行葬不哀次不哀次。輕於柩殯者反葬奠而后辭於殯。遂脩葬事（殯當爲賓。聲之誤也。辭於賓。謂告將葬啓期也。○殯音賓）其虞也。先重而後輕。禮也。孔子曰。宗子雖七十。無無主婦（族人之婦。不可無統）非宗子。雖無主婦可也。曾子問曰。將冠子。冠者至。揖讓而入。聞齊衰大功之喪。如之何（冠者。賓及贊者。○冠古亂反。下皆同）孔子曰。內喪則廢。外喪則冠而不醴。徹饌而埽。即位而哭。如冠者未至。則廢（內喪。同門也。不醴。不醴子也。其廢者。喪成服。因喪而冠。○饌仕戀反。埽悉報反）如將冠子而未及期日。而有齊衰大功小功之喪。則因喪服而冠。廢吉禮而因喪冠。俱成人之服。及。至也除喪不改冠乎。孔子曰。天子賜諸侯大夫冕弁。服於大廟。歸設奠。服賜服。於斯乎有冠醮。無冠醴。酒為醮。冠禮醴重而醮輕。此服賜服。酌用酒。尊賜也。不醴。明不爲改冠。改冠當醴之。○醮子妙反。酌而無獻酬曰醮父沒而冠。則已冠埽地而祭於禰。已祭而見伯父叔父。而后饗冠者。饗。謂禮之曾子問曰。祭如之何則不行旅酬之事矣。孔子曰。聞之小祥者主人練祭而不旅奠酬於賓賓弗舉禮也奠無尸虞不致爵小祥不旅酬大祥無無筭爵彌吉昔者魯昭公練而舉酬行旅非禮也孝公大祥奠酬弗舉亦非禮也孝公隱公之祖父曾子問曰大功之喪可以與於饋奠之事乎饋奠在殯時也○與音預下與奠同孔子曰豈大功耳自斬衰以下皆可禮也曾子曰不以輕服而重相爲乎怪以重服而爲人執事○爲于僞反孔子曰非此之謂也非謂爲人謂於其所爲服也天子諸侯之喪

斬衰者奠爲君服者皆斬衰。唯主人不奠大夫齊衰者奠服斬衰者不奠。辟正君也。齊衰者其兄弟。○辟音避士則朋友奠。不足則取於大功以下者。不足則反之服齊衰者不奠。辟大夫也。言不足者。謂殷奠時曾子問曰。小功可以與於祭乎祭。謂虞卒哭時孔子曰。何必小功耳。自斬衰以下與祭。禮也。曾子曰。不以輕喪而重祭乎怪使重者執事孔子曰。天子諸侯之喪祭也。不斬衰者不與祭。大夫齊衰者與祭。士祭不足則取於兄弟大功以下者。曾子問曰。相識有喪服可以與於祭乎問已有喪服。可以助所識者祭否孔子曰。緦不祭。又何助於人。曾子問曰。廢喪服可以與於饋奠之事乎謂新除喪服也孔子曰。說衰與奠非禮也執事於人之神。爲其忘哀疾也。○說湯活反以擯相可也○相息亮反曾子問曰。昏禮既納幣有吉日。女之父母死則如之何吉日。取女之吉日。○取七住反孔子曰。壻使人弔如壻之父母死。則女之家亦使人弔必使人弔者。未成兄弟父喪稱父。母喪稱母。禮宜各以其敵者也。父使人弔之。辭云。某子聞某之喪。某子使某。如何不淑。母則若云。宋蕩伯姬聞姜氏之喪。伯姬使某如何不淑。凡弔辭一耳父母不在。則稱伯父世母。弔禮不可廢也。伯父母又不在。則稱叔父母。壻已葬。壻之伯父。致命女氏曰。某之子有父母之喪。不得嗣爲兄弟。使某致命。女氏許諾而弗敢嫁。禮也。必致命者。不敢以累年之喪。使人失嘉會之時。壻免喪。女之父母使人請。壻弗取而后嫁之。禮也。請。請成昏女之父母死。壻亦如之。女免喪。壻之父母亦使人請。其已葬時亦致命曾子問曰。親迎女在塗而壻之父母死。如之何。孔子曰。女改服布深衣。縞總以趨喪布深衣縞總。婦人始喪。未成服之服。○迎魚敬反。下同。縞古老反。總音摠女在塗。而女之父母死。則女反奔喪服期。○期居宜反。下同如壻親迎。女未至。而有齊衰大功之喪。則如之何。孔子曰。男不入。改服於外次。女入。改服於內次。然後即位而哭不聞喪即改服者。昏禮重於齊衰以下曾子問曰。除喪則不復昏禮乎復猶償也

（○賞音尚）孔子曰。祭過時不祭。禮也。又何反於初（奠喻輕也。同牢及饋饗。相飲食之道。○飲於鴆反。食音寺）孔子曰。嫁女之家。三夜不息燭。思相離也。（親骨肉也。○離力智反）取婦之家。三日不舉樂。思嗣親也。（重世變也）三月而廟見。稱來婦也。擇日而祭於禰。成婦之義也（謂舅姑沒者也。必祭成婦義者。婦有供養之禮。猶舅姑存時。盥饋特豚於室。○供九用反。養羊尚反。盥音管）曾子問曰。女未廟見而死。則如之何。孔子曰。不遷於祖。不祔於皇姑。壻不杖。不菲不次。歸葬于女氏之黨。示未成婦也遷。朝廟也。壻雖不備喪禮。猶爲之服齊衰也○菲扶畏反。草屨。朝直遥反曾子問曰。取女有吉日。而女死。如之何。孔子曰。壻齊衰而弔。既葬而除之。夫死亦如之未有期三年之恩也。女服斬衰曾子問曰。喪有二孤。廟有二主。禮與。○怪時有之與音餘孔子曰。天無二日。土無二王。嘗禘郊社。尊無二上。未知其爲禮也尊喻卑也。神雖多。猶一一祭之昔者齊桓公亟舉兵。作僞主以行。及反。藏諸祖廟。廟有二主。自桓公始也。僞猶假也。舉兵以遷廟主行。無則主命。爲假主。非也。〔亟〕起吏反喪之二孤。則昔者衞靈公適魯。遭季桓子之喪。衞君請弔。哀公辭不得命。公爲主。客入弔。康子立於門右。北面。公揖讓。升自東階。西鄉。客升自西階弔。公拜興哭。康子拜稽顙於位。有司弗辯也。今之二孤。自季康子之過也。辯猶正也。若康子者。君弔其臣之禮也。鄰國之君弔。君爲之主。主人拜稽顙。非也。當哭踊而已。靈公先桓子以魯哀公二年夏卒。桓子以三年秋卒。是出公也。〔鄉〕

許亮反先悉薦反

曾子問曰。古者師行。必以遷廟主行乎。孔子曰。天子巡守。以遷廟主行。載于齊車。言必有尊也。今也取七廟之主以行。則失之矣齊車。金路。○守手又反齊側皆反當七廟五廟無虛主。虛主者。唯天子崩。諸侯薨。與去其國。與祫祭於祖。爲無主耳。吾聞諸老聃曰。天子崩。國君薨則祝取羣廟之主而藏諸祖廟。禮也。卒哭成事。而后主各反其廟老聃。古壽考者之號也。與孔子同時。藏諸主於祖廟。象有凶事者聚也。卒哭成事。先祔之祭名也。○祫音洽。聃他甘反君去其國。大宰取羣廟之主以從。禮也。鬼神依人者也。○從才用反祫祭於祖。則祝迎四廟之主。祝。接神者也主出廟入廟必蹕。蹕。止行者。○蹕音畢老聃云。曾子問曰。古者師行無遷主。則何主。孔子曰。主命。問曰。何謂也。孔子曰。天子諸侯將出。必以幣帛皮圭告于祖禰。遂奉以出。載于齊車以行。每舍奠焉。而后就舍。以脯醢禮神。乃敢即安也。所告而不以出。即埋之反必告。設奠。卒斂。幣玉藏諸兩階之閒。乃出。蓋貴命也。子游問曰。喪慈母如母。禮與。如母。謂父卒三年也。子游意以爲國君亦當然。禮所云者。乃大夫以下。父所使妾養妾子。孔子曰。非禮也。古者男子外有傅。內有慈母。君命所使教子也。何服之有。言無服也。此指謂國君之子也。大夫士之子。爲庶母慈己者服小功。父卒乃不服。昔者魯昭公少喪其母。有慈母良。及其死也。公弗忍也。欲喪之。有司以聞曰。古之禮。慈母無服。據國君也。良。善也。謂之慈母。固爲其善。國君之妾。子於禮不服也。昭公年三十。乃喪齊歸。猶無慼容。是不少。又安能不忍於慈母。此非昭公明矣。未知何公也。○〔喪〕如字。下同。讀者亦息浪反今也君爲之服是逆古之禮而亂國法也。若終行之。則有司將書之。以遺後世。無乃不可乎。公曰。古者天子練冠以燕居。公弗忍也。遂練冠以喪慈母。喪慈母。自魯昭公始也。公之言又非也。天子練冠以燕居。蓋諸庶子王爲其母。○〔遺〕猶垂反。又于季反

曾子問曰。諸侯旅見天子。入門。不得終禮。廢者幾旅。衆。○〔幾〕居豈反。下同孔子曰。

四請問之曰大廟火日食后之喪雨霑服失容則廢大廟始祖廟宗廟皆然主於始祖耳○霑竹廉反如諸侯皆在而日食則從天子救日各以其方色與其兵示奉時事有所討也方色者東方衣青南方衣赤西方衣白北方衣黑兵未聞也○衣於既反又如字大廟火則從天子救火不以方色與兵曾子問曰諸侯相見揖讓入門不得終禮廢者幾孔子曰六請問之曰天子崩大廟火日食后夫人之喪雨霑服失容則廢夫人君之

夫人

曾子問曰天子嘗禘郊社五祀之祭簠簋既陳天子崩后之喪如之何孔子曰廢既陳謂夙興陳饌牲器時也天子七祀言五者關中言之○簠音甫又方于反簋音軌曾子問曰當祭而日食大廟火其祭也如之何孔子曰接祭而已矣如牲至未殺則廢接祭而已不迎尸也天子崩未殯五祀之祭不行既殯而祭其祭也尸入三飯不侑酳不酢而已矣自啓至于反哭五祀之祭不行已葬而祭祝畢獻而

已既葬彌吉畢獻祝而後止。郊社亦然。唯嘗禘宗廟。俟吉也。○飯扶晚反。下同。侑音又。絕句。下放此。酳音胤。又仕覲反曾子問曰。諸侯之祭社稷。俎豆既陳。聞天子崩后之喪。君薨夫人之喪。如之何。孔子曰。廢亦謂夙興陳饌牲器時也自薨比至于殯。自啓至于反哭。奉帥天子帥循也。所奉循如天子者。謂五祀之祭也。社稷亦然。○比必利反曾子問曰。大夫之祭。鼎俎既陳。籩豆既設。不得成禮。廢者幾。孔子曰。九。請問之。曰。天子崩。后之喪。君薨夫人之喪。君之大廟火。日食。三年之喪。齊衰。大功。皆廢。外喪自齊衰以下。行也。齊衰異門則祭其齊衰之祭也。尸入。三飯不侑。酳不酢而已矣。大功酢而已矣。小功。緦。室中之事而已矣。室中之事。謂賓長獻。○長知丈反士之所以異者。緦不祭。然則士不得成禮者十一所祭。於死者無服則祭。謂若舅。舅之子。從母昆弟曾子問曰。三年之喪。弔乎。孔子曰。三年之喪。練不羣立。不旅行。爲其苟語忘哀也。○爲于僞反。下皆同君子禮以飾情。三年

之喪而弔哭不亦虛乎爲彼哀則不專於親也爲親哀則是妄弔

曾子問曰大夫士有私喪可以除之矣而有君服焉其除之也如之何孔子曰有君喪服於身不敢私服又何除焉重喻輕也私喪家之喪也喪服四制曰門外之治義斷恩○斷丁亂反於是乎有過時而弗除也君之喪服除而后殷祭禮也謂主人也支子則否○除如字

曾子問曰父母之喪弗除可乎以其有終身之憂孔子曰先王制禮過時弗舉禮也非弗能勿除

也患其過於制也故君子過時不祭禮也言制禮以爲民中過其時則不成禮曾子問曰君薨既殯而臣有父母之喪則如之何孔子曰歸居于家有殷事則之君所朝夕否居家者因其哀後隆於父母殷事朔月月半薦新之奠也曰君既啓而臣有父母之喪則如之何孔子曰歸哭而反送君言送君則既葬而歸也歸哭者服君服而歸不敢私服也曰君未殯而臣有父母之喪則如之何孔子曰歸殯反于君所有殷事則歸朝夕

否。其哀雜。主於君。大夫室老行事。士則子孫行事。大夫士其在君所之時。則攝其事。大夫內子有殷事。亦之君所。朝夕否。謂夫之君既殯。而有舅姑之喪者。內子。大夫適妻也。妻爲夫之君。如婦爲舅姑服齊衰。○適丁歷反。賤不誄貴。幼不誄長。禮也。誄。累也。累列生時行迹。讀之以作謚。謚當由尊者成。○誄力水反。行下孟反。謚音示。唯天子稱天以誄之。以其無尊焉。春秋公羊說。以爲讀誄制謚於南郊。若云受之於天然。諸侯相誄。非禮也。禮當言誄於天子也。天子乃使大史賜之謚。曾子問曰。君出疆。以三年之戒。以椑從。君薨。

其入如之何其出有喪備疑喪入必異也戒猶備也謂衣衾也親身棺曰椑其餘可死乃具也○椑音闢從去聲下同孔子曰共殯服此謂君已大斂殯服謂布深衣苴絰散帶垂殯時主人所服共之以待其來也其餘殯事亦皆具焉則子麻弁絰疏衰菲杖棺柩未安不忍成服於外也麻弁絰者布弁而加環絰也布弁如爵弁而用布杖者爲已病○菲扶沸反入自闕升自西階闕謂毀宗也柩毀宗而入異於生也升自西階亦異生也所毀宗殯宮門西也於此正棺而服殯服既塗而成服殷柩出毀宗周柩入毀宗禮相變也如小斂則子免而從柩謂君已小斂也主人布深衣不括髮者行遠不可無飾○免音

問入自門升自阼階親未在棺不忍異入使如生來反君大夫士一節也曾子問曰君之喪既引聞父母之喪如之何孔子曰遂既封而歸不俟子遂遂送君也封當爲窆子嗣君也○引以刃反下皆同封彼驗反下同曾子問曰父母之喪既引及塗聞君薨如之何孔子曰遂既封改服而往封亦當爲窆改服括髮徒跣布深衣扱上衽不以私喪包至尊○扱初洽反曾子問曰宗子爲士庶子爲大夫其祭也如之何孔子曰以上牲祭於宗子

之家貴祿重宗也。上牲。大夫少牢。祝曰孝子某爲介子某薦其常事介副也。不言庶。使若可以祭然。○祝之六反。舊之又反。下同。爲于僞反若宗子有罪居于他國庶子爲大夫其祭也。祝曰孝子某使介子某執其常事此之謂宗子攝大夫攝主不厭祭不旅不假不綏祭不配皆辟正主。厭。厭飫神也。厭有陰有陽。迎尸之前。祝酌奠。奠之且饗。是陰厭也。尸謖之後。徹薦俎敦設於西北隅。是陽厭也。此不厭者。不陽厭也。不旅。不旅酬也。假讀爲嘏。不嘏。不嘏主人也。不綏祭。謂今主人也。綏。周禮作墮。不配者。祝辭不言以某妃配某氏。○厭於豔反　綏許垂反辟音避。謖色六反。敦音對。布奠於賓賓奠而不舉布奠謂主人酬賓。奠觶於薦北。賓奠取觶奠於薦南也。此酬之始也。奠之不舉。上旅。○觶之豉反。字林音支不歸肉肉。俎也。謂與祭者。留之共燕○歸如字。又其位反與音預其辭于賓曰宗兄宗弟宗子在他國使某辭辭猶告也宿賓之辭。與宗子為列。則曰宗兄若宗弟。昭穆異者。曰宗子而已。其辭若云宗兄某在他國。使某執其常事。使某告曾子問曰宗子去在他國庶子無爵而居者可以祭乎孔子曰祭哉有子孫存。不可以乏先祖之祀請問其祭如之何孔子曰望墓而為壇。以時祭（不祭于廟。無爵者賤。遠辟正主。○壇大丹反）若宗子死。告於墓。而后祭於家（言祭於家。容無廟也）宗子死。稱名不言孝（孝。宗子之稱。不敢與之同其辭。但言子某薦其常事。○稱尺證反）身沒而已（至子可以稱孝）子游之徒。有庶子祭者。以此（以。用也。用此禮祭也）若義也（若。順）今之祭者。不首其義。故誣於祭也（首。本也。誣猶妄也）曾子問曰。祭必有尸乎（言無益。無用爲）若厭祭亦可乎（厭時無尸）孔子曰。祭成喪者必有尸。尸必以孫。孫幼則使人抱之。無孫則取於同姓可也人以有子孫爲成人。子不殤父。義由此也祭殤必厭蓋弗成也厭飫而已。不成其爲人祭成喪而無尸。是殤之也與不成人同孔子曰。有陰厭。有陽厭言祭殤之禮。有於陰厭之者。有於陽厭之者曾子問曰。殤不祔祭何謂陰厭陽厭祔當爲備。聲之誤也。言殤乃不成人。祭之不備禮。而云陰厭陽厭乎。此失孔子指也。祭成人。始設奠於奧。迎尸之前。謂之陰厭。尸謖之後。改饌於西北隅。謂之陽厭。殤則不備○祔音備奧於報反孔子曰。宗子爲殤而死。庶子弗爲後也族人以其倫代之。明不序昭穆立之廟。其祭之。就其祖而巳。代之者主其禮其吉祭特牲尊宗子。從成人也。凡殤則特豚。自卒哭成事之後爲吉祭祭殤不舉無肵俎。無玄酒不告利成此其無尸。及所降也。其他如成人。舉肺脊。肵俎。利成。禮之施於尸者。○肵音其。敬也是謂陰厭是宗子而殤。祭之於奧之禮。小宗爲殤。其祭禮亦如之凡殤與無後者。祭於宗子之家。當室之白。尊于東房。是謂陽厭凡殤。謂庶子之適也。或昆弟之子。或從父昆弟無後者。如有昆弟及諸父。此則今死者。皆宗子大功之內親共祖禰者。言祭於宗子之家者。爲有異居之道也。無廟者。爲墠祭之。親者共其牲物。宗子皆主其禮。當室之白。尊於東房。異於宗子之爲殤。

當室之白。謂西北隅得戶明者也。明者曰陽凡祖廟在小宗之家。小宗祭之亦然。宗子之適。亦爲凡殤。過此以往則不祭也。祭適者。天子下祭五。諸侯下祭三。大夫下祭二。士以下祭子而止。○適丁歷反。下皆同。共音恭

曾子問曰。葬引至于堩。日有食之。則有變乎。且不乎。堩。道也。變。謂異禮。○堩古鄧反　且如字

孔子曰。昔者吾從老聃助葬於巷黨。及堩。日有食之。老聃曰。丘止柩就道右。止哭以聽變。既明反而后行。曰禮也巷黨。黨名也。就道右者。行相左也。變。日食也。反。復也○從才用反。又如字

反葬而丘問之曰。夫柩

不可以反者也。日有食之，不知其已之遲數，則豈如行哉。已，止也。數讀爲速。老聃曰：諸侯朝天子，見日而行，逮日而舍奠。大夫使，見日而行，逮日而舍。舍奠，每將舍奠行主。朝，直遥反。使，色吏反。夫柩不蚤出，不莫宿。侵晨夜則近姦寇。莫音暮。見星而行者，唯罪人與奔父母之喪者乎。日有食之，安知其不見星也。爲無日而慝作。豫，止也。慝，他得反。且君子行禮，不以人之親痁患。痁，病也。以人之父母行禮，而恐懼其有患害，不爲也。痁，始占反。

吾聞諸老聃云。曾子問曰。爲君使而卒於舍。禮曰。公館復。私館不復。凡所使之國。有司所授舍。則公館已。何謂私館不復也。復。始死招魂。○爲于僞反。又如字 孔子曰。善乎問之也。善其問難明也 自卿大夫之家曰私館。公館與公所爲曰公館。公館復。此之謂也。公館。若今縣官宮也。公所爲。君所命使舍已者 曾子問曰。下殤土周葬于園。遂輿機而往。塗邇故也。土周。堲周也。周人以夏后氏之堲周葬下殤於園中。以其去成人遠。不就墓也。機。輿尸之牀也。以繩絙其中央。又以繩從兩旁鉤之。禮以機舉尸。輿之以就園。而斂葬焉。塗近故耳。輿機或爲餘機。○〔堲〕子栗反〔絙〕古鄧反〔鉤〕古侯反〔斂〕力驗反

今墓遠則其葬也如之何今人斂下殤於宮中。而葬於墓。與成人同。墓塗乃遠。其葬當輿其棺乎。載之也。問禮之變也

孔子曰。吾聞諸老聃曰。昔者史佚有子而死。下殤也。墓遠。蓋欲葬墓如長殤。從成人也。長殤有送葬車者。則棺載之矣。史佚。成王時賢史也。賢猶有所不知。○〔佚〕音逸〔棺〕古患反。下文棺斂衣棺。皆同

召公謂之曰。何以不棺斂於宮中欲其斂於宮中。如成人也。斂於宮中。則葬當載之。○〔召〕上照反

史佚曰。吾敢

乎哉畏知禮也召公言於周公爲史佚問周公曰。豈不可言是豈豈。於禮不可。不許也。○周公曰豈。絶句。言是豈。絶句。於禮不可。絶句史佚行之失指以爲許也。遂用召公之言下殤用棺衣棺。自史佚始也棺。謂斂於棺曾子問曰。卿大夫將爲尸於公。受宿矣。而有齊衰內喪。則如之何。孔子曰。出舍於公館以待事。禮也。吉凶不可以同處。○處昌慮反孔子曰。尸弁冕而出爲君尸或弁者。先祖或有爲大夫士者卿大夫士皆下之見而下車尸必式小俛禮之必有前驅爲辟道。

曾子問

辟婢亦反子夏問曰。三年之喪卒哭。金革之事無辟也者。禮與。初有司與疑有司初使之然。辟音避。下同。與音餘。下同孔子曰。夏后氏三年之喪。既殯而致事。殷人既葬而致事致事。還其職位於君。周卒哭而致事記曰。君子不奪人之親。亦不可奪親也。此之謂乎二者恕也。孝也子夏曰。金革之事無辟也者。非與疑禮當有然孔子曰。吾聞諸老聃曰。昔者魯公伯禽有爲爲之也伯禽。周公子。封於魯。有徐戎作難。喪卒哭而征之。急王事也。征之作費誓

○難乃旦反。賁音祕。令以三年之喪。從其利者。吾弗知也。時多攻取之兵。言非禮也。

# 文王世子第八　鄭氏註

文王之為世子。朝於王季日三。三皆曰朝。以其禮同。○朝直遙反。三如字。又息暫反。雞初鳴而衣服。至於寢門外。問內豎之御者曰。今日安否何如。內豎。小臣之屬。掌外內之通命者。御。如今小史直日矣。○衣於旣反。又如字。豎上主反。內豎曰安。文王乃喜。孝子恆兢兢。及日中又至。亦如之。又。復也。及莫又至亦如之莫夕也。莫音暮。其有不安節則內豎以告文王文王色憂行不能正履節謂居處故事。履蹈地也王季復膳飲食安也然後亦復初憂解食上必在視寒煖之節在察也。煖乃管反食下問所膳問所食者命膳宰曰末有原應曰諾然後退末猶勿也。原再也。勿有所再進為其失飪臭味惡也。退反其寢。○末亡曷反武王帥而行之不敢有加焉庶幾程式之帥循也文王有疾武王不說冠帶而養言常在側。○說他活反養羊尚反文王一飯亦一

飯。文王再飯。亦再飯。欲知氣力箴藥所勝。（飯）扶晚反。下同。（箴）之林反

旬有二日乃間。間猶瘳也。文王謂武王曰。女何夢矣。間後容臥。○（女）音汝

武王對曰。夢帝與我九齡。帝。天也

文王曰。女以爲何也。武王曰。西方有九國焉。君王其終撫諸。撫猶有也。言君王。則此受命之後也。

文王曰。非也。古者謂年齡。齒亦齡也。我百。爾九十。吾與爾三焉。年夭氣也。齒。人壽之數也。九齡。九十年之祥也。文王以勤憂損壽。武王以安樂延年。言與爾三者。明傳業於女。女受而成之。

文王九十七乃

終。武王九十三而終。君子曰終。終其成功。成王幼。不能涖阼。涖。視也。不能視阼階。行人君之事。○涖音吏。又音類。周公相。踐阼而治。踐。履也。代成王履阼階。攝王位。治天下也。○相息亮反。抗世子法於伯禽。欲令成王之知父子君臣長幼之道也。抗猶舉也。謂舉以世子之法。使與成王居而學之。○抗苦浪反。長丁丈反。後皆同。成王有過。則撻伯禽。所以示成王世子之道也。以成王之過擊伯禽。則足以感喻焉。○撻音闥。文王之爲世子也。題上事。

凡學世子及學士。必時。四時各有宜。學。士謂司徒論俊選所升於學者。○學戶孝反。教也。下小樂正學干。學戈。學舞同。春夏學干戈。秋冬學羽籥。皆於東序。干。盾也。戈。句子戟也。干戈。萬舞。象武也。用動作之時學之。羽籥。籥舞。象文也。用安靜之時學之。詩云。左手執籥。右手秉翟。○籥羊灼反。盾食準反。句古侯反。小樂正學干。大胥贊之。籥師學戈。籥師丞贊之。四人。皆樂官之屬也。通職。秋冬亦學以羽籥。小樂正。樂師也。周禮。樂師掌國學之政。教國子小舞。大胥掌學士之版。以待致諸子。春入學舍菜合舞。秋頒學合聲。籥師掌教國子舞羽吹籥。○大如字。又音太。胥息余反。又息呂反。注皆放此。舍音釋。後舍菜同。胥鼓南。南。南夷之樂也。胥掌以六樂之會正舞位。旄人教夷樂。則以鼓節之。詩云。以雅以南。以籥不僭。○僭七尋反春誦。夏弦。大師詔之。瞽宗秋學禮。執禮者詔之。冬讀書。典書者詔之。禮在瞽宗。書在上庠。誦。謂歌樂也。弦謂以絲播詩。陽用事則學之以聲。陰用事則學之以事。因時順氣。於功易成也。周立三代之學。學書於有虞氏之學。典謨之教所興也。學舞於夏后氏之學。文武中也。學禮樂於殷之學。功成治定與已同也。○大音太。下大樂正。大學。大傳。大寢皆同。瞽宗。殷學名。上庠。虞學名凡祭與養老乞言。合語之禮。皆小樂正詔之於東序學以三者之威儀也。養老乞言。養老人之賢者。因從乞善言可行者也。合語。謂鄉射

鄉飲酒大射燕射之屬也。鄉射記曰。古者於旅也語。合如字。又音閤。下大合樂放此

大樂正學舞干戚語說命乞言皆大樂正授數學以三者之義也。戚。斧也。語說。說。合語之說也。數。篇數。○說如字。又始鋭反大司成論說在東序論說。課其義之深淺。才能優劣。此云樂正司業。父師司成。則大司成。司徒之屬師氏也。師氏掌以美詔王。教國子以三德三行。及國中失之事也。○論力門反。又力頓反行下孟反凡侍坐於大司成者遠近閒三席可以問閒猶容也。容三席。則得指畫相分別也。席之制。廣三尺三寸三分。則是所謂函丈也。○坐才臥反。又如字。閒如字。又古辨反。廣古曠反終則負

牆卻就後席相辟。辟音避。下辟君同列事未盡不問錯尊者之語。不敬也凡學。春官釋奠于其先師。秋冬亦如之官謂禮樂詩書之官。周禮曰。凡有道者。有德者。使教焉。死則以爲樂祖。祭於瞽宗。此之謂先師之類也。若漢。禮有高堂生。樂有制氏。詩有毛公。書有伏生。億可以爲之也。不言夏。夏從春可知也。釋奠者。設薦饌酌奠而已。無迎尸以下之事凡始立學者。必釋奠于先聖先師。及行事。必以幣謂天子命之教。始立學官者也。先聖。周公若孔子凡釋奠者。必有合也國無先聖先師。則所釋奠者。當與鄰國合也有國故則否若唐虞有夔伯夷。周有周公。魯有孔子。則各自奠之。不合也。凡大合樂。必遂養老。大合樂。謂春入學舍菜合舞。秋頒學合聲。於是時也。天子則視學焉。遂養老者。謂用其明日也。鄉飲酒鄉射之禮。明日乃息。司正云徵唯所欲。以告於先生君子可也。是養老之象類。凡語于郊者。語。謂論說於郊學。必取賢斂才焉。或以德進。或以事舉。或以言揚。大樂正論造士之秀者升諸司馬曰進士。謂此矣。曲藝皆誓之。曲藝。爲小技能也。誓。謹也。皆使謹習其事。以待又語。又語。爲後復論說也。三而一有焉。三說之中。有一善則取之。以有曲藝。不必盡善。乃進其等。進於衆學者。以其序。又以其藝爲次。謂之郊人遠之俟事官之缺者以代之。遠之者。不曰俊選。曰郊人。賤技藝。○(遠)于萬反於成均。以及取爵於上尊也董仲舒曰。五帝名大學曰成均。則虞庠近是也。天子飲酒于虞庠。則郊人亦得酌于上尊以相旅始立學者。既興器用幣興當爲釁。字之誤也。禮樂之器。成則釁之。又用幣。告先聖先師以器成。○(興)虛覲反然後釋菜告先聖先師以器成。有時將用也不舞不授器釋菜禮輕也。釋奠則舞。舞則授器。司馬之屬。司兵。司戈。司盾。祭祀授舞者兵也乃退。儐于東序。一獻。無介語可也言乃退者。謂得立三代之學者。釋菜于虞庠。則儐。賓于東序。魯之學有米廩。東序。瞽宗也。○(儐)必刃反教世子。必以禮樂。樂所以脩內也。禮所以脩外也。禮樂交錯於中。發形於外。是故其成也懌。恭敬而溫文。中心中也。懌說懌。○懌音亦立大傅少傅以養之。欲其知父子君臣之道也養猶教也。言養者。積浸成長之。○少詩召反大傅審父子君臣之道以示之。謂爲之行其禮○爲于僞反少傅奉世子。以觀大傅之德行而審喻之爲說其義大傅在前。少傅在後。謂其在學時入則有保。出則有師謂燕居出入時是以教喻而德成也以有四人維持之師也者教之以事而喻諸德者也保也者慎其身以輔翼之而歸諸道者也慎其身者謹安護之記曰虞夏商周有師保有疑丞記所云謂天子也取以成說設四輔及三公不必備唯其人語使能也語言也得能則用之無則已不必備其官也小人處其位不如且闕君子曰德德成而教尊教尊而官正官正而國治君之謂也仲尼曰昔者周公攝政踐阼而治抗世子法於

伯禽所以善成王也。聞之曰。爲人臣者。殺其身有益於君。則爲之。況于其身以善其君乎。周公優爲之。（聞之者。聞之於古也。于讀爲迂。迂猶廣也。大也。○于依注作迂。又音紆）是故知爲人子。然後可以爲人父。知爲人臣。然後可以爲人君。知事人。然後能使人。成王幼。不能涖阼。以爲世子。則無爲也。（以爲世子。若爲世子時）是故抗世子法於伯禽。使之與成王居（亦學此禮於成王側）欲令成王之知父子君臣長幼之義也。君之於世子也。親則父也。尊則君也。有父之親。有君之尊。然後兼天下而有之。是故養世子不可不愼也。處君父之位。覽海內之士。而近不能教其子。則其餘不足觀矣行一物而三善皆得者。唯世子而已。其齒於學之謂也。物猶事也故世子齒於學。國人觀之曰。將君我。而與我齒讓。何也。曰。有父在。則禮然。然而衆知父子之道矣。其二曰。將君我。而與我齒讓。何也。曰。有君在。則禮然。然

而衆著於君臣之義也其三曰將君我而與
我齒讓何也曰長長也然而衆知長幼之節
矣故父在斯爲子君在斯謂之臣居子與臣
之節所以尊君親親也故學之爲父子焉學
之爲君臣焉學之爲長幼焉學。斆○音效。下同學父子
君臣長幼之道得而國治語曰樂正司業父
師司成一有元良萬國以貞世子之謂也司。主
也。一。一人也。元。大也。良。善也。貞。正也周公踐阼亦題上事庶子之正

於公族者。教之以孝弟睦友子愛。明父子之義。長幼之序。正者政也。庶子。司馬之屬。掌國子之倅。為政於公族者。○弟大計反。下皆同其朝于公。內朝則東面北上。臣有貴者以齒。內朝。路寢庭。○朝直遙反。後不出者並同其在外朝則以官。司士為之。外朝。路寢門之外庭。司士。亦司馬之屬也。掌羣臣之班。正朝儀之位也其在宗廟之中。則如外朝之位。宗人授事以爵以官。宗人。掌禮及宗廟也。以爵。貴賤異位也。以官。官各有所掌也。若司徒奉牛。司馬奉羊。司空奉豕其登餕獻受爵。則以上嗣。上嗣。

君之適長子。以特牲饋食禮言之。受爵。謂上嗣舉奠也。獻。謂舉奠洗爵酌入也。餕。謂宗人遺舉奠盥。祝命之餕也。大夫之嗣無此禮。辟君也。○餕音俊。適音的。**庶子治之。雖有三命。不踰父兄。**治之。治公族之禮也。唯於內朝則然。其餘會聚之事。則與庶姓同。一命齒于鄉里。再命齒于父族。三命不齒。不齒者。特爲位。不在父兄行列中。○行戶剛反。**其公大事。則以其喪服之精麤爲序。雖於公族之喪亦如之。以次主人。**大事。謂死喪也。其爲君雖皆斬衰。序之必以本親也。主人。主喪者。次主人者。主人恒在上。主人雖有父兄。猶不得下齒。**若公與族燕。則異姓爲賓。**同宗無相賓客之道。

膳宰爲主人君尊。不獻酒公與父兄齒親親也族食。世降一等親者稠。疏者稀其在軍則守於公禰謂從軍者。公禰。行主也。行以遷主。言禰。在外親也公若有出疆之政謂朝覲會同也庶子以公族之無事者守於公宮正室守大廟正室。適子也。大廟。大祖之廟。守如字。又手又反。下同諸父守貴宮貴室謂守路寢諸子諸孫守下宮下室下宮親廟也。下室。燕寢。或言宮。或言廟。通異語五廟之孫祖廟未毀雖爲庶人冠取妻必告死必赴練祥則告赴告於君也。實四廟孫。而言五廟者。容顯考爲始封子也。冠古亂反取七喻反。後放此族之相爲也宜弔不弔宜免不免有司罰之弔。謂六世以往。免。謂五世。爲于僞反免音問至于賵賻承含皆有正焉承讀爲贈。聲之誤也。正。正禮也。賵芳鳳反賻音附承音贈含胡暗反。皆賵喪之物也。車馬曰賵。布帛曰賻。珠玉曰含。衣服曰襚。摠謂之贈公族其有死罪則磬于甸人不於市朝者。隱之也。甸人。掌郊野之官。縣縊殺之曰磬。甸大遍反。下同縣音懸縊音意其刑罪則纖剸亦告于甸人纖讀爲殲。殲。刺也。剸割也。宮割臏墨劓刵。皆以刀鋸刺割人體也。告讀爲鞠。讀書用法曰鞠。殲之林反。又子廉反剸之兗反告久六反臏頻忍反公族無宮刑宮割淫刑獄成。有司讞于公。其死罪。則曰某之罪在大辟。其刑罪。則曰某之罪在小辟。成。平也。讞之言白也。辟亦罪也。讞魚列反辟婢亦反。後放此公曰宥之宥寬也。欲寬其罪。出於刑也有司又曰。在辟。公又曰宥之又。復也有司又曰。在辟。及三宥不對。走出致刑于甸人對。荅也。先者君每言宥則荅之。以將更寬之。至於三。罪定。不復荅。走往刑之。爲君之恩無已公又使人追之曰。雖然。必赦之。有司對曰。無及也。罪既正。不可宥。

乃欲赦之。重刑殺其類也。反命于公白已刑殺。公素服不舉爲之變。如其倫之喪。無服素服。於凶事爲吉。於吉事爲凶。非喪服也。君雖不服臣。卿大夫死。則皮弁錫衰以居。往弔。當事則弁絰。於士蓋疑衰。同姓則緦衰以弔之。今無服者。不往弔也。倫。謂親疏之比也。素服亦皮弁矣。爲于僞反 比必利反 親哭之不往弔。爲位哭之而已。君於臣。使有司哭之 公族朝于內朝。內親也。雖有貴者以齒。明父子也。謂以宗族事會 外朝以官。體異姓也。體猶連結也 宗廟之中。以爵爲位。崇德也。崇。高也 宗人授事以官。尊賢也。官各有能登餕受爵以上嗣尊祖之道也（上嗣。祖之正統）喪紀以服之輕重爲序不奪人親也（紀猶事也）公與族燕則以齒而孝弟之道達矣（以至尊不自異於親之列）其族食世降一等親親之殺也（殺。差也。殺色戒反）戰則守於公禰孝愛之深也（行主。君父之象）正室守大廟尊宗室而君臣之道著矣（以其不敢以庶守君所重）諸父諸兄守貴室子弟守下室而讓道達矣（以其貴者守貴。賤者守賤。上言父子孫。此言兄弟。互相備也）五廟之孫祖廟未

乾隆四十八年 禮記六

毀。雖及庶人。冠取妻必告。死必赴。不忘親也。
親未絕而列於庶人。賤無能也。敬弔臨賻賵。
睦友之道也。古者庶子之官治。而邦國有倫。
邦國有倫。而衆鄉方矣。鄉方。言知所鄉。○臨如字。又力鴆反。鄉許亮反。
公族之罪。雖親不以犯有司正術也。所以
體百姓也。犯猶干也。術。法也。刑于隱者。不與國人慮
兄弟也。弗弔弗爲服。哭于異姓之廟。爲忝祖。
遠之也。素服居外。不聽樂。私喪之也。骨肉之

親無絕也。公族無宮刑。不翦其類也。翦。割截也。○遠于萬反

天子視學。大昕鼓徵。所以警衆也。早昧爽擊鼓。以召衆也。警猶起也。周禮。凡用樂。大胥以鼓徵學士。○昕音欣

衆至然後天子至。乃命有司行事。興秩節。祭先師先聖焉。興猶舉也。秩常也。節猶禮也。使有司攝其事。舉常禮祭先師先聖。不親祭之者。視學觀禮耳。非爲彼報也

有司卒事反命。告祭畢也。祭畢。天子乃入

始之養也。又之養老之處。凡大合樂。必遂養老。是以往焉。言始。始立學也。○養如字。又去聲。後皆去聲

適東序。釋奠於先老。親奠之者。已所有事也。養老東

序。則是視學於上庠遂設三老五更羣老之席位焉三老五更。各一人也。皆年老更事致仕者也。天子以父兄養之。示天下之孝悌也。名以三五者。取象三辰五星。天所因以照明天下者。羣老無數。其禮亡。以鄉飲酒禮言之。席位之處。則三老如賓。五更如介。羣老如衆賓必也。○更江衡反適饌省醴養老之珍具親視其所有遂發咏焉退脩之以孝養也發咏謂以樂納之。退脩之。謂既迎而入。獻之以醴。獻畢而樂闋。○咏音詠闋苦穴反反登歌清廟反。謂獻羣老畢。皆升就席也。反就席乃席工於西階上。歌清廟以樂之既歌而語以成之也言父子君臣長幼之道。

合德音之致禮之大者也既歌。謂樂正告正歌備也。語談說也。歌備而旅。旅而說父子君臣長幼之道。說合樂之所美。以成其意。鄉射記曰古者於旅也語下管象。舞大武。大合衆以事。達有神。興有德也象周武王伐紂之樂也。以管播其聲。又爲之舞。皆於堂下。衆。謂所合學士也。達有神。明天授命周家之有神也。興有德。美文王武王有德。師樂爲用。前歌後舞正君臣之位。貴賤之等焉。而上下之義行矣由清廟與武也有司告以樂闋闋終也。告君以歌舞之樂終。此所告者。謂無筭樂王乃命公侯伯子男及羣吏曰。反養老幼于東序。終之以仁也羣吏。鄉遂之官。王於燕之末。而命諸侯時朝會在此者。各反養老如此禮。是終其仁心。孝經說所謂諸侯歸各帥於國。大夫勤於朝。州里驩於邑是也。○音冀。及也驩是故聖人之記事也。慮之以大愛之以敬謂先本於孝弟之道行之以禮謂省其所以養老之具脩之以孝養謂親迎之如見父兄紀之以義謂親獻之薦之終之以仁謂旣歌而語之是故古之謂又以命諸侯歸於國。復自行之人一舉事。而衆皆知其德之備也。古之君子。舉大事必慎其終始。而衆安得不喩焉言其爲之本末露見盡可得而知也。喻猶曉也兌命曰。念終始典于學兌當為說。說說命。書篇名。殷高宗之臣傅說之所作典。常也。念事之終始常於學。學禮義之府。○兌音悅世子之記曰。朝夕至于大寢之門外。問內豎曰。今日安否何如朝夕。朝朝暮夕也日中又朝。文王之世子。非禮之制。世子之禮亡。言此其記。○朝夕。音潮朝朝上如字內豎曰。今日安。世子乃有喜色。其有不安節。則內豎以告世子。世子色憂不滿容色憂。憂憂淺也。不及文王行不能正履內豎言復初。然後亦復初。朝夕之食上。世子必在視寒煖之節。食下。問所膳羞。必知所進。以命膳宰。然後退。羞必知所進。必知親所食。若內豎言疾。則世子親齊玄而養。親猶自也。養疾者齋玄。玄冠玄端也。○齊側皆反。膳宰之饌。必敬視之。疾者之食。齊和所欲或異。○齊才細反。和去聲。疾之藥。必親嘗之。試毒味也。嘗饌善。則世子

善。謂多於

嘗饌寡。世子亦不能飽。又不及武

以

復初。然後亦復初。復。常所服

第

文王世子



內閣中書臣羅錦森敬書

# 禮記卷六考證

曾子問及反藏諸祖廟○藏　殿本閣本監本俱作葬案檀弓國子高曰葬者藏也又正韻一音藏其義雖似可通然不如原本作藏字爲正

曾子問曰父母之喪○諸本並脫問字

賤不誄貴註讀之以作謚○案此即公羊說所謂讀誄制謚也他本並作誄之則與上註誄累也語意重複矣

祭殤不舉○不舉下　殿本閣本兼義本俱有肺字案孔疏曰經云不舉肺云云似原本脫去肺字但衛湜

禮記卷六考證

集說本亦無肺字并引山陰陸氏云言不舉不言不舉肺容三代祭殤皆如此是古本原無此字孔氏不知據何本增入也

殷人既葬而致事註周卒哭而致事○案經言夏殷而不及周故註推言之諸本周訛則非

文王世子我百爾九十註文王以勤憂損壽武王以安樂延年○案書無逸篇言文王以憂勤得壽鄭註反謂損壽謬矣况貽謀燕翼武王亦從執競中來何云安樂正義曰詩魚麗美萬物盛多始于憂勤終于逸樂此說得之

遂設三老五更羣老之席位焉註席位之處○諸本作帝位之處帝乃席字之譌

【漢】鄭玄注　【唐】陸德明音義

# 武英殿仿相臺岳氏本五經

# 禮記

中

上海古籍出版社

# 本册目録

# 禮記卷第七

## 禮運第九　　鄭氏注

昔者仲尼與於蜡賓，蜡者，索也。歲十二月，合聚萬物而索饗之，亦祭宗廟。時孔子仕魯，在助祭。○與音預　蜡仕嫁反　事畢，出遊於觀之上，喟然而嘆。觀，闕也。孔子見魯君於祭禮有不備，於此又覩象魏舊章之處，感而嘆之。○觀去聲　喟去媿反　仲尼之嘆，蓋嘆魯也。言偃在側，曰：「君子何嘆？」言偃，孔子弟子子游。孔子曰：「大道之行也，與三代之英，丘未之逮也，而有志焉。大道，謂五帝時也。英俊選之尤者。逮。及也。言不及見。志。謂識古文。不言魯事。爲其大切廣言之。○選去聲。爲去聲。下爲己皆同。

大道之行也，天下爲公。選賢與能，講信脩睦。公猶共也。禪位授聖。不家之。睦。親也。

故人不獨親其親，不獨子其子。孝慈之道廣也。

使老有所終，壯有所用，幼有所長，矜寡孤獨廢疾者皆有所養。無匱乏也。○矜音鰥。長上聲。

男有分，分猶職也。○分去聲。

女有歸。皆得良奧之家。○奧烏報反。

貨惡其棄於地也，不必藏於己；力惡其不出於身也，不必爲己。勞事不憚施無吝心。仁厚之教也。惡烏路反是故謀閉而不興，盜竊亂賊而不作，尚辭讓之故也故外戶而不閉，御風氣而已是謂大同。同猶和也。平也今大道既隱，隱猶去也天下爲家，傳位於子各親其親。各子其子。貨力爲己，俗狹嗇大人世及以爲禮。城郭溝池以爲固，亂賊繁多。爲此以服之也。大人。諸侯也禮義以爲紀。以正君臣。以篤父子。以睦兄弟。以和夫婦。以設制度。以立田里。以賢勇知。以功爲己。故謀用是作。而兵由此起，以其違大道敦

朴之本也。教令之稠。其弊則然。老子曰。法令滋章。盜賊多有。○知音智

禹湯文。武成王周公由此其選也由用也。能用禮義以成治此六君子者。未有不謹於禮者也。以著其義。以考其信。著有過。刑仁講讓。示民有常考成也。刑猶則也如有不由此者。在埶者去。衆以爲殃埶。埶位也。去。罪退之也。殃猶禍惡也。○埶音世。去羌呂反是謂小康康。安也。大道之人。以禮於忠信爲薄。言小安者。失之則賊亂將作矣言偃復問曰。如此乎禮之急也。孔子曰。夫禮先王以承天之道。以治

人之情。故失之者死。得之者生。詩曰。相鼠有體。人而無禮。人而無禮。胡不遄死。相。視也。遄。疾也。言鼠之有身體。如人而無禮者矣。人之無禮。可憎賤如鼠。不如疾死之愈。○復扶又反是故夫禮。必本於天。殽於地。列於鬼神。聖人則天之明。因地之利。取法度於鬼神。以制禮下教令也。既又祀之。盡其敬也。教民嚴上也。鬼者精魂所歸。神者引物而出。謂祖廟山川五祀之屬也。○殽戶教反。又戶交反達於喪祭射御冠昏朝聘。民知嚴上。則此禮達於下也故聖人以禮示之。故天下國家可得而正也。民知禮則易教言偃復問曰。夫子之極言禮也。可得而聞與欲知禮終始所成。極如字。與音餘孔子曰。我欲觀夏道。欲行其禮。觀其所成。是故之杞。杞。夏后氏之後也而不足徵也。徵。成也。無賢君。不足與成也吾得夏時焉。得夏四時之書也。其書存者有小正我欲觀殷道。是故之宋。而不足徵也。宋。殷人之後也吾得坤乾焉。得殷陰陽之書也。其書存者有歸藏坤乾之義。夏時之等。吾以是觀之。觀於二書之意夫禮之初。始諸飲食。其燔黍捭豚。汙尊而抔飲。蕢桴而土鼓。猶若可以致其敬於鬼神言其物雖質略。有齊敬之心。則可以薦羞於鬼神。鬼神饗德不饗味也。中古未有釜甑。釋米捭肉。加於燒石之上而食之耳。今北狄猶然。汙尊。鑿地爲尊也。抔飲。手掬之也。蕢讀爲凷。聲之誤也。凷。堛也。謂摶土爲桴也。土鼓。築土爲鼓也。○燔音煩。捭卜麥反。汙烏華反。抔步侯反。蕢苦對反。又苦怪反。土塊。桴音浮。鼓槌及其死也升屋而號告曰皐某復招之於天。○號戶毛反。然後飯腥而苴孰飯以稻米。上古未有火化。苴孰。取遣奠有火利也。苴或爲組。○飯扶晚反。腥音星。苴子餘反。苞也。遣弃戰反故天望而地藏也體魄則降知氣在上地藏。謂葬。○知音智故死者北首首陰也○(首)手又反生者南鄉鄉陽也○(鄉)許亮反皆從其初謂今行之然也昔者先王未有宮室冬則居營窟夏則居橧巢寒則累土○暑則聚薪柴居其上○(窟)苦忽反(橧)則登反未有火化食腥也食草木之實鳥獸之肉飲其血○茹其毛○未有麻絲○衣其羽皮此上古之時也○(茹)音汝(衣)於既反後聖有作作○起然後脩火之利孰冶萬物范金鑄作器用合土瓦○瓶○甓○及甒○大○(合)如字又音閤(甓)步歷反(甒)音武(大)音泰○甒大皆樽名以為臺榭宮室牖戶榭○器之所藏也○(榭)音謝(牖)音酉以炮

裹燒之也。炮薄交反以燔加於火上。燔音煩以亨煑之鑊也。亨普伻反以炙貫之火上。炙之石反以爲醴酪烝釀之也。酪酢截。酢七故反。酨才再反。又祖冀反治其麻絲。以爲布帛。以養生送死。以事鬼神上帝。皆從其朔朔亦初也。亦謂今行之然故玄酒在室。醴醆在戶。粢醍在堂。澄酒在下。陳其犧牲。備其鼎俎。列其琴瑟管磬鐘鼓。脩其祝嘏。以降上神與其先祖。以正君臣。以篤父子。以睦兄弟。以齊上下。夫婦有所。是謂承天之祜此言今禮饌具。所因於古。及其事義也。粢讀爲齊。聲之誤也。周禮五齊。一曰泛齊。二曰醴齊。三曰盎齊。四曰醍齊。五曰沈齊。字雖異。醆與盎。澄與沈。蓋同物也。奠之不同處。重古略近也。祝。祝爲主人饗神辭也。嘏祝爲尸致福於主人之辭也。祜。福也。福之言備也。○醆側眼反。粢才細反。醍音體。泛芳劒反。又音汎。盎烏浪反。作其祝號玄酒以祭。薦其血毛。腥其俎。孰其殽。與其越席。疏布以冪。衣其澣帛。醴醆以獻。薦其燔炙。君與夫人交獻。以嘉魂魄。是謂合莫此謂薦上古中古之食也。周禮。祝號有六。一曰神號。二曰鬼號。三曰祇號。四曰牲號。五曰齍號。六曰幣號。號者所以尊神顯物也。腥其俎。謂豚解而腥之。及血毛。皆所以法於大古也。孰其殽。謂體解而爓之。此以下。皆所法於中古也。越席。翦蒲席也。冪。覆尊也。澣帛。練染以爲祭服。嘉。樂也。莫虛無也。孝經說曰。上通無莫。○祝之六反（越）音活（冪）莫歷反（衣）於既反（澣）戶管反

然後退而合亨。體其犬豕牛羊。實其簠簋籩豆鉶羹。祝以孝告。嘏以慈告。是謂大祥。此謂薦今世之食也。體其犬豕牛羊。謂分別骨肉之貴賤。以爲衆俎也。祝以孝告。嘏以慈告。各首其義也。祥。善也。今世之食。於人道爲善也。○（鉶）音刑

此禮之大成也。解子游以禮所成也

孔子曰。嗚呼哀哉。我觀周道。幽厲傷之

吾舍魯何適矣政亂禮失以爲魯尚愈魯之郊禘非禮也周公其衰矣非猶失也魯之郊牛口傷鼷鼠食其角又有四卜郊不從是周公之道衰矣言子孫不能奉行興之○禘大計反杞之郊也禹也宋之郊也契也是天子之事守也先祖法度子孫所當守○契息列反故天子祭天地諸侯祭社稷祝嘏莫敢易其常古是謂大假假亦大也不敢改其常古之法度是謂大大也將言令不然祝嘏辭說藏於宗祝巫史非禮也是謂幽國藏於宗祝巫史言君不知有也幽闇也國闇者君與大夫俱不明也

醆斝及尸君。非禮也。是謂僭君。僭禮之君也。醆。斝。先王之爵也。唯魯與王者之後得用之耳。其餘諸侯用時王之器而已。○斝古雅反。又音嫁。冕弁兵革藏於私家。非禮也。是謂脅君。劫脅之君也。冕弁。君之尊服。兵革。君之武衛。及軍器也。○脅許劫反。大夫具官祭器不假聲樂皆具。非禮也。是謂亂國。臣之奢富。儗於國君。敗亂之國也。孔子謂管仲官事不攝。焉得儉。○儗音擬。故仕於公曰臣。仕於家曰僕。三年之喪。與新有昏者。期不使。以衰裳入朝。與家僕雜居齊齒。非禮也。是謂君與臣同國臣有喪昏之事而不歸。反服其衰。謂君臣共國。無尊卑也。有喪昏不歸。唯君耳。是臣有喪昏。當致事而歸。僕又不可與士齒。○(朝)居其反故天子有田以處其子孫。諸侯有國以處其子孫大夫有采以處其子孫。是謂制度言今不然也。春秋昭元年。秦伯之弟鍼出奔晉。刺其有千乘之國。不能容其母弟。○(鍼)其廉反故天子適諸侯。必舍其祖廟。而不以禮籍入。是謂天子壞法亂紀以禮籍入。謂大史典禮執簡記奉諱惡也。天子雖尊。舍人宗廟。猶有敬焉。自拱勑也。○(壞)音怪(惡)烏路反諸侯非問疾弔喪而入諸臣之家。是謂君臣爲謔無故而相之。是戲謔也。陳靈公與孔甯。儀行父。數如夏氏以取弒。○謔許約反是故禮者君之大柄也。所以別嫌明微。儐鬼神。考制度。別仁義。所以治政安君也疾今失禮如此。爲言禮之大義也。柄所操以治事。○柄兵命反儐必刃反故政不正則君位危。君位危則大臣倍。小臣竊。刑肅而俗敝則法無常。法無常而禮無列。禮無列則士不事也。刑肅而俗敝則民弗歸也。是謂疵國又爲言政失君危之禍敗也。肅

駿也。疵。病也。○倍步內反疵才斯反**故政者君之所以藏身也**

於此又遂爲之言政也。藏謂煇光於外而形體不見。若日月星辰之神**是故夫**

**政必本於天殽以降命**降下也。殽天之氣以下教令。天有運移之

期。陰陽之節也。○殽戶教反。下同**命降于社之謂殽地**謂教令由

社下者也。社土地之主也。周禮土會之法。有五地之物生。○會古外反**降于祖**

**廟之謂仁義**謂教令由祖下者。大傳曰。自禰率而上至于祖。遠者輕。仁也。自

祖率而下至于禰。高者重。義也**降於山川之謂興作**謂教令由山川

下者也。山川有草木禽獸。可作器物共國事。○共音恭**降於五祀之謂**

制度謂教令由五祀下者。五祀有中霤門戶竈行之神。此始爲宮室制度此聖人所以藏身之固也政之行如此。何用城郭溝池之爲故聖人參於天地。並於鬼神。以治政也。處其所存。禮之序也。玩其所樂。民之治也。竝。併也。謂比方之也。存。察也。治。所以樂其事居也。樂音岳。又音洛。又五孝反故天生時而地生財。人其父生而師教之。四者君以正用之。故君者立於無過之地也。順時以養財。尊師以教民。而以治政。則無過差矣。易曰。何以守位曰仁。何以聚人曰財故君者所明也。非明人者也君者所養也非養人者也君者所事也非事人者也故君明人則有過養人則不足事人則失位明猶尊也○養羊尚反又如字故百姓則君以自治也養君以自安也事君以自顯也故禮達而分定故人皆愛其死而患其生則當爲明人之道身治居安名顯則不苟生也不義而死舍義而生是不愛死患生也○則音明分扶問反故用人之知去其詐用人之勇去其怒用人之仁去其貪用知者之謀勇者之斷仁者之施足以成治矣詐者

害民信。怒者害民命。貪者害民財。三者亂之原。○知音智。去羌呂反故國有患。君死社稷謂之義。大夫死宗廟謂之變。變當爲辯。聲之誤也。辯猶正也。君守社稷。臣衛君宗廟者。患謂見圍入。○變音辯故聖人耐以天下爲一家。以中國爲一人者。非意之也。必知其情。辟於其義。明於其利。達於其患。然後能爲之耐。古能字。傳書世異。古字時有存者。則亦有今誤矣。意。心所無慮也。辟。開也。○耐音能。辟婢亦反何謂人情。喜怒哀懼愛惡欲。七者弗學而能。何謂人義。父慈子孝兄良。

弟弟。夫義。婦聽。長惠。幼順。君仁。臣忠。十者謂之人義。講信脩睦。謂之人利。爭奪相殺。謂之人患。極言人事。○惡去聲。下同弟弟上如字下音悌故聖人之所以治人七情。脩十義。講信脩睦。尚辭讓。去爭奪。舍禮何以治之唯禮可耳飲食男女。人之大欲存焉。死亡貧苦。人之大惡存焉。故欲惡者。心之大端也。人藏其心。不可測度也。美惡皆在其心。不見其色也。欲一以窮之。舍禮何以哉言人情之難知。明禮之重。度大洛反見賢遍反○故人者其天地之德。陰陽之交鬼神之會五行之秀氣也。言人兼此氣性純也故天秉陽垂日星秉猶持也。言天持陽氣施生。照臨下也地秉陰竅於山川播五行於四時和而后月生也。是以三五而盈三五而闕竅。孔也。言地持陰氣。出內於山川。以舒五行於四時。此氣和。乃后月生而上配日。若臣功成進爵位也。一盈一闕。屈伸之義也。必三五者。播五行於四時也。一曰水。二曰火。三曰木。四曰金。五曰土。合爲十五之成數也。○竅苦弔反播彼左反。舒也五行之動迭相竭也五行四時。十二月。還相爲本也。五聲。六律。十二管。還相爲宮也。五味。六和。十二食。還相爲質也。五色。六章。十二衣。還相爲質也。竭猶負戴也。言五行運轉更相爲始也。五聲宮商角徵羽也。其管陽曰律。陰曰呂。布十二辰。始於黃鍾。管長九寸。下生者三分去一。上生者三分益一。終於南呂。更相爲宮。凡六十也。五味。酸苦辛鹹甘也。和之者。春多酸。夏多苦。秋多辛。冬多鹹。皆有滑甘。是謂六和。五色。六章。畫繢事也。周禮考工記曰。土以黃。其象方。天時變。火以圜。山以章。水以龍。鳥獸蛇。雜四時五色之位以章之。謂之巧也。○迭大計反。又田結反。竭其列反。還音旋。和戶卧反 故人者。天地之心也。五行之端也。食味。別聲。被色而生者也。此言兼氣性之效也。○別彼列反　被皮義反　故聖人作則。必以天地爲本。以陰陽爲端。以四時爲柄。以日星爲紀。月以爲量。鬼神以爲徒。五行以爲質。禮義以爲器。人情以爲田。四靈以爲畜。天地以至於五行。其制作所取象也。禮義人情。其政治也。四靈者。其徵報也。此則春秋始於元。終於麟。包之矣。呂氏說月令而謂之春秋。事類相近焉。量猶分也。鬼神謂山川也。山川助地通氣之象也。器所以操事。田。人所捊治也。禮之位。賓主象天地。介僎象陰陽。四面之位象四時。三賓象三光。夫婦象日月。亦是也○量音亮畜許又反捋薄侯反以天地爲本。故物可舉也物。天地所養生以陰陽爲端。故情可睹也情以陰陽通也○睹丁古反以四時爲柄。故事可勸也事以四時成以日星爲紀。故事可列也事以日與星爲候。興作有次第月以爲量。故功有藝也藝猶才也。十二月各有分。猶人之才。各有所長也。藝或爲倪○倪五計反鬼神以爲徒。故事有守也山川守職不移五行以爲質。故事可復也事下竟。復由上始也禮義以爲器。故事行有考也考成也。器利則事成人情以爲田故人以爲奧也奧猶主也田無主則荒四靈以爲畜故飲食有由也由用也四靈與羞物爲羣何謂四靈麟鳳龜龍謂之四靈故龍以爲畜故魚鮪不淰鳳以爲畜故鳥不獝麟以爲畜故獸不狘龜以爲畜故人情不失淰之言閃也獝狘飛走之貌也失猶夫也龜北方之靈信則至矣○鮪于軌反淰音審又音閃獝況必反狘況越反故先王秉蓍龜列祭祀瘞繒宣祝嘏辭說設制度故國有禮官有御事有職禮有序皆卜筮所造置也埋

牲曰瘞。幣帛曰繒。宣猶揚也。繒或作贈。○著音尸。瘞於例反。繒似仍反。又音增。故先王患禮之不達於下也。患下不信也。故祭帝於郊。所以定天位也。祀社於國。所以列地利也。祖廟所以本仁也。山川所以儐鬼神也。五祀所以本事也。故宗祝在廟。三公在朝。三老在學。王前巫而後史。卜筮瞽侑皆在左右。王中心無爲也。以守至正。此所以達禮於下也。教民尊神。愼居處也。宗。宗人也。瞽。樂人也。侑。四輔也。○儐音賓。又必信反。故禮行於郊。而百神受職焉。禮行於社而百貨可極焉。禮行於祖廟而孝慈服焉。禮行於五祀而正法則焉。言信得其禮。則神物與人皆應之。百神。列宿也。百貨。金玉之屬。故自郊社。祖廟。山川。五祀。義之脩而禮之藏也。脩猶飾也。藏若其城郭然。○藏如字。又才浪反。是故夫禮必本於大一。分而爲天地。轉而爲陰陽。變而爲四時。列而爲鬼神。其降曰命。聖人象此。下之以爲教令。○大音泰。其官於天也。官猶法也。此聖人所以法於天也。夫禮必本於天。本於大一與天之義。動而之地後法地也列而之事後法五祀。五祀所以本事也變而從時後法四時協於分藝協。合也。言禮合於月之分。猶人之才也其居人也曰養養當爲義。字之誤也。下之則爲教令。居人身爲義。孝經說曰。義由人出。○養音義其行之以貨力。辭讓。飲食。冠昏。喪祭。射御。朝聘。貨。摯幣庭實也。力。筋骸强者也。不則偃罷。○冠古亂反。罷音皮故禮義也者。人之大端也。所以講信脩睦。而固人之肌膚之會。筋骸之束也。所以養生送死事鬼神之大端也。所以達天道。順人情之大竇也竇孔穴也○竇音豆故唯聖人爲知禮之不可以已也故壞國喪家亡人必先去其禮言愚者之反聖人也○壞音怪又乎怪反故禮之於人也猶酒之有糵也君子以厚小人以薄皆得以爲美味性善者醇耳○糵魚列反故聖王脩義之柄禮之序以治人情治者去瑕穢養菁華也故人情者聖王之田也脩禮以耕之和其剛柔陳義以種之樹以善道講學以耨之存是去非類也○耨奴豆反本仁以聚之合其所盛○盛市正反又音成播樂以安之感動

使之堅固故禮也者義之實也協諸義而協協合也合禮於義則與義合不乖刺○刺力達反則禮雖先王未之有可以義起也以其合於義可以義起作義者藝之分仁之節也藝猶才也協於藝講於仁得之者強有義則人服之也仁者義之本也順之體也得之者尊有仁則人仰之也故治國不以禮猶無耜而耕也無以入也○耜音似爲禮不本於義猶耕而弗種也嘉穀無由生也○種之用反爲義而不講之以學猶種而弗耨也苗不殖草

不除講之以學而不合之以仁。猶耨而弗穫也無以知收之豐荒也合之以仁而不安之以樂。猶穫而弗食也不知味之甘苦安之以樂而不達於順。猶食而弗肥也功不見也。見賢遍反 四體既正。膚革充盈。人之肥也。父子篤。兄弟睦。夫婦和。家之肥也。大臣法。小臣廉。官職相序。君臣相正。國之肥也。天子以德爲車。以樂爲御。諸侯以禮相與。大夫以法相序。士以信相考。百姓以睦相守。

天下之肥也。是謂大順。大順者。所以養生送死事鬼神之常也。常。謂皆有禮。用無匱乏也。車或爲居。故事大積焉而不苑。竝行而不繆。細行而不失。深而通。茂而有閒。連而不相及也。動而不相害也。此順之至也。言人皆明於禮。無有蓄亂滯合者。各得其分理。順其職也。○苑。紆粉反。積也。繆音謬。故明於順。然後能守危也。能守自危之道也。君子居安如危。小人居危如安。易曰。危者安其位。故禮之不同也。不豐也。不殺也。所以持情而合危也。豐。殺。謂天子及士。名位不同。禮亦異數。所以拱持其情。合安其危。○殺所戒反故聖王所以順山者不使居川。不使渚者居中原。而弗敝也。小洲曰渚。廣平曰原。山者利其禽獸。渚者利其魚鹽。中原利其五穀。使各居其所安。不易其利。勞敝之也。民失其業則窮。窮則濫。○渚之汝反用水火金木飲食必時。用水。謂漁人以時漁爲梁。春獻鼈蜃。秋獻龜魚也。用火。謂司爟四時變國火以救時疾。及季春出火。季秋納火也。用金。謂卝人以時取金玉錫石也。用木。謂山虞仲冬斬陽木。仲夏斬陰木。飲食。謂食齊視春時。羹齊視夏時。醬齊視秋時。飲齊視冬時。○蜃石忍反爟古亂反卝華猛反又瓜猛反齊才細反合男女。頒爵位。必當年德謂媒氏令男三十而娶。女二十而嫁。司士稽士任。進退其爵祿也。○當丁浪反用民必順不奪農時故無水旱昆蟲之災。民無凶饑妖孽之疾言大順之時。陰陽和也。昆蟲之災螟螽之屬也。○孽魚列反故天不愛其道。地不愛其寶。人不愛其情言嘉瑞出。人情至也故天降膏露。地出醴泉。山出器車。河出馬圖。鳳皇麒麟。皆在郊棷。龜龍在宮沼。其餘鳥獸之卵胎。皆可俯而闚也膏猶甘也。器謂若銀甕丹甑也。馬圖。龍馬負圖而出也。棷。聚草也。沼。池也。○棷素口反闚去規反則是無

故非有他事使之然也先王能脩禮以達義體信以達順故此順之實也實猶誠也盡也

禮器第十　　鄭氏註

禮器是故大備大備盛德也禮器言禮使人成器如耒耜之爲用也人情以爲田脩禮以耕之此是也大備自耕至於食之而肥禮釋回增美質措則正施則行釋去也回邪辟也質猶性也措置也其在人也如竹箭之有筠也如松柏之有心也二者居天下之大端矣故貫四時而不改柯易

葉箭。篠也。端。本也。四物於天下。最得氣之本。或柔刃於外。或和澤於內。用此不變傷也。人之得禮。亦猶然也。箭節見反筠于貧反故君子有禮。則外諧而內無怨。故物無不懷仁。鬼神饗德。人協服也懷。歸也先王之立禮也。有本有文。忠信。禮之本也。義理。禮之文也。無本不立。無文不行。言必外內具也禮也者。合於天時。設於地財。順於鬼神。合於人心。理萬物者也。鬼神。所祀事有德也是故天時有生也。地理有宜也。人官有能也。物曲有利也。言皆

有異

故天不生，地不養，君子不以爲禮，鬼神弗饗也。天不生，謂非其時物也。地不養，謂非此地所生。居山以魚鼈爲禮，居澤以鹿豕爲禮，君子謂之不知禮。不順其鄉之所有也。故必舉其定國之數，以爲禮之大經。定國之數，謂地物所出多少。禮之大倫，以地廣狹。謂貢賦之常差。○狹音洽。禮之薄厚，與年之上下。用年之豐凶也。是故年雖大殺，衆不匡懼，則上之制禮也節矣。言用之有節也。殺，謂穀不孰也。匡，猶恐也。○殺色戒反，匡如字，又丘往反。禮，時爲大，順次之體次之宜次之稱次之言聖人制禮所先後也○稱尺證反後皆同堯授舜舜授禹湯放桀武王伐紂時也言受命改制度詩云匪革其猶聿追來孝革急也猶道也聿述也言文王改作者非必欲急行己之道乃追述先祖之業來居此爲孝○革紀力反天地之祭宗廟之事父子之道君臣之義倫也倫之言順也社稷山川之事鬼神之祭體也天地人之別體也喪祭之用賓客之交義也義之言宜也人道之宜羔豚而祭百官皆足大牢而祭不必有餘此

之謂稱也足猶得也。稱。稱牲之大小而爲俎。此指謂助祭者耳。而云百官。喻衆也諸侯以龜爲寶以圭爲瑞家不寶龜不藏圭不臺門言有稱也古者貨貝寶龜大夫以下有貨耳易曰十朋之龜。瑞。信也。諸侯執瑞。孤卿以下執摯。闍者謂之臺。○闍音都禮有以多爲貴者天子七廟諸侯五大夫三士一天子之豆二十有六諸公十有六諸侯十有二上大夫八下大夫六諸侯七介七牢大夫五介五牢天子之席五重諸侯之席三重大夫再重天子崩。七月而葬。五重八翣。諸侯五月而葬。三重六翣。大夫三月而葬。再重四翣。此以多爲貴也。豆之數。謂天子朔食。諸侯相食。及食大夫。公食大夫禮曰。宰夫自東房薦豆六。設于醬東。此食下大夫而豆六。則其餘著矣。聘禮致饔餼於上大夫。堂上八豆。設于戶西。則凡致饔餼。堂上之豆數亦如此。周禮公之豆四十。其東西夾各十有二。侯伯之豆三十有二。其東西夾各十。子男之豆二十有四。其東西夾各六。諸侯七介七牢者。周之侯伯也。大夫五介五牢者。侯伯之卿使聘者也。周禮。上公九介九牢。侯伯七介七牢。子男五介五牢。聘義所云上公七介。侯伯五介。子男三介。乃謂其使者也。天子葬五重者。謂抗木與茵也。葬者抗木在上。茵在下。士喪禮下篇陳器曰。抗木橫三縮二。加抗席三。加茵。用疏布。緇翦。有幅。亦縮二橫三。此士之禮一重者。以此差之。上公四重。○介音界 重平聲 翣所甲反。相食音嗣。下同 抗音伉。又音剛有以少爲貴者。天子無介。祭天特牲。天子適諸侯。諸侯膳以犢。諸侯相朝。灌用鬱鬯。無籩豆之薦。大夫聘禮以脯醢。天子一食。諸侯再。大夫士三。食力無數。大路繁纓一就。次路繁纓七就。圭璋特。琥璜爵。鬼神之祭單席。諸侯視朝。大夫特。士旅之。此以少爲貴也天子無介。無客禮也。灌。獻也。一食。再食。三食。謂告飽也。食力。謂工商農也。大路繁纓一就。殷祭天之車也。周禮。王之五路。玉路。繁纓十有二就。金路九就。象路七就。革路五就。木路翦繁鵠纓。圭璋特。朝聘以爲瑞。無幣帛也。琥璜爵者。天子酬諸侯。諸侯相酬。以此玉將幣也。大夫特。士旅之。謂君揖之。○櫝音獨。鬯丑亮反。醢音海。繁步干反。琥音虎。璜音黃。單音丹。翦子淺反。一音戔。鵠胡毒反。有以大爲貴者。宮室之量。器皿之度。棺槨之厚。丘封之大。此以大爲貴也。有以小爲貴者。宗廟之祭。貴者獻以爵。賤者獻以散。尊者舉觶。卑者舉角。五獻之尊。門外缶。門内壺。君尊瓦甒。此以小爲貴也。凡觴。一升曰爵。二升曰觚。三升曰觶。四升曰角。五升曰散。五獻。子男之饗禮也。壺大一石。瓦甒五斗。缶大小未聞也。易曰。尊酒簋貳用缶。○量音亮　皿命景反　散悉旦反　觶支豉反　缶方有反　甒音武

有以高爲貴者。天子之堂九尺。諸侯七尺。大夫五尺。士三尺。天子諸侯臺門。此以高爲貴也。有以下爲貴者。至敬不壇。埽地而祭。天子諸侯之尊廢禁。大夫士棜禁。此以下爲貴也。廢猶去也。棜斯禁也。謂之棜者無足。有似於棜。或因名云耳。大

夫用斯禁。士用棜禁。如今方案。隋長局足。高三寸 ○ 壇大丹反 棜於據反 斯如字。又音賜隋他果反

禮有以文爲貴者。天子龍衮。諸侯黼。大夫黻。士玄衣纁裳。天子之冕。朱緑藻十有二旒。諸侯九。上大夫七。下大夫五。士三。此以文爲貴也此祭冕服也。朱緑。似夏殷禮也。周禮天子五采藻 ○ 衮古本反 黼音甫 黻音弗 纁許云反

有以素爲貴者。至敬無文。父黨無容。大圭不琢。大羹不和。大路素而越席。犧尊疏布鼏。樿杓。此以素爲貴也大圭長三尺。杼上。終葵首。琢當爲篆。

字之誤也。明堂位曰。大路。殷路也。鼏或作幕。樿。木白理也。○琢丈轉反。又丁角反。大羹。音泰。和胡卧反。越音活。犧素何反。又如字。鼏莫歷反。樿章善反。又市戰反。杓市約反。長直亮反。杼直呂反

孔子曰。禮不可不省也。禮不同不豐不殺此之謂也。蓋言稱也。省。察也。不同。言異也。○殺所戒反

禮之以多爲貴者。以其外心者也。外心。用心於外。其德在表也

德發揚。詡萬物。詡猶普也。徧也。○詡況矩反

大理物博。如此則得不以多爲貴乎。故君子樂其發也。發猶見也。樂。多其外見也。○樂五孝反。見賢遍反

禮之以少爲貴

者。以其內心者也內心。用心於內。其德在內德產之致也精微致。致密也。㊀致直置反觀天下之物無可以稱其德者萬物皆天所生。孰可奉薦以稱也如此則得不以少爲貴乎。是故君子慎其獨也少其牲物。致誠慤古之聖人內之爲尊。外之爲樂。少之爲貴。多之爲美。是故先王之制禮也。不可多也。不可寡也。唯其稱也。是故君子大牢而祭謂之禮。匹士大牢而祭謂之攘君子。謂大夫以上。攘。盜竊也。㊀攘如羊反管仲鏤簋朱紘。山節藻棁。君子以爲濫矣。濫亦盜竊也。鏤簋謂刻而飾之。大夫刻爲龜耳。諸侯飾以象。天子飾以玉。朱紘。天子冕之紘也。諸侯青組紘。大夫士當緇組紘。纁邊。栭謂之節。梁上楹謂之棁。宮室之飾。士首本。大夫達棱。諸侯斲而礱之。天子加密石焉。無畫山藻之禮也。○鏤力豆反。簋音軌。紘音宏。棁章悅反。栭音而。棱力登反

晏平仲祀其先人。豚肩不揜豆。澣衣濯冠以朝。君子以爲隘矣。隘猶狹陋也。祀不以少牢。與無田者同。不盈禮也。大夫士有田則祭。無田則薦。澣衣濯冠。儉不務新。○澣戶管反。濯直角反。隘於賣反

是故君子之行禮也。不可不愼也。衆之紀也。

紀散而衆亂言二大夫皆非也紀絲縷之數有紀孔子曰我戰則克祭則受福蓋得其道矣我我知禮者也克勝也君子曰祭祀不祈祈求也祭祀不爲求福也詩云自求多福福由己耳不麾蚤麾之言快也祭有時不以先之爲快也齊人所善曰麾○麾毀皮反蚤音早不樂葆大謂器幣也葆之言褒也○葆音保又保毛反不善嘉事嘉事之祭致夫人是也禮宜告見於先祖耳不善之而祭牲不及肥大薦不美多品以禮之義有以小少爲貴也孔子曰臧文仲安知禮夏父弗綦逆祀而弗止也燔柴於奧文仲

魯公子彄之曾孫臧孫辰也。莊文之閒爲大夫。於時爲賢。是以非之。不正禮也。文二年。八月丁卯。大事于大廟。躋僖公。始逆祀。是夏父弗綦爲宗人之爲也。奧當爲爨。字之誤也。或作竈。禮。尸卒食。而祭饎爨饔爨也。時人以爲祭火神。乃燔柴。○綦音忌　奧七亂反　彄苦侯反　饎音熾

夫奧者老婦之祭也。盛於盆。尊於瓶。老婦先炊者也。盆。瓶。炊器也。明此祭先炊非祭火神。燔柴似失之。○盛音成

禮也者。猶體也。若人身體。體不備。君子謂之不成人。設之不當。猶不備也。禮有大有小。有顯有微。大者不可損。小者不可益。顯者不可揜。微者不可

大也。故經禮三百。曲禮三千。其致一也。致之言至也。一。謂誠也。經禮。謂周禮也。周禮六篇。其官有三百六十。曲猶事也。事禮。謂今禮也。禮篇多亡。本數未聞。其中事儀三千。○當丁浪反

未有入室而不由戶者。三百三千。皆猶誠也。君子之於禮也。有所竭情盡慎。致其敬而誠若。謂以少小下素爲貴也。若。順也。有美而文而誠若。謂以多大高文爲貴也。君子之於禮也。有直而行也。謂若始死。哭踊無節也。有曲而殺也。謂若父在。爲母期也。○期音基有經而等也。謂若天子以下至士庶人。爲父母三年。有順而討

也討猶去也。謂若天子以十二。公以九。侯伯以七。子男以五。爲節也。○（去）起呂反有摲而播也摲之言芟也。謂芟殺有所與也。若祭者。貴賤皆有所得。不使虛也。○（摲）所監反。又所覽反。（芟）所咸反有推而進也謂若王者之後得用天子之禮有放而文也謂若天子之服。服日月以至黼黻。○（放）方往反有放而不致也謂若諸侯自山龍以下有順而摭也謂若君沐粱。大夫沐稷。士沐粱。○（摭）之石反三代之禮一也。民共由之。或素或青。夏造殷因一也。俱趨誠也。由。用也。素尚白。青尚黑者也。言所尚雖異。禮則相因耳。孔子曰。殷因於夏禮。所損益。可知也。周因於殷禮。所損益。可知也。變白黑言

禮器

素青者。秦二世時。趙高欲作亂。或以青爲黑。黑爲黃。民言從之。至今語猶存焉周坐尸。詔侑武方。其禮亦然。其道一也。言此亦周所因於殷也。武當爲無。聲之誤也。方猶常也。告尸行節勸尸飲食無常。若孝子之爲也。孝子就養無方。詔侑或爲詔囿○侑音又武音無養羊讓反夏立尸而卒祭夏禮尸有事乃坐殷坐尸無事猶坐周旅酬六尸使之相酌也。后稷之尸發爵不受旅曾子曰。周禮其猶醵與合錢飲酒爲醵。旅酬相酌似之也。王居明堂之禮。仲秋乃命國醵○醵其庶反。又其約反與音餘君子曰。禮之近人情者。非其至者也近人情者褻。而遠之者敬○遠于萬

反

郊血。大饗腥。三獻爓。一獻孰（郊。祭天也。大饗。祫祭先王也。三獻。祭社稷五祀。一獻。祭羣小祀也。爓。沈肉於湯也。血腥爓孰遠近。備古今也。尊者先遠。差降而下。至小祀。孰而已。○爓似廉反）是故君子之於禮也。非作而致其情也（作。起也。敬非己情也。所以下彼）此有由始也（有所法也）是故七介以相見也。不然則已愨。三辭三讓而至。不然則已蹙（已猶甚也。愨。蹙。愿貌。大愿則辭不見。情無由至也。○蹙子六反。又音促。大音泰）故魯人將有事於上帝。必先有事於頖宮（上帝。周所郊祀之帝。謂蒼帝靈威仰也。魯以周公之故。得

郊祀上帝與周同。先有事於頖宮。告后稷也。告之者。將以配天。先仁也。頖宮。郊之學也。詩所謂頖宮也。字或爲郊宮。○頖音判

晉人將有事於河。必先有事於惡池。惡當爲呼。聲之誤也。呼池。漚夷。幷州川。○惡音呼。又好故反。池大河反。○嘔烏侯反

齊人將有事於泰山。必先有事於配林。配林。林名。

三月繫。七日戒。三日宿。愼之至也。繫繫牲于牢也。戒。散齊也。宿。致齊也。將有祭祀之事。必先敬愼如此。不敢切也。○散悉旦反

故禮有擯詔。樂有相步。溫之至也。皆爲溫藉。重禮也。擯詔。告道賓主者也。相步。扶工也。詔或爲紹。○相息亮反。溫紓運反

禮也者反

本脩古不忘其初者也故凶事不詔朝事以樂二者反本也哭泣由中非由人也朝廷養賢以樂樂樂之也○朝音潮後同樂樂上音岳下音洛醴酒之用玄酒之尚割刀之用鸞刀之貴莞簟之安而稾鞂之設三者脩古穗去實曰鞂禹貢三百里納鞂服○莞音官一音丸稾古老反鞂江八反是故先王之制禮也必有主也主謂本與古也故可述而多學也以本與古求之而已君子曰無節於內者觀物弗之察矣節猶驗也欲察物而不由禮弗之得矣故作事不以禮

弗之敬矣。出言不以禮，弗之信矣。故曰：禮也者，物之致也。致之言至也。極也。是故昔先王之制禮也，因其財物而致其義焉爾。故作大事，必順天時。大事，祭祀也。春秋傳曰：啓蟄而郊。龍見而雩。始殺而嘗。閉蟄而烝。爲朝夕必放於日月。日出東方。月生西方。爲高必因丘陵。謂冬至祭天於圓丘之上。爲下必因川澤。謂夏至祭地於方澤之中。是故天時雨澤，君子達亹亹焉。達猶皆也。亹亹勉勉也。君子愛物，見天雨澤，皆勉勉勸樂。○亹，亡匪反，又音尾。是故昔先王尚有德、尊有道任有能舉賢而置之聚衆而誓之古者將有大事必選賢誓衆重事也是故因天事天天高因高者以事也因地事地地下因下者以事也因名山升中于天名猶大也升上也中猶成也謂巡守至於方嶽燔柴祭天告以諸侯之成功也孝經說曰封乎泰山考績燔燎禪乎梁甫刻石紀號也因吉土以饗帝于郊吉土王者所卜而居之土也饗帝於郊以四時所兆祭於四郊者也今漢亦四時迎氣其禮則簡升中于天而鳳皇降龜龍假功成而大平陰陽氣和而致象物○假音格至也饗帝於郊而風雨節寒暑時五帝主五行五行之

乾隆四十八年 禮記七 二十九

氣和。而庶徵得其序也。五行。木爲雨。金爲暘。火爲燠。水爲寒。土爲風。是故聖人南面而立。而天下大治。南面立者。視朝。天道至教。聖人至德。目下事也。廟堂之上。罍尊在阼。犧尊在西。廟堂之下。縣鼓在西。應鼓在東。禮樂之器。尊西也。小鼓謂之應。犧。周禮作獻。○犧獻皆素河反。縣音懸。君在阼。夫人在房。人君尊東也。天子諸侯有左右房。大明生於東。月生於西。此陰陽之分。夫婦之位也。大明。日也。○分去聲。君西酌犧象。夫人東酌罍尊。象日出東方而西行也。月出西方而東行也。周禮曰。春祠夏禴。祼用雞彝鳥彝。皆有舟。其朝踐用兩獻尊。其再獻用兩象尊。皆有罍。諸臣之所酢。○禴音藥祼古亂反禮交動乎上。樂交應乎下。和之至也。言交乃和禮也者。反其所自生。自。由也。制禮者。本己所由得民心也。樂也者。樂其所自成。作樂者。緣民所樂於己之功。舜之民樂其紹堯。而作大韶。湯武之民樂其濩伐。而作濩武是故先王之制禮也。以節事動反本也脩樂以道志勸之善也故觀其禮樂而治亂可知也。國亂。禮慢而樂淫也蘧伯玉曰。君子之人達。觀其禮樂。則知治亂也。蘧伯玉。衛大夫也。名瑗。○蘧其居反故觀其

器而知其工之巧。觀其發而知其人之知。禮樂亦猶是也。○知音智故曰。君子愼其所以與人者。將以是觀納牲

大廟之內敬矣。君親牽牲。大夫贊幣而從。納牲於庭時也。當用幣告神而殺牲。○從才用反君親制祭。夫人薦盎。親制祭。謂朝事進血膋時。所制者。制肝洗於鬱鬯。以祭於室及主。○盎烏浪反。膋了彫反

君親割牲。夫人薦酒。親割。謂進牲孰體時卿大夫從君。命婦從夫人。洞洞乎其敬也。屬屬乎其忠也。勿勿乎其欲其饗之也。勿勿猶勉勉也。○洞音動。屬之玉反納

牲詔於庭。血毛詔於室。羹定詔於堂。三詔皆不同位。蓋道求而未之得也。肉謂之羹。道猶言也。○定丁磬反。一如字。設祭于堂。設祭之饌於堂。人君禮然。爲祊乎外。祊。祭明日之繹祭也。謂之祊者。於廟門之旁。因名焉。其祭之禮。既設祭於室。而事尸於堂。孝子求神。非一處也。周禮曰。夏后氏世室。門堂三之二。室三之一。詩頌絲衣曰。自堂徂基。○祊百彭反故曰。於彼乎。於此乎。不知神之所在也一獻質。謂祭羣小祀也三獻文。謂祭社稷五祀五獻察。察。明也。謂祭四望山川也七獻神。謂祭先公大饗其王事與。盛其饌與貢。謂祫祭先王。○事與音餘。三牲魚腊。四海九州之美味也。籩豆之薦。四時之和氣也。此饌諸侯所獻。○腊音昔。內金示和也。此所貢也。內之庭實。先設之。金從革。性和。荊揚二州貢金三品。○內音納。束帛加璧。尊德也。貢享所執致命者。君子於玉比德焉。龜為前列先知也。龜知事情者。陳於庭在前。荊州納錫大龜。金次之見情也。金炤物。金有兩義。先入後設。○見賢遍反。丹漆絲纊竹箭。與衆共財也。萬民皆有此物。荊州貢丹。兗州貢漆絲。豫州貢纊。揚州貢篠簜。○纊音曠。綿也。其餘無常貨。各以其國之所有。則致遠物也。其餘謂九州之外夷服。鎮服。蕃服。之國。周禮。九州之外。謂之蕃國。世一見。各以其所貢寶爲摯。周穆王征犬戎。得白狼白鹿。近之其出也。肆夏而送之。蓋重禮也出。謂諸侯之賓也。禮畢而出。作樂以節之。肆夏當爲陔夏。○肆古來反祀帝於郊。敬之至也言就而祭之。不敢致也宗廟之祭。仁之至也仁。恩也。父子主恩也喪禮。忠之至也謂哭踊袒襲也備服器。仁之至也謂小斂大斂之衣服。葬之明器賓客之用幣。義之至也謂來賻賵故君子欲觀仁義之道。禮其本也言禮有節。於內可以觀也君子曰。甘受和。白受采。忠信之人。可以學禮。苟無忠信之人。則禮不虛道。是以得其人之爲貴也。（道猶由也從也○和戶臥反）孔子曰。誦詩三百。不足以一獻。一獻之禮。不足以大饗。大饗之禮。不足以大旅。大旅具矣。不足以饗帝。（誦詩三百。喻習多言而不學禮也。大旅。祭五帝也。饗帝。祭天）毋輕議禮。（謂若誦詩者。不可以强言禮）子路爲季氏宰。（宰。治邑吏也）季氏祭。逮闇而祭。日不足。繼之以燭。（謂舊時也）雖有强力之容。肅敬之心。皆倦怠矣。（以其久也）有司跛

倚以臨祭。其爲不敬大矣偏任爲跛。依物爲倚。○跛彼義反倚於綺反

他日祭。子路與。室事交乎戶。堂事交乎階。質明而始行事。晏朝而退室事，祭時。堂事，儐尸。○與音預

孔子聞之曰。誰謂由也而不知禮乎多其知禮

禮記卷第七

武英殿仿宋本

禮記一

三三

相臺岳氏刻梓荊谿家塾

禮器

進上臣王鵬敬書

禮記卷七考證

禮運夏則居橧巢○家語問禮篇橧作橹句解亦音魯

粢醍在堂註四曰醍齊○案酒正作緹齊从糸註云緹者成而紅赤也

此禮之大成也註解子游以禮所成也○解字下　殿本閣本闕七字

故事有守也○有守　殿本閣本監本俱作可守通志堂本與此同

魚鮪不淰音義鮪于下反○案于下二字音切不協此傳寫之訛也當依經典釋文改于軌反

協于分藝註猶人之才也○才也下　殿本閣本有合于月之分本或作日月之分日衍字十五字案此十五字乃陸氏音義中語故原本不錄諸本混入于註非

猶耕而弗種也註嘉穀無由生也○嘉穀二字　殿本監本闕

禮器大備盛德也註自耕至于食之而肥○而肥諸本俱作弗肥今據改

逆祀而弗止也註是夏父弗綦爲宗人之爲也○案左傳夏父弗忌爲宗伯春秋諸傳並同此作宗人未詳

所自惟宋張洽躋僖公註用宗人夏父弗忌之言是
宋時本有作宗人者故仍其舊

詔侑武方註勸尸飲食無常○案正義引特牲少牢延尸及詔侑相尸皆是祝官則是有常而云無常者熊氏謂衆祝中凡有祝官皆得爲之不常用一祝此正解註無常二字諸本無字作者字絕句而以常字屬下句失之遠矣

君子愼其所以與人者註將以見觀○見當作是孔氏曰言將以是觀之也

# 禮記卷第八

## 郊特牲第十一　鄭氏註

郊特牲而社稷大牢。天子適諸侯。諸侯膳用犢。諸侯適天子。天子賜之禮大牢。貴誠之義也。故天子牲孕弗食也。祭帝弗用也犢者。誠慤未有牝牡之情。是以小為貴也。孕。任子也。易曰。婦孕不育。○膳市戰反。孕餘正反大路繁纓一就。先路三就。次路五就此因小說以少為貴者。禮器言次路七就。與此乖。字之誤也。○繁步干反郊血大饗腥三獻爓。

一獻孰至敬不饗味而貴氣臭也血。腥。爓。祭用氣。○(爓)夕廉反諸侯爲賓灌用鬱鬯灌用臭也大饗尚腶脩而已矣亦不饗味也。此大饗。饗諸侯也。○(灌)古喚反(腶)丁喚反大饗君三重席而酢焉言諸侯相饗。獻酢禮敵也。○(重)直龍反三獻之介君專席而酢焉此降尊以就卑也三獻卿大夫來聘。主君饗燕之。以介爲賓。賓爲苟敬。則徹重席而受酢也。專猶單也。○(介)音界饗禘有樂而食嘗無樂陰陽之義也凡飲養陽氣也凡食養陰氣也故春禘而秋嘗春饗孤子。秋食耆老。其義一也。而食嘗無樂。言義同而或用樂或不用樂也。此禘當爲禴字之誤也。王制曰。春禴夏禘。○禘音藥。下同。食音嗣。飲養陽氣也。故有樂。食養陰氣也。故無聲。凡聲陽也。鼎俎奇而籩豆偶。陰陽之義也。籩豆之實。水土之品也。水土之品。言非人常所食。○奇居宜反。下同。不敢用褻味而貴多品。所以交於旦明之義也。旦當爲神。篆字之誤也。○褻息列反。旦音神。篆直轉反。賓入大門而奏肆夏。示易以敬也。賓。朝聘者。易。和説也。○易以豉反。卒爵而樂闋孔子屢歎之美此禮也○闋苦穴反奠酬而工升歌發德也以詩之義發明賓主之德歌者在上匏竹在下貴人聲也匏笙也○匏步交反樂由陽來者也禮由陰作者也陰陽和而萬物得得得其所旅幣無方所以別土地之宜而節遠邇之期也旅衆也邇近也○別彼列反龜爲前列先知也以鐘次之以和居參之也鐘金也獻金爲作器鐘其大者以金參居庭實之閒示和也虎豹之皮示服猛也束帛加璧往德也庭燎之百由

齊桓公始也僭大子也。庭燎之差。公蓋五十。侯伯子男皆三十大夫之奏肆夏也。由趙文子始也僭諸侯。趙文子。晉大夫。名武朝覲大夫之私覿非禮也。大夫執圭而使。所以申信也其君親來。其臣不敢私見於主國君也。以君命聘。則有私見。覿大歷反使色吏反不敢私覿。所以致敬也。而庭實私覿。何爲乎諸侯之庭非其與君無別爲人臣者無外交。不敢貳君也私覿是外交也大夫而饗君。非禮也其饗君。由强且富也大夫强而君殺之。義也。由三桓始也

三桓。魯桓公之子。莊公之弟。公子慶父。公子牙。公子友。慶父與牙通於夫人以脅公。季友以君命鴆牙。後慶父弒二君。又死也

天子無客禮莫敢爲主焉。

君適其臣。升自阼階。不敢有其室也

明饗君非禮也

○阼才路反

覲禮天子不下堂而見諸侯

正君臣也

下堂而見諸侯。天子之失禮也。由夷王以下

夷王周康王之玄孫之子也。時微弱。不敢自尊於諸侯

諸侯之宮縣而祭以白牡。擊玉磬。朱干設錫。冕而舞大武。乘大路。諸侯之僭禮也

言此皆天子之禮也。宮縣四面縣也。干。盾也。錫。傅其

背如龜也。武萬舞也。白牡大路殷天子禮也。○縣音懸 錫音陽 傅音附

臺門而旅樹反坫繡黼丹朱中衣大夫之僭禮也。言此皆諸侯之禮也。旅道也。屏謂之樹。樹所以蔽行道。管氏樹塞門。塞猶蔽也。禮天子外屏。諸侯內屏。大夫以簾。士以帷。反坫反爵之坫也。蓋在尊南。兩君相見。主君既獻於反爵焉。繡黼丹朱以爲中衣領緣也。繡讀爲綃。綃繒名也。詩云素衣朱綃。又云素衣朱襮。襮黼領也。○坫丁念反 繡音消 緣移絹反 襮音博

故天子微。諸侯僭。大夫强。諸侯脅。於此相貴以等。相覿以貨。相賂以利。而天下之禮亂矣。言僭所由諸侯不敢祖天子。

大夫不敢祖諸侯。而公廟之設於私家。非禮也。由三桓始也。言仲孫。叔孫。季孫氏。皆立桓公廟。魯以周公之故。立文王廟。三家見而僭焉。天子存二代之後。猶尊賢也。尊賢不過二代。過之。遠難法也。二或爲三。○過古卧反。諸侯不臣寓公。故古者寓公不繼世。寓。寄也。寄公之子非賢者。世不足尊也。寓或爲託也。君之南鄉。荅陽之義也。臣之北面。荅君也。荅。對也。○鄉許亮反。下同。大夫之臣不稽首。非尊家臣。以辟君也。辟。國君也。○辟音避。大夫有獻弗親。君有賜不面拜。爲君之荅已也。不面拜者。於外告小臣。小臣受以入也。小臣掌三公及孤卿之復逆也。鄉人裼。裼。强鬼也。謂時儺。索室毆疫。逐强鬼也。裼。或爲獻。或爲儺。（裼）音傷（强）其丈反孔子朝服立于阼。存室神也。神依人也。孔子曰。射之以樂也。何以聽。何以射。多其射容與樂節相應也。孔子曰。士使之射。不能則辭以疾。縣弧之義也。男子生而設弧於門左。示有射道而未能也。女子設帨。（弧）音胡孔子曰。三日齊。一日用之。猶恐不敬。二日伐鼓。何居。居讀爲姬。語之助也。何居。怪之也。伐猶擊也。齊者止樂。而二日

乾隆四十八年█（禮記）

鼜鼓。則是戒一日齊也。○齊側皆反。居音姬。

孔子曰。繹之於庫門內。祊之於東方。朝市之於西方。失之矣。

祊之禮。宜於廟門外之西室。繹又於其堂。神位在西也。此二者同時。而大名曰繹。其祭禮簡。而事尸禮大。朝市宜於市之東偏。周禮市有三期。大市日側而市。百族爲主。朝市。朝時而市。商賈爲主。夕市。夕時而市。販夫販婦爲主。○繹音亦。祊百彭反。

社祭土而主陰氣也。君南鄉於北墉下。荅陰之義也。

牆謂之墉。北墉社內北牆。○墉音容。

日用甲。用日之始也。

國中之神。莫貴於社。

天子大社。必受霜露風雨。以達天地之氣也。

大社

王爲羣姓所立。○大音太。下皆同。是故喪國之社屋之。不受天陽也。薄社北牖。使陰明也。絕其陽。通其陰而已。薄社。殷之社。殷始都薄。○喪息浪反。薄步各反。牖音酉。社所以神地之道也。地載萬物。天垂象。取財於地。取法於天。是以尊天而親地也。故教民美報焉。家主中霤而國主社。示本也。中霤亦土神也。唯爲社事。單出里。唯爲社田。國人畢作。唯社。丘乘共粢盛。所以報本反始也。單出里。里皆往祭社於都鄙。二十五家爲里。畢作。人則盡行。非徒羨也。

丘。十六井也。四丘六十四井曰甸。或謂之乘。乘者。以於車賦出長轂一乘。乘或爲鄰。○(乘)時證反。又徒偏反(共)音恭

季春出火爲焚也

出火謂焚萊也。凡出火以火出。建辰之月火始出

然後簡其車賦而歷其卒伍而君親誓社。以習軍旅左之右之坐之起之以觀其習變也

簡歷。謂算具陳列之也。君親誓社。誓吏士以習軍旅。既而遂田。以祭社也。言祭社。則此是仲春之禮也。仲春以火田。田止弊火。然後獻禽。至季春火出而民乃用火。今云季春出火乃誓社。記者誤也。社或爲省。○(算)思管反(省)思淺反

而流示之禽而鹽諸利。以觀其不犯命也

流猶行也。行。行田也。

鹽讀爲豔。行田。示之以禽。使歆豔之。觀其用命不也。謂禽爲利者。凡田。大獸公之。小禽私之。○鹽音豔。行行上如字。下皆下孟反**求服其志。不貪其得。**失伍而獲。猶爲犯命。**故以戰則克。以祭則受福。天子適四方。先柴。**所到必先燔柴。有事於上帝也。書曰。歲二月東巡守。至于岱宗。柴**郊之祭也。迎長日之至也。**易說曰。三王之郊。一用夏正。夏正。建寅之月也。此言迎長日者。建卯而晝夜分。分而日長也**大報天而主日也。**大猶徧也。天之神。日爲尊**兆於南郊。就陽位也。**日。大陽之精也**掃地而祭。於其質也。器用陶匏。以象天地之性**

也觀天下之物無可以稱其德○稱尺證反於郊故謂之郊牲用騂尚赤也用犢貴誠也尚赤者周也○騂息營反郊之用辛也周之始郊日以至言日以周郊天之月而至陽氣新用事順之而用辛日此說非也郊天之月而日至魯禮也三王之郊一用夏正魯以無冬至祭天於圓丘之事是以建子之月郊天示先有事也用辛日者凡為人君當齋戒自新耳周衰禮廢儒者見周禮盡在魯因推魯禮以言周事卜郊受命于祖廟作龜于禰宮尊祖親考之義也受命謂告之退而卜卜之日王立于澤親聽誓命受教諫之義也澤澤宮也

所以擇賢之宮也。既卜。必到澤宮。擇可與祭祀者。因誓勑之以禮也。禮器曰。舉賢而置之。聚衆而誓之。是也。○與如字。一音預

獻命庫門之內。戒百官也。大廟之命。戒百姓也。王自澤宮而還。以誓命重相申勑也。庫門在雉門之外。入庫門則至廟門外矣。大廟者。祖廟也。百官。公卿以下也。百姓。王之親也。入廟戒親親也。王自此還齊路寢之室。庫或爲廏。○還音旋

祭之日。王皮弁以聽祭報。示民嚴上也。報猶白也。夙興朝服。以待白祭事者。乃後服祭服而行事也。周禮。祭之日。小宗伯逆粢省鑊。告時于王。告備于王也。

喪者不哭。不敢凶服。汜埽反道。鄉爲田燭。謂郊道之民爲之也。反道。

剗令新土在上也。田燭。田首爲燭也○氾芳劒反埽素報反剗初産反弗命而民聽上化王嚴上祭之日。王被袞以象天謂有日月星辰之章。此魯禮也。周禮。王祀昊天上帝。則服大裘而冕。祀五帝亦如之。魯侯之服。自袞冕而下也。○被皮義反戴冕璪十有二旒。則天數也天之大數不過十二○璪音早乘素車。貴其質也。旂十有二旒。龍章而設日月。以象天也設日月。畫於旂上。素車。殷路也。魯公之郊。用殷禮也天垂象。聖人則之。郊所以明天道也明。謂則之以示人也帝牛不吉。以爲稷牛養牲必養二也帝牛必



郊特牲

在滌三月。稷牛唯具。所以別事天神與人鬼也。滌。牢中所搜除處也。唯具。遭時又選可用也○(滌)音迪。又徒嘯反(別)彼列反萬物本乎天。人本乎祖。此所以配上帝也。言俱本可以配郊之祭也。大報本反始也。天子大蜡八。所祭有八神也○(蜡)仕詐反伊耆氏始爲蜡。伊耆氏。古天子號也○(耆)巨夷反蜡也者。索也。謂求索也歲十二月。合聚萬物而索饗之也。歲十二月。周之正數。謂建亥之月也。饗者。祭其神也。萬物有功加於民者。神使爲之也。祭之以報焉。造者配之也蜡之祭也。主先嗇而祭司嗇也先嗇若神農者。司嗇。后稷是也祭百種以報嗇也嗇所樹藝之功。使盡饗之○種之勇反饗農及郵表畷禽獸仁之至義之盡也農田畯也。郵表畷。謂田畯所以督約百姓於井閒之處也。詩云。爲下國畷郵。禽獸。服不氏所教擾猛獸也○郵音尤畷下劣反。又丁衛反約因妙反古之君子使之必報之迎貓爲其食田鼠也迎虎爲其食田豕也迎而祭之也迎其神也○貓音苗爲于僞反祭坊與水庸事也水庸。溝也○坊音房曰土反其宅水歸其壑昆蟲毋作草木歸其澤此蜡祝辭也。若

辭同。則祭同處可知矣。壑猶坑也。昆蟲暑生寒死。螟螽之屬爲害者也。○壑火各反

皮弁素服而祭。素服以送終也。葛帶榛杖，喪殺也。蜡之祭，仁之至、義之盡也。送終、喪殺，所謂老物也。素服，衣裳皆素。○榛側巾反。殺所界反

黃衣黃冠而祭，息田夫也。祭謂既蜡，臘先祖五祀也。於是勞農以休息之。論語曰：黃衣狐裘

野夫黃冠。黃冠，草服也。言祭以息民，服象其時物之色。季秋而草木黃落

大羅氏，天子之掌鳥獸者也。諸侯貢屬焉。草笠而至，尊野服也。諸侯於蜡，使使者戴草笠貢鳥獸也。詩云：彼都人士，臺笠緇撮。又曰

其餉伊黍。其笠伊糾。皆言野人之服也。○笠音立撮七活反羅氏致鹿與女而詔客告也。以戒諸侯曰。好田好女者亡其國詔使者。使歸以此告其君。所以戒之。○好呼報反。下同天子樹瓜華不斂藏之種也華。果蓏也。又詔以天子樹瓜蓏而已。戒諸侯以蓄藏蘊財利也。○蓏力果反八蜡以記四方四方。方有祭也。四方年不順成八蜡不通以謹民財也其方穀不孰則不通於蜡焉。使民謹於用財。蜡有八者。先嗇。一也。司嗇二也。農。三也。郵表畷。四也。貓虎。五也。坊。六也。水庸。七也。昆蟲。八也。順成之方。其蜡乃通。以移民也移之言羨也。詩頌。豐年曰。爲酒爲醴。烝畀祖妣。以洽百禮。此其羨之與。○(移)以豉反既蜡而收民息已故既蜡君子不興功收。謂收斂積聚也。息民與蜡異。則黃衣黃冠而祭。爲臘必矣恒豆之菹水草之和氣也其醯陸產之物也加豆陸產也其醯水物也此謂諸侯也。天子朝事之豆。有昌本麋臡。茆菹麇臡。饋食之豆。有葵菹蠃醢。豚拍魚醢。其餘則有雜錯云也。○(菹)爭居反(醢)音海(臡)乃兮反(茆)音卯(麇)九倫反(蠃)力戈反(拍)音博籩豆之薦水土之品也不敢用常褻味而貴多品所以交於神明之義也非食味之道也言禮以異爲敬先王之薦可食也而不可耆也卷冕路車可陳也而不可好也武壯而不可樂也宗廟之威而不可安也宗廟之器可用也而不可便其利也所以交於神明者不可以同於所安樂之義也武萬舞也耆市志反○酒醴之美玄酒明水之尚貴五味之本也黼黻文繡之美疏布之尚反女功之始也莞簟之安而蒲越稾鞂之尚明之也大羹不和貴其質也大

圭不琢美其質也丹漆雕幾之美素車之乘尊其樸也貴其質而已矣所以交於神明者不可同於所安褻之甚也如是而后宜尚質貴本其至如是乃得交於神明之宜也明水司烜以陰鑑所取於月之水也蒲越稾鞂藉神席也明之者神明之也琢當爲篆字之誤也幾謂漆飾沂鄂也○莞音官又音丸越音活稾古老反鞂古八反和胡卧反琢丈轉反雕多調反幾巨依反乘時證反樸普角反烜音毁沂魚斤反鄂五各反

鼎俎奇而籩豆偶陰陽之義也牲陽也庶物陰也○奇居宜反黄目鬱氣之上尊也黄者中也

乾隆四十八年 禮記

目者氣之清明者也。言酌於中而清明於外

也。黃目。黃彜也。周所造。於諸侯爲上也。祭天。掃地而祭焉。於其

質而已矣。醯醢之美。而煎鹽之尚。貴天產也。

割刀之用。而鸞刀之貴。貴其義也。聲和而后

斷也。冠義。始冠之。緇布之冠也。始冠三加。先加緇布冠也。

○斷丁亂反。冠去聲。下除之冠。冠布皆同。大古冠布。齊則緇之。其

緌也。孔子曰。吾未之聞也。大古無飾。非時人緌也。雜記曰。大白

緇布之冠不緌。大白。即大古白布冠。今喪冠

也。齊則緇之者。鬼神尚幽闇也。唐虞以上曰

大古也○齊音齋緌音甤冠而敝之可也此重古而冠之耳。三代改制。齊冠不復用也。以白布冠質。以爲喪冠也○敝婢世反適子冠於阼以著代也東序少北。近主位也○適音的醮於客位加有成也每加而有成人之道也。成人則益尊。醮於客位。尊之也○醮子妙反三加彌尊喻其志也始加緇布冠。次皮弁。次爵弁。冠益尊則志益大也冠而字之敬其名也重以未成人之時呼之委貌周道也章甫殷道也毋追夏后氏之道也常所服以行道之冠也。或謂委貌爲玄冠也○毋音牟追音堆周弁殷冔夏收齊所服而祭也○冔音詡三王共皮弁素積所不易於先代無大夫冠禮而有其昏禮古者五十而后爵何大夫冠禮之有言年五十乃爵爲大夫也其有昏禮或改取也諸侯之有冠禮夏之末造也言夏初以上諸侯雖有幼而即位者猶以士禮冠之亦五十乃爵命也至其衰末未成人者多見簒弑乃更即位則爵命之以正君臣而有諸侯之冠禮天子之元子士也天下無生而貴者也儲君副主猶云士也明人有賢行著德乃得貴也繼世以立諸侯象賢也賢者子孫恒能法其先父德行以官爵人德之殺也言德益厚官益尊也死而

謚。今也。古者生無爵。死無謚（古謂殷以前也。大夫以上。乃謂之爵。死有謚也。周制爵及命士。雖及之。猶不謚耳。今記時。死則謚之。非禮也）。禮之所尊。尊其義也（言禮所以尊。尊其有義也）。失其義。陳其數。祝史之事也。故其數可陳也。其義難知也。知其義而敬守之。天子之所以治天下也（言政之要。盡於禮之義）。天地合。而后萬物興焉（目禮之義）。夫昏禮萬世之始也。取於異姓。所以附遠厚別也（同姓或則多相褻也。〇取音娶。遠于萬反。別兵列反）。幣必誠。辭無不腆（誠信。

也。腆猶善也。○腆天典反告之以直信直猶正也。此二者。所以敎婦正直信也。信事人也。信婦德也。事猶立也。○事側吏反。又如字壹與之齊。終身不改。故夫死不嫁。齊謂共牢而食同尊卑也。齊或爲醮男子親迎。男先於女。剛柔之義也。天先乎地。君先乎臣。其義一也。先謂倡道也。○迎魚敬反。先悉見反。下同執摯以相見。敬章別也。言不敢相褻也。摯所奠鴈也。○摯音至男女有別。然後父子親。父子親。然後義生。義生。然後禮作。禮作。然後萬物安。言人倫有別則氣性醇也無別無義。禽獸之道也言聚麀之亂類也。○麀音憂壻親御授綏。親之也。親之也者。親之也言已親之。所以使之親已敬而親之。先王之所以得天下也先王若大王文王出乎大門而先。男帥女。女從男。夫婦之義由此始也先者車居前也。○先如字。又悉遍反婦人從人者也。幼從父兄。嫁從夫。夫死從子從謂順其教令夫也者。夫也。夫也者。以知帥人者也夫之言丈夫也。夫或爲傅。○知音智玄冕齊戒。鬼神陰陽也。將以爲社稷主。爲先祖後。而可以不致敬乎玄冕。祭服也。陰陽。謂夫婦也共牢而食同尊卑也。故婦人無爵從夫之爵。坐以夫之齒爵。謂夫命爲大夫。則妻爲命婦器用陶匏尚禮然也此謂大古之禮器也三王作牢。用陶匏言大古無共牢之禮。三王之世作之。而用大古之器。重夫婦之始也厥明婦盥饋舅姑卒食。婦餕餘。私之也私之猶言恩也。○盥音管饋其位反餕音俊舅姑降自西階。婦降自阼階。授之室也明當爲家事之主也昏禮不用樂。幽陰之義也。樂。陽氣也幽。深也。欲使婦深思其義。不以陽散之也昏禮不賀人之序也序猶代也有虞氏之祭也尚用氣血腥爓祭用氣也尚。謂先薦之。爓或爲膶。○膶直輒反殷人尚聲臭味未成滌蕩其聲樂三闋然後出迎牲聲音之號所以詔告於天地之閒也滌蕩猶搖動也。○滌音狄㊂如字。又息暫反周人尚臭灌用鬯臭鬱合鬯臭陰達於淵泉灌以圭璋用玉氣也既灌然後迎牲致陰氣也蕭合黍稷臭陽達於牆屋故既奠然後焫蕭合羶薌

乾隆四十八年豐巳

灌。謂以圭瓚酌鬯。始獻神也。已。乃迎牲於庭殺之。天子諸侯之禮也。䐶。謂薦孰時也。特牲饋食所云祝酌䐶于鉶南是也。蕭薌蒿也。染以脂。合黍稷燒之。詩云。取蕭祭脂。羶當爲馨聲之誤也。䐶或爲薦。○焫如悅反 合如字。又音閤 羶音馨 薌音香

凡祭慎諸此。魂氣歸于天。形魄歸于地。故祭求諸陰陽之義也。殷人先求諸陽。周人先求諸陰。此其所以先後異也 詔祝於室。坐尸於堂 謂朝事時也。朝事延尸于戶西南面。布主席東面。取牲膟膋。燎于爐炭。洗肝于鬱鬯而燔之。入以詔神於室。又出以墮于主。主人親制其肝。所謂制祭也。時尸薦以籩豆。至薦孰。乃更延主于室之奧。尸來升席。自北方。

坐于主北焉。祝如字。又之又反。膟音律。膋力彫反。膻許恚反。或許垂反。用牲於庭謂殺之時。升首於室制祭之後。升牲首於北墉下。尊首。尚氣也。直祭祝于主謂薦孰時也。如特牲少牢饋食之爲也。直。正也。祭以孰爲正。則血腥之屬。盡敬心耳。索祭祝于祊索。求神也。廟門曰祊。謂之祊者。以於繹祭名也。不知神之所在。於彼乎。於此乎。室與堂與。與音餘。或諸遠人乎。祭于祊。尚曰求諸遠者與。尚。庶幾也。遠人。于萬反。祊之爲言倞也。倞猶索也。倞或爲詠。倞音亮。肵之爲言敬也。爲尸有肵俎。此訓也。肵音祈。爲尸。于僞反。富也者福也人君嘏辭有富。此訓之也。或曰。福也。者。備也。首也者直也。訓所以升首祭也。直或爲䄈也。䄈徒得反。相饗之也。相。謂詔侑也。詔侑尸者。欲使饗此饌也。特牲饋食禮曰。主人拜妥尸。尸荅拜。執奠。祝饗。相息亮反。嘏長也大也。主人受祭福曰嘏。此訓也。長直良反。尸陳也。尸或詁爲主。此尸神象。當從主訓之。言陳非也。毛血。告幽全之物也。幽。謂血也。告幽全之物者貴純之道也。純。謂中外皆善。血祭。盛氣也。祭肺肝心貴氣主也。氣主。氣之所舍也。周祭肺。殷祭肝。夏祭心。祭黍稷加肺祭齊加明水。報陰也。祭黍稷加肺。謂綏祭也。明水。司烜所取於月之水也。齊五齊也。五齊加明水。則三酒加玄酒也。○齊才細反綏許恚反取膟膋燔燎升首。報陽也。膟膋。腸間脂也。與蕭合燒之。亦有黍稷也明水涚齊。貴新也。涚猶清也。五齊濁。泲之使清。謂之涚齊。及取明水。皆貴新也。周禮㡛氏。以涚水漚絲。涚齊或爲汎齊。○涚始銳反泲子禮反㡛莫剛反凡涚新之也。新之者。敬也其謂之明水也。由主人之絜。著此水也。著猶成也。言主人齊絜。此水乃成。可得也君再拜稽首。肉袒親割。敬之至也。敬之至也。服也。拜。服也。稽首。服之甚也。肉袒。服之盡也。割。解牲體祭稱孝孫孝子。以其義稱也。謂事祖禰。稱曾孫某。謂國家也。謂諸侯事五廟也。於曾祖以上。稱曾孫而已。祭祀之相。主人自致其敬。盡其嘉。而無與讓也。相。謂詔侑尸也。嘉。善也。腥肆。爓腍祭。豈知神之所饗也。主人自盡其敬而已矣。治肉曰肆。腍。孰也。爓或爲膶。肆勑歷反。腍而審反。膶直輒反。舉斝角。詔妥尸。古者尸無事則立。有事而后坐也。尸。神象也。祝。將命也。妥。安坐也。尸始入。舉奠斝若奠角。將祭之。祝則詔主人拜。安尸。使之坐。尸即至尊之坐。或時不自安。則以拜安之也。天子奠斝。諸侯奠角。

古。謂夏時也。○（舉）古雅反

**縮酌用茅明酌也**

謂沛醴齊以明酌也。周禮曰。醴齊縮酌。五齊醴尤濁。和之以明酌。沛之以茅。縮去滓也。明酌者。事酒之上也。名曰明者。事酒。今之醳酒。皆新成也。春秋傳曰。爾貢包茅不入。王祭不共。無以縮酒。酌猶斟也。酒已沛。則斟之以實尊彝。昏禮曰。酌玄酒三注于尊。凡行酒亦爲酌也。○（縮）所六反（齊）才細反

**醆酒涗于清**

謂沛醆酒以清酒也。醆酒盎齊。盎齊差清。和之以清酒沛之而已。沛盎齊必和以清酒者。皆久味相得。○（醆）側產反（盎）烏浪反

**汁獻涗于醆酒**

謂沛秬鬯以醆酒也。獻讀當爲莎。齊語聲之誤也。秬鬯者。中有煑鬱。和以盎齊。摩莎沛之。出其香汁。因謂之汁莎。不以三酒沛秬鬯者。秬鬯尊也。○（汁）之十反（獻）素何反

猶明清與醆酒于舊澤之酒也猶。若也。澤讀爲醳。舊醳之酒。謂昔酒也。泲醴齊以明酌。泲醆酒以清酒。泲汁獻以醆酒。天子諸侯之禮也。天子諸侯禮廢。時人或聞此而不審知。云若今明酌清酒與醆酒。以舊醳之酒泲之矣。就其所知以曉之也。泲清酒以舊醳之酒者。爲其味厚腊毒也。○澤音亦。又詩石反。腊音昔。久也。祭有祈焉祈猶求也。謂祈福祥。求永貞也。有報焉謂若穫禾報社。有由辟焉由。用也。辟讀爲弭。謂弭災兵。遠罪疾也。○辟亡妣反。齊之玄也。以陰幽思也。故君子三日齊。必見其所祭者。齊三日者。思其居處。思其笑語。思其志意。思其所樂。則見之也。

# 內則第十二　　鄭氏註

后王命冢宰降德于衆兆民后君也德猶教也萬億曰兆天子曰兆民諸侯曰萬民周禮冢宰掌飲食司徒掌十二教今一云冢宰記者據諸侯也諸侯并六卿爲三或兼職焉

子事父母雞初鳴咸盥漱櫛縰笄總拂髦冠緌纓端韠紳搢笏咸皆也縰韜髮者也總束髮也垂後爲飾拂髦振去塵著之髦用髮爲之象幼時鬌其制未聞也緌纓之飾也端玄端士服也庶人深衣紳大帶所以自紳約也搢猶扱也扱笏於紳笏所以記事也○盥音管漱所救反又素遘反櫛側乙反縰所買反又所綺反黑繒韜髮笄古兮反總子孔反髦

音毛綏耳隹反韠音必搢音箭。又音晉。插也著丁畧反觿多果反扱初洽反左右佩用。自佩也。必佩者。備尊者使令也。左佩紛帨刀礪小觿金燧。紛帨。拭物之巾也。今齊人有言紛者。刀礪小刀及礪礱也。小觿。解小結也。觿貌如錐。以象骨爲之。金燧可取火於日。○紛芳云反帨始銳反。下同。觿許規反。下同。解結錐燧音遂。火鏡右佩玦捍管遰大觿木燧。捍謂拾也。言可以捍弦也。管筆彄也。遰刀鞞也。木燧。鑽火也。○捍戶旦反遰時世反彄苦侯反鞞必頂反偪偪行縢。○偪彼力反縢徒登反屨著綦。綦。屨繫也。○屨九具反綦其記反婦事舅姑。如事父母。雞初鳴。咸盥漱。櫛縰。笄總。衣紳。笄，今簪也。衣紳，衣而著紳。○(衣)紳。紳，如字。又於既反。左佩紛帨、刀、礪、小觿、金燧，右佩箴、管、線、纊，施縏袠，大觿、木燧，縏，小囊也。縏袠言施，明爲箴管線纊有之。○(箴)之林反。(纊)音曠。(縏)步干反。(袠)陳乙反。(爲)于僞反。衿纓，綦屨。衿猶結也。婦人有纓，示繫屬也。○(衿)其鴆反。以適父母舅姑之所。適，之也。及所，下氣怡聲，問衣燠寒，疾痛苛癢，而敬抑搔之。怡，說也。苛，疥也。抑，按。搔，摩也。○(燠)於六反。(苛)音何。(癢)以想反。出入，則或先或後，而敬扶持之。先後之，隨時便也。進盥，少者奉槃，長者奉水，請沃盥，盥卒授巾〔槃承盥水者巾以帨手○少詩召反奉芳勇反長丁丈反後皆同〕問所欲而敬進之柔色以溫之〔溫藉也承尊者必和顏色○溫於運反〕饘酏酒醴芼羹菽麥蕡稻黍粱秫唯所欲〔酏粥也芼菜也蕡熬枲實○饘之然反厚粥也酏羊支反薄粥也芼毛報反蕡扶云反秫音述枲思里反〕棗栗飴蜜以甘之堇荁枌榆免薧滫瀡以滑之脂膏以膏之〔謂用調和飲食也荁堇類也冬用堇夏用荁榆白曰枌免新生者薧乾也秦人溲曰滫齊人滑曰瀡也○飴羊之反餳也堇音謹荁音丸枌扶云反免音問薧苦老反滫思酒反瀡音髓膏之音告溲所九反〕父母

舅姑必嘗之而后退敬也男女未冠笄者雞初鳴咸盥漱櫛縰拂髦總角衿纓皆佩容臭總角收髮結之○容臭香物也○以纓佩之為迫尊者給小使也○冠古亂反○為于偽反昧爽而朝後成人也○朝直遙反下同問何食飲矣若已食則退若未食則佐長者視具具饌也凡內外雞初鳴咸盥漱衣服斂枕簟灑埽室堂及庭布席各從其事斂枕簟者不欲人見已褻者○簟席之親身也○衣如字又於既反○簟徒點反○灑所買反又所賣反○埽素報反孺子蚤寢晏起唯所欲○

食無時又後未成人者。孺子小子也。由命士以上，父子皆異宮。昧爽而朝，慈以旨甘。日出而退，各從其事。日入而夕，慈以旨甘。異宮，崇敬也。慈，愛敬進之。日出乃從事。食祿不免農也。父母舅姑將坐，奉席請何鄉。將衽，長者奉席請何趾。少者執牀與坐。將衽，謂更臥處。奉，芳勇反。鄉，許亮反。衽，而鴆反，又而甚反，臥席也。御者舉几，斂席與簟，縣衾篋枕，斂簟而襡之。須臥乃斂之也。襡，韜也。縣音懸。襡音獨。父母舅姑之衣衾簟席枕几不傳，杖屨祗敬之，勿敢近傳移也。傳丈專反敦牟卮匜非餕莫敢用餕乃用之。牟讀曰鍪也。卮匜酒漿器。敦牟黍稷器也。敦音對。又丁雷反。牟木侯反。卮音支。匜羊支反。一以氏反。餕音俊與恒食飲非餕莫之敢飲食餕乃食之。恒常也。旦夕之常食父母在朝夕恒食子婦佐餕婦皆與夫餕也既食恒餕每食餕而盡之。末有原也。父沒母存冢子御食羣子婦佐餕如初御。侍也。謂長子侍母食也。侍食者不餕。其婦猶皆餕也旨甘柔滑孺子餕在父母舅姑之所有命之應唯敬對進退周旋慎齊齊。莊也。唯于癸反齊側皆反升降出入揖遊，不敢噦噫、嚏咳、欠伸、跛倚、睇視，不敢唾洟，睇，傾視也。易曰：明夷睇于左股。○噦，於月反。噫，於界反。嚏音帝。咳，苦愛反。跛，彼義反。倚，於義反，又其寄反。睇，大計反。唾，吐臥反。洟，吐細反。寒不敢襲，癢不敢搔。襲，謂重衣。○重，直龍反。不有敬事，不敢袒裼，父黨無容。○袒音但。裼，思歷反。不涉不撅，撅，揭衣也。○撅，居衛反。揭，起例反，又起列反。褻衣衾不見裏。為其可穢。○見，賢遍反。下同。父母唾洟不見，輒刷去之。冠帶垢，和灰請漱；衣裳垢，和灰請澣。手曰漱，足曰澣。和，漬也。○垢，古口反。漱，素侯反。後皆同。澣，戶管反衣裳綻裂。紉箴請補綴。綻猶解也。○綻直莧反。紉女陳反。綴丁劣反，又丁衛反。解胡賣反。五日則燂湯請浴，三日具沐。其間面垢，燂潘請靧；足垢，燂湯請洗。潘，米瀾也。○燂詳廉反，溫也。潘芳煩反，淅米汁。靧音悔，洗面。瀾力旦反。少事長，賤事貴，共帥時。共猶皆也。帥，循也。時，是也。禮皆如此也。男不言內，女不言外。謂事業之次序。非祭非喪，不相授器。祭嚴，喪遽，不嫌也。其相授，則女受以篚，其無篚，則皆坐，奠之而后取之。奠，停地也。外內不共井，不共湢浴，不通寢席不通乞假男女不通衣裳內言不出外言不入湢浴室也○湢彼力反男子入內不嘯不指夜行以燭無燭則止嘯讀爲叱叱嫌有隱使也○嘯音叱女子出門必擁蔽其面夜行以燭無燭則止擁猶障也道路男子由右女子由左地道尊右子婦孝者敬者父母舅姑之命勿逆勿怠恃其孝敬之愛或則違解○解佳賣反若飲食之雖不耆必嘗而待待後命而去也○飲食皆去聲耆市志反去起呂反加之衣服雖不欲必服而待待後命釋

藏也加之事。人代之。己雖弗欲。謂難其姑已業難乃旦反

姑與之。而姑使之。而後復之。遠懟怨於勞事姑猶且也○遠

于萬反懟直類反子婦有勤勞之事。雖甚愛之。姑縱

之。而寧數休之。○不可愛此而移苦於彼也縱足用反數色角反子

婦未孝未敬。勿庸疾怨。庸之言用也姑教之。若不

可教。而后怒之。怒譴責也不可怒。子放婦出。而不

表禮焉。表猶明也○猶爲之隱不明其犯禮之過也父母有過。下氣

怡色。柔聲以諫。諫若不入。起敬起孝。說則復

諫（子事父母有隱無犯起猶更也○說音悅下同）不說與其得罪於鄉黨州閭寧孰諫（子從父之令不可謂孝也周禮曰二十五家爲閭四閭爲族五族爲黨五黨爲州五州爲鄉也）父母怒不說而撻之流血不敢疾怨起敬起孝（撻擊也）父母有婢子若庶子庶孫甚愛之雖父母沒沒身敬之不衰（婢子所通賤人之子）子有二妾父母愛一人焉子愛一人焉由衣服飲食由執事毋敢視父母所愛雖父母沒不衰（由自也）子甚宜其妻父母不說

內則

出宜猶善也子不宜其妻。父母曰。是善事我。子行夫婦之禮焉。沒身不衰。父母雖沒。將爲善。思貽父母令名。必果。將爲不善。思貽父母羞辱。必不果。貽。遺也。果。決也。舅沒則姑老。謂傳家事於長婦也冢婦所祭祀賓客。每事必請於姑。婦雖受傳。猶不敢專行也介婦請於冢婦。以其代姑之事。介婦。衆婦舅姑使冢婦。毋怠雖有勤勞。不敢解倦不友無禮於介婦。衆婦無禮。冢婦不友之也。善兄弟爲友。娣姒猶兄弟也舅姑若使介婦。毋敢敵耦於冢婦雖有勤勞。不敢掉磬。○掉徒弔反。齊人以相絞訐爲掉磬。崔云。北海人謂相激事爲掉磬不敢竝行。不敢竝命。不敢竝坐。下冢婦也。命爲使令凡婦。不命適私室。不敢退。婦侍舅姑者也婦將有事。大小必請於舅姑。不敢專行子婦無私貨。無私畜。無私器。不敢私假。不敢私與。家事統於尊也○畜許六反。又勑六反婦或賜之飲食衣服布帛佩帨茝蘭。則受而獻諸舅姑。舅姑受之則喜。如新受賜。或賜之。謂私親兄弟。○茝昌改反。香草也。又昌以反若反賜之則辭。不得命。如更受賜。藏以待乏（待舅姑之乏也。不得命者。不見許也）婦若有私親兄弟。將與之。則必復請其故。賜而后與之。適子庶子。祗事宗子宗婦（祗。敬也。宗。大宗。○復扶又反。適丁歷反）雖貴富。不敢以貴富入宗子之家。雖衆車徒。舍於外。以寡約入（入。謂入宗子家）子弟猶歸器衣服裘衾車馬。則必獻其上。而后敢服用其次也（猶。若也。子弟若有功德。以物見饋賜。當以善者與宗子也）若非所獻。則不敢以入於宗子之門（謂非宗子之爵所當服也）

不敢以貴富加於父兄宗族加猶高也若富則具二牲獻其賢者於宗子賢猶善也夫婦皆齊而宗敬焉當助祭於宗子之家。齊側皆反終事而后敢私祭祭其祖禰

飯目諸飯也黍稷稻粱白黍黃粱稰穛熟穫曰稰。生穫曰穛。黍黃黍也。稰思呂反穛側角反

膳目諸膳也膷臐膮醢牛炙醢牛胾醢牛膾羊炙羊胾醢豕炙醢豕胾芥醬魚膾雉兔鶉鷃此上大夫之禮。庶羞二十豆也。以公食大夫禮饌校之。則膮牛炙間。不得有醢。醢衍字也。又以鷃爲鴽也。膷音香。牛臛也。臐許云反。羊臛也

膮許堯反。豕臛也。炙章夜反。胾側吏反。鶉順倫反。鷃音晏。食音嗣。酏食。糝食。並同。鴽音如。

飲目諸飲也重醴稻醴清糟黍醴清糟粱醴清糟重。陪也。糟。醇也。清。泲也。致飲有醇者。有泲者。陪設之也。重直龍反。泲子禮反。或以酏爲醴釀粥爲醴黍酏酏粥漿酢胾。酢七故反。胾才載反。水清新醷梅漿。醷於紀反。又於力反。濫以諸和水也。以周禮六飲校之則濫涼也。紀莒之間名諸爲濫。濫力暫反。乾桃。乾梅皆曰諸。酒目諸酒也。清白白事酒。昔酒也。羞目諸羞也。糗餌粉酏糗。擣熬穀也。以爲粉餌與餈。此記似脫。周禮羞籩之實。糗餌粉餈。羞豆之實。酏食糝食。此酏當爲餰。以稻米與狼臅膏爲餰是也。糗起九反。

又昌紹反。餌音二。酏讀曰餰。之然反。又之善反。餈自私反。臅昌錄反。又音燭。食目人君燕食所用也。○食音嗣。飯也。下苽食。麥食。食齊。皆同。又如字。蝸醢而苽食雉羹麥食脯羹雞羹折稌犬羹兔羹和糝不蓼苽。彫胡也。稌。稻也。凡羹齊宜五味之和。米屑之糝。蓼則不矣。此脯。所謂析乾牛羊肉也。○蝸力戈反。苽音孤。雉羹。絕句。麥食脯羹雞羹。絕句。折之列反。稌音杜。和胡卧反。齊才細反。下同。濡豚包苦實蓼濡雞醢醬實蓼濡魚卵醬實蓼濡鼈醢醬實蓼凡濡。謂亨之以汁和也。苦。苦荼也。以包豚殺其氣。卵讀為鯤。鯤。魚子。或作攔也。○濡音而。醢音海。卵依注音鯤。攔音關。又音門。腶脩蚳醢。腶脩。捶脯施薑桂也。蚳。蚍蜉子也。○腶丁亂反。蚳直其反。捶之蘂反。脯羹兎醢。麋膚魚醢。魚膾芥醬。麋腥醢醬。桃諸梅諸卵鹽。自蝸醢至此二十六物。似皆人君燕所食也。其饌則亂。膚。切肉也。膚或爲胖。卵鹽。大鹽也。○卵力管反。胖音判。凡食齊視春時。飯宜溫也。羹齊視夏時。羹宜熱也。醬齊視秋時。醬宜涼也。飲齊視冬時。飲宜寒也。凡和春多酸。夏多苦。秋多辛。冬多鹹。調以滑甘。多其時味。以養氣也。牛宜稌。羊宜黍。豕宜稷。犬宜粱。鴈宜麥。魚宜苽。言其氣味相成。春宜羔豚。膳膏薌。夏宜腒鱐。膳膏臊。秋宜犢麛。膳膏腥。冬宜鮮羽。膳膏羶。此八物。四時肥美也。爲其大盛。煎以休廢之膏。節其氣也。牛膏薌。犬膏臊。雞膏腥。羊膏羶。腒乾雉也。鱐乾魚也。鮮生魚也。羽鴈也。○薌音香。腒其居反。北方謂鳥腊曰腒。鱐所求反。臊素刀反。麛音迷。鹿子也。羶升然反牛脩鹿脯田豕脯。麋脯。麕脯。麋鹿田豕麕。皆有軒。雉兔皆有芼。脯皆析乾其肉也。軒讀爲憲。憲謂藿菜切也。芼謂菜釀也。軒或爲胖。○麕九倫反。軒音憲。後放此。爵鷃蜩范。蜩蟬也。范蜂也。芝栭蔆椇棗栗榛柹瓜。桃李梅杏。柤梨薑桂。蔆芰也。椇枳椇也。柤梨之不臧者。自牛脩至此三十一物。皆人君燕食所加庶羞也。周禮。天子羞用百有二十品。記者不能次錄。○栭音而蔆音陵椇音矩柤側加反大夫燕食。有膾無脯。有脯無膾。士不貳羹胾。庶人耆老不徒食尊卑差也膾春用蔥。秋用芥。豚春用韭。秋用蓼芥。芥醬也脂用蔥。膏用薤脂。肥凝者。釋者曰膏。○薤音械三牲用藙藙。煎茱萸也。漢律。會稽獻焉。爾雅謂之樧。○藙魚氣反樧音殺和用醯畜與家物自相和也。○和戶卧反畜許又反獸用梅亦野物自相和鶉羹。雞羹。鴽。釀之蓼釀。謂切雜之也。鴽在羹下烝之。不羹也魴鱮烝。雞燒。

雉薌無蓼薌蘇荏之屬也。燒煙於火中也。自膾用葱至此言調和菜釀之所宜也。魴音房鱮音敘燒如字一音焦不食雛鼈狼去腸狗去腎貍去正脊兔去尻狐去首豚去腦魚去乙鼈去醜皆爲不利人也。雛鼈伏乳者。乙魚體中害人者名也。今東海鰫魚有骨名乙在目旁狀如篆乙食之鯁人不可出。醜謂鼈竅也。去起呂反下並同尻苦刀反肉曰脫之魚曰作之棗曰新之栗曰撰之桃曰膽之相梨曰攢之皆治擇之名也。膽丁敢反攢再官反牛夜鳴則庮羊泠毛而毳羶狗赤股而躁臊鳥皫色而沙鳴鬱。家望視而交睫腥。馬黑脊而般臂漏。雛尾不盈握弗食。舒鴈翠。鵠鴞胖。舒鳧翠。雞肝。鴈腎。鴇奧。鹿胃。亦皆爲不利人也。庮惡臭也。春秋傳曰。一薰一庮。泠毛。毳毛別聚旃不解者也。赤股。股裏無毛也。皫色。毛變色也。沙猶嘶也。鬱腐臭也。望視。視遠也。腥當爲星。聲之誤也。星肉中如米者。般臂。前脛般般然也。漏當爲螻。如螻蛄臭也。舒鴈。鵞也。翠。尾肉也。鵠鴞胖。謂脅側薄肉也。舒鳧。鶩也。鴇奧。脾胵也。鴇或爲鳩也。○庮音由。泠音零。毳昌銳反。躁早報反。皫普保反。又芳表反。沙如字。一所嫁反。睫音接。般音班。漏力侯反。鵠胡篤反。鴞于驕反。胖音判。鴇音保。奧於六反。胃音謂。蛄音姑。胵昌私反。肉腥。細者爲膾。大者爲軒。言大切細切異名也。膾者必先軒之。所謂聶而切之也。或曰麋鹿魚爲菹。麕爲辟雞。野豕爲軒。兔爲宛脾。切葱若薤。實諸醯以柔之。此軒辟雞宛脾皆菹類也。釀菜而柔之以醯。殺腥肉及其氣。今益州有鹿㲊者。近由此爲之矣。菹軒聶而不切。辟雞宛脾。聶而切之。軒或爲胖。宛或作鬱。○麕九倫反。辟必益反。宛于晚反。㲊於僞反。益州人取鹿殺而埋之地中令臭。乃出食之。名鹿㲊。是也。

羹食自諸侯以下至於庶人無等。羹食。食之主也。庶羞乃異耳。○食音嗣。下文食禮同。

大夫無秩膳。謂五十始命。未甚老也。秩常也。大夫七十而有閣。有秩膳也。閣以板爲之。庋食物也。○庋，九委反。或居彼反。天子之閣。左達五。右達五。公侯伯於房中五。大夫於閣三。士於坫一。達，夾室。大夫言於閣，與天子同處。天子二五，倍諸侯也。五者，三牲之肉及魚腊也。○坫，丁念反。凡養老，有虞氏以燕禮，夏后氏以饗禮，殷人以食禮，周人脩而兼用之。凡五十養於鄉。六十養於國。七十養於學。達於諸侯。八十拜君命。一坐再至。瞽亦如之。九十者使人受。五十異粻。六十宿肉。七十貳膳。

八十常珍九十飲食不違寢膳飲從於遊可也六十歲制七十時制八十月制九十日脩唯絞紟衾冒死而后制五十始衰六十非肉不飽七十非帛不煖八十非人不煖九十雖得人不煖矣五十杖於家六十杖於鄉七十杖於國八十杖於朝九十者天子欲有問焉則就其室以珍從七十不俟朝八十月告存九十日有秩五十不從力政六十不與服戎

七十不與賓客之事八十齊喪之事弗及也五十而爵六十不親學七十致政凡自七十以上唯衰麻爲喪凡三王養老皆引年八十者一子不從政九十者其家不從政瞽亦如之凡父母在子雖老不坐有虞氏養國老於上庠養庶老於下庠夏后氏養國老於東序養庶老於西序殷人養國老於右學養庶老於左學周人養國老於東膠養庶老於虞庠

虞庠在國之西郊。有虞氏皇而祭。深衣而養老。夏后氏收而祭。燕衣而養老。殷人冔而祭。縞衣而養老。周人冕而祭。玄衣而養老記王制有此。○粻知良反。糧也。絞戶交反。紟其鴆反。珍從才用反。又如字。與音預。下同。齊側皆反。衰七回反。冔況甫反。縞古老反。又古報反。曾子曰。孝子之養老也。樂其心。不違其志。樂其耳目。安其寢處。以其飲食忠養之。孝子之身終。終身也者。非終父母之身。終其身也。是故父母之所愛亦愛之。

父母之所敬亦敬之。至於犬馬盡然。而況於人乎。賤喻貴也。○樂音洛。養羊亮反。凡養老。五帝憲。憲。法也。養之。爲法其德行。○爲于僞反。三王有乞言。有讀爲又。又從之求善言可施行也。○有音又。五帝憲養氣體而不乞言。有善則記之爲惇史。三王亦憲。既養老而后乞言。亦微其禮。皆有惇史。惇史。史惇厚者也。微其禮者。依違言之。求而不切也。淳熬。煎醢加于陸稻上。沃之以膏曰淳熬。淳。沃也。熬亦煎也。沃煎成之。以爲名。○淳之純反。下同。淳母煎醢加于黍食上。

沃之以膏，曰淳毋。毋讀曰模。模，象也。作此象淳熬。○毋音模。食音嗣。

炮，取豚若將，刲之刳之，實棗於其腹中，編萑以苴之，塗之以謹塗，炮之，塗皆乾，擘之，濯手以摩之，去其皽，為稻粉，糔溲之以為酏，以付豚。煎諸膏，膏必滅之，鉅鑊湯以小鼎薌脯於其中，使其湯毋滅鼎，三日三夜毋絕火，而后調之以醯醢。炮者，以塗燒之為名也。將當為牂。牂，牡羊也。刲、刳，博異語也。謹當為墐，聲之誤也。墐塗，塗有穰草也。皽謂皮肉之上魄莫也。糔溲，亦博異語也。糔讀與滫

瀡之滫同。䕩膴，謂煮豚若羊於小鼎中，使之
香美也。謂之膴者，既去皽，則解析其肉，使薄
如爲膴然。唯豚全耳。豚羊入鼎三日，乃內醢
醢可食也。○炮，步交反。將，子郎反。刲，苦圭反。
刳，口孤反，又口侯反。編，必縣反，又步典反。萑
音丸。蘆也。苴，子餘反。謹，音斤。擘，必麥反。去，起
呂反。皽，章善反。滫，息酒反，又息了
反。溲，所九反。䰨，普伯反。莫，武博反。擣珍：取牛
羊麋鹿麕之肉，必脄，每物與牛若一，捶反側
之，去其餌，孰出之，去其皽，柔其肉。脄，脊側肉也。捶，擣之
也。餌，筋腱也。柔之，爲汁和也。汁和亦醢醢與
○脄，音每，又亡代反。餌，音二。腱，其偃反。筋之
大者。漬：取牛肉必新殺者，薄切之，必絕其理，湛

諸美酒期朝而食之以醢若醯醷湛亦清也○湛子潛反。又直蔭反。又將鴆反期音朞爲熬捶之去其皽編萑布牛肉焉屑桂與薑以洒諸上而鹽之乾而食之施羊亦如之施麋施鹿施麕皆如牛羊欲濡肉則釋而煎之以醢欲乾肉則捶而食之熬於火上爲之也。今之火脯似矣。欲濡欲乾人自由也。醢或爲醯。此七者周禮八珍其一肝膋是也。○洒所買反。又西見反鹽音豔。又如字濡音儒。下同膋音遼糝取牛羊豕之肉三如一小切之與稻米稻米二肉一合以爲餌煎之（此周禮糝食也。食音嗣。下酏食同）肝膋取狗肝一幪之以其膋濡炙之舉燋其膋不蓼（膋腸間脂。舉或爲巨。幪音蒙。燋子消反）取稻米舉糔溲之小切狼臅膏以與稻米爲酏（狼臅膏，臆中膏也。以煎稻米，則似今膏餈矣。此周禮酏食也。此酏當從餰。酏之然反。又之善反。餈餈同上音）禮始於謹夫婦爲宮室辨外內男子居外女子居內深宮固門閽寺守之男不入女不出（閽掌守中門之禁也。寺掌內人之禁令也）男女不同椸枷不敢縣於夫之楎椸

不敢藏於夫之篋笥。不敢共湢浴。竿謂之椸。楎。杙也。○椸以支反 枷音嫁 縣音縣 楎音輝

夫不在。斂枕篋簟席襡器而藏之。不敢褻也。少事長。賤事貴。咸如之。咸。皆也。

夫婦之禮。唯及七十。同藏無閒。衰老無嫌。及猶至也。○閒去聲

故妾雖老。年未滿五十。必與五日之御。五十始衰不能孕也。妾閉房不復出御矣。此御謂侍夜勸息也。五日一御。諸侯制也。諸侯取九女。姪娣兩兩而御。則三日也。次兩媵。則四日也。次夫人專夜。則五日也。天子十五日乃一御。○與音預 姪大結反

將御者齊。漱澣。慎衣服。櫛縰笄總

角。拂髦。衿纓綦屨。其往如朝也。角衍字也。拂髦或爲繆髦也。○(齊)爭皆
反(澣)音浣(繆)居虯反雖婢妾衣服飲食必後長者人貴賤不
可以無禮妻不在。妾御莫敢當夕也。辟女君之御日也。○(辟)音避。下
同妻將生子。及月辰。居側室側室謂夾之室。次燕寢也夫
使人日再問之。作而自問之。妻不敢見。使姆
衣服而對。至于子生。夫復使人日再問之作有
感動。○(見)賢遍反(姆)音茂。女師也。一音母。又亡久反夫齊則不入側室
之門若始時使人問子生。男子設弧於門左。女子設

帨於門右表男女也。弧者，示有事於武也。帨，事人之佩巾也三日始負子。男射女否始有事也。負之，謂抱之而使鄉前也。鄉，休亮反國君世子生，告于君。接以大牢。宰掌具接讀爲捷。捷，勝也。謂食其母，使補虛强氣也。接音捷。下接子同。食音嗣。下皆同三日，卜士負之。吉者宿齊，朝服寢門外。詩負之。射人以桑弧蓬矢六，射天地四方詩之言承也。桑弧蓬矢，本大古也。天地四方，男子所有事也。射天地，食亦反。大音泰保受乃負之代士也。保，保母宰醴負子。賜之束帛醴當爲禮，聲之誤也。禮以一獻之禮，酬之

以幣也

士之妻、大夫之妾，使食子。食子不使君妾，適妾雖有敵義，不相褻以勞辱事也。士妻、大夫之妾，謂時自有子。凡接子擇日，三日之內，尊卑必皆選其吉焉。冢子則大牢，天子世子也。冢，大也。冢子猶言長子，通於下也。庶人特豚，士特豕，大夫少牢，國君世子大牢。皆謂長子。其非冢子則皆降一等。謂冢子之弟及衆妾之子生也。天子諸侯少牢，大夫特豕，士特豚，庶人猶特豚也。異為孺子室於宮中，特埽一處以處之。○一處，尺御反。擇於諸母與可者，必求其寬裕、慈惠、溫良、恭敬、慎而寡言者，使爲子師。其次爲慈母。其次爲保母。皆居子室。此人君養子之禮也。諸母。衆妾也。可者。傅御之屬也。子師。教示以善道者。慈母。知其嗜欲者。保母。安其居處者。士妻食乳之而已他人無事不往爲兒精氣微弱。將驚動也三月之末。擇日。翦髮爲鬌。男角女羈。否則男左女右鬌所遺髮也。夾囟曰角。午達曰羈也。○鬌丁果反。又大果反。囟音信。又思忍反。是日也。妻以子見於父。貴人則爲衣服。由命士以下皆漱澣。貴人。大夫以上也。由。自也。男女夙興。沐浴衣服。具視朔食朔食。天子大牢。諸侯少牢。大夫特豕。士士特豚也夫入門升自阼階立于阼西鄉妻抱子出自房當楣立東面入門者入側室之門也大夫以下見子就側室見妾子於內寢辟人君也姆先相曰母某敢用時日祗見孺子某妻姓若言姜氏也祗敬也或作振○相息亮反夫對曰欽有帥父執子之右手咳而名之欽敬也帥循也言教之敬使有循也執右手明將授之事也○咳戶才反妻對曰記有成遂左還授師記猶識也識夫之言使有成也師子師也○還音旋子師辯告諸婦諸母名後告諸母若名成於尊○辯音遍下同妻遂適寢復夫

之燕寢

夫告宰名。宰辯告諸男名書曰。某年某月某日某生而藏之宰。謂屬吏也春秋書桓六年九月。丁卯子同生宰告閭史。閭史書爲二。其一藏諸閭府。其一獻諸州史。州史獻諸州伯。州伯命藏諸州府四閭爲族。族。百家也。閭胥。中士一人。五黨爲州。州。州二千五百家也。州長。中大夫一人也。皆有屬吏。獻猶言也

夫入食如養禮夫入。已見子入室也。其與妻食。如婦始饋舅姑之禮也。○養羊尚反

世子生則君沐浴朝服夫人亦如之。皆立于阼階西鄉。世婦抱子升自西

階。君名之。乃降子升自西階。則人君見世子於路寢也。見妾子就側室。凡子生皆就側室。諸侯夫人朝於君。次而褖衣也。○褖通亂反適子庶子見於外寢。撫其首。咳而名之。禮帥初。無辭此適子。謂世子弟也。庶子。妾子也。外寢。君燕寢也。無辭。辭謂欽有帥記有成也。○適丁歷反。下同凡名子。不以日月。不以國終使易諱不以隱疾諱衣中之疾。難爲醫也大夫士之子。不敢與世子同名尊世子也。其先世子生。亦勿爲改妾將生子。及月辰。夫使人日一問之。子生三月之末。漱澣夙齊。見於內寢。

禮之如始入室君已食徹焉使之特餕遂入御內寢。適妻寢也。禮。謂已見子。夫食而使獨餕也。如始入室。始來嫁時。妾餕夫婦之餘亦如之。既見子。可以御。此謂大夫士之妾也。凡妾稱夫曰君公庶子生就側室三月之末其母沐浴朝服見於君擯者以其子見君所有賜君名之衆子則使有司名之擯者。傅姆之屬也。人君尊。雖妾不抱子。有賜於君。有恩惠也。有司。臣有事者也。魯桓公名子。問於申繻也。庶人無側室者及月辰夫出居羣室其問之也與子見父之禮無以異也夫雖辟之。至問妻及見子禮同也。庶人或無妾凡父在孫見於祖。祖亦名之禮如子見父無辭見子於祖。家統於尊也。父在則無辭。有適子者無適孫。與見庶子同也。父卒而有適孫則有辭。與見冢子同。父雖卒。而庶孫猶無辭也食子者三年而出見於公宮則劬劬。勞也。士妻。大夫之妾。食國君之子。三年出歸其家。君有以勞賜之。○食音嗣。下文食母同。勞賜。力報反大夫之子有食母選於傅御之中。喪服所謂乳母也士之妻自養其子賤。不敢使人也由命士以上及大夫之子。旬而見旬當爲均。聲之誤也。有時適妾同時生子。子均而見者。以生先後見之。既見乃食。亦辟人君也。易說卦。坤爲均。今亦或作旬也。○旬音均冢子未食而見必執其右手適子庶子已食而見必循其首天子諸侯尊別世子。雖同母。禮則異矣。未食已食。急正緩庶之義也子能食食教以右手能言男唯女俞男鞶革女鞶絲俞。然也。鞶。小囊。盛帨巾者。男用韋。女用繒。有飾緣之。則是鞶裂與。詩云。垂帶如厲。紀子帛名裂繻。字雖今異。意實同也。○食食下音嗣。唯于癸反。鞶步干反。與音余。厲音列六年教之數與方名方名。東西七年男女不同席不共食蚤其別也八年出入門戶及即席飲食必後長者。始教之讓。示以廉恥。九年。教之數日。朔望與六甲也。○數所主反。十年。出就外傅。居宿於外。學書計。衣不帛襦袴。禮帥初。朝夕學幼儀。請肄簡諒。外傅教學之師也。不用帛爲襦袴。爲大溫傷陰氣也。禮帥初。遵習先日所爲也。肄習也。諒信也。請習簡。謂所書篇數也。請習信。謂應對之言也。○襦音儒。袴苦故反。肄以二反。十有三年。學樂。誦詩。舞勺。成童舞象。學射御。先學勺。後學象。文武之次也。成童。十五以上。二十而冠。始學禮。可以衣裘帛。舞大夏。惇行孝弟。博學不教。內而不出

大夏。樂之文武備者也。內而不出。謂人之謀慮也。○冠古亂反。衣於既反。行如字。又下孟反

三十而有室。始理男事。博學無方。孫友視志。室猶妻也。男事。受田給政役也。方猶常也。至此學無常。在志所好也。孫順也。順於友。視其所志也。○孫音遜

四十始仕。方物出謀發慮。道合則服從。不可則去。方猶常也。物猶事也。○去如字

五十命爲大夫。服官政。統一官之政也

七十致事。致其事於君而告老

凡男拜尚左手。左。陽

女子十年不出。恒居內也

姆教婉娩聽從。婉。謂言語也。娩之言媚也。媚謂容貌也。○婉紆晚反。娩音晚。○

執麻

枲。治絲繭。織紝組紃。學女事。以共衣服。紃。絛。枲思里反。紝女金反。組音祖。紃音巡。共音恭。絛他刀反。觀於祭祀。納酒漿籩豆菹醢。禮相助奠。當及女時而知。相息亮反。十有五年而笄。謂應年許嫁者。女子許嫁。笄而字之。其未許嫁。二十則笄。二十而有故。二十三年而嫁。故。謂父母之喪。聘則爲妻。聘問也。妻之言齊也。以禮見問。則得與夫敵體。奔則爲妾。妾之言接也。聞彼有禮。走而往焉。以得接見於君子也。奔或爲衒。凡女拜尚右手。右。陰也。

禮記卷第八

相臺岳氏刻
梓荆谿家塾



舉人臣金應瓊敬書

# 禮記卷八考證

郊特牲而君親誓社註今云季春出火乃誓社○誓字上　殿本多後字閣本多牧字考正義蓋皆誤增也

饗農註詩云爲下國畷郵○案今毛詩作綴旒鄭氏所據當是齊魯韓之詩

縮酌用茅註泲之以茅○泲　殿本閣本作藉案易藉用白茅謂物錯諸地而復藉以茅慎之至也非直縮酒之義此言用茅乃泲醴之時所用當從原本爲長

又註無以縮酒○案春秋傳文如是　殿本閣本作泲以酌酒未詳何據

內則藏以待乏○案註云待舅姑之乏也諸本作藏以待之乃乏字之訛

水註清新○諸本俱作清耕義不可解

柤梨註柤梨之不臧者○柤　殿本閣本通志堂本作椇非案山海經洞庭之山其木多柤廣韻謂似梨而酸即鄭註所謂不臧也椇即今之白石李梵書謂之木蠠形如珊瑚與梨不類且上註已釋椇爲枳椇此何得復釋之

羊泠毛而毳註毛別聚旃不解者也○案旃訓結謂聚結不解也諸本旃作於訛

八十齊喪之事弗及也○齊喪　殿本諸坊本俱作齊衰字之誤也蓋此節重錄王制文觀原作齊喪可見

淳毋○案淳毋本作淳毋音模从毋平聲熬餌也詳正韻等書然正義又曰毋是禁辭非膳羞之體故讀爲模原本作毋或據此耳

居側室註側室謂夫之室次燕寢也○案側室在旁處內豈得云夫之室又案宮室之制前有適室燕寢在後今云次燕寢則非夫之室可知　殿本作夾之室取夾輔之義也今據改

禮記卷第九

玉藻第十三　鄭氏注

天子玉藻。十有二旒。前後邃延。龍卷以祭。祭先王之服也。雜采曰藻。天子以五采藻爲旒。旒十二。前後邃延者。言皆出冕前後而垂也。天子齊肩。延。冕上覆也。玄表纁裏。龍卷。畫龍於衣。字或作袞。○旒力求反。邃雖醉反。延如字。又餘戰反。卷音袞。玄端而朝日於東門之外。聽朔於南門之外。閏月則闔門左扉。立于其中。端當爲冕。字之誤也。玄衣而冕。冕服之下。朝日。春分之時也。東門。南門。皆謂國門也。天子廟及路寢。

乾隆四十八年　豐已乙

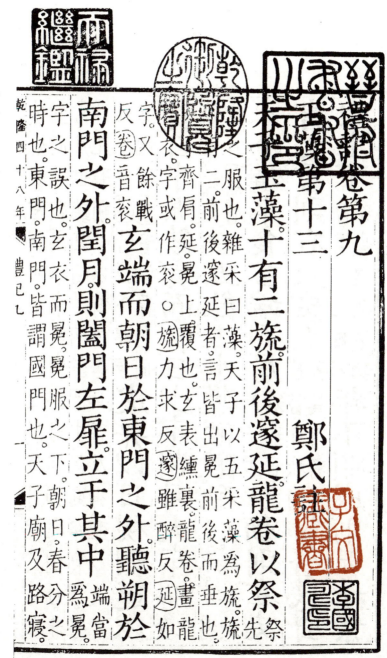

皆如明堂制。明堂在國之陽。每月就其時之堂。而聽朔焉。卒事。反宿路寢亦如之。閏月。非常月也。聽其朔於明堂門中。還處路寢門。終月。凡聽朔。必以特牲告其帝及神。配以文王武王。○端音冕。下諸侯玄端同。朝音潮。篇內同。皮弁以日視朝。遂以食。日中而餕。奏而食。日少牢。朔月大牢。餕。食朝之餘也。奏。奏樂也。○餕音俊。五飲。上水。漿。酒。醴。酏。上水。水爲上。餘其次之。○酏以支反。卒食。玄端而居。天子服玄端燕居也。動則左史書之。言則右史書之。其書春秋尚書具存者。御瞽幾聲之上下。瞽。樂人也。幾。猶察也。察其哀樂。年不順成。則天子素服。乘素車。食無樂自貶損也諸侯玄端以祭祭先君也。

端亦當爲冕。字之誤也。諸侯祭宗廟之服。唯魯與天子同裨冕以朝朝天子也。

裨冕。公衮。侯伯鷩。子男毳也。○裨婢支反鷩必列反毳昌鋭反皮弁以聽朔

於大廟皮弁。下天子也。○大音泰。後大廟同朝服以日視朝於

內朝朝服。冠玄端素裳也。此內朝。路寢門外之正朝也。天子諸侯皆三朝朝。辨

色始入羣臣也。入。入應門也。辨猶正也。別也。○辨如字。又扶免反。別彼列反君

日出而視之。退適路寢聽政。使人視大夫。大

夫退。然後適小寢釋服小寢。燕寢也。釋服。服玄端又朝服

以食特牲三俎祭肺（食必復朝服所以敬養身也三俎豕魚腊○復扶又反）夕深衣祭牢肉（祭牢肉異於始殺也天子言日中諸侯言夕天子言餕諸侯言祭牢肉互相挾）朔月少牢五俎四簋（五俎加羊與其腸胃也朔月四簋則日食粱稻各一簋而已）子卯稷食菜羹（忌日貶也○食音嗣）夫人與君同庖（不特殺也）君無故不殺牛大夫無故不殺羊士無故不殺犬豕（故謂祭祀之屬）君子遠庖廚凡有血氣之類弗身踐也（踐當為翦聲之誤也翦猶殺也○遠于萬反踐音翦）至于八月不雨君不舉（為旱

變也。此謂建子之月不雨。盡建未月也。春秋之義。周之春夏無雨。未能成災。至其秋秀實之時而無雨。則雩。雩而得之則書雩。喜祀有益也。雩而不得則書旱。明災成也。○爲于僞反。下皆爲猶爲。明爲。爲失。皆同。**年不順成。君衣布搢本。關梁不租。山澤列而不賦。土功不興。大夫不得造車馬。**皆爲凶年變也。君衣布者。謂若衞文公大布之衣大帛之冠是也。搢本。去珽荼。佩士笏也。士以竹爲笏。飾本以象。關梁不租。此周禮也。殷則關恒譏而不征。列之言遮列也。雖不賦。猶爲之禁。不得非時取也。造。謂作新也。○衣於既反。搢音箭。又如字。去丘呂反。珽他頂反。下同。荼音舒。**卜人定龜。**謂靈射之屬。所當用者。○射音亦。**史**

定墨（視兆坼也）君定體（視兆所得也。周公曰。體王其無害）君羔幦虎犆（幦覆苓也。犆讀皆如直道而行之直。直謂緣也。此君齊車之飾。○幦音覓。犆音直。下同。緣尹絹反。後皆放此。齊側皆反。下同）大夫齊車鹿幦豹犆。朝車。士齊車鹿幦豹犆（臣之朝車。與齊車同飾）君子之居恒當戶（鄉明）寢恒東首（首生氣也。○首手又反）若有疾風迅雷甚雨。則必變。雖夜必興。衣服冠而坐（敬天之怒。○迅音峻。又音信。衣於既反）日五盥。沐稷而靧粱。櫛用樿櫛。髮晞用象櫛。進禨進羞。工乃升歌（晞乾也。沐靧必進禨作樂。盈氣也。更言進羞。明爲羞籩豆之實。○（盥）音管（靧）音悔（櫛）側乙反（樿）章善反（禨）其既反浴用二巾。上絺下綌。刷去垢也。出杅。履蒯席。連用湯。杅。浴器也。蒯席澀。便於洗足也。連猶釋也。○（杅）音雩（蒯）苦怪反（連）力旦反履蒲席。衣布晞身。乃屨。進飲。進飲。亦盈氣也。將適公所。宿齊戒。居外寢。沐浴。史進象笏。書思對命。思。所思念將以告君者也。對。所以對君者也。命。所受君命者也。書之於笏。爲失忘也。既服。習容。觀玉聲。玉。佩乃出。揖私朝。煇如也。登車則有光矣。私朝。自大夫家之朝也。揖其臣乃行。○（煇）音暉天子搢珽。方正於天下也此亦笏也。謂之珽。珽之言珽然無所屈也。或謂之大圭。長三尺。杼上終葵首。終葵首者。於杼上又廣其首。方如椎頭。是謂無所屈。後則恒直。相玉書曰。珽玉六寸。明自炤。○長直亮反。後放此。杼直呂反。相息亮反。諸侯荼。前詘後直。讓於天子也荼讀爲舒遲之舒。舒懦者。所畏在前也。詘謂圜殺其首。不爲椎頭。諸侯唯天子詘焉。是以謂笏爲荼。○荼音舒。詘丘勿反。大夫前詘後詘。無所不讓也大夫奉君命出入者也。上有天子。下有已君。又殺其下而圜。侍坐則必退席。不退則必引而去君之黨。引。卻也。黨。鄉之細者。退。謂旁側也。辟君之親黨也。登席不由前。爲躐席升必由下也。○爲于僞反。又如字。躐力輒反徒坐不盡席尺示無所求於前。不忘謙也讀書食。則齊。豆去席尺讀書聲當聞尊者。食。爲汙席也。○爲于僞反若賜之食而君客之。則命之祭。然後祭雖見賓客。猶不敢備禮也。侍食則正不祭先飯辯。嘗羞。飲而俟俟君食而後食也。君將食。臣先嘗之。忠孝也。○飯扶晚反。辯音遍若有嘗羞者。則俟君之食。然後食。飯飲而俟不祭。侍食不敢備禮也。不嘗羞。膳宰存也。飯飲。利將食也君命之羞羞近者辟貪味也○辟音避命之品嘗之。然後唯所欲必先偏嘗之凡嘗遠食必順近食從近始也君未覆手不敢飧覆手以循咀已食也飧勸食也○覆芳服反飧音孫君既食又飯飧不敢先君飽○先息薦反飯飧者三飯也臣勸君食如是可也君既徹執飯與醬乃出授從者食於尊者之前當親徹也○從才用反凡侑食不盡食食於人不飽謙也唯水漿不祭若祭爲已偞卑水漿非盛饌也已猶大也祭之爲大有所畏迫臣於君則祭之○偞虛涉反厭也大音泰君若賜之爵則越席再拜稽首受登席祭之飲卒爵而俟君卒爵然

後授虛爵不敢先君盡爵君子之飲酒也。受一爵而色酒如也酒如。肅敬貌。酒或為察○酒先典反。又西禮反二爵而言言斯言言。和敬貌。斯猶耳也。○言魚斤反禮已三爵而油油油油。說敬貌以退禮飲過三爵則敬殺。可以去矣退則坐取屨。隱辟而后屨。坐左納右。坐右納左隱辟。俛逡巡而退著屨也。○辟匹亦反凡尊必上玄酒不忘古也唯君面尊面猶鄉也。燕禮曰。司宮尊于東楹之西。兩方壺。左玄酒。南上。公尊瓦大兩。有豐。在尊南。南上唯饗野人皆酒飲賤者不備禮大夫側尊用棜。士側尊用禁㯉。斯禁也。無足。有似於㯉。是以言㯉。○㯉於據反。斯如字。又音賜始冠緇布冠。自諸侯下達。冠而敝之可也本大古耳。非時王之法服也。○冠古亂反。下冠而同玄冠朱組纓。天子之冠也。緇布冠繢緌。諸侯之冠也皆始冠之冠也。玄冠委貌也。諸侯緇布冠有緌。尊者飾也。繢或作繪。緌或作蕤。○繢戶內反。緌耳佳反玄冠丹組纓。諸侯之齊冠也。玄冠綦組纓。士之齊冠也言齊時所服也。四命以上。齊祭異冠。○齊側皆反。綦音其。又其記反縞冠玄武。子姓之冠也謂父有喪服。子爲之不純吉也。武冠卷也。古者冠卷殊。○縞古老反下同。卷起權反縞冠素紕。既祥之冠也紕。緣邊也。紕讀如埤益之埤。既祥之冠也。已祥祭而服之也。間傳曰。大祥素縞麻衣。○紕音埤。間古閑反。傳直專反垂緌五寸。惰游之士也惰游。罷民也。亦縞冠素紕。凶服之象也。垂長緌。明非既祥。○惰徒臥反。罷音皮玄冠縞武。不齒之服也所放不帥教者居冠屬武謂燕居冠也。著冠於武。少威儀。○屬章欲反。著直略反自天子下達。有事然後緌燕無事者去飾五十不散送送喪不散麻。始衰不備禮。○散悉旦反親沒不髦去為子之飾大帛不緌帛當為白聲之誤也。大帛謂白布冠也。不緌。凶服去飾玄冠紫緌。自魯桓公始也蓋僭宋王者之後服也。緌當用繢朝玄端。夕深衣。深衣三袪謂大夫士也。三袪者。謂要中之數也。袪尺二寸。圍之爲二尺四寸。三之。七尺二寸。○朝直遥反袪起魚反要一遥反。下同縫齊倍要縫。紩也。紩下齊倍要中齊。丈四尺四寸。縫或爲逢。或爲豐。○縫音逢齊音咨紩直乙反衽當旁衽謂裳幅所交裂也。凡衽者。或殺而下。或殺而上。是以小要取名焉。衽屬衣。則垂而放之。屬裳。則縫之。以合前後。上下相變袂可以回肘二尺二寸之節。○肘竹丑反長中繼揜尺其爲長衣中衣。則繼袂揜一尺。若今褎矣。深衣則緣而巳○褎音袖袷二寸曲領也。○袷音頰袪尺二寸袂口也緣廣寸半飾邊也。○廣公曠反。後放此以帛裏布非禮也中外宜相稱也。冕服。絲衣也。中衣用素。皮弁服。朝服。玄端。麻衣也。中衣用布。○裏音里士不衣織織染絲織之。士衣染繒也。○衣於既反。織音志。注織染同無君者不貳采大夫去位。宜服玄端玄裳衣正色裳閒色謂冕服。玄上纁下。○閒去聲非列采不入公門列采。正服。振絺綌不入公門表裘不入公門振讀爲袗。袗。禪也。表裘。外衣也。二者形且褻。皆當表之乃出。○振之忍反。禪音丹。下同襲裘不入公門衣裘必當裼也。○裼思歷反。下同纊爲繭縕爲袍衣有著之異名也。纊。謂今

乾隆四十八年 禮記九

之新綿也。縕謂今纊及舊絮也○纊音曠縕古典反縕紆粉反禪爲絅有衣裳而無裏。○絅苦迥反。又音迥帛爲褶有表裏而無著○褶音牒。袷也朝服之以縞也。自季康子始也亦僭宋王者之後孔子曰朝服而朝。卒朔然後服之謂諸侯與羣臣也諸侯視朔皮弁服曰。國家未道則不充其服焉謂若衛文公者未道。未合於道唯君有黼裘以誓省大裘非古也僭天子也。天子祭上帝則大裘而冕。大裘羔裘也。黼裘以羔與狐白雜爲黼文也。省當爲獮。獮秋田也。國君有黼裘誓獮田之禮。時大夫又有大裘也。○黼音甫省息典反君衣狐白裘錦衣以裼之君衣狐白毛之裘。則以素錦爲衣覆之。使可裼也。袒而有衣曰裼。必覆之者。裘褻也。詩云。衣錦絅衣。裳錦絅裳。然則錦衣。復有上衣明矣。天子狐白之上衣。皮弁服與。凡裼衣。象裘色也。○君衣於既反。下不衣同。復扶又反。與音餘君之右虎裘厥左狼裘衞尊者宜武猛士不衣狐白辟君也。狐之白者少。以少爲尊也。○辟音避君子狐青裘豹褎玄綃衣以裼之君子。大夫士也。綃。綺屬也。染之以玄於狐青裘相宜。狐青裘。蓋玄衣之裘麛裘青豻褎絞衣以裼之豻。胡犬也。絞。蒼黃之色也。孔子曰。素衣麛裘。○豻音岸絞戶交反羔裘豹飾緇衣以裼之飾猶褎也。孔子曰。緇衣羔裘狐裘。黃衣以裼之黃衣。大蜡時臘先祖之服也。孔子曰。黃衣狐裘錦衣狐裘。諸侯之服也非諸侯則不用錦衣爲裼犬羊之裘不裼質略。亦庶人無文飾不文飾也不裼裼主於有文飾之事裘之裼也。見美也君子於事。以見美爲敬。○見賢遍反弔則襲。不盡飾也喪非所以見美君在則裼。盡飾也臣於君所服之襲也。充美也充猶覆也。所敬不主於君則襲是故尸襲尸尊執玉龜。襲重寶瑞也無事則裼。弗敢充也謂已致龜玉也笏。天子以球玉。諸侯以象。大夫以魚須。

文竹。士竹本象可也。球。美玉也。文。猶飾也。大夫士飾竹以爲笏。不敢與君並用純物也。○球音求。須音班。見於天子。與射無說笏。入大廟說笏。非古也。言凡吉事。無所說笏也。大廟之中。唯君當事說笏也。○說他活反。下同。小功不說笏。當事免則說之。免。悲哀哭踊之時。不在於記事也。小功輕不當事。可以搢笏也。○免音問。既搢必盥。雖有執於朝。弗有盥矣。搢笏輒盥。爲必執事。凡有指畫於君前。用笏。造受命於君前。則書於笏。笏畢用也。因飾焉。畢。盡也。○造七報反。笏度二尺有六寸。其中博三寸。其殺六分而去一殺猶杼也。天子杼上終葵首。諸侯不終葵首。大夫士又杼其下首。廣二寸半。○去起呂反而素帶終辟。大夫素帶辟垂。士練帶率下辟。居士錦帶。弟子縞帶。幷紐約用組而素帶終辟謂諸侯也。諸侯不朱裏。合素爲之。如今衣帶爲之。下天子也。大夫亦如之。率繂也。士以下皆禪。不合而繂積。如今作幓頭爲之也。辟讀如裨冕之裨。裨謂以繒采飾其側。人君充之。大夫裨其紐及末。士裨其末而已。居士道藝處士也。此自而素帶亂脫在是耳。宜承朱裏終辟。○辟婢支反。下同。率音律。紐女九反。繂音律。幓七綃反韠。君朱。大夫素。士爵韋此玄端服之韠也。韠之言

韍也。凡韠。以韋爲之。必象裳色。則天子諸侯玄端朱裳。大夫素裳。唯士玄裳。黃裳。雜裳也。皮弁服皆素韠。○韠音必

**圜殺直。**目韠制。圜音圓○

**天子直。**四角直。無圜殺

**公侯前後方。**殺四角使之方。變於天子也。所殺者去上下各五寸

**大夫前方後挫角。**圜其上角。變於君也。韠以下爲前。以上爲後○挫作卧反

**士前後正。**士賤。與君同。不嫌也。正直方之間語也。天子之士則直。諸侯之士則方

**韠下廣二尺。上廣一尺。長三尺。其頸五寸。肩革帶博二寸。**頸五寸。亦謂廣也。頸中央。肩兩角。皆上接革帶以繫之。肩與革帶廣同。凡佩繫於革帶

**大夫大帶四寸。雜帶。君朱綠。**

**大夫玄華。士緇辟二寸。再繚四寸。凡帶。有率。無箴功**雜猶飾也。即上之裨也。君裨帶。上以朱。下以綠終之。大夫裨垂。外以玄。內以華。華。黃色也。士裨垂之下。外內皆以緇。是謂緇帶。大夫以上以素。皆廣四寸。士以練。廣二寸。再繚之。凡帶。有司之帶也。亦綼之。如士帶矣。無箴功。則不裨之。士雖綼帶。裨亦用箴功。凡帶不裨。下士也。此又亂脫在是。宜承紳韠結三齊。○繚音了

**一命緼韍幽衡。再命赤韍幽衡。三命赤韍葱衡**此玄冕爵弁服之韠。尊祭服。異其名耳。韍之言亦蔽也。緼赤黃之閒色。所謂韎也。衡。佩玉之衡也。幽讀爲黝。黑謂之黝。青謂之葱。周禮。公侯伯之卿三命。其大夫再命。其士一命。子男之卿再命。其

大夫一命。其士不命○縕音温韍音弗幽幼糾反。下同韎莫拜反。又音妹

天子素帶朱裏終辟。謂大帶也王后褘衣。夫人揄狄褘讀如翬。揄讀如搖。翬搖皆翟雉名也。刻繒而畫之著於衣以為飾。因以為名也。後世作字異耳。夫人。三夫人。亦侯伯之夫人也。王者之後。夫人亦褘衣○褘音翬揄音搖

三寸。長齊于帶。紳長制。士三尺。有司二尺有五寸。子游曰。參分帶下。紳居二焉。紳韠結三齊。三寸。謂約帶紐組之廣也。長齊于帶。與紳齊也。紳帶之垂者也。言其屈而重也。論語曰。子張書諸紳。有司。府史之屬也。三分帶下而三尺。則帶高於中也。結約餘也。此又亂脫在是。宜承約用

組。結或爲衿。○重直龍反

君命屈狄。再命褘衣。一命襢衣。士褖衣。

君。女君也。屈。周禮作闕。謂刻繒爲翟。不畫也。此子男之夫人。及其卿大夫士之妻命服也。褘當爲鞠。字之誤也。禮。天子諸侯命其臣。后夫人亦命其妻以衣服。所謂夫尊於朝。妻榮於室也。子男之卿再命。而妻鞠衣。則鞠衣襢衣褖衣者。諸侯之臣皆分爲三等。其妻以次受此服也。公之臣孤爲上。卿大夫次之。士次之。侯伯子男之臣。卿爲上。大夫次之。士次之。褖或爲稅。○屈音闕。褘居六反。又曲六反。襢張戰反。褖吐亂反。注作稅。音同。

唯世婦命於奠繭。其他則皆從男子。

奠猶獻也。凡世婦已下。蠶事畢。獻繭。乃命之以其服。天子之后夫人九嬪。及諸侯之夫人。夫在其位。

玉藻

則妻得服其服矣。自君命屈狄至此。亦亂脫在是。宜承夫人揄狄

凡侍於君。紳垂足如履齊。頤霤垂拱視下而聽上。視帶以及袷。聽鄉任左紳垂則磬折也。齊裳下緝也。袷交領也。○齊音咨霤力救反袷居業反鄉許亮反

凡君召以三節。二節以走。一節以趨。節所以明信輔君命也。使使召臣。急則持二。緩則持一。周禮曰。鎮圭以徵守。其餘未聞也。今漢使者擁節○使使上音史。下色吏反。下同在官不俟屨。在外不俟車趨君命也。必有執隨授之者官。謂朝廷治事處也

士於大夫不敢拜迎而拜送禮不敵。始來拜則士辟也。○辟音避

士

乾隆四十八年

於尊者先拜進面荅之拜則走士往見卿大夫。卿大夫出迎荅拜。亦辟也士於君所言大夫沒矣則稱謚若字。名士與大夫言名士字大夫君所。大夫存亦名於大夫所有公諱無私諱公諱。若言語所辟先君之名凡祭不諱廟中不諱謂祝嘏之辭中有先君之名者也。凡祭。祭羣神。廟中。上不諱下教學臨文不諱爲惑未知者古之君子必佩玉比德焉。君子。士已上。右徵角左宮羽玉聲所中也。徵角在右。事也。民也。可以勞宮羽在左。君也。物也。宜逸○徵音止中丁仲反。下同趨以采齊路門外之樂節也。門外謂之趨。齊當爲楚薺之薺。〔齊〕疾私反行以肆夏登堂之樂節周還中規反行也。宜圜。〔還〕音旋。下同折還中矩曲行也。宜方進則揖之。退則揚之。然後玉鏘鳴也揖之。謂小俛見於前也。揚之。謂小仰見於後也。鏘。聲貌。〔鏘〕七羊反〔見〕賢遍反。下同故君子在車則聞鸞和之聲。行則鳴佩玉。是以非辟之心無自入也鸞在衡。和在式。由也。〔辟〕匹亦反君在不佩玉。左結佩右設佩謂世子也。出所處而君在焉。則去德佩而設事佩。辟德而示即事也。結其左者。若於事有未能也。結者。結其緌。不使鳴也居則設佩謂所處而君不在焉朝則結佩朝於君。亦結左齊則綪結佩而爵韠綪。屈也。結又屈之。思神靈。不在事也。爵韠者。齊服玄端。○齊側皆反。注同。綪側耕反凡帶必有佩玉。唯喪否喪主於哀。去飾也。凡。謂天子以至士佩玉有衝牙居中央。以前後觸也君子無故。玉不去身。君子於玉比德焉故。謂喪與災眚天子佩白玉而玄組綬。公侯佩山玄玉而朱組綬。大夫佩水蒼玉而純組綬。世子佩瑜玉而綦組綬。士佩瓀玟而緼組綬玉有山玄水蒼者。視之文色所似也。綬者。所以貫佩玉。相承受者也。純當爲緇。古文緇字。或作絲旁才。綦。綦文雜色也。縕赤黃。○純側其反綦音其璹而究反玟武巾反縕音溫孔子佩象環五寸而綦組綬謙不比德亦不事也。象有文理者也。環。取可循而無窮童子之節也。緇布衣。錦緣。錦紳并紐。錦束髮。皆朱錦也童子。未冠之稱也。冠禮曰。將冠者采衣紒也。○并必正反冠古亂反稱尺證反肆束及帶。勤者有事則收之。走則擁之肆讀爲肆。肆。餘也。餘。束約紐之餘組也。勤。謂執勞辱之事也。此亦亂脫在是。宜承無箴功。○肆以四反童子不裘不帛。不屨絇。無緦服。聽事不麻。無事則立主人之北。

南面見先生從人而入皆爲幼少。不備禮也。雖不服緦。猶免。深衣。無麻。往給事也。裘帛溫。傷壯氣也。絇屨頭飾也。○絇其俱反見音現侍食於先生異爵者後祭先飯謙也。○飯扶晚反客祭主人辭曰不足祭也祭者。盛主人之饌也客飧主人辭以疏飧者。美主人之食也。疏之言麤也。○飧音孫主人自置其醬則客自徹之敬主人也。徹貟于序端一室之人非賓客一人徹同事合居者也。賓客則各徹其饌也壹食之人一人徹壹猶聚也。爲赴事聚食也凡燕食婦人不徹婦人質。不備禮食棗桃李弗致于核恭也瓜祭上環。食中。弃所操上環。頭忖也。○操七刀反。忖寸本反凡食果實者。後君子陰陽所成。非人事也火孰者。先君子備火齊不得也。○先悉薦反。齊才細反有慶非君賜不賀唯君賜爲榮也有憂者此下絕亾。非其句也勤者有事則收之。走。則擁之此補脫重。○重直用反。又直龍反孔子食於季氏。不辭。不食肉而飧以其待己及饌非禮也君賜車馬。乘以拜。賜衣服。服以拜敬君惠也賜。君未有命。弗敢即乘服也謂卿大夫受賜於天子者。歸必致於其君。君有命。乃服之君賜稽首據掌致諸地致首於地。據掌。以左手覆案右手也酒肉之賜弗再拜輕也。受重賜者。拜受。又拜於其室凡賜君子與小人不同日愼於尊卑凡獻於君大夫使宰士親皆再拜稽首送之敬也膳於君有葷桃茢於大夫去茢於士去葷皆造於膳宰膳美食也。葷桃茢。辟凶邪也。大夫用葷桃。士桃而已。葷薑及辛菜也。茢菼帚也。造於膳宰。既致命而授之。葷或作焄○葷許云反茢音列。又音例去起呂反造七報反菼吐敢反大夫不親拜爲君之荅己也不敢變動至尊○爲于僞反大夫拜賜而退。士待諾而退。又拜弗荅拜小臣受大夫之拜。復以入告。大夫拜便辟也。○復扶又反。下同。辟音避。下同大夫親賜士。士拜受。又拜於其室。衣服弗服以拜異於君恩也。拜受。又就拜於其家。是所謂再拜也。敵者不在。拜於其室謂來賜時不見也。見則不復往也。凡於尊者有獻而弗敢以聞此謂獻辭也。少儀曰。君將適他。臣若致金玉貨貝於君。則曰致馬資於有司。是其類也士於大夫不承賀。下大夫於上大夫承賀承受也。士有慶事。不聽大夫親來賀。已不敢變動尊也。○聽天丁反親在。行禮於人稱父。

人或賜之。則稱父拜之。事統於尊禮不盛。服不充。禮盛者服充。大事不崇曲敬故大裘不裼。乘路車不式。謂祭天也。周禮。王祀昊天上帝。則服大裘而冕。乘玉路。或曰。乘兵車不式父命呼。唯而不諾。手執業則投之。食在口則吐之。走而不趨。至敬。○唯于癸反。又以水反親老。出不易方。復不過時。不可以憂父母也。易方。爲其不信己所處也。復反也親癠。色容不盛。此孝子之疏節也。言非至孝也。癠。病也。王季有疾。文王色憂。行不能正履。○癠才細反父沒而不能讀父之書。手澤存焉爾。

母没而杯圈不能飲焉。口澤之氣存焉爾孝子見親之器物。哀惻不忍用也。圈。屈木所爲。謂巵匜之類。○圈起權反 巵音支 匜以支反

君入門。介拂闑。大夫中棖與闑之閒。士介拂棖此謂兩君相見也。棖。門楔也。君入必中門。上介夾闑。大夫介。士介。鴈行於後。示不相沿也。君若迎聘客。擯者亦然。○闑魚列反 棖直衡反 楔古八反。又先結反 行戶剛反

賓入不中門。不履閾辟尊者所從也。此謂聘容也。閾。門限。○閾音域

公事自闑西聘享也私事自闑東覿面也君與尸行接武尊者尚徐。蹈半迹大夫繼武迹相及也士中武迹閒容迹

徐趨皆用是君大夫士之徐行也。皆如與尸行之節也。疾趨則欲發而手足毋移疾趨。謂直行也。䟽數自若。發謂起屨也。移之言靡迆也。毋移。欲其直且正。欲或爲數。○數色角反。迆羊爾反。圈豚行不舉足齊如流圈轉也。豚之言若有所循。不舉足曳踵。則衣之齊如水之流矣。孔子執圭則然。此徐趨也。○圈舉遠反。又去阮反。豚大本反。又徒困反。齊音咨。席上亦然尊處亦尚徐也。端行。頤霤如矢。弁行。剡剡起屨此疾趨也。端。直也。頤或爲遺也。○霤力救反。弁皮彦反。急也。剡以漸反。遺音夷。徐音追。執龜玉。舉前曳踵。蹜蹜如也著徐趨之事。○蹜色六反。凡行容惕愓愓愓。直疾貌也。凡行。謂道路也。愓音傷。又音陽廟中齊齊恭慤貌也。齊才兮反。又在啓反朝廷濟濟翔翔莊敬貌也。濟子禮反。翔本又作洋。音詳君子之容舒遲。見所尊者齊遫謙慤貌也。遫猶蹙蹙也。齊音咨。又側皆反。遫音速足容重舉欲遲也手容恭高且正也目容端不睇視也。睇大計反口容止不動也聲容靜不噦欬也。噦於厥反。欬苦大反頭容直不傾顧也氣容肅似不息也立容德如有予也。德如字。得也。徐音置色容莊勃如戰色坐如尸尸居神位。敬慎也燕居告溫溫告謂教使也。詩云。溫溫恭人凡祭。

容貌顏色。如見所祭者如覩其人在此喪容纍纍羸憊貌也色容顛顛憂思貌也。顛音田。下同。又丁年反。思息嗣反視容瞿梅梅不審貌也。視容。又作目容。瞿紀具反。又紀力反言容繭繭聲氣微也。繭古典反戎容暨暨果毅貌也。暨其記反言容詻詻教令嚴也。詻五格反色容厲肅儀形貌也視容清明察於事也立容辨卑。毋讇辨讀爲貶。自貶卑。謂磬折也。讇爲傾身以有下也。辨彼檢反。字林方犯反。讇音諂。又音鹽頭頸必中頭容直山立不搖動也時行時而後行也。詩云。威儀孔時盛氣顛實揚休顛讀爲闐。

揚讀爲陽聲之誤也。盛身中之氣。使之闐滿。其息若陽氣之休物也。玉色玉。不變也。凡自稱。天子曰予一人謙。自別於人而已伯曰天子之力臣伯。上公九命。分陝者。○陝失冉反諸侯之於天子曰某土之守臣某。其在邊邑。曰某屏之臣某。其於敵以下。曰寡人。小國之君曰孤。擯者亦曰孤自邊邑。謂九州之外。大國之君。自稱曰寡人。擯者曰寡君。○守手又反上大夫曰下臣。擯者曰寡君之老。下大夫自名。擯者曰寡大夫。世子自名。擯者曰寡君之適擯者之辭。

主謂見於他國君。下大夫自名。於他國君曰外臣某。○適丁歷反見賢遍反公子曰臣孽孽當爲枿。聲之誤。○孽五葛反。又五列反。士曰傳遽之臣。於大夫曰外私傳遽。以車馬給使者也。士臣於大夫者曰私人。○傳陟戀反。遽其庶反大夫私事使私人擯則稱名私事使。謂以君命私行。非聘也。若魯成公時。晉侯使韓穿來言汶陽之田歸之于齊之類。○使色吏反公士擯則曰寡大夫寡君之老。大夫有所往。必與公士爲賓也謂聘也。大聘使上大夫。小聘使下大夫。公士爲賓。謂作介也。往。之也。○賓必刃反

玉藻　興國于氏改正本

天子玉藻。至其殺六分而去一。諸本以而素帶終辟屬之此下。其文多亂脫。興本依注疏改正之。天子素帶朱裏終辟。諸侯而素帶終辟。大夫素帶辟垂。士練帶率下辟。居士錦帶。弟子縞帶。并紐約用組。諸本而素帶終辟上。無諸侯字。興本以注增入。三寸長齊于帶。紳長制。士三尺。有司二尺有五寸。子游曰。參分帶下。紳居二焉。紳韠結三齊。大夫大帶四寸。雜帶。君朱綠。大夫玄華。士緇辟二寸。再繚四寸。凡帶有率無箴功。肆束及帶。勤者有事則收之。走則擁之（諸本此三句在皆朱錦也之下。亦因注承無箴功。遂附焉）韠。君朱。大夫素。士爵韋。圜殺直。天子直。公侯前後方。大夫前方後挫角。士前後正。韠下廣二尺。上廣一尺。長三尺。其頸五寸。肩革帶博二寸。一命縕韍幽衡。再命赤韍幽衡。三命赤韍葱衡。王后褘

衣。夫人揄狄。君命屈狄。再命褘衣。一命襢
衣。士褖衣。唯世婦命於奠繭。其他則皆從
男子。凡侍於君。紳垂。足如履齊。頤霤垂拱。
視下而聽上。視帶以及袷。聽鄉任左。凡君
召以三節。二節以走。一節以趨。在官不俟
屨。在外不俟車。士於大夫不敢拜迎而拜
送。士於尊者先拜。進面。荅之拜則走。士於
君所言大夫。没矣則稱謚若字。名士。與大

夫言名士字大夫於大夫所有公諱無私諱凡祭不諱廟中不諱教學臨文不諱古之君子必佩玉右徵角左宮羽趨以采齊行以肆夏周還中規折還中矩進則揖之退則揚之然後玉鏘鳴也故君子在車則聞鸞和之聲行則鳴佩玉是以非辟之心無自入也君在不佩玉左結佩右設佩居則設佩朝則結佩齊則綪結佩而爵韠凡

帶必有佩玉唯喪否佩玉有衝牙君子無故玉不去身君子於玉比德焉天子佩白玉而玄組綬公侯佩山玄玉而朱組綬大夫佩水蒼玉而純組綬世子佩瑜玉而綦組綬士佩瓀玟而緼組綬孔子佩象環五寸而綦組綬童子之節也緇布衣錦緣錦紳并紐錦束髮皆朱錦也童子不裘不帛不屨絇無緦服聽事不麻無事則立主人

之北南面見先生從人而入侍食於先生異爵者後祭先飯客祭主人辭曰不足祭也客飧主人辭以疏主人自置其醬則客自徹之一室之人非賓客一人徹壹食之人一人徹凡燕食婦人不徹食棗桃李弗致于核瓜祭上環食中弃所操凡食果實者後君子火孰者先君子有慶非君賜不賀此句下比諸本除去有憂者至擁之三句蓋已見于肆束及帶之下矣孔

子食於季氏。不辭。不食肉而飧。君賜車馬。乘以拜。賜衣服。服以拜。賜。君未有命。弗敢即乘服也。君賜稽首據掌致諸地。酒肉之賜弗再拜。凡賜。君子與小人不同日。凡獻於君。大夫使宰。士親。皆再拜稽首送之。膳於君。有葷桃茢。於大夫去茢。於士去葷。皆造於膳宰。大夫不親拜。爲君之荅已也。大夫拜賜而退。士待諾而退。又拜。弗荅拜。大夫親賜士。士拜受。又拜。於其室。衣服弗服以拜。敵者不在。拜於其室。凡於尊者有獻而弗敢以聞。士於大夫不承賀。下大夫於上大夫承賀至篇終皆如諸本

# 明堂位第十四　　鄭氏註

昔者周公朝諸侯于明堂之位周公攝王位以明堂之禮儀朝諸侯也不於宗廟辟王也○辟音避天子負斧依南鄉而立天子周公也負之言背也斧依爲斧文屏風於戶牖之間周公於前立焉○依於豈反鄉去聲三公中階之前北面東上諸侯之位阼階之東西面北上諸伯之國西階之西東面北上諸子之國門東北面東上諸男之國門西北面東上九夷之國東門之外西面北上八

蠻之國南門之外北面東上六戎之國西門之外東面南上五狄之國北門之外南面東上九采之國應門之外北面東上四塞世告至此周公明堂之位也朝之禮不於此周公權用之也朝位之上上近主位尊也九采九州之牧典貢職者也正門謂之應門二伯帥諸侯而入牧居外而糾察之也四塞謂夷服鎮服藩服在四方爲蔽塞者新君即位則乃朝周禮侯服歲一見甸服二歲一見男服三歲一見采服四歲一見衛服五歲一見要服六歲一見九州之外謂之藩國世一見○塞去聲又如字見音現要平聲明堂也者明諸侯

明堂位

之尊卑也。朝於此，所以正儀辨等也。昔殷紂亂天下，脯鬼侯以饗諸侯。以人肉爲薦羞，惡之甚也。是以周公相武王以伐紂。武王崩，成王幼弱，周公踐天子之位，以治天下。六年，朝諸侯於明堂，制禮作樂，頒度量而天下大服。踐猶履也。頒讀爲班。度謂丈尺高卑廣狹也。量謂豆區斗斛筐筥所容受。○區音甌。七年，致政於成王。成王以周公爲有勳勞於天下，致政，以王事歸授之。王功曰勳，事功曰勞。是以封周公於曲阜，地方七百里，革車千乘。曲阜魯地。上公之封。地方五百里。加魯以四等之附庸。方百里者二十四。并五五二十五。積四十九。開方之得七百里。革車。兵車也。兵車千乘。成國之賦也。詩魯頌曰。王謂叔父。建爾元子。俾侯于魯。大啓爾宇。爲周室輔。乃命魯公俾侯于東。錫之山川。土田附庸。又曰。公車千乘。朱英緑縢。

**命魯公世世祀周公以天子之禮樂**

同之於周。尊之也。魯公謂伯禽。

**是以魯君孟春乘大路載弧韣旂十有二旒日月之章祀帝于郊配以后稷天子之禮也**

孟春建子之月。魯之始郊日以至。大路。殷之祭天車也。弧旌旗所以張幅也。其衣曰韣。天子之旌旗畫日月。帝。謂蒼帝靈威仰也。昊天上帝魯不祭

○載音戴。韣音獨。弓衣也。季夏六月。以禘禮祀周公於大廟。牲用白牡。尊用犧象山罍。鬱尊用黃目。灌用玉瓚大圭。薦用玉豆雕篹。爵用玉琖仍雕。加以璧散璧角。俎用梡嶡。升歌清廟。下管象。朱干玉戚。冕而舞大武。皮弁素積。裼而舞大夏。昧。東夷之樂也。任。南蠻之樂也。納夷蠻之樂於大廟。言廣魯於天下也。季夏。建巳之月也。禘。大祭也。周公曰大廟。魯公曰世室。羣公稱宮。白牡。殷牲也。尊。酒器也。犧尊以沙羽爲畫飾。象。骨飾之。

鬱鬯之器也黃彝也灌酌鬱尊以獻也瓚形如槃容五升以大圭爲柄是謂圭瓚篹籩屬也以竹爲之雕刻飾其直者也爵君所進於尸也仍因也因爵之形爲之飾也加加爵也散角皆以璧飾其口也梡始有四足也嶡爲之距清廟周頌也象謂周頌武也以管播之朱干赤大盾也戚斧也冕冠名也諸公之服自卷冕而下如王之服也大武周舞也大夏夏舞也周禮昧師掌教昧樂詩曰以雅以南以籥不僭廣大也○犧素何反下同瓚才贊反篹息緩反又祖管反琖側眼反夏爵名散先旦反梡苦管反虞俎名嶡居衞反夏俎名裼先激反昧音妹任平聲沙素何反卷古本反下同僭七尋反又則念反

君卷冕立于阼夫人副褘立于房中君肉袒迎牲于

門。夫人薦豆籩。卿大夫贊君。命婦贊夫人。各揚其職。百官廢職服大刑。而天下大服。副。首飾也。今之步搖是也。詩云。副笄六珈。周禮。追師掌王后之首服。爲副。褘。王后之上服。唯魯及王者之後。夫人服之。諸侯夫人。則自揄翟而下。贊。佐也。命婦。於內則世婦也。於外則大夫之妻也。祭祀。世婦以下佐夫人。揚。舉也。大刑。重罪也。天下大服。知周公之德。宜饗此也。○褘音輝。袒音誕。追丁回反。揄羊昭反是故夏礿。秋嘗。冬烝。春社。秋省而遂大蜡。天子之祭也。不言春祠。魯在東方。主東巡守。以春或闕之。省讀爲獮。獮。秋田名也。春田祭社。秋田祀祊。大蜡。歲十二月索鬼神而祭之

○礿音藥　省仙淺反　蜡仕嫁反　祊音方　索所白反

大廟，天子明堂。庫門，天子皋門。雉門，天子應門。言廟及門，如天子之制也。天子五門，皋、庫、雉、應、路。魯有庫、雉、路，則諸侯三門與？皋之言高也。詩云：乃立皋門，皋門有伉。乃立應門，應門將將。○與音餘　將七良反

振木鐸於朝，天子之政也。天子將發號令，必以木鐸警衆。

山節藻梲，復廟重檐，刮楹達鄉，反坫出尊，崇坫康圭，疏屏，天子之廟飾也。山節，刻欂盧爲山也。藻梲，畫侏儒柱爲藻文也。復廟，重屋也。重檐，重承壁材也。刮，刮摩也。鄉，牖屬，謂夾戶窗也。每室八窗爲四達。反坫，反爵之坫也。出尊，當尊南也。唯兩君爲

好。既獻。反爵於其上。禮。君尊于兩楹之閒。崇高也。康讀爲亢龍之亢。又爲高坫。亢所受圭奠于上焉。屏謂之樹。今桴思也。刻之爲雲氣蟲獸。如今闕上爲之矣。○桄專悦反。復音福。重直龍反。檐以占反。刮古八反。鄉許亮反。坫丁念反。康音抗。欂音博。又皮麥反。桴音浮。

鸞車。有虞氏之路也。鉤車。夏后氏之路也。大路。殷路也。乘路。周路也。鸞有鸞和也。鉤有曲輿者也。大路。木路也。乘路。玉路也。漢祭天。乘殷之路也。今謂之桑根車也。春秋傳曰。大路素。鸞或爲欒也。○鉤古侯反。乘食證反。

有虞氏之旂。夏后氏之綏。殷之大白。周之大赤。四者旌旗之屬也。綏當爲緌。讀如冠蕤之蕤。有虞氏當言緌。夏后氏當言旂。此蓋錯誤也。綏謂注旄牛尾於杠首。所謂大麾。書云。武王左杖黃鉞。右秉白旄以麾。周禮。王建大旂以賓。建大赤以朝。建大白以即戎。建大麾以田也。○綏耳佳反杠音江。夏后氏駱馬黑鬣。殷人白馬黑首。周人黃馬蕃鬣。夏后氏牲尚黑。殷白牡。周騂剛。順正色也。白馬黑鬣曰駱。殷黑首。爲純白凶也。騂剛。赤色。○駱音洛蕃音煩泰。有虞氏之尊也。山罍。夏后氏之尊也。著。殷尊也。犧象。周尊也。泰用瓦。著。著地無足。○著直略反爵。夏后氏以琖。殷以斝。周以爵。斝。畫禾稼也。詩曰。洗爵奠斝。○斝音嫁。又古雅反灌尊。

夏后氏以雞夷。殷以斝。周以黃目。其勺。夏后氏以龍勺。殷以疏勺。周以蒲勺。夷讀爲彝。周禮春祠夏禴。裸用雞彝鳥彝。秋嘗冬烝。裸用斝彝黃彝。龍。龍頭也。疏。通刻其頭。蒲。合蒲如鳧頭也。○勺市灼反

土鼓蕢桴葦籥。伊耆氏之樂也。蕢當爲凷。聲之誤也。籥如笛。三孔。伊耆氏。古天子有天下之號也。今有姓伊耆氏者。○蕢苦對反。桴音浮。葦于鬼反。籥音藥

拊搏。玉磬。揩擊。大琴。大瑟。中琴。小瑟。四代之樂器也。拊搏。以韋爲之。充之以糠。形如小鼓。揩擊。謂柷敔。皆所以節樂者也。四代。虞夏殷周也。○揩居八反

魯公之廟。文世室也。

武公之廟，武世室也。此二廟象周有文王武王之廟也。世室者，不毀之名也。魯公，伯禽也。武公，伯禽之玄孫也，名敖。米廩，有虞氏之庠也。序，夏后氏之序也。瞽宗，殷學也。頖宮，周學也。庠序亦學也。庠之言詳也，於以考禮詳事也。魯謂之米廩，虞帝上孝，今藏粢盛之委焉。序，次序王事也。瞽宗，樂師瞽矇之所宗也。古者有道德者使教焉，死則以為樂祖，於此祭之。頖之言班也，於以班政教也。○頖音判。委，于僞反。

崇鼎、貫鼎、大璜、封父龜，天子之器也。崇、貫、封父，皆國名。文王伐崇。古者伐國，遷其重器，以分同姓。大璜，夏后氏之璜。春秋傳曰：分魯公以夏后氏之璜。○分，扶問反。越棘大弓。天子之戎器也。越。國名也。棘。戟也。春秋傳曰。子都拔棘。夏后氏之鼓足。殷楹鼓。周縣鼓。足。謂四足也。楹。謂之柱。貫中上出也。縣。縣之簨虡也。殷頌曰。植我鞉鼓。周頌曰。應棘縣鼓。○縣音懸。簨恤尹反。虡音巨。植市力反。棘音引。垂之和鐘。叔之離磬。女媧之笙簧。垂。堯之共工也。女媧。三皇承宓戲者。叔未聞也。和。離。謂次序其聲縣也。笙簧。笙中之簧也。世本作曰。垂作鐘。無句作磬。女媧作笙簧。○媧古蛙反。句其俱反。夏后氏之龍簨虡。殷之崇牙。周之璧翣。簨虡。所以縣鐘磬也。橫曰簨。飾之以鱗屬。植曰虡。飾之以臝屬羽屬。簨以大版爲之。謂之業。殷又於龍上。刻畫之爲重牙。以挂縣紘也。周又畫繒爲翣。戴以璧。垂五采羽於其下。樹於簨之角上。飾彌多也。周頌曰。設業設虡。崇牙樹羽。○翣所甲反。蠃力果反。重直龍反

有虞氏之兩敦。夏后氏之四璉。殷之六瑚。周之八簋。皆黍稷器。制之異同未聞。○敦音對。又都雷反

俎。有虞氏以梡。夏后氏以嶡。殷以椇。周以房俎。梡。斷木爲四足而已。嶡之言蹷也。謂中足爲橫距之象。周禮謂之距。椇之言枳椇也。謂曲撓之也。房謂足下跗也。上下兩間。有似於堂房。魯頌曰。籩豆大房。○梡苦管反。嶡居衛反。椇俱甫反。蹷俱衛反。橫古曠反。又音光。又華盲反。跗方于反

夏后氏以楬豆。殷玉豆。周獻豆。楬。無異物之飾也。獻。

䟽刻之。齊人謂無髮爲禿楬。○楬苦瞎反。獻素何反。有虞氏服韍。夏后氏山。殷火。周龍章。韍冕服之韠也。舜始作之。以尊祭服。禹湯至周增以畫文。後王彌飾也。山取其仁可仰也。火取其明也。龍取其變化也。天子備焉。諸侯火而下。卿大夫山。士韎韋而已。韍或作黻。○黻音弗。韎莫拜反。有虞氏祭首。夏后氏祭心。殷祭肝。周祭肺。氣主盛也。夏后氏尚明水。殷尚醴。周尚酒。此皆其時之用耳。言尚非。有虞氏官五十。夏后氏官百。殷二百。周三百。周之六卿。其屬各六十。則周三百六十官也。此云三百者。記時冬官亡矣。昏義曰。天子立六官。三公。九卿。二十七大

夫八十一元士。凡百二十。蓋謂夏時也。以夏周推前後之差。有虞氏官宜六十。夏后氏宜百二十。殷宜二百四十。不得如此記也

有虞氏之緌。夏后氏之綢練。殷之崇牙。周之璧翣

緌亦旌旗之緌也。夏綢其杠。以練爲之旒。殷又刻繒爲崇牙。以飾其側。亦飾彌多也。湯以武受命。恒以牙爲飾也。此旌旗及翣皆喪葬之飾。周禮。大喪葬。巾車執蓋。從車持旌。御僕持翣。旌從遣車。翣夾柩路左右前後。天子八翣。皆戴璧垂羽。諸侯六翣。皆戴圭。大夫四翣。士二翣。皆戴綏。孔子之喪。公西赤爲志。亦用此焉。爾雅說旌旗曰。素錦綢杠。纁白縿。素升龍於縿。練旒九 ○緌耳佳反 綢吐刀反。又音籌。從才用反。遣弃戰反

凡四代之服器官。魯兼用之。

是故魯王禮也。天下傳之久矣。君臣未嘗相弒也。禮樂刑法政俗未嘗相變也。天下以爲有道之國。是故天下資禮樂焉。王禮。天子之禮也。傳。傳世也。資。取也。此蓋盛周公之德耳。春秋時。魯三君弒。又士之有誄。由莊公始。婦人髽而弔。始於臺駘。云君臣未嘗相弒。政俗未嘗相變。亦近誣矣。資或爲飮。(誄)力軌反(臺)音胡

武英殿仿宋本

# 禮記卷第九





明堂位

舉人臣王錫奎敬書

禮記卷九考證

玉藻五俎四簋註則日食粱稻各一簋而已○一簋殿本閣本俱作二簋案朔月四簋則日食僅二簋可知正義云粱稻美物故知各一簋正合二簋之數若作各二簋則合之乃四簋矣殆非也

連用湯註連猶釋也○案釋正義謂釋去足垢而用湯闌也音義解同嚴陵方氏謂爲連續之義若諸本作猶同義不可解

入太廟說笏非古也○殿本通志堂本陳澔集說本俱作非禮也案正義皆可通閣本作無禮也誤矣

紳韠結三齊註結或作衿○衿諸本作袗案內則註衿猶結也前漢五行志衣有襘帶有結揚雄傳衿芰茄之緣衣兮註衿帶也則結與衿意始合若袗則訓单也緣也義不可通

趨以采齊註門外謂之趨○案此爾雅釋宮文也　殿本閣本坊本作至應門謂之趨則本郭璞註中語

肆束及帶註餘束約紐之餘組也○　殿本閣本作約組之餘紐也案紐是帶交結處約紐者用組爲之穿紐約結其帶餘長三尺是組有餘而紐無餘約者紐而非組諸本紐組二字倒置乃傳寫之訛也

盛氣顛實揚休註其息若陽氣之休物也○案休物謂休養萬物也　殿本閣本俱作體物于義未協

明堂位封周公于曲阜註方百里者二十四并五五二十五積四十九○諸本幷作井非案大司徒註四等附庸侯九同伯七同子五同男三同凡二十四同上公五百里五五二十五同以二十四同幷二十五同得四十九此幷字義也本甚易解特古本相仍幷字下悮增句圈後人不察乃改幷字作井其謬轉甚今仍原本而移幷字下句圈于二十四下則文義瞭如矣

周縣鼓註應𨊶縣鼓○周頌作應田縣鼓毛傳云田大鼓鄭云田當爲𨊶𨊶小鼓在大鼓旁案𨊶即𨍏字音引說文鼙小鼓引樂聲也从申柬聲原本及諸本旁俱從東作𨊶乃他冬切音通鼓聲逺聞也與𨊶字不同今改正

# 禮記卷第十

## 喪服小記第十五　　鄭氏註

斬衰括髮以麻。爲母括髮以麻。免而以布。母服[illegible]至免。可以布代麻也。爲母又哭而免。〔衰〕[illegible]摧。下同〔爲〕去聲。下爲父。爲夫。爲無。爲出。爲[illegible]問〔免〕音[illegible]篇內同齊衰惡笄以終喪。笄所以卷髮。帶所以持身也。婦人質。於喪所以自卷持者。有除無變。〔齊〕音咨〔笄〕古兮反〔卷〕俱免反男子冠而婦人笄。男子免而婦人髽。其義爲男子則免。爲婦人則髽。別男女也。〔冠〕古亂反。下同〔髽〕側巴反苴杖。竹也。

乾隆四十八年[illegible]

削杖。桐也。祖父卒。而后爲祖母後者三年（祖父在。則其服如父在爲母也。○苴七余反。削思略反。）爲父母長子稽顙（喪尊者及正體。不敢不盡禮。）大夫弔之雖緦必稽顙（尊大夫。不敢以輕待之。）婦人爲夫與長子稽顙。其餘則否（恩殺於父母。殺所戒反。）男主必使同姓。婦主必使異姓（謂爲無主後者爲主也。異姓。同宗之婦也。婦人外成。）爲父後者爲出母無服（不敢以己私。廢父所傳重之祭祀。）親親以三爲五。以五爲九。上殺。下殺。旁殺。而親畢矣（己。上親父。下親子。三也。以父親

祖。以子親孫。五也。以祖親高祖。以孫親玄孫。九也。殺。謂親益疏者服之則輕

王者禘其祖之所自出。以其祖配之禘。大祭也。始祖感天神靈而生。祭天則以祖配之。自外至者。無主不止。而立四廟高祖以下。與始祖而五庶子王亦如之世子有廢疾不可立。而庶子立。其祭天立廟。亦如世子之立也。春秋時。衛侯元有兄縶。○縶知急反

別子爲祖諸侯之庶子。別爲後世爲始祖也。謂之別者。公子不得禰先君繼別爲宗別子之世長子。爲其族人爲宗。所謂百世不遷之宗繼禰者爲小宗別子庶子之長子。爲其昆弟爲宗也。謂之小宗者。以其將遷也。○禰乃禮反有五世而遷之宗

其繼高祖者也謂小宗也。小宗有四。或繼高祖。或繼曾祖。或繼祖。或繼禰。皆至五世則遷是故祖遷於上。宗易於下。尊祖故敬宗。敬宗所以尊祖禰也宗者。祖禰之正體庶子不祭祖者。明其宗也明其尊宗以爲本也。禰則不祭矣。言不祭祖者。主謂宗子庶子俱爲適士。得立祖禰廟者也。凡正體在乎上者。謂下正猶爲庶也庶子不爲長子斬。不繼祖與禰故也尊先祖之正體不二其統也。言不繼祖禰。則長子不必五世○〔爲〕下不爲。若爲。自爲爲女君。猶爲。爲爲妻爲適。至爲君。皆去聲庶子不祭殤與無後者。殤與無後者。從祖祔食不祭殤者。父之庶也。不祭無後者。祖之庶也。此二者當從祖祔食而已。不祭祖。無所食之也。共其牲物。而宗子主其禮焉。祖庶之殤。則自祭之。凡所祭殤者。唯適子耳。無後者。謂昆弟諸父也。宗子諸父無後者。爲墠祭之。○所食音嗣庶子不祭禰者。明其宗也謂宗子庶子俱爲下士。得立禰廟也。雖庶人亦然親親。尊尊。長長。男女之有別。人道之大者也言服之所以降殺從服者。所從亡則已謂若爲君母之父母昆弟。從母也屬從者。所從雖沒也服謂若自爲己之母黨妾從女君而出。則不爲女君之子服妾爲女君之黨服。得與女君同。而今

俱出。女君猶爲子期。妻於義絕。無施服。○施以豉反禮不王不禘禘。謂祭天

世子不降妻之父母。其爲妻也與大夫之適子同世子天子諸侯之適子也。不降妻之父母。爲妻故。親之也。爲妻亦齊衰不杖者。君爲之主。子不得伸也。主言與大夫之適子同。據服之成文也。本所以正見父在爲妻不杖。於大夫適子者。明大夫以上雖尊。猶爲適婦爲主父爲士子爲天子

諸侯則祭以天子諸侯。其尸服以士服祭以天子諸侯。養以子道也。尸服士服。父本無爵。子不敢以己爵加之。嫌於卑之。○養以尚反父

爲天子諸侯。爲士祭以士。其尸服以士服

謂父以罪誅。尸服以士服。不成爲君也。天子之子。當封爲王者後。以祀其受命之祖。云爲士。則擇其宗之賢者若微子者。不必封其子。爲王者後、及所立爲諸侯者。祀其先君以禮卒者。尸服天子諸侯之服。如遂無所封立。則尸也祭也皆如士。不敢僭用尊者衣物

婦當喪而出。則除之。爲父母喪。未練而出。則三年。既練而出。則已。未練而反。則期。既練而反。則遂之。當喪。當舅姑之喪也。出除喪。絕族也

再期之喪。三年也。期之喪。二年也。九月七月之喪。三時也。五月之喪。二時也。三月之喪。一時也。言喪之節。應歲時之氣

故期而祭，禮也。期而除喪，道也。祭不爲除喪也。此謂練祭也。禮正月存親。親亡至今而期。期則宜祭。期，天道一變。哀惻之情益衰。衰則宜除。不相爲也。三年而后葬者必再祭，其祭之閒不同時而除喪。再祭，練祥也。閒不同時者，當異月也。既祔，明月練而祭。又明月祥而祭。必異月者，以葬與練祥本異歲，宜異時也。而除喪，已祥則除，不禫。○禫，大感反。大功者主人之喪，有三年者，則必爲之再祭。朋友虞祔而已。謂死者之從父昆弟來爲喪主。有三年者，謂妻若子幼少。大功爲之再祭，則小功緦麻爲之練祭可也。士妾有子而爲之緦無子則已士卑。妾無男女則不服。不別貴賤生不及祖父母諸父昆弟而父稅喪已則否謂子生於外者也。父以他故居異邦而生已。已不及此親存時歸見之。今其死。於喪服年月已過乃聞之。父爲之服。已則否者。不責非時之恩於人所不能也。當其時則服。稅讀如無禮則稅之稅。稅喪者。喪與服不相當之言。○稅音脫。又音兊。下同爲君之父母妻長子君已除喪而后聞喪則不稅臣之恩輕也。謂卿大夫出聘問以他故久留降而在緦小功者則稅之謂正親在齊衰大功者。正親緦小功不稅矣。曾子問曰。小功不稅。則是遠兄弟終無服也。此句補脫誤在是。宜承父

乾隆四十八年 禮記下 五

稅喪已則否近臣。君服斯服矣。其餘從而服。不從而稅。謂君出。朝覲不時。反而不知喪者。近臣閽寺之屬也。其餘。羣介行人宰史也君雖未知喪。臣服已。從服者。所從雖在外。自若服也虞杖不入於室。祔杖不升於堂。哀益衰。敬彌多也。虞於寢。祔於祖廟爲君母後者。君母卒。則不爲君母之黨服。徒從也。所從亡則已。○不爲爲庶子。爲慈。爲舅。爲母。爲妻。爲庶。爲祖庶。爲父。爲其子。爲衆。爲出。爲夫。爲長。室。爲爲兄。姑。爲皆去聲絰殺五分而去一。杖大如絰如要絰也。○去起呂反。絰大結反。要平聲妾爲君之長子。與女君同不敢以恩輕。輕服君之正統除喪者。先重者謂練。男子除乎首。婦人除乎帶易服者。易輕者謂大喪既虞卒哭而遭小喪也。其易喪服。男子易乎帶。婦人易乎首無事不辟廟門鬼神尚幽闇也。廟殯宮。○辟，婢亦反哭皆於其次無時哭也。有事則入即位復與書銘自天子達於士。其辭一也。男子稱名。婦人書姓與伯仲。如不知姓則書氏此謂殷禮也。殷質不重名。復則臣得名君。周之禮。天子崩。復曰皋天子復。諸侯薨。復曰皋某甫復。其餘及書銘則同斬衰之葛與齊衰之麻同絰之大，俱七寸五分寸之一。帶五寸二十五分寸之十九。

齊衰之葛與大功之麻同經之大。俱五寸二十五分寸之十九。帶四寸百二十五分寸之七十六麻同皆兼服之皆者。皆上二事也。兼上服之。謂服麻又服葛也。男子則經上服之葛帶下服之麻。婦人則經下服之麻。固自帶其故帶也。所謂易服。易輕者也。兼服之文。主於男子報葬者報虞三月而后卒哭報讀爲赴疾之赴。謂不及期而葬也。既葬即虞。虞。安神也。卒哭之祭。待哀殺也。○報音赴父母之喪偕先葬者不虞祔待後事其葬服斬衰偕。俱也。謂同月若同日死也。先葬者母也。曾子問曰。葬先輕而後重。又曰。反葬奠而後辭於殯。遂脩葬事。其虞也先重而後輕。待後事。謂如此也。其葬服斬衰者。喪之隆。哀宜從重也。假令父死在前月。而同月葬。猶服斬衰。不葬不變服也。言其葬服斬衰。則虞祔各以其服矣。及練祥皆然。卒事反服重。大夫降其庶子。其孫不降其父。祖不厭孫也。大夫爲庶子大功。○厭一妾反大夫不主士之喪。士之喪雖無主。不敢攝大夫以爲主爲慈母之父母無服。恩不能及夫爲人後者。其妻爲舅姑大功。以不貳降士祔於大夫則易牲。不敢以卑牲祭尊也。大夫少牢也繼父不同居也者。必嘗同居。皆無主後。同財而祭其祖禰爲同居。有主後者爲異居。錄恩服深淺也。見同財則期。同居異財。故同居今異居。及繼父有子。亦爲異居。則三月。未甞同居則不服。○見音現。哭朋友者於門外之右。南面。變於有親者也。門外。寢門外。祔葬者不筮宅。宅。葬地也。前人葬既筮之。士大夫不得祔於諸侯。祔於諸祖父之爲士大夫者。其妻祔於諸祖姑。妾祔於妾祖姑。亡則中一以上而祔。祔必以其昭穆。士大夫。謂公子公孫爲士大夫者。不得祔於諸侯。卑別也。既卒哭。各就其先君爲祖者兄弟之廟而祔之。中猶間也。○亡如字。又音無。昭音韶。後放此。諸侯不得祔於天子。天子諸侯大夫可以祔於士人莫敢卑其祖也爲母之君母。母卒則不服母之君母。外祖適母。徒從也。所從亡則已宗子母在爲妻禫宗子之妻尊也爲慈母後者。爲庶母可也。爲祖庶母可也謂父命之爲子母者也。即庶子爲後。此皆子也。傳重而已。不先命之與適妻。使爲母子也。緣爲慈母後之義。父之妾無子者。亦可命己庶子爲後爲父母妻長子禫自所爲禫者也爲慈母與妾母不世祭也以其非正。春秋傳曰。於子祭。於孫止丈夫冠而不爲殤。婦人笄而不爲殤言成人也。婦人許嫁而笄。未許嫁。與丈夫同。○冠古亂反爲殤後者以其服服之言爲後者據承之也殤無爲人父之道以本親之服服之久而不葬者唯主喪者不除其餘以麻終月數者除喪則已其餘謂旁親也以麻終月數不葬者喪不變也箭笄終喪三年亦於喪所以自卷持者有除無變齊衰三月與大功同者繩屨雖尊卑異於恩有可同也練筮日筮尸視濯皆要絰杖繩屨有司告具而后去杖筮日筮尸有司告事畢而后杖拜送賓臨事去杖敬也濯謂溉祭器也大祥吉服而筮尸凡變除者必服其吉服以即祭事不

以凶臨吉也。閒傳曰。大祥素縞麻衣庶子在父之室則爲其母不禫妾子。父在厭也庶子不以杖即位下適子也。位朝夕哭位也父不主庶子之喪則孫以杖即位可也祖不厭孫孫得伸也父在庶子爲妻以杖即位可也舅不主妾之喪子得伸也諸侯弔於異國之臣則其君爲主君爲之主。弔臣。恩爲已也。子不敢當主。中庭北面哭。不拜諸侯弔必皮弁錫衰所弔雖已葬主人必免主人未喪服則君亦不錫衰必免者。尊人君。爲之變也。未喪服。未成服也。既殯成服養有疾者不喪服。遂以主其喪。不喪服。求生主吉。惡其凶也。遂以主其喪。謂養者有親也。死則當爲之主。其爲主之服。如素無喪服。○養去聲。下同。惡去聲。非養者。入主人之喪。則不易己之喪服。入猶來也。謂養者無親於死者。不得爲主。其有親來爲主者。素有喪服而來爲主。與素無服者異。素無服。素有服。爲今死者當服。則皆三日成也。養尊者必易服。養卑者否。尊。謂父兄。卑。謂子弟之屬。妾無妾祖姑者。易牲而祔於女君可也。女君。適祖姑也。易牲而祔。則凡妾下女君一等。婦之喪。虞卒哭。其夫若子主之。祔則舅主之。婦。謂凡適婦庶婦也。

虞。卒哭。祭婦非舅事也。祔於祖廟。尊者宜主焉。士不攝大夫。士攝大夫唯宗子。士之喪雖無主。不敢攝大夫以爲主。宗子尊。可以攝之。主人未除喪有兄弟自他國至則主人不免而爲主。親質。不崇敬也。陳器之道。多陳之而省納之可也。省陳之而盡納之可也。多陳之。謂賓客之就器也。以多爲榮。省陳之。謂主人之明器也。以節爲禮。○省所領反。奔兄弟之喪。先之墓而後之家。爲位而哭。所知之喪。則哭於宮而后之墓。兄弟先之墓。骨肉之親。不由主人也。宮。故殯宮也。父不爲衆子次於外於庶子略。自若居寢與諸侯爲兄弟者服斬謂卿大夫以下也。與尊者爲親。不敢以輕服服之。言諸侯者。明雖在異國。猶來爲三年也下殤小功。帶澡麻不絕本。詘而反以報之報猶合也。下殤小功。本齊衰之親。其絰帶。澡率治麻爲之。帶不絕其本。屈而上至要。中合而糾之。明親重也。凡殤散帶垂。○澡音早。詘丘勿反。率所律反。又音律婦祔於祖姑。祖姑有三人。則祔於親者謂舅之母死。而又有繼母二人也。親者。謂舅所生其妻爲大夫而卒。而后其夫不爲大夫。而祔於其妻。則不易牲。妻卒而后夫爲大夫而祔於其妻則以大夫牲妻爲大夫夫爲大夫時卒不易牲以士牲也此謂始來仕無廟者無廟者不祔宗子去國乃以廟從○從去聲爲父後者爲出母無服無服也者喪者不祭故也適子正體於上當祭祀也婦人不爲主而杖者姑在爲夫杖姑不厭婦母爲長子削杖嫌服男子當杖竹也母爲長子服不可以重於子爲己也女子子在室爲父母其主喪者不杖則子一人杖女子子在室亦童子也無男昆弟使同姓爲攝主不杖則子一人杖謂長女也許嫁及二十而笄笄爲成人成人正杖也緦小功虞卒

哭則免。棺柩已藏。嫌恩輕。可以不免也。言則免者。則既殯先啓之閒。雖有事不免。既葬而不報虞。則雖主人皆冠。及虞則皆免。有故不得疾虞。雖主人皆冠。不可久無飾也。皆免。自主人至緦麻。○報音赴。下同。冠如字。又古亂反。下同。爲兄弟既除喪已。及其葬也。反服其服。報虞卒哭則免。如不報虞則除之。小功以下。遠葬者。比反哭者皆冠。及郊而后免反哭。墓在四郊之外。○比必利反。君弔。雖不當免時也。主人必免。不散麻。雖異國之君免也。親者皆免。不散麻者。自若絞垂。

爲人君變。貶於大斂之前既啓之後也。親者。大功以上也。異國之君免或爲弔○絞古卯反

除殤之喪者其祭也必玄殤無變。文不縟。冠玄端黃裳而祭。不朝服。未純吉也。於成人爲釋禫之服。除成喪者其祭也朝服縞冠成。成人也。縞冠。未純吉。祭服也。既祥祭乃素縞麻衣

奔父之喪括髮於堂上袒降踊襲絰于東方奔母之喪不括髮袒於堂上降踊襲免于東方絰即位成踊出門哭止三日而五哭三袒凡奔喪。謂道遠。已殯乃來也。爲母不括髮。以至成服。一而已。貶於父也。即位以下。於父母同也。三日五哭者。始至訖

夕反位哭。乃出就次。一哭也。與明日又明日之朝夕而五哭。三祖者。始至祖。與明日又明日之朝而三也。適婦不爲舅後者。則姑爲之小功。謂夫有廢疾他故。若死而無子。不受重者。小功。庶婦之服也。凡父母於子。舅姑於婦。將不傳重於適。及將所傳重者非適。服之皆如衆子庶婦也。

## 大傳第十六　鄭氏註

禮。不王不禘。王者禘其祖之所自出。以其祖配之。凡大祭曰禘。自。由也。大祭其先祖所由生。謂郊祀天也。王者之先祖。皆感大微五帝之精以生。蒼則靈威仰。赤則赤熛怒。黃則含樞紐。白則白招拒。黑則汁光紀。皆用正歲之正月郊祭之。蓋特尊焉。孝經曰。郊祀后稷以配天。配靈威仰也。宗祀文王於明堂以配上帝。汎配五帝也。○大微。音泰。下大祖。大王。同。熛音標。拒俱甫反。汁音叶

諸侯及其大祖大祖。受封君也大夫士有大事省於其君。干祫及其高祖大事。寇戎之事也。省。善也。善於其君。謂免於大難也。干。猶空也。空祫。謂無廟。祫祭之於壇墠。○省仙善反。又息靖反。祫音洽。難去聲

牧之野。武王之大事也。既事而退。柴於上帝。祈於社。設奠於牧室柴。祈。奠。告天地及先祖也。牧室。牧野之室也。古者郊關皆有館焉。先祖者。行主也遂率天下諸侯執豆籩逡奔走逡。疾

也。疾奔走。言勸事也。周頌曰。逡奔走在廟 ○ 逡息俊反 追王大王亶父。
王季歷文王昌。不以卑臨尊也。不用諸侯之號臨天子也。
文王稱王早矣。於殷猶爲諸侯。於是著焉 ○ 追王于況反 上治祖禰。尊尊
也。下治子孫。親親也。旁治昆弟。合族以食。序
以昭繆。別之以禮義。人道竭矣。治猶正也。繆讀爲穆。聲之
誤也。竭。盡也 ○ 繆音木。別彼列反。下竝同 聖人南面而聽天下。所
且先者五。民不與焉。且先。言未遑餘事。○ 聽體寧反 與音預 一
曰治親。二曰報功。三曰舉賢。四曰使能。五曰

存愛功。功臣也。存察也。察有仁愛者五者一得於天下。民無不足。無不贍者。五者一物紕繆。民莫得其死物猶事也。紕繆猶錯也。五事得則民足。一事失則民不得其死。明政之難。○贍食艶反紕匹彌反繆音謬聖人南面而治天下。必自人道始矣人道。謂此五事立權度量。考文章。改正朔。易服色。殊徽號。異器械。別衣服。此其所得與民變革者也權。稱也。度。丈尺也。量。斗斛也。文章。禮法也。服色。車馬也。徽號。旌旗之名也。器械。禮樂之器及兵甲也。衣服。吉凶之制也。徽或作禕○量音亮正音征械戶戒反稱尺證反其

不可得變革者則有矣。親親也。尊尊也。長長也。男女有別。此其不可得與民變革者也。四者人道之常。○長丁丈反。後並同

同姓從宗合族屬。異姓主名治際會。名著而男女有別。合。合之宗子之家。序昭穆也。異姓謂來嫁者也。主於母與婦之名耳。際會昏禮交接之會也。著明也。母婦之名不明。則人倫亂也。亂者若衞宣公楚平王爲子取而自納焉。○著知慮反。爲去聲。後除爲正姓。爲庶姓。爲苟爲祖。爲宗。爲小宗。爲之宗。皆同

其夫屬乎父道者。妻皆母道也。其夫屬乎子道者。妻皆婦道也。言母婦無昭穆

於此。總於夫耳。母焉則尊之。婦焉則卑之。謂尊之卑之。明非己倫。以厚別也。○屬音燭

謂弟之妻婦者。是嫂亦可謂之母乎言不可也。謂之婦與嫂者。以其在己之列。以名遠之耳。復謂嫂爲母。則令昭穆不明。昆弟之妻。夫之昆弟。不相爲服。不成其親也。男女無親則遠於相見。○遠去聲

名者。人治之大者也。可無愼乎人治。所以正人

四世而緦服之窮也。五世袒免。殺同姓也。六世親屬竭矣四世共高祖。五世高祖昆弟。六世以外。親盡無屬名。○免音問。殺所戒反

其庶姓別於上。而戚單於下。昏姻可以通乎問之也。玄孫之子。姓別於高祖。五世

而無服。姓。世所由生。○單音丹繫之以姓而弗別。綴之以食而弗殊。雖百世而昏姻不通者。周道然也。周之禮。所建者長也。姓。正姓也。始祖爲正姓。高祖爲庶姓。繫之弗別。謂若今宗室屬籍也。周禮。小史掌定繫世。辨昭穆。○繫音計。又戶計反。別如字。舊彼列反。綴丁衛反。食音嗣服術有六。一曰親親。二曰尊尊。三曰名。四曰出入。五曰長幼。六曰從服術猶道也。親親。父母爲首。尊尊。君爲首。名。世母叔母之屬也。出入。女子子嫁者。及在室者。長幼。成人及殤也。從服。若夫爲妻之父母。妻爲夫之黨服從服有六。有屬從子爲母之黨有徒從臣爲君之黨有從有服而無服公子爲其妻之父母有從無服而有服公子之妻爲公子之外兄弟有從重而輕夫爲妻之父母有從輕而重公子之妻爲其皇姑自仁率親等而上之至于祖。名曰輕。自義率祖。順而下之至于禰。名曰重。一輕一重。其義然也自猶用也。率循也。用恩則父母重而祖輕。用義則祖重而父母輕。恩重者爲之三年。義重者爲之齊衰。然。如是也君有合族之道。族人不得以其戚戚君位也君恩可以下施。而族人皆臣也。不得以父兄子弟之親。自戚於君位。謂齒列也。所以尊君別嫌

乾隆四十八年　禮記十　十六

大傳

也庶子不祭。明其宗也。庶子不得爲長子三年。不繼祖也明猶尊也。一統焉。族人上不戚君。下又辟宗。乃後能相序別子爲祖別子。謂公子。若始來在此國者。後世以爲祖也繼別爲宗別子之世適也。族人尊之。謂之大宗。是宗子也繼禰者爲小宗父之適也。兄弟尊之。謂之小宗有百世不遷之宗。有五世則遷之宗。百世不遷者。別子之後也。宗其繼別子之所自出者。百世不遷者也。宗其繼高祖者。五世則遷者也。尊祖故敬宗。敬宗尊祖之義也遷猶變易也。繼別子。別子之世適也。繼高祖者。亦小宗也。先言繼禰者。據別子子弟之子也。以高祖與禰皆有繼者。則曾祖亦有也。則小宗四。與大宗凡五。有小宗而無大宗者。有大宗而無小宗者。有無宗亦莫之宗者。公子是也。公子有此三事也。公子。謂先君之子。今君昆弟。公子有宗道。公子之公。爲其士大夫之庶者。宗其士大夫之適者。公子之宗道也。公子不得宗君。君命適昆弟爲之宗。使之宗之。是公子之宗道也。所宗者適。則如大宗。死爲之齊衰九月。其母則小君也。爲其妻齊衰三月。無適而宗庶。則如小宗。死爲之大功九月。其母妻無服。公子唯已而已。則無所宗。亦莫之宗絕族無移服族昆弟之子。不相爲服。○移以豉反親者屬也有親者。服各以其屬親疏自仁率親等而上之至于祖。自義率祖順而下之至于禰。是故人道親親也言先有恩親親故尊祖。尊祖故敬宗。敬宗故收族。收族故宗廟嚴。宗廟嚴故重社稷。重社稷故愛百姓。愛百姓故刑罰中。刑罰中故庶民安。庶民安故財用足。財用足故百志成。百志成故禮俗刑。禮俗刑然後樂。收族。序以昭穆

也。嚴猶尊也。孝經曰。孝莫大於嚴父。百志。人之志意所欲也。刑猶成也。○（中）丁仲反（樂）音洛

詩云。不顯不承。無斁於人斯。此之謂也斁。厭也。言文王之德不顯乎。不承乎。成先人之業乎。言其顯且承之。人樂之無厭也。○（斁）音亦

# 少儀第十七

鄭氏註

聞始見君子者。辭曰。某固願聞名於將命者君子。卿大夫若有異德者。固。如故也。將猶奉也。即君子之門。而云願以名聞於奉命者。謙遠之也。重則云固。奉命。傳辭出入。○（見）下除注二相見。皆音現（聞）如字。又音問不得階主階。上進者。言賓之辭。不得指斥主人敵者曰某固願見敵。當

也。願見。願見於將命者。謙也。罕見曰聞名。罕。希也。希相見。雖於敵者。猶爲尊主之辭。如於君子。亟見曰朝夕。亟。數也。於君子。則曰。某願朝夕聞名於將命者。於敵者。則曰。某願朝夕見於將命者。亟去冀反瞽曰聞名。瞽。無目也。以無目。辭不稱見。適有喪者曰比。適。之也。曰。某願比於將命者。比猶比方。俱給事。童子曰聽事。曰。某願聽事於將命者。童子未成人。不敢當相見之禮。適公卿之喪則曰聽役於司徒。喪憂戚。無賓主之禮。皆爲執事來也。君將適他臣如致金玉貨貝於君則曰致馬資於有司敵者曰賵從者。適他。行朝會也。資猶用也。贈。送也。○從才用反。臣致襚於君。則曰致廢衣於賈人。敵者曰襚。言廢衣。不必其以斂也。賈人。知物善惡也。周禮。玉府掌凡王之獻。金玉。兵器。文織。良貨賄之物。受而藏之。有賈八人。○襚音遂。賈音嫁。徐音估。織音志。親者兄弟不以襚進。不執將命也。以即陳而已。臣爲君喪。納貨貝於君。則曰納甸於有司。甸。謂田野之物。○甸大見反。賵馬入廟門。以其主於死者。○賵方仲反。賻馬與其幣。大白兵車不入廟門。以其主於生人也。兵車革路也。雖爲死者來陳之於外。戰伐田獵之服。非盛者也。周禮。革路建大白以即戎。○賻音附。賻者既致命。坐委之。擯者舉之。主人無親受也。喪者非尸柩之事。則不親也。舉之。舉以東。受立。授立不坐。由便。性之直者。則有之矣。有之。有跪者也。謂受授於尊者。而尊者短則跪。不敢以長臨之。始入而辭。曰辭矣。即席。曰可矣。可猶止也。謂擯者爲賓主之節也。始入則告之辭。至就席則止其辭。排闔說屨於戶內者。一人而已矣。雖衆敵。猶有所尊也。○闔胡臘反。又音合。說吐活反。有尊長在則否。在。在內也。後來之衆。皆說屨於戶外。○長丁丈反。皆同。問品味曰。子亟食於某乎。問道藝。曰子習於某乎。子善於某乎不斥人。謙也。道。三德三行也。藝。六藝不疑在躬躬。身也。不服行所不知。使身疑也不度民械械。兵器也。不計度民家之器物。使己亦有心度大洛反不願於大家大。謂富之廣也不訾重器訾。思也。重猶寶也。○訾子斯反氾埽曰埽。埽席前曰拚。拚席不以鬣。執箕膺攝鬣。謂帚也。帚恒埽地。不潔清也。膺親也。攝。舌也。持箕將去糞者。以舌自鄉。○氾芳劍反埽悉報反拚弗運反又作攢鬣力輒反攝以涉反。又音葉不貳問當正己之心。以問吉凶於蓍龜。不得於正。凶則卜筮。其權也。○蓍音尸問卜筮曰。義與。志與。義則可問。志則否。大卜問來卜筮者也。

義。正事也。志。私意也。○輿音餘。下同尊長於己踰等。不敢問其年踰等。父兄黨也。問年則己恭孫之心不全。○孫音遜燕見不將命自不用賓主之正來。則若子弟然。○見賢遍反。後請見同遇於道。見則面可以隱則隱。不敢煩動也不請所之尊長所之或卑褻喪俟事不犆弔亦不敢故煩動也。事朝夕哭時。○犆音特侍坐弗使不執琴瑟。不畫地手無容。不翣也端慤所以爲敬也。尊長或使彈琴瑟。則爲之可。○翣所甲反寢則坐而將命命。有所傳辭也。坐者。不敢臨之也。侍射則約矢不敢與之拾取也。○射食夜反。拾其劫反侍投則擁矢

少儀

不敢釋於地也。投。投壺也。投壺坐**勝則洗而以請**。洗爵請行觴。不敢直飲之。○〔飲〕音蔭**客亦如之**客射。若投壺。不勝。主人亦洗而請之**不角**角。謂觥。罰爵也。於尊長與客。如獻酬之爵**不擢馬**擢。去也。謂徹也。已徹馬。嫌勝故專之。○〔擢〕音濯**執君之乘車則坐**執。執轡。謂守之也。君不在中。坐。示不行也。○〔乘〕去聲**僕者右帶劍。負良綏。申之面。拖諸幦。**面。前也。幦。覆苓也。良綏。君綏也。負之。由左肩上。入右腋下。申之於前。覆苓上也。○〔拖〕徒可反。又他佐反〔幦〕音覓〔苓〕力丁反**以散綏升。執轡然後步**步。行也。○〔散〕悉但反**請見不請退**去止不敢自由**朝廷曰退**近君爲進**燕遊**

曰歸禮褻。主於家也。師役曰罷罷之言罷勞也。春秋傳曰。師還曰疲○罷音皮還音旋。下同侍坐於君子。君子欠伸運笏澤劒首還屨問日之蚤莫雖請退可也以此皆解倦之狀。伸。頻伸也。運。澤。謂玩弄也。金器弄之易以汗澤○莫音暮解古賣反事君者量而后入不入而后量凡乞假於人爲人從事者亦然。然。故上無怨而下遠罪也量。量其事意合成否○量音亮乞如字又音氣不窺密嫌伺人之私也。密。隱曲處也○伺音司不旁狎妄相服習。終或爭訟不道舊故言知識之過失。損友也。孔子曰。故舊

少儀

不遺。則民不偷不戲色暫變頗顏色為非常。則人不長。失敬也。○長上聲為人臣下者。有諫而無訕。有亡而無疾亡。去也。疾。惡也。○訕所諫反。惡去聲頌而無諂。諫而無驕頌。謂將順其美也。驕。謂言行謀從。恃知而慢也。○諂音諂怠則張而相之怠。惰也。相。助也。○相去聲廢則埽而更之廢。政教壞亂。無可因也。○更音庚謂之社稷之役役。為也毋拔來。毋報往報讀為赴疾之赴。拔。赴皆疾也。人來往所之。當有宿漸。不可卒也。○拔音跋。報音赴毋瀆神瀆。謂數而不敬毋循枉前日之不正。不可復遵行以自伸毋測未至測。意度也。○意如字。又音抑度音鐸士依於德，游於藝。德，三德也。一曰至德，二曰敏德，三曰孝德。藝，六藝也。一曰五禮，二曰六樂，三曰五射，四曰五御，五曰六書，六曰九數。工依於法，游於說。法，謂規矩尺寸之數也。說，謂鴻殺之意所宜也。考工記曰：薄厚之所震動，清濁之所由出，侈弇之所由興，有說。說或爲申。○說如字，又始銳反。殺，色戒反。弇，於檢反。毋訾衣服成器。訾，思也。成，猶善也。思此則疾貧也。○訾，子斯反。毋身質言語。質，成也。聞疑則傳疑。若成之，或有所誤。言語之美，穆穆皇皇。朝廷之美，濟濟翔翔。祭祀之美，齊齊皇皇。車馬之美，匪匪翼翼。鸞和之美，肅肅雍

少儀

雍匪讀如四牡騑騑。齊齊皇皇。讀如歸往之往。美皆當爲儀。字之誤也。周禮教國子六儀。一曰祭祀之容。二曰賓客之容。三曰朝廷之容。四曰喪紀之容。五曰軍旅之容。六曰車馬之容。○美音儀。下同。濟子禮反。齊如字。皇音往。又于況反。匪芳非反問國君之子長幼。長則曰能從社稷之事矣。幼則曰。能御。未能御。御謂御事問大夫之子長幼。長則曰。能從樂人之事矣。幼則曰能正於樂人。未能正於樂人正。樂政也。周禮。大司樂以樂德教國子。中和。祗庸。孝友。以樂語教國子。興。道。諷。誦。言。語。以樂舞教國子。舞雲門。大卷。大咸。大韶。大夏。大濩。大武。○卷音權。濩戶

故問士之子長幼長則曰能耕矣幼則曰能

反負薪未能負薪士祿薄子以農事爲業執玉執龜筴不

趨堂上不趨城上不趨於重器於近尊於迫狹無容也步張足曰

趨○筴音策武車不式介者不拜兵車不以容禮下人也軍中之

拜肅拜婦人吉事雖有君賜肅拜爲尸坐則不

手拜肅拜爲喪主則不手拜肅拜拜低頭也手拜手至地也

婦人以肅拜爲正凶事乃手拜耳爲尸爲祖姑之尸也士虞禮曰男男尸女女尸爲喪主

不手拜者爲夫與長子當稽顙也其餘亦手拜而已雖或爲唯或曰喪爲主則不手拜肅

拜也。○爲去聲。下爲歡同葛絰而麻帶謂既虞卒哭也。帶所以自結束也。婦人質。少變。於喪之帶。有除而無變取俎進俎不坐以其有足。亦柄尺之類執虛如執盈。入虛如有人重慎凡祭於室中。堂上無跣。燕則有之祭不跣者。主敬也。燕則有跣。爲歡也。天子諸侯祭。有坐尸於堂之禮。祭所尊在室。燕所尊在堂。將燕。降說屨。乃升堂。○跣悉典反。說吐活反未嘗不食新嘗。謂薦新物於寢廟僕於君子。君子升下則授綏。始乘則式。君子下行。然後還立還車而立。以俟其去。○還音旋乘貳車則式。佐車則否貳車。佐車。皆副

車也。朝祀之副曰貳。戎獵之副曰佐。魯莊公敗于乾時。公喪戎路。傳乘而歸。○傳乘去聲。下除乘車同

貳車者。諸侯七乘。上大夫五乘。下大夫三乘。此蓋殷制也。周禮。貳車。公九乘。侯伯七乘。子男五乘。卿大夫各如其命之數

有貳車者之乘馬服車不齒尊有爵者之物。廣敬也。服車。所乘車也。車有新舊

觀君子之衣服服劒乘馬弗賈平尊者之物。非敬也。○賈音嫁

其以乘壺酒束脩一犬賜人。若獻人則陳酒執脩以將命。亦曰乘壺酒束脩一犬陳重者。執輕者。便也。乘壺。四壺也。酒謂淸也。糟也。不言陳犬。或無脩者。牽

犬以致命也。於卑者曰賜。於尊者曰獻其以鼎肉。則執以將命鼎肉。謂牲體已解。可升於鼎其禽加於一雙。則執一雙以將命。委其餘加猶多也犬則執緤。守犬。田犬。則授擯者。既受。乃問犬名。牛則執紖。馬則執靮。皆右之緤。紖。靮。皆所以繫制之者。守犬田犬問名。畜養者當呼之名。謂若韓盧宋鵲之屬。右之者。執之宜由便也。緤息列反守手又反。又如字。紖丈引反靮丁歷反臣則左之臣。謂囚俘異於衆物。車則說綏。執以將命。甲若有以前之。則執以將命。無以前之。則袒櫜奉冑甲。鎧也。有以前之。謂他摯幣也。櫜。弢鎧衣也。胄。兜鍪也。袒其衣。出兜鍪以致命。○說吐活反〔袒〕音但〔櫜〕音羔〔奉〕芳勇反〔胄〕直又反〔弢〕吐刀反

器則執蓋謂有表裏弓則以左手屈韣執拊韣弓衣也。左手屈衣并扵拊執之。而右手執簫。○〔韣〕音獨〔拊〕芳武反

劍則啟櫝蓋襲之。加夫襓與劍焉櫝。謂劍函也。襲。卻合之。夫襓。劍衣也。加劍於衣上。夫或爲煩。皆發聲。○〔櫝〕音獨〔夫〕音扶〔襓〕音饒

笏書脩苞苴弓茵席枕几熲杖琴瑟戈有刃者櫝筴籥其執之皆尚左手苞苴。謂編束萑葦以裹魚肉也。茵。著蓐也。熲。警枕也。筴。蓍也。籥如笛。三孔。皆十六物也。左手執上。上陽也。右手執下。

下陰也○頌京領反著音佇刃卻刃授穎削授拊辟用時穎鐶也拊謂把○穎役頂反削音笑凡有刺刃者以授人則辟刃辟刃不以正鄉人也○刺七智反又七亦反辟四亦反乘兵車出先刃入後刃不以刃鄉國也軍尚左左陽也陽主生將軍有廟勝之策左將軍為上貴不敗績卒尚右右陰也陰主殺卒之行伍以右為上示有死志○卒子忽反賓客主恭祭祀主敬喪事主哀會同主詡恭在貌也而敬又在心詡謂敏而有勇若齊國佐○詡況矩反軍旅思險隱險阻也出奇覆謏之處也隱意也思也情以虞虞度也當思念已情之所能以度彼

之將然否○覆芳富反伏兵也諼況煩反詐也燕侍食於君子則先飯而後已所以勸也○飯煩晚反下小飯同毋放飯毋流歠小飯而亟之亟疾也備噦噎若見問也○歠昌悅反亟紀力反噦於月反數噍毋為口容口容弄口○數色角反噍子笑反又在笑反客自徹辭焉則止主人辭其徹客爵居左其飲居右客爵謂主人所酬賓之爵也以優賓耳賓不舉奠于薦東介爵酢爵僎爵皆居右三爵皆飲爵也介賓之輔也酢所以酢主人也古文禮僎作遵遵謂鄉人為鄉大夫來觀禮者酢或為作僎或為騶○僎音遵騶責留反羞濡魚者進尾

擗之由後。鯁肉易離也。乾魚進首，擗之由前，理易析也。○濡音儒。擗補麥反。冬右腴，氣在下。腴，腹下也。夏右鰭，氣在上。鰭，脊也。○鰭音其。祭膴。膴，大臠，謂刳魚腹也。膴讀如冔。○膴舊火吳反，依注況甫反，徐況紆反。刳音枯。凡齊執之以右，居之於左。齊，謂食羹醬飲有齊和者也。居於左手之上，右手執而正之，由便也。○齊才細反。食音嗣。和戶臥反。下齊和同。贊幣自左，詔辭自右。自，由也。謂為君受幣，為君出命也。立者尊右。○為去聲，下為君同。酌尸之僕，如君之僕。當其為尸則尊。其在車則左執轡右受爵，祭左右軌范乃飲。周禮大御祭兩軹，祭軓乃飲。軌與軹於車同，謂轊頭也。範與范聲同。謂軾前也。○軌：媿美反　范音犯　軹音旨　轊音衞　凡羞有俎者，則於俎內祭。俎於人爲橫。不得祭於閒也。君子不食圂腴。周禮。圂作豢。謂犬豕之屬食米穀者也。腴有似於人穢。○圂音患　小子走而不趨，舉爵則坐祭立飲。小子。弟子也。卑。不得與賓介俱備禮容也。凡洗必盥。先盥乃洗爵。先自絜也。盥有不洗也。○盥音管。又古亂反　牛羊之肺，離而不提心。提猶絶也。刲離之。不絶中央少者。使易絶以祭耳。○提丁禮反　凡羞有湆者，不以齊。齊。和也。○湆起及反　爲君子擇葱薤，則絶其本末。爲有萎乾。○薤音械　羞首者，進

嘐祭耳耳出見也。嘐許穢反見賢遍反尊者以酌者之左
爲上尊尊者。設尊者也。酌者鄉尊。其左則右尊也尊壺者面其鼻
鼻在面中。言鄉人也。飲酒者機者醮者有折俎不坐折俎
尊。徹之乃坐也。已沐飲曰機。酌始冠曰醮。機其記反醮子笑反折之舌反未步
爵不嘗羞也步。行也牛與羊魚之腥聶而切之爲
膾聶之言牒也。先藿葉切之，復報切之，則成膾。聶之涉反。下皆同。膾古外反牒直輒
反麋鹿爲菹野豕爲軒皆聶而不切麕爲辟
雞兔爲宛脾皆聶而切之切葱若薤實之醯

以柔之此軒辟雞宛脾皆菹類也。其作之狀以醯與葷菜淹之。殺肉及腥氣也。麋音眉。軒音獻。麕俱倫反。辟音璧。又補麥反。宛於阮反。菹莊居反。其有折俎者。取祭反之。不坐。燔亦如之。亦爲柄尺之類也。燔炙也。鄉射曰。賓奠爵于薦西。興取肺。坐絕祭。左手嚌之。興加于俎。坐挩手。燔音煩。嚌才細反。挩始銳反。尸則坐。尸尊也。少牢饋食禮曰。尸左執爵。右兼取肝肺。擩于俎鹽。振祭嚌之。加于菹豆。食音嗣。擩而專反。又而悅反。衣服在躬。而不知其名。爲罔。罔。罔罔無知貌。其未有燭。而有後至者。則以在者告。道瞽亦然。爲其不見。意欲知之也。師冕見。及階。子曰。階也。及席。子曰。

席也。皆坐。子告之曰。某在斯。某在斯。凡飲酒。爲獻主者。執燭抱燋。客作而辭。然後以授人。爲宵言也。主人親執燭。敬賓。示不倦也。言獻主者。容君使宰夫也。未爇曰燋。○燋側角反。又子約反。爇人悅反。執燭不讓不辭不歌。以燭繼晝。禮殺。洗盥執食飲者勿氣。有問焉則辟咡而對。示不敢歆臭也。口旁曰咡。○辟匹亦反。咡而志反。歆許金反。臭許又反。爲人祭曰致福。爲己祭而致膳於君子曰膳。祔練曰告。此皆致祭祀之餘於君子也。攝主言致福。申其辭也。自祭言膳。謙也。祔練言告。不敢以爲福膳也。凡膳告於君子。主人展之以授使者于阼階之南南面再拜稽首送反命主人又再拜稽首（展省具也○使去聲）其禮大牢則以牛左肩臂臑折九个少牢則以羊左肩七个犆豕則以豕左肩五个（折斷分之也皆用左者右以祭也羊豕不言臂臑因牛序之可知○臑奴報反犆大得反斷丁管反又大喚反）

國家靡敝則車不雕幾甲不組縢食器不刻鏤君子不履絲屨馬不常秣（靡敝賦稅亟也雕畫也幾附纏爲沂鄂也組縢以組飾之及紟帶也詩云公徒三萬貝胄朱綅亦鎧飾也○靡亡皮反幾

其衣反(縢)大登反(沂)魚巾反(鄂)五各反(紟)其蔭反。結也(緌)息廉反。又音侵

# 禮記卷第十

相臺岳氏
刻梓家塾

少儀

舉人臣孫衡敬書

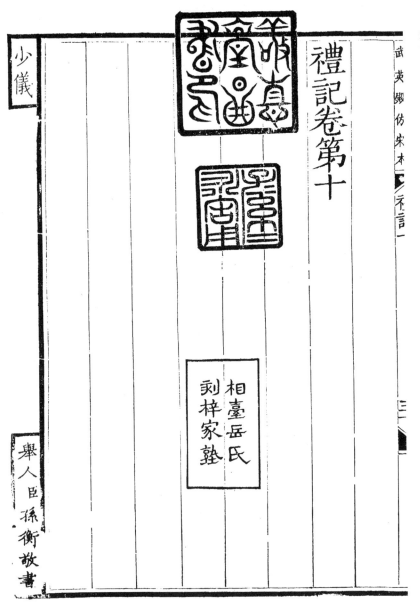

禮記卷十考證

喪服小記親親尊尊長長註言服之所以降殺○此一節正義曰論服之降殺之義謂降而漸殺也 殿本閣本兼義本俱作隆殺訛

絰殺五分而去一音義去起呂反○諸本俱作昌起反蓋必呂字誤昌而復倒置耳謬甚

除喪者註婦人除乎帶○帶諸本作要亦通但例以下註男子易乎帶則從原本爲長

麻同皆兼服之○案汞懷堂本脫此句據嘉萬諸本皆然閣本作麻葛正義所謂服麻兼服葛也 殿本及

陳澔集說本與此同

帶澡麻不絕本註其經帶澡率治麻爲之帶不絕其本。案正義字句與此同　殿本閣本爲之訛作爲經而以下帶字屬上則文複而雜矣

婦祔於祖姑註謂舅之母死。案舅之母正經所謂祖姑也諸本作舅姑母謬

大傳公子有宗道註則無所宗亦無之宗。他本俱作亦莫之宗案孔疏云無所宗即前經云有無宗也亦無之宗者即前經云亦莫之宗據此當從原本作無字

少儀敵者曰某固願見。集說本作適者註適讀爲敵

細案鄭註古本當作敵觀下文兩敵者可見

排闔脫屨音義闔胡臘反。諸本並作初獵反案初之

于胡毋既不合臘之于獵韻亦稍乖當從原本爲是

介者不拜註軍中之拜肅拜。案軍中釋經介者也介者不便于拜故肅之郤至三肅使者是也諸本軍作車非

熲杖琴瑟。此熲字訓警枕下當從禾原本熲字說文

云火光也義別

祭左右軌范註範與范聲同。 殿本閣本作軌與范

聲同非案軌音義媿美反豈得與范同聲又案經軌字依說文當作軓蓋古本傳訛已久也

其未有燭而有後至者○殿本閣本俱無下有字通志堂本與此同

禮記卷第十一

學記第十八　　鄭氏注

發慮憲求善良足以謏聞不足以動衆憲法也言發計慮當擬度於法式也求謂招來也謏之言小也動衆謂師役之事○謏思了反又所六反聞音問度大各反就賢體遠足以動衆未足以化民就謂躬下之體猶親也君子如欲化民成俗其必由學乎所學者聖人之道在方策玉不琢不成器人不學不知道是故古之王者建國君民教學爲先謂內

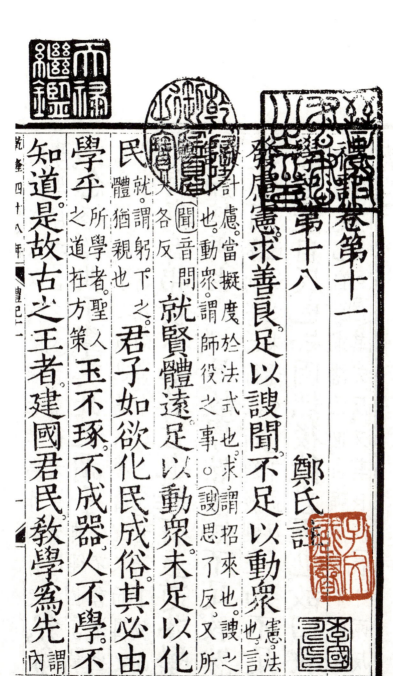

則設師保以教。使國子學焉。外則有大學庠序之官。○大音泰。後大學皆同兌命曰。念終始典于學。其此之謂乎。典。經也。言學之不舍業也。兌當爲說。字之誤也。高宗夢傅說。求而得之。作說命三篇。在尚書。今亡。○兌音說。下放此

雖有嘉肴。弗食不知其旨也。雖有至道。弗學不知其善也。旨。美也是故學然後知不足。教然後知困。學則睹己行之所短。教則見己道之未達。○行下孟反知不足然後能自反也。知困然後能自强也。故曰。教學相長也。自反。求諸己也。自强。脩業不敢倦。○强其丈反。又其良反。長丁兩反

兌命曰學學半其此之謂乎言學人乃益己之學半。學學上胡孝反。學人。胡孝反。又音教。古之教者家有塾黨有庠術有序國有學術當爲遂聲之誤也。古者仕焉而已者。歸教於閭里。朝夕坐於門。門側之堂謂之塾。周禮五百家爲黨。萬二千五百家爲遂。黨屬於鄉。遂在遠郊之外。塾音孰。一音育。術音遂。比年入學學者每歲來入也。比毗志反。中年考校中猶間也。鄉遂大夫間歲則考學者之德行道藝。周禮三歲大比乃考焉。中丁仲反。間去聲。下同。一年視離經辨志三年視敬業樂羣五年視博習親師七年視論學取友謂之小成。九年知類通達。强立而不反。謂之大成離經。斷句絕也。辨志。謂別其心意所趣鄉也。知類。知事義之比也。强立。臨事不惑也。不反。不違失師道。樂五孝反。又音岳。下不能樂學同。斷丁亂反。趣七住反。鄉許亮反。比必履反。一必利反。夫然後足以化民易俗。近者說服而遠者懷之。此大學之道也。懷來也。安也。說音悅記曰。蛾子時術之。其此之謂乎蛾蚍蜉也。蚍蜉之子。微蟲耳。時術蚍蜉之所爲。其功乃復成大垤。蛾音蟻蚍音毗。蜉音孚。大蟻垤大結反。蟻冢也大學始教。皮弁祭菜。示敬道也皮弁。天子之朝朝服也。祭菜。禮先聖先師。菜。謂芹藻之屬○朝朝並直遙反宵雅肄三。官其始也宵之言小也。肄習也。習小雅之三。謂鹿鳴。四牡。皇皇者華也。此皆君臣宴樂相勞苦之詩。爲始學者習之。所以勸之以官。且取上下相和厚○宵音消。肄以二反。樂音洛。勞力告反。又如字。爲于僞反入學鼓篋。孫其業也鼓篋。擊鼓警衆。乃發篋出所治經業也。孫猶恭順也。○篋苦協反。孫音遜。下皆同夏楚二物。收其威也夏。稻也。楚。荊也。二者所以扑撻犯禮者。收。謂收斂整齊之。威。威儀也。○夏古雅反。稻吐刀反未卜禘不視學。游其志也禘。大祭也。天子諸侯既祭。乃視學考校。以游暇學者之志意。○禘大計反時觀而弗語。存其心也使之悱悱憤憤。然後啓發也○語魚庶反幼者聽而弗問學不躐等也學。教也。教之長稺○學胡孝反躐里輒反此七者教之大倫也倫。理也。自大學始教至此。其義七也記曰凡學官先事士先志其此之謂乎官。居官者也士學士也大學之教也。時教必有正業退息必有居有居。有常居也學不學操縵不能安弦操縵。雜弄○操七刀反縵末旦反不學博依。不能安詩博依。廣譬喻也依或爲衣○依於豈反不學雜服不能安禮雜服。冕服皮弁之屬。雜或爲雅不興其藝不能樂學

興之言喜也。歆也。藝謂禮樂射御書數。興虛應反

故君子之於學也，藏焉脩焉息焉遊焉。藏謂懷抱之。脩習也。息謂作勞休止於之息。遊謂閒暇無事於之遊。

夫然故安其學而親其師，樂其友而信其道，是以雖離師輔而不反也。兌命曰：敬孫務時敏，厥脩乃來，其此之謂乎。敬孫。敬道孫業也。敏疾也。厥其也。學者務及時而疾。其所脩之業乃來。樂音岳。又音洛。又五孝反。離力智反

今之教者，呻其佔畢，多其訊。呻吟也。佔視也。簡謂之畢。訊猶問也。言今之師。自不曉經之義。但吟誦其所視簡之文。多其難問也。呻或爲慕。訊或

爲呰。呻音申，佔敕沾反，訊音信，難乃旦反，呰才斯反。又音紫。言及于數，其發言出說。不首其義。動云有所法象而已。數色住反。進而不顧其安，務其所誦多。不惟其未曉。使人不由其誠，由。用也。使學者誦之而爲之說。不用其誠。教人不盡其材，材。道也。謂師有所隱也。易曰兼三材而兩之。謂天地人之道。其施之也悖。其求之也佛。教者言非。則學者失問。悖布内反，佛扶弗反。夫然故隱其學而疾其師。苦其難而不知其益也，隱。不稱揚也。不知其益。若無益然。雖終其業。其去之必速。速。疾也。學不心解。則忘之易。去如字。又起呂反。教之不刑。其此之由乎刑猶成也大學之法。禁於未發之謂豫未發。情慾未生。謂年十五時。○禁居鴆反。又音金當其可之謂時可謂年二十成人時不陵節而施之謂孫不陵節謂不教長者才者以小。教幼者鈍者以大也。施猶教也。孫。順也相觀而善之謂摩不竝問。則教者思專也。摩。相切磋也。○思息吏反。下思放同此四者。教之所由興也興。起也

發然後禁。則扞格而不勝教不能勝其情慾。格讀如凍洛之洛。扞。堅不可入之貌。○扞胡半反。格胡客反。洛同。勝音升。又如字時過然後學。則勤苦而難成時過則思放也雜

施而不孫則壞亂而不脩小者不達。大者難識。學者所惑也。壞音怪。又胡拜反獨學而無友則孤陋而寡聞不相觀也燕朋逆其師燕猶褻也。褻其朋友燕辟廢其學褻師之譬喻。辟音譬。下罕辟同此六者教之所由廢也廢滅君子既知教之所由興。又知教之所由廢。然後可以爲人師也。故君子之教喻也。道而弗牽。强而弗抑。開而弗達道。示之以道塗也。抑猶推也。開。爲發頭角。○强其良反。又其兩反。下同爲發。于僞反道而弗牽則和。强而弗抑則易。

開而弗達則思。和易以思。可謂善喻矣思而得之則深。學者有四失。教者必知之。人之學也。或失則多。或失則寡。或失則易。或失則止。此四者。心之莫同也失於多。謂才少者。失於寡。謂才多者。失於易。謂好問不識者。失於止。謂好思不問者。○好呼報反。下好思、好述同。知其心。然後能救其失也救其失者。多與易則抑之。寡與止則進之。教也者。長善而救其失者也。善歌者使人繼其聲。善教者使人繼其志言爲之善者。則後人樂放傚。○長丁丈反。下同。其言也約而達。微而臧。罕譬而喻。可謂繼志矣。（師說之明，則弟子好述之。其言少而解。臧，善也。）君子知至學之難易而知其美惡。然後能博喻。能博喻然後能爲師。能爲師然後能爲長。能爲長然後能爲君。（美惡，說之是非也。長，達官之長。○惡，烏路反。又如字。）故師也者。所以學爲君也。（弟子學於師，學爲君。）是故擇師不可不愼也。（師善則善。）記曰。三王四代唯其師。此之謂乎。（四代，虞夏殷周。）凡學之道。嚴師爲難。（嚴，尊敬也。）師嚴然後道尊。道尊然後民知敬學。是故君之所不臣於其臣者二。當其爲尸。則弗臣也。當其爲師。則弗臣也。尸主也。爲祭主也。大學之禮。雖詔於天子。無北面。所以尊師也。尊師重道焉。不使處臣位也。武王踐阼。召師尚父而問焉。曰。昔黃帝顓頊之道存乎。意亦忽不可得見與。師尚父曰。在丹書。王欲聞之。則齊矣。王齊三日。端冕。師尚父亦端冕奉書而入。負屏而立。王下堂。南面而立。師尚父曰。先王之道不北面。王行西折而南。東面而立。師尚父西面道書之言。(與)音餘。(齊)音齋。下同。(奉)芳勇反。(折)之設反。善學者。師逸而功倍。又從而庸之。不善學者。師勤而功半。又從而怨之。從，隨也。庸，功也。功之，受其道有功於己。善問者如攻堅木。先其易者。後其節目。及其久也。相說以解。不善問者反此。言先易後難。以漸入。○說音悅。善待問者如撞鐘。叩之以小者則小鳴。叩之以大者則大鳴。待其從容。然後盡其聲。不善荅問者反此。從讀如富父舂戈之舂。舂容，謂重撞擊也。始者一聲而已。學者既開其端意。進而復問。乃極說之。如撞鐘之成聲矣。從或爲松。○撞丈江反。叩音口。從式容反。此皆進學之道也。此皆善問善荅也。記問之學。不足以爲人師記問。謂豫誦雜難雜說。至講時爲學者論之。此或時師不心解。或學者所未能問○難乃旦反必也其聽語乎必待其問。乃說之力不能問。然後語之。語之而不知。雖舍之可也舍之。須後。○語魚據反。下同。舍音捨。又如字。下同良冶之子。必學爲裘仍見其家錮補穿鑿之器也。補器者。其金柔乃合。有似於爲裘。○冶音也良弓之子。必學爲箕仍見其家撓角幹也。撓角幹者。其材宜調。調乃三體相勝。有似於爲楊柳之箕。○箕音基。勝音升。任也。一尺證反始駕馬者反之。車在馬前以言仍見則貫。即事易也。○貫古患反君子察於此三者可以有志於學矣。仍讀先王之道，則爲來事不惑。古之學者比物醜類。以事相況而爲之。醜猶比也。醜或爲計。鼓無當於五聲，五聲弗得不和；水無當於五色，五色弗得不章；學無當於五官，五官弗得不治；師無當於五服，五服弗得不親。當猶主也。五服，斬衰至緦麻之親。當丁浪反。君子曰：大德不官，謂君也。大道不器，謂聖人之道，不如器施於一物。大信不約，謂若胥命于蒲，無盟約。約於妙反，沈於略反。大時不齊。或時以生，或時以死。察於此四者，可以有志於本矣本立而道生。言以學爲本。則其德於民無不化。於俗無不成三王之祭川也。皆先河而後海。或源也。或委也。此之謂務本源。泉所出也。委。流所聚也。始出一勺。卒成不測。(委)於僞反

# 樂記第十九 鄭氏註

凡音之起由人心生也。人心之動物使之然也。感於物而動。故形於聲宮商角徵羽雜比曰音。單出曰聲。形猶見也。(徵)張里反(比)毗志反。下同(見)賢遍反聲相應。故生變樂之器。彈其宮則衆宮應。然不足樂。是以變之使雜也。易曰。同聲相應。同氣相求。春秋傳曰。若以水

濟水。誰能食之。若琴瑟之專一。誰能聽之。變成方。謂之音。方猶文章也。

比音而樂之。及干戚羽旄。謂之樂。干。盾也。戚。斧也。武。舞所執也。羽。翟羽也。旄。旄牛尾也。文舞所執。周禮。舞師樂師掌教舞。有兵舞。有干舞。有羽舞。有旄舞。詩曰。左手執籥。右手秉翟。

樂者。音之所由生也。其本在人心之感於物也。是故其哀心感者。其聲噍以殺。其樂心感者。其聲嘽以緩。其喜心感者。其聲發以散。其怒心感者。其聲粗以厲。其敬心感者。其聲直以廉。其愛心感者。其聲和以柔。六者非性也。感於物而后動。言人聲在所見。非有常也。噍。踧也。嘽。寬綽貌。發。猶揚也。粗。麤也。○噍子遙反。又在堯反。殺色界反。又所例反。其樂音洛。嘽昌善反。散思旦反。粗采都反。又才古反。踧子六反。是故先王慎所以感之者。故禮以道其志。樂以和其聲。政以一其行。刑以防其姦。禮樂刑政。其極一也。極。至也。○行下孟反。所以同民心而出治道也。此其所謂至也。凡音者。生人心者也。情動於中。故形於聲。聲成文。謂之音。是故治世之音。安以樂。其政和。

亂世之音怨以怒。其政乖。亡國之音哀以思。其民困。聲音之道。與政通矣。言八音和否隨政也。玉藻曰。御瞽幾聲之上下。○思息吏反。又音笥。幾居希反。又音祈。宮爲君。商爲臣。角爲民。徵爲事。羽爲物。五者不亂。則無怗懘之音矣。五者。君臣民事物也。凡聲濁者尊。清者卑。怗懘。敝敗不和貌。○怗昌廉反。弊也。○懘昌制反。又昌紙反。敗也。宮亂則荒。其君驕。商亂則陂。其宮壞。角亂則憂。其民怨。徵亂則哀。其事勤。羽亂則危。其財匱。五者皆亂。迭相陵。謂之慢。

如此則國之滅亡無日矣君臣民事物其道亂則其音應而亂荒猶散也陂傾也書曰王耄荒易曰無平不陂○陂彼義反鄭衛之音亂世之音也比於慢矣比猶同也○比毗志反又如字桑間濮上之音亡國之音也其政散其民流誣上行私而不可止也濮水之上地有桑間者亡國之音於此之水出也昔殷紂使師延作靡靡之樂已而自沈於濮水後師涓過焉夜聞而寫之爲晉平公鼓之是之謂也桑間在濮陽南誣罔也○濮音卜凡音者生於人心者也樂者通倫理者也倫猶類也理分也○分扶問反是故知聲而

不知音者。禽獸是也。知音而不知樂者。衆庶是也。唯君子爲能知樂。禽獸知此爲聲耳。不知其宮商之變也。八音竝作。克諧曰樂。是故審聲以知音。審音以知樂。審樂以知政。而治道備矣。是故不知聲者。不可與言音。不知音者。不可與言樂。知樂則幾於禮矣。禮樂皆得。謂之有德。德者得也。幾。近也。聽樂而知政之得失。則能正君臣民事物之禮也。○幾音譏。一巨依反是故樂之隆。非極音也。食饗之禮。非致味也。隆猶盛也。極窮也。○食音

嗣

清廟之瑟。朱弦而疏越。壹倡而三歎。有遺音者矣。大饗之禮。尚玄酒而俎腥魚。大羹不和。有遺味者矣。清廟。謂作樂歌清廟也。朱弦。練朱弦。練則聲濁。越。瑟底孔也。畫疏之。使聲遲也。倡。發歌句也。三歎。三人從歎之耳。大饗。祫祭先王。以腥魚爲俎實。不臑孰之。大羹。肉湆。不調以鹽菜。遺猶餘也。○疏音疎　和去聲　畫音獲　臑音而　湆去及反

是故先王之制禮樂也。非以極口腹耳目之欲也。將以教民平好惡。而反人道之正也。教之使知好惡也。○好惡皆去聲。又如字。後同

人生而靜。天之性也。感

於物而動性之欲也言性不見物則無欲物至知知然後好惡形焉至來也知知每物來則又有知也言見物多則欲益衆形猶見也好惡無節於內知誘於外不能反躬天理滅矣節法度也知猶欲也誘猶道也引也躬猶己也理猶性也○誘音酉夫物之感人無窮而人之好惡無節則是物至而人化物也人化物也者滅天理而窮人欲者也窮人欲言無所不爲於是有悖逆詐僞之心有淫泆作亂之事是故强者脅弱衆者暴寡知者詐

愚。勇者苦怯。疾病不養。老幼孤獨不得其所。此大亂之道也。是故先王之制禮樂。人爲之節。言爲作法度。以遏其欲。○悖布內反。下同。彊其良反。知音智衰麻哭泣。所以節喪紀也。鐘鼓干戚。所以和安樂也。昏姻冠笄。所以別男女也。射鄉食饗。所以正交接也。男二十而冠。女許嫁而笄。成人之禮。射鄉。大射。鄉飲酒也。○衰七雷反。樂音洛冠古亂反。食音嗣別彼列反。下同禮節民心。樂和民聲。政以行之。刑以防之。禮樂刑政。四達而不悖。則王道備矣樂者爲同禮者爲異同則相親異則相敬同謂協好惡也異謂別貴賤樂勝則流禮勝則離流謂合行不敬也離謂析居不和也合情飾貌者禮樂之事也欲其竝行斌斌然○飾音式又音㪭斌彼貧反禮義立則貴賤等矣樂文同則上下和矣好惡著則賢不肖別矣刑禁暴爵舉賢則政均矣仁以愛之義以正之。如此則民治行矣等階級也樂由中出和在心也禮自外作敬在貌也樂由中出故靜禮自外作故文文猶

動也大樂必易。大禮必簡。易簡若於清廟大樂饗然。易以豉反

至則無怨。禮至則不爭。揖讓而治天下者。禮

樂之謂也。至猶達也。行也。暴民不作。諸侯賓服。兵革

不試。五刑不用。百姓無患。天子不怒。如此則

樂達矣。合父子之親。明長幼之序。以敬四海

之內。天子如此則禮行矣。賓協也。試用也。大樂與天

地同和。大禮與天地同節。言順天地之氣與其數。和故

百物不失。不失其性。節故祀天祭地。成物有功。報焉。明則

有禮樂教人者幽則有鬼神助天地成物者也。易曰。是故知鬼神之情狀。與天地相似。五帝德說。黃帝德曰。死而民畏其神者百年。春秋傳曰。若敖氏之鬼。然則聖人之精氣謂之神。賢知之精氣謂之鬼如此則四海之內合敬同愛矣禮者殊事合敬者也樂者異文合愛者也禮樂之情同故明王以相沿也沿猶因述也。孔子曰。殷因於夏禮。所損益可知也周因於殷禮。所損益。可知也。沿或作緣○沿音緣故事與時竝舉事在其時也。禮器曰。堯授舜。舜授禹。湯放桀。武王伐紂。時也名與功偕爲名在其功也。偕猶俱也。堯作大章。舜作大韶。禹作大夏。湯作大濩。

樂記

武王作大武。各因其得天下之功故鐘鼓管磬羽籥干戚樂之器也。屈伸俯仰。綴兆舒疾樂之文也。簠簋俎豆制度文章禮之器也。升降上下周還裼襲禮之文也。綴。謂酇舞者之位也。兆。其外營域也。〇綴丁劣反。又丁衛反。下同。還音旋。裼思歷反。酇作管反故知禮樂之情者能作識禮樂之文者能述。述。謂訓其義也作者之謂聖述者之謂明明聖者述作之謂也。樂者天地之和也。禮者天地之序也。和故百物皆化。序故羣物皆別。化猶生也。別謂形體異也。樂由天作。禮以地制。言法天地也。過制則亂。過作則暴。過猶誤也。暴失文武之意。明於天地。然後能興禮樂也。論倫無患。樂之情也。欣喜歡愛。樂之官也。倫猶類也。患害也。官猶事也。中正無邪。禮之質也。莊敬恭順。禮之制也。質猶本也。邪似嗟反。若夫禮樂之施於金石。越於聲音。用於宗廟社稷。事乎山川鬼神。則此所與民同也。言情官質制。先王所專也。王者功成作樂。治定制禮。功成治定同時耳。功

主於王業。治主於敎民。明堂位說周公曰。其治天下六年。朝諸侯於明堂。制禮作樂

功大者其樂備。其治辯者其禮具。辯。偏也。○(辯)舊音遍。廣雅薄莧反干戚之舞。非備樂也。樂以文德爲備。若咸池者。孔子曰。韶盡美矣。又盡善也。謂武盡美矣。未盡善也。孰亨而祀。非達禮也。達。具也。郊特牲曰。郊血。大饗腥。三獻爓。一獻孰。至敬不饗味而貴氣臭也。○(亨)音烹。又許兩反(爓)在廉反五帝殊時。不相沿樂。三王異世。不相襲禮。言其有損益也樂極則憂。禮粗則偏矣。樂。人之所好也。害在淫侉。禮。人之所勤也。害在倦略。○(粗)音麤。後同(侉)苦瓜反及夫敦樂而

無憂禮備而不偏者其唯大聖乎（敦厚也）天高地下萬物散殊而禮制行矣（禮爲異也）流而不息合同而化而樂興焉（樂爲同也）春作夏長仁也秋斂冬藏義也仁近於樂義近於禮（言樂法陽而生禮法陰而成○長丁丈反）樂者敦和率神而從天禮者別宜居鬼而從地（敦和樂貴同也率循也從順也別宜禮尚異也居鬼謂居其所爲亦言循之也鬼神謂先聖先賢也○敦音純）故聖人作樂以應天制禮以配地禮樂明備天地官矣（官猶事也各得其事）

天尊地卑。君臣定矣。卑高已陳。貴賤位矣。動靜有常。小大殊矣。方以類聚。物以羣分。則性命不同矣。在天成象。在地成形。如此。則禮者天地之別也。卑高。謂山澤也。位矣。尊卑之位象山澤也。動靜陰陽用事。小大萬物也。大者常存。小者隨陽出入。方。謂行蟲也。物。謂殖生者也。性之言生也。命。生之長短也。象。光耀也。形。體貌也。地氣上齊。天氣下降。陰陽相摩。天地相蕩。鼓之以雷霆。奮之以風雨。動之以四時。煖之以日月。而百化興焉。如此。則樂者天地之和也。齊讀爲躋。躋，升也。摩猶迫也。蕩猶動也。奮，迅也。百化，百物化生也。○齊子兮反。蕩大儻反。煖許袁反。又況遠反。化不時則不生，男女無辨則亂升，天地之情也。辨，別也。升，成也。樂失則害物，禮失則亂人。及夫禮樂之極乎天而蟠乎地，行乎陰陽而通乎鬼神，窮高極遠而測深厚。極，至也。蟠猶委也。高遠，三辰也。深厚，山川也。言禮樂之道，上至於天，下委於地，則其間無所不之。○蟠步丹反。又蒲何反。樂著大始，而禮居成物。著之言處也。大始，百物之始生也。○著直略反。大音泰。處昌呂反。著不息者天也，著不動者地也著猶明白也。息猶休止也。易曰。天行健。君子以自强不息一動一靜者。天地之間也間。謂百物也故聖人曰禮樂云言禮樂之法天地也。樂靜而禮動。其竝用事。則亦天地之間耳昔者舜作五絃之琴。以歌南風。夔始制樂。以賞諸侯夔欲舜與天下之君共此樂也。南風。長養之風也。以言父母之長養己。其辭未聞也。夔。舜時典樂者也。書曰。夔。命女典樂故天子之爲樂也。以賞諸侯之有德者也。德盛而教尊。五穀時孰。然後賞之以樂。故其治民勞者。其舞行綴遠。其治民逸者。其舞行綴短民勞則德薄。酇相去遠。舞人少也。民逸則德盛。酇相去近。舞人多也。○行戶剛反故觀其舞知其德聞其謚知其行也謚者行之迹也。○行下孟反大章章之也堯樂名也。言堯德章明也。周禮闕之。或作大卷咸池備矣黃帝所作樂名也。堯增脩而用之。咸皆也。池之言施也。言德之無不施也。周禮曰大咸韶繼也舜樂名也。韶之言紹也。言舜能繼紹堯之德。周禮曰大韶夏大也禹樂名也。言禹能大堯舜之德。周禮曰大夏殷周之樂盡矣言盡人事也。周禮曰大濩大武。○濩音護天地之道寒暑不時則疾風雨不節則饑教者民之寒暑也。教不時則傷世。事者民之風雨也。事不節則無功。教謂樂也。然則先王之爲樂也。以法治也。善則行象德矣。以法治。以樂爲治之法。行象德。民之行順君之德也。夫豢豕爲酒。非以爲禍也。而獄訟益繁。則酒之流生禍也。以穀食犬豕曰豢。爲。作也。言豢豕作酒。本以饗祀養賢。而小人飲之善酗以致獄訟。豢音患。食音嗣。是故先王因爲酒禮。壹獻之禮。賓主百拜。終日飲酒而不得醉焉。此先王之所以備酒禍也。壹獻。士飲酒之禮。百拜以喻多。故酒食者所以合歡也樂者所以象德也禮者所以綴淫也綴猶止也○綴知劣反是故先王有大事必有禮以哀之有大福必有禮以樂之哀樂之分皆以禮終大事謂死喪也○樂音洛下所樂哀樂樂康樂皆同分扶問反樂也者聖人之所樂也而可以善民心其感人深其移風易俗故先王著其教焉著猶立也謂立司樂以下使教國子○著知慮反夫民有血氣心知之性而無哀樂喜怒之常應感起物而動然後心術

形焉。言在所以感之也。術，所由也。形猶見也。○知音智，見賢遍反是故志微噍殺之音作而民思憂。嘽諧慢易繁文簡節之音作而民康樂。粗厲猛起奮末廣賁之音作而民剛毅。廉直勁正莊誠之音作而民肅敬。寬裕肉好順成和動之音作而民慈愛。流辟邪散狄成滌濫之音作而民淫亂。志微，意細也。吳公子札聽鄭風，而曰其細已甚，民弗堪也。簡節，少易也。奮末，動使四支也。賁讀曰憤。憤，怒氣充實也。春秋傳曰：血氣狡憤。肉，肥也。狄滌，往來疾貌也。濫，僭差也。此皆民心無常之微也。內或爲潤。○噍子遥反殺色界反。又色例反思息吏反。又音斯嘽昌善反易以豉反賁扶粉反肉而救反好呼報反辟匹亦反狄他歷反滌大歷反

是故先王本之情性。稽之度數。制之禮義。合生氣之和。道五常之行。使之陽而不散。陰而不密。剛氣不怒。柔氣不懾。四暢交於中。而發作於外。皆安其位而不相奪也。生氣陰陽氣也。五常五行也。密之言閉也。懾猶恐懼也。○行下孟反懾之涉反

然後立之學等。廣其節奏。省其文采。以繩德厚。等差也。各用其才之差學之。廣謂增習之。省猶審也。

文采謂節奏合也繩猶度也周禮大司樂以樂語教國子興道諷誦言語以樂舞教國子舞雲門大卷大咸大韶大夏大濩大武○省西領反度大各反卷音權律小大之稱比終始之序以象事行律六律也周禮典同以六律六同辨天地四方陰陽之聲以爲樂器小大謂高聲正聲之類也終始謂始於宮終於羽宗廟黃鍾爲宮大呂爲角大蔟爲徵應鍾爲羽以象事行宮爲君商爲臣○稱尺證反比毗志反蔟七豆反使親疏貴賤長幼男女之理皆形見於樂故曰樂觀其深矣謂同聽之莫不和敬莫不和順莫不和親○見音現土敝則草木不長水煩則魚鼈不大氣

衰則生物不遂。世亂則禮慝而樂淫。是故其聲哀而不莊。樂而不安。慢易以犯節。流湎以忘本。廣則容姦。狹則思欲。感條暢之氣。而滅平和之德。是以君子賤之也。遂猶成也。慝穢也。廣謂聲緩也。狹謂聲急也。感動也。動人條暢之善氣。使失其所。○慝吐得反。易以豉反。湎緜鮮反。和胡臥反凡姦聲感人。而逆氣應之。逆氣成象。而淫樂興焉。正聲感人。而順氣應之。順氣成象。而和樂興焉。倡和有應。回邪曲直。各歸其分。而萬物之理各以類相動也成象者謂人樂習焉○分去聲是故君子反情以和其志比類以成其行姦聲亂色不留聰明淫樂慝禮不接心術惰慢邪辟之氣不設於身體使耳目鼻口心知百體皆由順正以行其義反猶本也術猶道也○其行去聲辟匹亦反知音智然後發以聲音而文以琴瑟動以干戚飾以羽旄從以簫管奮至德之光動四氣之和以著萬物之理奮猶動也動至德之光謂降天神出地祇假祖考著猶成

也○著張慮反假古迫反是故清明象天廣大象地終始象四時周還象風雨五色成文而不亂八風從律而不姦百度得數而有常小大相成終始相生倡和清濁迭相爲經清明謂人聲也廣大謂鐘鼓也周還謂舞者五色五行也八風從律應節至也百度百刻也言日月晝夜不失正也清謂蕤賓至應鍾也濁謂黃鐘至中呂故樂行而倫清耳目聰明血氣和平移風易俗天下皆寧言樂用則正人理和陰陽也倫謂人道也故曰樂者樂也君子樂得其道小人

樂得其欲以道制欲則樂而不亂以欲忘道則惑而不樂（道謂仁義也欲謂邪淫也○樂也至不樂音洛）是故君子反情以和其志廣樂以成其教樂行而民鄉方可以觀德矣（方猶道也○鄉許亮反）德者性之端也樂者德之華也金石絲竹樂之器也詩言其志也歌咏其聲也舞動其容也三者本於心然後樂氣從之是故情深而文明氣盛而化神和順積中而英華發外唯樂不可以爲

僞三者本。志也。聲也。容也。言無此本於內則不能爲樂也樂者心之動也聲者樂之象也文采節奏聲之飾也君子動其本樂其象然後治其飾是故先鼓以警戒三步以見方再始以著往復亂以飭歸奮疾而不拔極幽而不隱獨樂其志不厭其道備舉其道不私其欲是故情見而義立樂終而德尊君子以好善小人以聽過故曰生民之道樂爲大焉文采。樂之威儀也。先鼓將奏樂先擊鼓。以警戒衆也。三步者謂將舞必先三舉足以見其舞之漸也再始以著往武王除喪至盟津之上紂未可伐還歸二年乃遂伐之武舞再更始以明伐時再往也復亂以飭歸謂鳴鐃而退明以整歸也奮疾謂舞者也極幽謂歌者也○警音景見賢遍反下皆同著張慮反獨樂音洛厭於艷反好呼報反

樂也者施也禮也者報也言樂出而不反而禮有往來也○施始豉反樂樂其所自生而禮反其所自始樂章德禮報情反始也自由也所謂大輅者天子之車也龍旂九旒天子之旌也青黑緣者天子之寶龜也從之以牛羊之羣則所以

贈諸侯也贈諸侯。謂來朝將去。送之以禮。○緣悅絹反樂也者情之不可變者也禮也者理之不可易者也理猶事也樂統同禮辨異統同。同和合也。辨異。異尊卑也。禮樂之說管乎人情矣管猶包也窮本知變樂之情也著誠去僞禮之經也禮樂偩天地之情達神明之德降興上下之神而凝是精粗之體領父子君臣之節偩猶依象也。降。下也。興猶出也。凝成也。精粗。謂萬物大小也。領猶理治也。○去起呂反。偩音負是故大人舉禮樂則天地將爲昭焉言天地將爲之昭然明也天地訢合陰陽相得煦嫗覆育萬物然後草木茂區萌達羽翼奮角觡生蟄蟲昭蘇羽者嫗伏毛者孕鬻胎生者不殰而卵生者不殈則樂之道歸焉耳訢讀爲熹熹猶蒸也。氣曰煦。體曰嫗。屈生曰區。無䚡曰觡。昭曉也。蟄蟲以發出爲曉。更息曰蘇。孕任也。鬻生也。內敗曰殰。殈裂也。今齊人語有殈者。○訢音熹。一音欣。煦許具反。又況甫反。嫗於具反。又於甫反。下同。區古侯反。又丘于反。一烏侯反。觡古伯反。伏扶又反。鬻音育。殰音獨。懷任不成也。殈呼闃反。又音溢。䚡息才反。樂者非謂黃鐘大呂弦歌干揚也。樂之末節也。故童者舞之。鋪筵席陳尊俎。列籩豆。以升降爲禮者。禮之末節也。故有司掌之。言禮樂之本。由人君也。禮本著誠去僞。樂本窮本知變。○鋪普胡反。又音敷。去起呂反樂師辨乎聲詩。故北面而弦。宗祝辨乎宗廟之禮。故後尸。商祝辨乎喪禮。故後主人。辨猶別也。正也。弦謂鼓琴瑟也。後尸居後贊禮儀。此言知本者尊。知末者卑是故德成而上。藝成而下。行成而先。事成而後。德三德也。行三行也。藝才技也。先謂位在上也。後謂位在下也。○行下孟反是故先王有上有下有先有後然後可以有制於天下也言尊卑備乃可制作以爲治法魏文侯問於子夏曰吾端冕而聽古樂則唯恐臥聽鄭衛之音則不知倦敢問古樂之如彼何也新樂之如此何也魏文侯晉大夫畢萬之後僭諸侯者也端玄衣也古樂先王之正樂也

子夏對曰今夫古樂進旅退旅和正以廣弦匏笙簧會守拊鼓始奏以文復亂以武治亂以相訊疾以雅君子於是語於是道古脩

身及家平均天下。此古樂之發也。旅猶俱也。俱進俱退。言其齊一也。和正以廣。無姦聲也。會猶合也。皆也。言衆皆待擊鼓乃作。周禮大師職曰。大祭祀。帥瞽登歌。合奏擊拊。下管播樂器。合奏鼓朄。文謂鼓也。武謂金也。相即拊也。亦以節樂。拊者以韋爲表。裝之以糠。糠一名相。因以名焉。今齊人或謂糠爲相。雅亦樂器名也。狀如漆筩中有椎。夫音扶。相息亮反。朄音引。今夫新樂。進俯退俯。姦聲以濫。溺而不止。及優侏儒。獶雜子女。不知父子。樂終不可以語。不可以道古。此新樂之發也。俯猶曲也。言不齊一也。濫濫竊也。溺而不止。聲淫亂無以治之。獶獼猴也。

言舞者如獮猴戲也。亂男女之尊卑。獶或爲優。侏音朱。儒音儒。獶乃刀反。今君之所問者樂也。所好者音也。夫樂者與音相近而不同。言文侯好音而不知樂也。鏗鏘之類皆爲音。應律乃爲樂。好去聲。下同。文侯曰。敢問何如。欲知音樂異意。子夏對曰。夫古者天地順而四時當。民有德而五穀昌。疾疢不作而無妖祥。此之謂大當。然後聖人作爲父子君臣。以爲紀綱。紀綱既正。天下大定。天下大定。然後正六律。和五聲。弦歌詩頌。此之謂德音德音之謂樂當謂樂不失其所○當丁浪反下同疢敕覲反詩云莫其德音其德克明克明克類克長克君王此大邦克順克俾俾于文王其德靡悔既受帝祉施于孫子此之謂也此有德之音所謂樂也德正應和曰莫照臨四方曰明勤施無私曰類教誨不倦曰長慶賞刑威曰君慈和偏服曰順俾當爲比聲之誤也擇善從之曰比施延也言文王之德皆能如此故受天福延於後世也○莫亡白反長丁丈反王于況反祉敕紀反施以豉反施始豉反今君之所好者其溺音乎言無文王之德則所好非樂也文侯曰

敢問溺音何從出也玩習之久。不知所由出也子夏對曰。鄭音好濫淫志。宋音燕女溺志。衛音趨數煩志。齊音敖辟喬志。此四者。皆淫於色而害於德。是以祭祀弗用也言四國皆出此溺音。濫濫竊姦聲也。燕安也。春秋傳曰。懷與安實敗名。趨數讀爲促速。聲之誤也。煩勞也。祭祀者不用淫樂。○趨音促數音速敖五報反辟匹亦反喬音驕詩云。肅雍和鳴。先祖是聽。夫肅肅敬也。雍雍和也。夫敬與和。何事不行言古樂敬且和。故無事而不用。溺音無所施爲人君者。謹其所好惡而已矣君好之則臣爲之上行之則民從之詩云誘民孔易此之謂也誘進也孔甚也言民從君所好惡進之於善無難○易以豉反然後聖人作爲鞉鼓椌楬壎篪此六者德音之音也六者爲本以其聲質也椌楬謂柷敔也壎篪或爲簨虡○鞉音桃椌苦江反楬苦瞎反壎許袁反篪直支反簨恤尹反虡音巨然後鐘磬竽瑟以和之干戚旄狄以舞之此所以祭先王之廟也所以獻酬酳酢也所以官序貴賤各得其宜也所以示後世有尊卑長

幼之序也官序貴賤。謂尊卑。樂器。列數有差次○竽音于和如字。又胡卧反酳音靷。又仕觀反鐘聲鏗鏗以立號號以立橫橫以立武君子聽鐘聲則思武臣號號令所以警衆也。橫充也。謂氣作充滿也○鏗苦耕反號胡到反橫古曠反石聲磬磬以立辨辨以致死君子聽磬聲則思死封疆之臣石聲磬。磬當爲罄字之誤也。辨謂分明於節義○罄口挺反。又口定反絲聲哀哀以立廉廉以立志君子聽琴瑟之聲則思志義之臣廉廉隅也竹聲濫濫以立會會以聚衆君子聽竽笙簫管之聲則思畜聚之臣濫之意猶擥聚也會猶聚也聚或爲最〇濫力敢反會戶外反又古外反擥力敢反鼓鼙之聲讙讙以立動動以進衆君子聽鼓鼙之聲則思將帥之臣聞讙囂則人意動作讙或爲歡動或爲勳〇鼙步西反讙呼端反又音喧將子亮反下同君子之聽音非聽其鏗鎗而已也彼亦有所合之也以聲合成己之志〇鎗七羊反又叱衡反賓牟賈侍坐於孔子孔子與之言及樂曰夫武之備戒之已久何也對曰病不得其衆也武謂周舞也備

戒。擊鼓警衆。病猶憂也。以不得衆心爲憂。憂其難也。咏歎之。淫液之。何也。對曰。恐不逮事也。咏歎淫液。歌遲之也。逮及也。事。伐事也。○遲直冀反發揚蹈厲之已蚤。何也。對曰。及時事也。時至武事當施也武坐致右憲左。何也。對曰。非武坐也。言武之事無坐也。致。謂膝至地也。憲讀爲軒。聲之誤。○憲音軒聲淫及商。何也。對曰。非武音也。言武歌在正其軍。不貪商也。時人或說其義爲貪商也子曰。若非武音。則何音也。對曰。有司失其傳也。若非有司失其傳。則武王之志荒矣。有司典樂者也。傳猶說也。荒老耄也。言典樂者失其說也。而時人妄說也。書曰王耄荒子曰唯丘之聞諸萇弘亦若吾子之言是也萇弘周大夫。萇直良反賓牟賈起免席而請曰夫武之備戒之已久則既聞命矣敢問遲之遲而又久何也遲之遲謂久立於綴子曰居吾語女夫樂者象成者也揔干而山立武王之事也發揚蹈厲大公之志也武亂皆坐周召之治也居猶安坐也成謂已成之事也揔干持盾也山立猶正立也象武王持盾正立待諸侯也發揚蹈厲所以象威

武時也。武舞。象戰鬬也。亂謂失行列也。失行列則皆坐。象周公召公以文止武也。○語魚據反（女）音汝（大）音泰（召）音邵

且夫武始而北出。再成而滅商。三成而南。四成而南國是疆。五成而分周公左召公右。六成復綴以崇。

成猶奏也。每奏武曲一終爲一成。始奏象觀兵孟津時也。再奏象克殷時也。三奏象克殷有餘力而反也。四奏象南方荆蠻之國侵畔者服也。五奏象周公召公分職而治也。六奏象兵還振旅也。復綴反位止也。崇充也。凡六奏以充武樂也。○（綴）丁劣反。又丁衞反。下同

天子夾振之而駟伐。盛威於中國也。

夾振之者。王與大將夾舞者振鐸以爲節也。駟

當爲四。聲之誤也。武舞戰象也。每奏四伐。一擊一刺爲一伐。牧誓曰。今日之事。不過四伐五伐。○刺七亦反分夾而進。事蚤濟也。分猶部曲也。事猶爲也。濟成也。舞者各有部曲之列。又夾振之者。象用兵務於早成也。○分扶問反久立於綴。以待諸侯之至也。象武王伐紂待諸侯也且女獨未聞牧野之語乎。欲語以作武樂之意武王克殷反商。未及下車。而封黃帝之後於薊。封帝堯之後於祝。封帝舜之後於陳。下車而封夏后氏之後於杞。投殷之後於宋。封王子比干之墓。釋箕子之囚使之行商容而復其位庶民弛政庶士倍祿濟河而西馬散之華山之陽而弗復乘牛散之桃林之野而弗復服車甲衅而藏之府庫而弗復用倒載干戈包之以虎皮將帥之士使爲諸侯名之曰建櫜然後天下知武王之不復用兵也反當爲及字之誤也及商謂至紂都也牧誓曰至于商郊牧野封謂故無土地者也投舉徙之辭也時武王封紂子武庚於殷墟所徙者微子也後周公更封而大之積土爲封封比干墓崇賢也行猶視也使箕子視商禮樂之

官。賢者所處，皆令反其居也。弛政，去其紂時苛政也。倍祿，復其紂時薄者也。散，猶放也。桃林在華山旁。甲，鎧也。衅，釁字也。包干戈以虎皮，明能以武服兵也。建，讀爲鍵，字之誤也。兵甲之衣曰櫜。鍵櫜，言閉藏兵甲也。詩曰：載櫜弓矢。春秋傳曰：垂櫜而入。周禮曰：櫜之欲其約也。薊或爲續，祝或爲鑄。○薊音計，祝之六反，行下孟反，復音伏，華如字，又戶化反，弗扶又反，衅許靳反，倒丁老反，建其展反，櫜音羔。

散軍而郊射，左射貍首，右射騶虞，而貫革之射息也。裨冕搢笏，而虎賁之士說劍也。祀乎明堂，而民知孝。朝覲，然後諸侯知所以臣。耕藉，然後諸侯知所以敬五者天下之大教也。郊射爲射宮於郊也。左東學也。右西學也。貍首騶虞所以歌爲節也。貫革射穿甲革也。裨冕衣裨衣而冠冕也。裨衣袞之屬也。搢猶插也。賁憤怒也。文王之廟爲明堂制。耕藉藉田也。○郊射食亦反。左射右射注射穿同。沈皆食夜反。貍力之反。騶側由反。裨婢支反。賁音奔。說吐活反。衣裨去聲。冠去聲。食三老五更於大學。天子袒而割牲。執醬而饋。執爵而酳。冕而揔干。所以教諸侯之弟也。三老五更。互言之耳。皆老人更知三德五事者也。冕而揔干。親在舞位也。周名大學曰東膠。○食音嗣。更古衡反。大學音泰。酳音引。又仕覲反。若此則周道四達。

禮樂交通則夫武之遲久不亦宜乎言武遲久爲重禮樂○爲去聲君子曰禮樂不可斯須去身致樂以治心則易直子諒之心油然生矣易直子諒之心生則樂樂則安安則久久則天天則神天則不言而信神則不怒而威致樂以治心者也致猶深審也子讀如不子之子油然新生好貌也善心生則寡於利欲寡於利欲則樂矣志明行成不言而見信如天也不怒而見畏如神也樂由中出故治心○易去聲下皆同致禮以治躬則莊敬莊敬則嚴威躬身也禮

自外作。故治身心中斯須不和不樂。而鄙詐之心入之矣鄙詐入之。謂利欲生外貌斯須不莊不敬。而易慢之心入之矣易。輕易也故樂也者。動於內者也。禮也者。動於外者也。樂極和。禮極順。內和而外順。則民瞻其顏色而弗與爭也。望其容貌而民不生易慢焉。故德煇動於內。而民莫不承聽。理發諸外。而民莫不承順。德煇顏色潤澤也。理容貌之進止故曰。致禮樂之道。舉而錯之天下無難矣。

樂也者，動於內者也；禮也者，動於外者也。故禮主其減，樂主其盈。禮主其減。人所倦也。樂主其盈。人所歡也○錯音措減胡斬反。又古斬反。下同禮減而進，以進爲文；樂盈而反，以反爲文。進。謂自勉强也。反。謂自抑止也。文猶美也。善也禮減而不進則銷，樂盈而不反則放。故禮有報而樂有反。放。淫於聲。樂不能止也。報讀爲褒。褒猶進也○報保毛反禮得其報則樂，樂得其反則安。得。謂曉其義。知其吉凶之歸○樂樂上音洛。下音岳禮之報，樂之反，其義一也。俱趨立於中。不銷不放也夫樂者樂也人情之所不能免也樂必發於聲音形於動靜人之道也聲音動靜性術之變盡於此矣（免猶自止也人道人之所爲也性術言此出於性也盡於此不可過）故人不耐無樂樂不耐無形形而不爲道不耐無亂（形聲音動靜也耐古書能字也後世變之此獨存焉古以能爲三台字○耐古能字下及注同台吐才反）先王恥其亂故制雅頌之聲以道之使其聲足樂而不流使其文足論而不息使其曲直繁瘠廉肉節奏足以感動人

之善心而已矣不使放心邪氣得接焉是先王立樂之方也流猶淫放也文篇辭也息猶銷也曲直歌之曲折也繁瘠廉肉聲之鴻殺也節奏闋作進止所應也方道也○瘠在亦反肉如又反殺色界反闋苦穴反是故樂在宗廟之中君臣上下同聽之則莫不和敬在族長鄉里之中長幼同聽之則莫不和順在閨門之內父子兄弟同聽之則莫不和親故樂者審一以定和比物以飾節節奏合以成文所以合和父子君臣附親萬

民也。是先王立樂之方也。審一。審其人聲也。比物。謂雜金革土匏之屬也。以成文。五聲八音克諧相應和。○比，毗志反。飾，音式。又音勑。故聽其雅頌之聲，志意得廣焉。執其干戚，習其俯仰詘伸，容貌得莊焉。行其綴兆，要其節奏，行列得正焉，進退得齊焉。故樂者天地之命，中和之紀，人情之所不能免也。綴，表也。所以表行列也。詩云：荷戈與綴。兆，域也。舞者進退所至也。要，猶會也。命，教也。紀，揔要之名也。○詘，音屈。要，平聲。行，戶剛反。荷，胡可反，又音何。綴，都外反。夫樂者，先王之所以飾喜也。

軍旅鈇鉞者。先王之所以飾怒也。故先王之喜怒。皆得其儕焉。儕猶輩類。○鈇方夫反。又音甫。喜則天下和之。怒則暴亂者畏之。先王之道。禮樂可謂盛矣。天子之於天下喜怒節之以禮樂則兆民和從而畏敬之。禮樂王者所常興則盛也。子贛見師乙而問焉。曰。賜聞聲歌各有宜也。如賜者。宜何歌也。子贛孔子弟子。師樂官也。乙名。聲歌各有宜氣順性也。○贛音貢。師乙曰。乙賤工也。何足以問所宜。請誦其所聞。而吾子自執焉。樂人稱工。執猶處也。愛者宜歌商。溫良而能斷者宜歌齊。夫歌者直己而陳德也。動己而天地應焉。四時和焉。星辰理焉。萬物育焉。故商者五帝之遺聲也。寬而靜。柔而正者宜歌頌。廣大而靜。疏達而信者。宜歌大雅。恭儉而好禮者。宜歌小雅。正直而靜。廉而謙者。宜歌風。肆直而慈愛。此文換簡失其次。寬而靜宜在上。愛者宜歌商宜承此下行。讀云。肆直而慈愛者宜歌商。商。宋詩也。愛或爲哀。直己而陳德。各因其德。歌所宜。育。生也。○斷丁亂反　好呼報反商之遺聲也。

商人識之故謂之商齊者三代之遺聲也齊人識之故謂之齊云商之遺聲也衍字也又誤上所云故商者五帝之遺聲也當居此衍字處也明乎商之音者臨事而屢斷明乎齊之音者見利而讓屢數也數斷事以其肆直也見利而讓以其溫良能斷也斷猶決也○數色角反臨事而屢斷勇也見利而讓義也有勇有義非歌孰能保此保猶安也知也故歌者上如抗下如隊曲如折止如槀木倨中矩句中鉤纍纍乎端如貫珠言歌聲之著動人心之審

如有此事。上時掌反抗苦浪反隊直媿反折之設反槀苦老反倨音据中丁仲反句紀具反鉤古侯反纍力追反故歌之爲言也長言之也說之故言之言之不足故長言之長言之不足故嗟歎之嗟歎之不足故不知手之舞之足之蹈之也長言之。引其聲也。嗟歎。和續之也。不知手之舞之。足之蹈之。歡之至也

子貢問樂上下目。美之也

禮記卷第十一

乾隆四十八年 禮記十一 三十八

興國本附見于此

子贛見師乙而問焉曰賜聞聲歌各有宜也如賜者宜何歌也師乙曰乙賤工也何足以問所宜請誦其所聞而吾子自執焉寬而靜柔而正者宜歌頌廣大而靜疏達而信者宜歌大雅恭儉而好禮者宜歌小雅正直而靜廉而謙者宜歌風肆直而慈愛者宜歌商溫良而能斷者宜歌齊夫歌

者直己而陳德也。動己而天地應焉。四時和焉。星辰理焉。萬物育焉。故商者五帝之遺聲也。商人識之。故謂之商自此以後至篇終竝同諸本。○肆直而慈愛者宜歌商。諸本因換簡失次。衍愛字。興國本依注疏省愛字。商者五帝之遺聲也。諸本因換簡失次。衍商之遺聲也五字。興國本依注疏又省此五字

舉人臣吳鼎颺敬書

# 禮記卷十一考證

學記官先事士先志註官居官者也士學士也○此註分釋官士二字　殿本閣本無上官字則居官者句義何屬

必學爲箕註調乃三體相勝○案此調字乃承上其材宜調字而言諸本作設義未協

樂記名與功偕註各因其得天下之功○案各字指上文大章大韶大夏等而言較諸本作名字義更明捷

奮至德之光註假祖考音義假古自反○案假讀爲格經典釋文作古伯反　殿本閣本作古廹反音俱同

原本作古自或係百字之訛耳今依陸氏音義本改
正
則所以贈諸侯也註送之以禮○送　殿本閣本作報
案集韻韻會報訓酬也答也義本通
會守拊鼓註合奏擊拊合奏鼓朄○合　殿本監本作
令案此引周禮太師職文周禮本作令但正義則又
疏作合字蓋古本以字形相近而訛孔氏即因以疏
之耳
樂盈而不反則放註放滛於聲○　殿本閣本無於字
而以放滛聲三字爲句案此放字有流蕩之義所謂

淫於聲也若解作放鄭聲之放則非矣

萬物育焉註育生也○殿本作育主也而連上歌所宣三字爲句誤

# 禮記卷第十二

## 雜記上第二十　　鄭氏註

諸侯行而死於館，則其復如於其國；如於道，則升其乘車之左轂，以其綏復。館，主國所致舍。復，招魂復魄也。如於其國，主國館賓，予使有之，得升屋[illegible]用褒衣也。如於道，道上盧宿也。升車左轂，象升屋東榮。綏當爲緌，讀如蕤賓之蕤，字之誤也。緌謂旌旗之旄也。去其旒而用之，異於生也。○乘，繩證反，下同。轂，工木反。緌，耳佳反，下同。予，羊汝反。其輤有裧，緇布裳帷，素錦以爲屋而行。輤，載柩將殯之車飾也。輤取名於櫬與。蒨讀如蒨旆之蒨。櫬。棺也。蒨。染赤色者也。將葬。載柩之車飾曰柳翣。謂鼈甲邊緣。緇布裳帷。圍棺者也。裳帷用緇。則輤用赤矣。輤象宮室屋。其中小帳。櫬覆棺者。若未大斂。其載尸而歸。車飾皆如之。○輤千見反。翣昌占反。殯必刃反。櫬初靳反。與音餘。蒨千見反。緣悅絹反

至於廟門。不毀牆。遂入。適所殯。唯輤爲說於廟門外。廟。所殯宮。牆。裳帷也。適所殯。謂兩楹之間。去輤乃入廟門。以其入自有宮室也。毀或爲徹。凡柩自外來者。正棺於兩楹之間。尸亦侇之於此。皆因殯焉。異者。柩入自闕。升自西階。尸入自門。升自阼階。其殯必於兩楹之間者。以其死不於室。而自外來。留之於中。不忍遠也。○說吐奪反。下皆同。侇音夷。移也。又大兮反。息也。遠于萬反

大

夫士死於道，則升其乘車之左轂，以其綏復。如於館死，則其復如於家。綏亦緌也。大夫復於家，以玄冕；士以爵弁服。大夫以布為輤而行，至於家而說輤，載以輲車，入自門至於阼階下而說車，舉自阼階，升適所殯。大夫輤言用布，白布不染也。言輤者，達名也。不言裳帷，俱用布，無所別也。至門亦說輤，乃入。言載以輲車入自門，明車不易也。輲讀為輇，或作槫。許氏說文解字曰：有輻曰輪，無輻曰輇。周禮又有蜃車，天子以載柩。蜃、輇聲相近，其制同乎？輇崇蓋半乘車之輪。諸侯言不毀牆，大夫士言不易車，互相明也。不易者，不易以輤也。廟中有載柩以輴之禮。此不耳。輲市專反。又市轉反。下同。别彼列反。蜃慎忍反。輴勑倫反。下同。士輤葦席以爲屋。蒲席以爲裳帷。言以葦席爲屋。則無素錦爲帳。凡訃於其君。曰君之臣某死。訃或皆作赴。赴。至也。臣死。其子使人至君所告之。訃音赴。下同。父母妻長子。曰君之臣某之某死。此臣於其家喪所主者。長丁丈反。後同。君訃於他國之君。曰寡君不禄。敢告於執事。夫人。曰寡小君不禄。大子之喪。曰寡君之適子某死。君夫人不稱薨。告他國君。謙也。適丁歷反。下適子。宗適。適妻。竝同。大夫訃於同國適者曰某不祿訃於士亦曰某不祿訃於他國之君曰君之外臣寡大夫某死訃於適者曰吾子之外私寡大夫某不祿使某實訃於士亦曰吾子之外私寡大夫某不祿使某實適讀爲匹敵之敵謂爵同者也實當爲至此讀周秦之人聲之誤也○適音敵實音至下同士訃於同國大夫曰某死訃於士亦曰某死訃於他國之君曰君之外臣某死訃於大夫曰吾子之外私某死訃於士亦曰吾子

之外私某死。大夫次於公館以終喪。士練而歸。士次於公館公館。公宮之舍也。練而歸之士。謂邑宰也。練而猶處公館。朝廷之士也。唯大夫三年無歸也。大夫居廬。士居堊室謂未練時也。士居堊室。亦謂邑宰也。朝廷之士亦居廬。○堊烏洛反大夫爲其父母兄弟之未爲大夫者之喪服如士服。士爲其父母兄弟之爲大夫者之喪服如士服大夫雖尊。不以其服服父母兄弟。嫌若踰之也。士。謂大夫庶子爲士者也。已卑。又不敢服尊者之服。今大夫喪服禮逸。與士異者。未得而備聞也。春秋傳曰。齊晏桓子卒。晏嬰麤衰斬。苴絰帶杖。菅屨。食粥。居倚廬。寢苫枕草。其老曰。非大夫之禮也。曰。唯卿爲大夫。此平仲之謙也。言已非大夫。故爲父服士服耳。麤衰斬者。其縷在齊斬之間。謂縷如三升半而三升不緝也。斬衰以三升爲正。微細焉則屬於麤也。然則士與大夫爲父服異者。有麤衰斬枕草矣。其爲母五升縷。而四升。爲兄弟六升縷。而五升乎。唯大夫以上。乃能備儀盡飾。士以下。則以臣服君之斬衰爲其父。以臣從君而服之齊衰爲其母與兄弟。亦以勉人爲高行也。大功以下。大夫士服同。○爲其去聲。下卿爲爲父爲母爲兄。爲其爲之。妾爲不爲爲長爲妻並同

大夫之適子服大夫之服

仕至大夫。賢著而德成。適子得服其服。亦尊其適。象賢

大夫之庶子爲大夫則爲其父

母服大夫服其位與未爲大夫者齒雖庶子得服其服。尚德也。使齒於士。不可不宗適。士之子爲大夫則其父母弗能主也使其子主之無子則爲之置後大夫之子。得用大夫之禮。而士不得也。置猶立也大夫卜宅與葬日有司麻衣布衰布帶因喪屨緇布冠不蕤占者皮弁有司卜人也。麻衣。白布深衣。而著衰焉。及布帶緇布冠。此服非純吉。亦非純凶也。皮弁則純吉之尤者也。占者尊。於有司卜求吉。其服彌吉。大夫士朔服皮弁○著音灼如筮則史練冠長衣以筮占者朝服筮者筮宅也。謂下大夫若士也。筮史。筮人也。長衣。深衣之純以素也。長衣練冠。純凶服也。朝服。純吉服也。大夫士日朝服以朝也。○純音準。又之閏反

大夫之喪既薦馬。薦馬者哭踊出乃包奠而讀書。嫌與士異。記之也。既夕禮曰。包牲取下體。又曰。主人之史請讀賵。○賵芳鳳反

大夫之喪大宗人相。小宗人命龜卜人作龜。卜葬及日也。相。相主人禮也。命龜。告以所問事也。作龜。謂揚火灼之以出兆。○相息亮反

內子以鞠衣褒衣素沙下大夫以襢衣其餘如士。此復所用衣也。當在夫人狄稅素沙下。爛脫失處。在此上耳。內子。卿之適妻也。春秋傳曰。晉趙姬請逆叔隗扵狄。趙衰以

爲內子。而已下之。是也。下大夫。謂下大夫之妻。襢。周禮作展。王后之服六。唯上公夫人亦有褘衣。侯伯夫人自揄狄而下。子男夫人自闕狄而下。卿妻自鞠衣而下。大夫妻自展衣而下。士妻稅衣而已。素沙。若今紗縠之帛也。六服皆袍制。不禪。以素紗裏之。如今袿袍襈重繒矣。褒衣者。始爲命婦。見加賜之衣也。其餘如士之妻。則亦用稅衣○鞠九六反。又曲六反。襢張戰反。稅他喚反。下放此。隗五罪反。衰初危反。展張戰反。褘音暉。揄音遙。下同。禪音丹。袿音圭。襈士眷反。重直龍反。

復。諸侯以褒衣。冕服。爵弁服。復。招魂復魄也。冕服者。上公五。侯伯四。子男三。褒衣。亦始命爲諸侯。及朝覲見加賜之衣也。褒猶進也。

夫人稅衣。揄狄。狄稅素沙。言其招魂用稅

衣。上至揄狄也。狄稅素沙。言皆以白紗縠爲裏。**復西上**北面而西上。陽長左也。復者多少。各如其命之數。○長丁丈反

**大夫不揄絞屬於池下**謂池飾也。揄揄翟也。采青黃之間曰絞。屬猶繫也。人君之柳。其池繫絞繒於下。而畫翟雉焉。名曰振容。又有銅魚在其閒。大夫去振容。士去魚。此無人君及士。亦爛脫。○絞戶交反屬音燭。下同去起呂反。下同

**大夫附於士。士不附於大夫。附於大夫之昆弟。無昆弟則從其昭穆。雖王父母在亦然**附讀皆爲祔。大夫祔於士。不敢以已尊。自殊於其祖也。士不祔於大夫。自卑。別於尊者也。大夫之昆弟。謂爲士者也。從其昭穆中一以上。祖又祖而已。祔者祔

於先死者。昭音韶。後同。婦附於其夫之所附之妃。無妃則亦從其昭穆之妃。妾附於妾祖姑。無妾祖姑。則亦從其昭穆之妾。夫所祔之妃。於婦則祖姑。男子附於王父則配。女子附於王母則不配。配。謂并祭。王母不配。則不祭王父也。有事於尊者可以及卑。有事於卑者不敢援尊。配與不配。祭饌如一。祝辭異。不言以某妃配某氏耳。女子。謂未嫁者也。嫁未三月而死。猶歸葬於女氏之黨。援音袁。公子附於公子。不敢戚君。君薨大子號稱子。待猶君也。謂未踰年也。雖稱子。與諸侯朝會如君矣。春秋。魯僖公九年夏。葵丘之會。宋襄公稱子而與諸侯序。侍或爲侍有三年之練冠則以大功之麻易之唯杖屨不易謂既練而遭大功之喪者也。練除首絰。要絰葛。又不如大功之麻重也。言練冠易麻。互言之也。唯杖屨不易。言其餘皆易也。屨不易者。練與大功。俱用繩耳。○要一遙反重直龍反有父母之喪尚功衰而附兄弟之殤則練冠附於殤稱陽童某甫不名神也此兄弟之殤。謂大功親以下之殤也。斬衰齊衰之喪練皆受以大功之衰。此謂之功衰。以是時而祔大功親以下之殤。大功親以下之殤輕。不易服冠而兄爲殤。謂同年者也。兄十九而死。已明年因喪而冠。陽童。謂庶殤也。宗子則曰陰童。童。未成人之稱也某甫。且字也。尊神不名。爲之造字○裒七雷反冠而。古亂反。而冠同。之稱尺證反凡異居始聞兄弟之喪唯以哭對可也惻怛之痛。不以辭言爲禮也其始麻散帶絰與居家同也。凡喪。小斂而麻○散悉但反未服麻而奔喪及主人之未成絰也疏者與主人皆成之親者終其麻帶絰之日數疏者。謂小功以下也。親者。大功以上也。疏者及主人之節則用之。其不及。亦自用其日數主妾之喪則自附至於練祥皆使其子主之其殯祭不於正室附自爲之者。以其祭於祖廟君不撫僕妾略於賤也女君死則妾爲女君之黨服。攝女君。則不爲先女君之黨服妾於女君之親。若其親然聞兄弟之喪。大功以上。見喪者之鄉而哭奔喪節也適兄弟之送葬者弗及。遇主人於道。則遂之於墓言骨肉之親。不待主人也凡主兄弟之喪。雖疏亦虞之喪事。虞祔乃畢凡喪服未畢。有弔者。則爲位而哭拜踊。客始來。主人不可以殺禮待之。○殺色界反大夫之哭大夫弁經。大夫與殯亦弁經弁經者。大夫錫衰相弔之服也。如爵弁而素加環絰。

曰弁絰。與音預

大夫有私喪之葛則於其兄弟之輕喪則弁絰私喪妻子之喪也輕喪緦麻也大夫降焉弔服而往不以私喪之末臨兄弟

爲長子杖則其子不以杖即位辟尊者

爲妻父母在不杖不稽顙尊者在不敢盡禮於私喪也

母在不稽顙稽顙者其贈也拜言獨母在於贈拜得稽顙則父在贈拜不得稽顙

違諸侯之大夫不反服違大夫之諸侯不反服其君尊卑異也違猶去也去諸侯仕諸侯去大夫仕大夫乃得爲舊君服

喪冠條屬以別吉凶三年之練冠亦條

屬右縫別吉凶者。吉冠不條屬也。條屬者通屈一條繩若布爲武。垂下爲纓屬之冠。象大古。喪事略也。吉冠則纓武異材焉。右縫者。右辟而縫之。○別彼列反。縫音逢。大音泰。下大古同。辟必亦反。下同。小功以下左左辟。象吉。輕也。緦冠繰纓繰當爲澡麻帶絰之澡。聲之誤也。謂有事其布以爲纓。○繰澡皆音早大功以上散帶小功緦輕。初而絞之。○絞古卯反朝服十五升去其半而緦加灰錫也緦精麤與朝服同。去其半。則六百縷而疏也。又無事其布。不灰焉。○去起呂反諸侯相襚以後路與冕服先路與褒衣不以襚不以已之正者施於人。以彼不以爲正也。後路。貳車。

貳車行在後也遣車視牢具言車多少各如所包遣奠牲體之數也然則遣車載所包遣奠而藏之者與遣奠天子大牢包九个諸侯亦大牢包七个大夫亦大牢包五个士少牢包三个大夫以上乃有遣車○遣去聲注同疏布輤四面有章置于四隅輤其蓋也四面皆有章蔽以隱翳牢肉四隅椁中之四隅○章本或作鄣音同載粻有子曰非禮也粻米糧也○粻陟良反喪奠脯醢而已言死者不食糧也遣奠本無黍稷○醢音海祭稱孝子孝孫喪稱哀子哀孫各以其義稱○義稱昌升反又尺證反端衰喪車皆無等喪車惡車也喪者衣衰及所乘之車貴賤同孝子於

親一也。衣衰言端者。玄端吉時常服。喪之衣衰當如之。○衰於既反

大白冠緇布之冠皆不蕤。委武玄縞而后蕤

不蕤。質無飾也。大白冠。大古之布冠也。春秋傳曰。衛文公大布之衣。大白之冠。委武。冠卷也。秦人曰委。齊東曰武。玄。玄冠也。縞。縞冠也。○縞古老反 卷苦圓反

大夫冕而祭於公。弁而祭於己。士弁而祭於公。冠而祭於己

弁。爵弁也。冠。玄冠也。祭於公。助君祭也。大夫爵弁而祭於己。唯孤爾

士弁而親迎。然則士弁而祭於己可也

緣類。欲許之也。親迎雖亦己之事。攝盛服爾。非常也。○迎魚敬反

暢臼以椈。杵以梧

所以擣鬱也。椈。柏也。○暢

枋亮反(臼)其九反(掬)弓六反

枇以桑長三尺或曰五尺

枇所以載牲體者此謂喪祭也吉祭枇用棘○(枇)音匕(長)直亮反下同

畢用桑長三尺刊其柄與末

畢所以助主人載者刊猶削也

率帶諸侯大夫皆五采士二采

此謂襲尸之大帶率繂也繂之不加箴功大夫以上更飾以五采士以朱綠襲事成於帶變之所以異於生○(率)音律(繂)音律

醴者稻醴也甕甒筲衡實見閒而后折入

此謂葬時藏物也衡當為桁所以庪甕甒之屬聲之誤也實見閒藏於見外椁內也折承席也○(甕)於貢反(甒)音武(筲)所交反(衡)戶剛反又戶庚反庪也(見)音閒廁之閒棺衣也(閒)如字又古莧反

鄭合見閒二字共爲䦧字。音古辯反。折之設反。形如牀無足也。庋九委反。又居綺反。重既虞而埋之。○就所倚處埋之。重直龍反。凡婦人從其夫之爵位。婦人無專制。生禮死事。以夫爲尊卑。小斂大斂啓皆辯拜。嫌當事來者終不拜。故明之也。此既事皆拜○辯音遍朝夕哭不帷。緣孝子心欲見殯肂也。既出則施其屋。鬼神尚幽闇也○肂以二反。埋棺之坎。屋戶臘反閉也。古闔字無柩者不帷。謂既葬也。棺柩已去。鬼神在室。堂無事焉。遂去帷君若載而后弔之。則主人東面而拜。門右北面而踊。出待。反而后奠。主人拜踊於賓位。不敢迫君也。君即

位車東。出待。不必君留也。君反之使與

子羔之襲也，繭衣裳與稅衣纁袡爲一，素端一，皮弁一，爵弁一，玄冕一。曾子曰：不襲婦服。繭衣裳者。若今大襺也。纊爲繭。縕爲袍。表之以稅衣。乃爲一稱爾。稅衣。若玄端而連衣裳者也。大夫而以纁爲之緣。非也。唯婦人纁袡。禮以冠名服。此襲其服。非襲其冠。曾子譏襲婦服而已。玄冕又大夫服。未聞子羔曷爲襲之。玄冕。或爲玄冠。或爲玄端。○繭古典反。稅他喚反。袡而占反。裳下襈也。婦人蔽膝也。襺音燭。稱尺證反。下放此

爲君使而死，公館復，私館不復。公館者，公宮與公所爲也。私館者，自卿大夫以

下之家也（公所爲君所作離宮別館也。爲，于僞反，又如字。使，色吏反。）○公七踊，大夫五踊，婦人居閒；士三踊，婦人皆居閒。（公，君也。始死及小斂、大斂而踊，君、大夫、士一也，則皆三踊矣。君五日而殯，大夫三日而殯，士二日而殯。士小斂之朝不踊，君、大夫大斂之朝乃不踊。婦人居閒者，踊必拾，主人踊，婦人踊，賓乃踊。○拾，其劫反，下同。）公襲：卷衣一，玄端一，朝服一，素積一，纁裳一，爵弁二，玄冕一，褒衣一，朱綠帶，申加大帶於上。（朱綠帶者，襲衣之帶，飾之雜以朱綠，異於生也。此帶亦以素爲之。申，重也。重於革帶也。革帶以佩韍，必言重加大帶者，明雖有變，必備此二帶也。士襲三稱。子羔襲五稱。今公襲九稱。則尊卑襲數不同矣。諸侯七稱。天子十二稱與。○卷音衮。小斂環絰。公大夫士一也。環絰者。一股。所謂纏絰也。士素委貌。大夫以上素爵弁。而加此絰焉。散帶。公視大斂。公升商祝鋪席。乃斂。喪大記曰。大夫之喪將大斂。既鋪絞紟衾。君至。比君升乃鋪席。則君至爲之改始。新之也。○鋪普胡反。又音敷。魯人之贈也。三玄二纁。廣尺。長終幅。言失之也。士喪禮下篇曰。贈用制幣。玄纁束帛。○廣古曠反。長直亮反。弔者即位于門西。東面。其介在其東南。北面。西上。西於門。賓立門外。不當門。主孤西面。立於

雜記上

阼階下相者受命曰孤某使某請事客曰寡君使某如何不淑受命受主人命以出也不言擯者喪無接賓也淑善也如何不善言君痛之甚使某弔○相息亮反下同相者入告出曰孤某須矣稱其君名者君薨稱子某使人知適嗣也須矣不出迎也弔者入主人升堂西面弔者升自西階東面致命曰寡君聞君之喪寡君使某如何不淑子拜稽顙弔者降反位子孤子也降反位者出反門外位無出字脫含者執璧將命曰寡君使某含相者入告出曰孤某

須矣。含玉爲璧制。其分寸大小未聞。○含胡闇反。下同。含者入升堂致命。子拜稽顙。含者坐委于殯東南有葦席。既葬。蒲席。降出反位。言降出反位。則是介也。春秋有既葬歸含賵襚。無譏焉。皆受之於殯宮。宰夫朝服即喪屨升自西階西面坐取璧。降自西階以東。朝服告鄰國之禮也。即就也。以東藏於內也。襚者曰寡君使某襚。相者入告。出曰孤某須矣。襚者執冕服。左執領。右執要。入升堂致命曰。寡君使某襚。子拜稽顙。委衣于殯東亦於席亅所委璧之北。順其上下。○要一遙反襚者降受爵弁服於門內霤將命。子拜稽顙如初。受皮弁服於中庭。自西階受朝服。自堂受玄端將命。子拜稽顙皆如初。襚者降出反位授襚者以服者賈人。○霤力救反賈音嫁宰夫五人舉以東降自西階其舉亦西面亦西面者。亦襚者委衣時上介賵執圭將命曰寡君使某賵相者入告反命曰孤某須矣陳乘黃大路於中庭北輈執圭將命客使自下由路西子拜稽顙。坐委于殯東南隅。宰舉以東。輤，轅也。自，率也。下，謂馬也。馬在路之下。覲禮曰。路下四，亞之。客給使者入。設乘黃於大路之西。客入則致命矣。使或爲史。○賵，芳鳳反。乘，繩證反。輤，竹由反。凡將命。鄉殯將命。子拜稽顙。西面而坐委之。宰舉璧與圭。宰夫舉襚。升自西階。西面坐取之。降自西階。凡者，說不見者也。鄉殯將命。則將命時。立於殯之西南。宰夫。宰之佐也。此言宰舉璧與圭。則上宰夫朝服。衍夫字。○鄉，許亮反。賵者出。反位于門外。乃著言門外。明禮畢。將更有事。上客臨。曰寡君有宗廟之事。不得承事。

雜記上

使一介老某相執綍上客，弔者也。臨，視也。言欲入視喪所不足而給助之，謙也。其實爲哭耳。○臨如字，又力鴆反，下同。相息亮反。綍音弗。相者反命曰：「孤某須矣。」臨者入門右，介者皆從之，立于其左，東上。入門右，不自同於賓客。宗人納賓，升，受命于君，降曰：「孤敢辭吾子之辱，請吾子之復位。」客對曰：「寡君命某，毋敢視賓客，敢辭。」宗人反命曰：「孤敢固辭吾子之辱，請吾子之復位。」客對曰：「寡君命某，毋敢視賓客，敢固辭。」宗人反命曰。孤敢固辭吾子之辱。請吾子之復位。客對曰。寡君命使臣某毋敢視賓客。是以敢固辭。固辭不獲命。敢不敬從。賓三辭而稱使臣。爲恭也。爲恭者。將從其命。寡君命。絕句。下放此。使色吏反客立于門西。介立于其左。東上。孤降自阼階拜之。升哭。與客拾踊三。拜客。謝其厚意。拾其劫反客出。送于門外。拜稽顙。不迎而送。喪無接賓之禮其國有君喪。不敢受弔。辟其痛傷已之親如君外宗房中南面。小臣鋪席。商祝鋪絞紟衾。士盥于盤北。舉遷尸于斂上。卒斂。宰告。子馮之踊。夫人東面坐馮之。興踊。此喪大記脫字重著於是。盥音管。斂力劍反。馮皮冰反。

士喪有與天子同者三。其終夜燎。及乘人。專道而行。乘人。謂使人執引也。專道。人辟之。燎力召反。乘繩證反。引以刃反。又餘刃反。

雜記下第二十一　　鄭氏註

有父之喪。如未沒喪而母死。其除父之喪也。服其除服。卒事。反喪服。沒猶竟也。除服。謂祥祭之服也。卒事。既祭。

反喪服。服後死者之服雖諸父昆弟之喪。如當父母之喪。其除諸父昆弟之喪也。皆服其除喪之服。卒事。反喪服雖有親之大喪。猶爲輕服者除。骨肉之恩也。唯君之喪。不除私服。言當者。期大功之喪。或終始皆在三年之中。小功緦麻則不除。殤長中乃除如三年之喪。則既顈。其練祥皆行言今之喪既服顈。乃爲前三年者變除。而練祥祭也。此主謂先有父母之服。今又喪長子者。其先有長子之服。今又喪父母。其禮亦然。然則言未沒喪者。已練祥矣。顈。草名。無葛之鄉。去麻則用顈。○顈口迥反王父死。未練祥而孫又死。猶是附於王父也

未練祥。嫌未祫祭序於昭穆爾。王父既附。則孫可附焉。猶當爲由。由。用也。附皆當作祔。○祫音洽

有殯聞外喪哭之他室明所哭者異也。哭之爲位入奠。卒奠出。改服即位。如始即位之禮謂後日之哭。朝入奠於其殯。既乃更即位就他室。如始哭之時

大夫士將與祭於公。既視濯而父母死則猶是與祭也。次於異宮。既祭。釋服出公門外。哭而歸。其它如奔喪之禮。如未視濯則使人告。告者反而后哭猶亦當爲由。次於異宮。不可以吉與凶同處也。使者反而後哭。不敢專已於君命也。○與羊茹反。下

同濯大角反如諸父昆弟姑姊妹之喪則既宿則與祭卒事出公門釋服而后歸其它如奔喪之禮如同宮則次于異宮宿則與祭出門則解祭服皆爲差緩也曾子問曰卿大夫將爲尸於公受宿矣而有齊衰內喪則如之何孔子曰出舍乎公宮以待事禮也尸重受宿則不得哭內喪同宮也孔子曰尸弁冕而出卿大夫士皆下之尸必式必有前驅冕兼言弁者君之尸或服士大夫之服也諸臣見尸而下車敬也尸式以禮父母

之喪。將祭。而昆弟死。既殯而祭。如同宮。則雖臣妾。葬而后祭。祭。主人之升降散等。執事者亦散等。雖虞附亦然。將祭。謂練祥也。言若同宮。則是昆弟異宮也。古者昆弟異居同財。有東宮。有西宮。有南宮。有北宮。有父母之喪。當在殯宮。而在異宮者。疾病或歸者。主人。適子。散等。栗階。爲新喪略威儀自諸侯達諸士。小祥之祭。主人之酢也嚌之。衆賓兄弟則皆啐之。大祥。主人啐之。衆賓兄弟皆飲之可也。嚌。啐。皆嘗也。嚌至齒。啐入口。○嚌才細反。啐七內反。又蒼快反凡侍祭喪者。告賓祭薦而不食薦。脯醢也。吉祭告賓。祭薦。賓既祭而食之。喪祭賓不食。子貢問喪。子曰。敬爲上。哀次之。瘠爲下。顔色稱其情。戚容稱其服問喪。問居父母之喪也。喪尚哀。言敬爲上者。疾時尚不能敬也。容。威儀也。孝經曰。容止可觀。○稱尺證反。下同請問兄弟之喪。子曰。兄弟之喪。則存乎書策矣言疏者如禮行之。未有加也。齊斬之喪。哀容之體。經不能載矣君子不奪人之喪重喪禮也亦不可奪喪也不可以輕之於己也孔子曰。少連大連善居喪。三日不怠。三月不解。期悲哀。三年憂。東

夷之子也言其生於夷狄而知禮也。怠惰也。解。倦也。○少詩召反解佳賣反期

音朞三年之喪。言而不語。對而不問。廬堊室之

中。不與人坐焉。在堊室之中。非時見乎母也。

不入門言。言已事也。爲人說爲語。在堊室之中。以時事見乎母。乃後入門。則居廬

時不入門。○堊烏各反見賢遍反疏衰皆居堊室不廬。廬嚴

者也言廬哀敬之處。非有其實則不居妻視叔父母。姑姊妹

視兄弟。長中下殤視成人視猶比也。所比者。哀容居處也。○長

丁丈反親喪外除日月已竟而哀未忘兄弟之喪內除日月

未竟而哀已殺○殺色界反視君之母與妻比之兄弟發諸顏色者亦不飲食也言小君服輕亦內除也發於顏色謂醲美酒食使人醉飽免喪之外行於道路見似目瞿聞名心瞿弔死而問疾顏色戚容必有以異於人也如此而后可以服三年之喪其餘則直道而行之是也惻隱之心能如是則其餘齊衰以下直道而行盡自得也似謂容貌似其父母也名與親同○瞿九遇反下同祥主人之除也於夕為期朝服祥因其故服為期為祭期也朝服以期至明日而祥祭

亦朝服。始即吉正祭服也。喪服小記曰。除成喪者。其祭也朝服縞冠是也。祭猶縞冠。未純吉也。既祭。乃服大祥素縞麻衣。釋禫之禮云玄衣黃裳。則是禫祭玄冠矣。黃裳者。未大吉也。既祭。乃服禫服朔服綅冠。踰月吉祭。乃玄冠朝服。既祭。玄端而居。復平常也。○禫大感反綅息廉反。黑經白緯曰綅。

子游曰。既祥。雖不當縞者必縞。然後反服謂有以喪事贈賵來者。雖不及時。猶變服。服祥祭之服以受之。重其禮也。其於此時始弔者。則衛將軍文子之爲之是矣。反服。反素縞麻衣也。

當袒。大夫至。雖當踊。絶踊而拜之。反改成踊。乃襲尊大夫。來至則拜之。不待事已也。更成踊者。新其事也。○袒音但

於士。既事

成踊。襲而后拜之。不改成踊。（於士。士至也。事。謂大小斂之屬）上大夫之虞也少牢。卒哭成事。附皆大牢。下大夫之虞也犆牲。卒哭成事。附皆少牢。（卒哭成事附言皆。則卒哭成事附與虞異矣。下大夫虞以犆牲。與士虞禮同與。○犆音特）祝稱卜葬虞。子孫曰哀。夫曰乃。兄弟曰某。卜葬其兄弟曰伯子某（祝稱卜葬虞者。卜葬卜虞祝稱主人之辭也。孫。謂爲祖後者。稱曰哀孫某。卜葬其祖某甫。夫曰乃某。卜葬其妻某氏。兄弟相爲卜。稱名而已。○祝之六反。又之又反）古者貴賤皆杖。叔孫武叔朝見輪人以其杖關轂而輠輪者。於是有爵而后杖也。記庶人失禮所由始也。叔孫武叔。魯大夫叔孫州仇也。輪人。作車輪之官○(轂)江木反(輠)胡罪反。又胡瓦反。又胡管反。迴也。鑿巾以飯。公羊賈爲之也。記士失禮所由始也。士親飯必發其巾。大夫以上。賓爲飯焉。則有鑿巾○(飯)扶晚反冒者何也。所以揜形也。自襲以至小斂。不設冒則形。是以襲而后設冒也。言設冒者。爲其形人將惡之也。襲而設冒。言后。衍字耳或問於曾子曰。夫既遣而包其餘。猶既食而裹其餘與。君子既食則裹其餘乎。

言遣既奠而又包之。是與食於人。已而裹其餘將去何異與君子寧爲是乎。言傷廉也。○遣弃戰反曾子曰吾子不見大饗乎。夫大饗既饗。卷三牲之俎。歸于賓館。父母而賓客之。所以爲哀也。子不見大饗乎既饗歸賓俎。所以厚之也。言父母家之主。令賓客之。是孝子哀親之去也。○見如字。卷紀轉反。歸如字。又音匱非爲人喪。問與賜與此上滅脫未聞其首云何。是言非爲人喪而問之與。人喪而賜之與。問遺也。久無事曰問。○爲于僞反與音餘三年之喪以其喪拜。非三年之喪。以吉拜謂受問受賜者也。稽顙而後拜曰喪拜。拜而后稽顙

曰吉拜三年之喪如或遺之酒肉則受之必三
辭主人衰絰而受之受之必正服明不苟於滋味○三如字又息暫
反如君命則不敢辭受而薦之薦於廟貴君之禮喪
者不遺人人遺之雖酒肉受也從父昆弟以
下既卒哭遺人可也言齊斬之喪重志不在施惠於人○施始豉反
縣子曰三年之喪如斬期之喪如剡言其痛之惻怛
有淺深也○縣音玄期音基剡以漸反期之喪十一月而練十
三月而祥十五月而禫此謂父在爲母也當在練則弔上欄脫在

此。（禫）大感反三年之喪，雖功衰不弔，自諸侯達諸士。如有服而將往哭之，則服其服而往。功衰既練之服也。諸侯服新死者之服而往哭。謂所不臣也練則弔。父在為母功衰。可以弔人者。以父在。故輕於出也。然則凡齊衰十一月。皆可以出矣既葬大功弔。哭而退不聽事焉。聽猶待也。事謂襲斂執綍之屬期之喪未葬弔於鄉人。哭而退。不聽事焉。功衰弔待事不執事。謂為姑姊妹無主。殯不在已族者小功緦執事不與於禮。禮饋奠也○（與）音預相趨也。出宮而退。相揖也。哀次而退相問也既封而退相見也反哭而退朋友虞附而退此弔者恩薄厚去遲速之節也相趨謂相聞姓名來會喪事也相揖嘗會於他也相問嘗相惠遺也相見嘗執摯相見也附皆當爲祔○封彼驗反又如字弔非從主人也四十者執紼言弔者必助主人之事從猶隨也成人二十以上至四十丁壯時鄉人五十者從反哭四十者待盈坎非鄉人則長少皆反優遠也坎或爲壙○坎口敢反下同喪食雖惡必充飢飢而廢事非禮也飽而忘哀亦非禮也視不明聽不聰行不正不知哀

君子病之故有疾飲酒食肉。五十不致毀。六十不毀。七十飲酒食肉。皆爲疑死。病猶憂也。疑猶恐也。○(爲)于僞反 有服。人召之食。不往。大功以下既葬適人。人食之。其黨也食之。非其黨弗食也。往而見食。則可食也。爲食而往則不可。黨猶親也。非親而食。則是食於人無數也。○(食)音嗣。注見食同 功衰食菜果。飲水漿。無鹽酪。不能食食。鹽酪可也。功衰。齊斬之末也。酪。酢截。○(酪)音洛(食)(食)上如字。下音嗣(酢)七故反(截)才代反 孔子曰。身有瘍則浴。首有創則沐。病則飲酒食肉。毀瘠爲病。君子弗爲也。毀而死。君子謂之無子。毀而死。是不重親。○殤音羊創初良反 非從柩與反哭無免於堩。言喪服出入。非此二事皆冠也。免所以代冠。人於道路。不可以無飾。堩。道路。○免音問堩古鄧反 凡喪小功以上。非虞附練祥無沐浴。言不有飾事。則不沐浴 疏衰之喪。既葬。人請見之則見。不請見人。小功請見人可也。大功不以執摯。唯父母之喪。不辟涕泣而見人。言重喪不行求見人爾。人來求見已。亦可以見之矣。不辟涕泣。言至哀無飾也。○辟音避三年之喪祥。而從政。期之喪卒。哭而從政。九月之喪既。葬而從政。小功緦之喪、既殯而從政以王制言之。此謂庶人也。從政。從爲政者教令。謂給繇役。○期音基曾申問於曾子曰。哭父母有常聲乎。曰。中路嬰兒失其母焉。何常聲之有嬰猶鷖彌也。言其若小兒亡母。啼號安得常聲乎。所謂哭不偯。○鷖於奚反。彌五兮反。一音迷。偯於豈反卒。哭而諱自此而鬼神事之。尊而諱其名王父母。兄弟。世父。叔父。姑姊妹。子。與父同諱父爲其親諱。則子不敢不從諱也。謂王父母以下之親諱。是謂士也。

天子諸侯諱羣祖其母之諱。宮中諱。妻之諱。不舉諸其側。與從祖昆弟同名則諱母之所爲其親諱。子孫於宮中不言。妻之所爲其親諱。夫於其側亦不言也。孝子聞名心瞿。凡不言人諱者。亦爲其相感動也。子與父同諱。則子可盡曾祖之親也。從祖昆弟在其中。於父輕不爲諱。與母妻之親同名。重則諱之。○重直龍反以喪冠者。雖三年之喪可也。既冠於次。入哭踊。三者三。乃出言雖者。明齊衰以下。皆可以喪冠也。始遭喪以其冠月。則喪服因冠矣。非其冠月。待變除卒哭而冠。次。廬也。雖或爲唯。○冠古亂反。下皆同三息暫反大功之末。可以冠子。可以嫁子父小功之末。可以冠子。可以嫁子。可以取婦。己雖小功。既卒哭。可以冠。取妻。下殤之小功則不可。此皆謂可用吉禮之時。父大功卒哭。而可以冠子嫁子。小功卒哭。而可以取婦。己大功卒哭。而可以冠子。小功卒哭。而可以取妻。必偕祭乃行也。下殤小功齊衰之親。除喪而後可爲昏禮。凡冠者。其時當冠。則因喪而冠之。取七住反。又如字凡弁絰。其衰侈袂。侈猶大也。弁絰服者。弔服也。其衰錫也。緦也。疑也。袂之小者二尺二寸。大者半而益之。則侈袂三尺三寸。侈昌氏反父有服。宮中子不與於樂。母有服。聲聞焉。不舉樂。妻有服。

不舉樂於其側宮中子。與父同宮者也。禮。由命士以上。父子異宮。不與於樂。謂出行見之。不得觀也。與音預。聞音問。又如字大功將至。辟琴瑟亦所以助哀也。至。來也。辟音避。一婢亦反小功至。不絕樂。姑姊妹其夫死。而夫黨無兄弟。使夫之族人主喪。妻之黨雖親弗主此謂姑姊妹無子。寡而死也。夫黨無兄弟。無緦之親也。其主喪不使妻之親。而使夫之族人。婦人外成。主必宜得夫之姓類夫若無族矣。則前後家。東西家。無有。則里尹主之喪無無主也。里尹。閭胥里宰之屬。王度記曰。百戶爲里。里一尹。其祿如庶人在官者。里或爲士。

諸侯弔於異國之臣，則其君爲主。里尹主之，亦斯義也。

或曰主之而附於夫之黨。

妻之黨自主之，非也。夫之黨，其祖姑也。

麻者不紳，執玉不麻，麻不加於采。

吉凶不相干也。麻，謂經也。紳，大帶也。喪以要經代大帶也。麻不加於采，采者不麻，謂弁經者必服弔服是也。采，玄纁之衣。○紳音申

國禁哭則止，朝夕之奠，即位自因也。

禁哭，謂大祭祀。時雖不哭，猶朝夕奠，自因，自用故事。

童子哭不偯，不踊，不杖，不菲，不廬。

未成人者，不能備禮也。當室則杖。○菲扶味反

孔子曰：伯母、叔母，疏衰，踊不絕地；姑、姊妹之大功，踊絕於

地。如知此者。由文矣哉。由文矣哉由用也。言知此踊絕地不絕地之情者。能用禮文哉。能用禮文哉。美之也。伯母。叔母。義也。姑姊妹。骨肉也泄柳之母死。相者由左。泄柳死。其徒由右相。由右相。泄柳之徒爲之也亦記失禮所由始也。泄柳魯穆公時賢人也。相。相主人之禮。○相息亮反天子飯九貝。諸侯七。大夫五。士三此蓋夏時禮也。周禮。天子飯含用玉。○飯扶晚反含胡闇反士三月而葬。是月也卒哭。大夫三月而葬。五月而卒哭。諸侯五月而葬。七月而卒哭。士三虞。大夫五。諸侯七。尊卑恩之差也。天子至士。葬即反虞諸侯使人弔。其次含襚賵臨。皆同日而畢事者也。其次如此也。言五者相次同時。臨如字。又力鴆反○卿大夫疾。君問之無筭。士壹問之。君於卿大夫比葬不食肉。比卒哭不舉樂。爲士比殯不舉樂。升正柩。諸侯執綍五百人。四綍。皆銜枚。司馬執鐸。左八人。右八人。匠人執羽葆御柩。大夫之喪。其升正柩也。執引者三百人。執鐸者左右各四人。御柩以茅升正柩者。謂將葬朝于祖。正棺於廟也。五百人。謂一黨之民。諸侯之大夫。邑有三百戶之制。綍引同耳。廟中曰綍。在塗曰引。互言之。御柩者。居前道正之。大夫士皆二綍。○比必利反　爲于僞反　引以愼反　道音導

孔子曰。管仲鏤簋而朱紘。旅樹而反坫。山節而藻梲。賢大夫也。而難爲上也。言其僭天子諸侯。鏤簋。刻爲蟲獸也。冠有笄者爲紘。紘在纓處兩端。上屬下不結。旅樹門屏也。反坫。反爵之坫也。山節薄櫨。刻之爲山。梲。侏儒柱。畫之爲藻文。○鏤音陋　簋音軌　紘音宏　坫丁念反　梲章悅反　屬音燭　薄音博　櫨音盧

晏平仲祀其先人。豚肩不揜豆。賢大夫也。而難爲下也。

言其偏士庶人也。豚。俎實。豆。徑尺。言併豚兩肩不能覆豆。喻小也○併步項反君子上不僭上。下不偪下。婦人非三年之喪。不踰封而弔踰封。越境也。或為越疆○偪音逼疆紀良反如三年之喪則君夫人歸奔父母喪也夫人。其歸也。以諸侯之弔禮。其待之也。若待諸侯然謂夫人行道車服。主國致禮夫人至。入自闈門。升自側階。君在阼。其他如奔喪禮然女子子。不自同於女賓也。宮中之門曰闈門。為相通者也。側階亦旁階也。他。謂哭踊髽麻。闈門或為帷門○闈音韋髽側瓜反嫂不撫叔。叔不撫嫂遠別也君子有三患未之聞患弗得聞也既聞之患弗得學也既學之患弗能行也君子有五耻居其位無其言君子耻之有其言無其行君子耻之既得之而又失之君子耻之地有餘而民不足君子耻之衆寡均而倍焉君子耻之耻民不足者古者居民量地以制邑度地以居民地邑民居必參相得也衆寡均謂俱有役事人數等也倍焉彼功倍已也○其行下孟反孔子曰凶年則乘駑馬祀以下牲自貶損亦取易供也駑馬六種

最下者。下牲。少牢若特豕特豚也

恤由之喪。哀公使孺悲之孔子學士喪禮。士喪禮於是乎書。時人轉而僭上。士之喪禮已廢矣。孔子以教孺悲。國人乃復書而存之。○復扶又反

子貢觀於蜡。孔子曰。賜也樂乎。對曰。一國之人皆若狂。賜未知其樂也。蜡也者。索也。歲十二月。合聚萬物而索饗之祭也。國索鬼神而祭祀。則黨正以禮屬民而飲酒于序。以正齒位。於是時。民無不醉者。如狂矣。曰未知其樂怪之。○蜡仕嫁反。樂音洛。下同。屬音燭

子曰。百日之蜡。一日之澤。非爾所知也。蜡之祭。主先嗇也。大飲烝。勞農以休息之。言民皆勤稼穡。

有百日之勞。喻久也。今一日使之飲酒燕樂。是君之恩澤。非女所知。言其義大張而不弛文武弗能也。弛而弗張文武弗爲也。一張一弛文武之道也張弛。以弓弩喻人也。弓弩久張之則絕其力。久弛之則失其體。弛戶是反。下同○孟獻子曰正月日至可以有事於上帝七月日至可以有事於祖。七月而禘。獻子爲之也記魯失禮所由也。孟獻子。魯大夫仲孫蔑也。魯以周公之故。得以正月日至之後郊天。亦以始祖后稷配之。獻子欲尊其祖。以郊天之月對月禘之。非也。魯之宗廟。猶以夏時之孟月爾。明堂位曰。季夏六月。以禘禮祀周公於大廟

夫人之不命於天子。自魯昭公始也。亦記魯失禮所由也。周之制。同姓百世昏姻不通。吳大伯之後。魯同姓。昭公取於吳。謂之吳孟子。不告於天子。自此後取者。遂不告於天子。天子亦不命之

外宗爲君夫人。猶內宗也。皆謂嫁於國中者也。爲君服斬。夫人齊衰。不敢以其親服服至尊也。外宗謂姑姊妹之女。舅之女。及從母。皆是也。內宗五屬之女也。其無服而嫁於諸臣者。從爲夫之君。嫁於庶人。從爲國君。○爲去聲。下同

廄焚。孔子拜鄉人爲火來者。拜。謝之拜之。士壹。大夫再。亦相弔之道也。言拜之者。爲其來弔已。宗伯職曰。以弔禮哀禍災

孔子曰。管仲遇盜。

取二人焉。上以爲公臣。曰。其所與遊辟也。可人也。言此人可也。但居惡人之中。使之犯法。○上時掌反。辟匹亦反。管仲死。桓公使爲之服。宦於大夫者之爲之服也。自管仲始也。有君命焉爾也。亦記失禮所由也。善桓公不忘賢者之舉。宦猶仕也。此仕於大夫。更升於公。與違大夫之諸侯同爾。禮不反服。過而舉君之諱則起。舉猶言也。起立者。失言而變自新。與君之諱同則稱字。謂諸臣之名也。內亂不與焉。外患弗辟也。謂卿大夫也。同僚將爲亂。已力不能討。不與而已。至於鄰國爲寇。則當死之也。春秋。魯公子友

乾隆四十八年　禮記十二　三十一

如陳葬原仲。傳曰。君子辟內難而不辟外難。○與音預辟音避贊大行曰。圭。公九寸。侯伯七寸。子男五寸。博三寸。厚半寸。剡上左右各寸半。玉也。藻三采六等。贊大行者書說大行人之禮者名也。藻。薦王者也。三采六等。以朱白蒼畫之再行也。子男執璧。作此贊者失之矣。○畫胡卦反。再行戶剛反哀公問子羔曰。子之食奚當。問其先人始仕食祿。以何君時。○當如字。舊丁浪反對曰。文公之下執事也。成廟則釁之。其禮。祝宗人。宰夫。雍人。皆爵弁純衣廟新成必釁之。尊而神之也。宗人先請於君曰。請命以釁某廟君諾之。乃行○純側其反雍人拭羊。宗人視之。宰夫北面于碑南東上。居上者宰夫也。宰夫攝主也。拭。靜也雍人舉羊升屋自中。中屋南面。刲羊血流于前。乃降。門夾室皆用雞。先門而後夾室。其衈皆於屋下。割雞門當門。夾室中室。自由也。衈謂將刲割牲以釁。先滅耳旁毛薦之。耳聽聲者。告神欲其聽之。周禮有刉衈○刲苦圭反。衈如志反。刉古代反。一其既反有司皆鄉室而立。門則有司當門北面。有司。宰夫祝宗人。○鄉許亮反。下同既事。宗人告事畢。乃皆退。告者。告宰夫反命于君曰釁某廟事畢反命于寢君南鄉于門內朝服既反命乃退君朝服者不至廟也路寢成則考之而不釁釁屋者交神明之道也言路寢者生人所居不釁者不神之也考之者設盛食以落之爾檀弓曰晉獻文子成室諸大夫發焉是也凡宗廟之器其名者成則釁之以豭豚宗廟名器謂尊彝之屬○豭音加諸侯出夫人夫人比至于其國以夫人之禮行至以夫人入行道以夫人之禮者弃妻致命其家乃義絕不用此爲始○比必利反使者將命曰寡君

不敏。不能從而事社稷宗廟。使使臣某敢告於執事。主人對曰。寡君固前辭不教矣。寡君敢不敬須以俟命前辭不教。謂納采時也。此辭。賓在門外。擯者傳焉。賓入致命如初。主人卒辭曰。敢不聽命。使去聲。下同有司官陳器皿。主人有司亦官受之器皿。其本所齎物也。律弃妻畀所齎。皿武景反。又音猛妻出。夫使人致之曰。某不敏。不能從而共粢盛。使某也敢告於侍者。主人對曰。某之子不肖。不敢辟誅。敢不敬須以俟命。使者退。主人拜送之肖。似也。不似。言不如人。誅猶罰也。○共音恭。辟音避。如舅在則稱舅。舅没則稱兄。無兄則稱夫。言弃妻者。父兄在則稱之。命當由尊者出也。唯國君不稱兄。主人之辭曰。某之子不肖。如姑姊妹。亦皆稱之。姑姊妹見弃。亦曰某之姑。某之姊。若妹。不肖。

孔子曰。吾食於少施氏而飽。少施氏食我以禮。言貴其以禮待己。而爲之飽也。時人倨慢。若季氏則不以禮矣。少施氏。魯惠公子施父之後。○少，失召反。下同。食我，音嗣。吾祭。作而辭曰。疏食不足祭也。吾飧。作而辭曰。疏食也。不敢以傷吾子。納幣一束束五兩兩五尋納幣。謂婚禮納徵也。十个爲束。貴成數。兩兩者合其卷。是謂五兩。八尺曰尋。五兩五尋。則每卷二丈也。合之則四十尺。今謂之匹。猶匹偶之云與。○飧音孫个古賀反卷音眷。又紀勉反婦見舅姑兄弟姑姊妹皆立于堂下。西面北上。是見已婦來爲供養也。其見主於尊者。兄弟以下在位。是爲已見。不復特見。○見賢遍反供恭用反養羊尚反見諸父。各就其寢旁尊也。亦爲見時不來女雖未許嫁。年二十而笄。禮之。婦人執其禮雖未許嫁。年二十亦爲成人矣。禮之。酌以成之。言婦人執其禮。明非許嫁之笄。燕則鬈首既笄之後去之。猶若女有鬌紒也。鬈音權。又居阮反。去起呂反。鬌丁果反。紒音計韠長三尺。下廣二尺。上廣一尺。會去上五寸。紕以爵韋六寸。不至下五寸。純以素。紃以五采。會謂上領縫也。領之所用。蓋與紕同。在旁曰紕。在下曰純。素生帛也。紕六寸者。中執之。表裏各三寸也。純紕所不至者五寸。與會去上同。紃施諸縫中。若今時絛也。韠音必。長直諒反廣古曠反。會古外反。紕婢支反。純之閏反。紃音巡

禮記卷第十二

興國本附見于此

雜記上

復諸侯以褒衣冕服爵弁服夫人稅衣揄狄稅素紗內子以鞠衣褒衣素紗下大夫以襢衣其餘如士復西上

雜記下

縣子曰三年之喪如斬期之喪如剡三年之喪雖功衰不弔自諸侯達諸士如有服

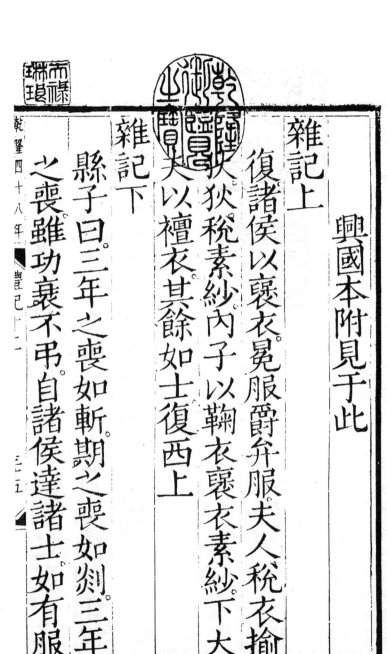

而將往哭之。則服其服而往。期之喪。十一月而練。十三月而祥。十五月而禫。練則弔。既葬。大功弔。哭而退。不聽事焉

相臺岳氏刻梓家塾

雜記下

舉人臣胡釪敬書

禮記卷十二考證

雜記載以輲車註輲讀爲輇或作槫○案周禮遂師註云蜃禮記或作槫或作輇賈公彥引此註曰輲讀爲輇或作輇彼此互異又原本槫字从木从專與集韻韻會同坊本俱訛槫槫音扶山海經東望槫木淮南子朝發槫桑與槫不同

商祝鋪註君至此君升○諸本無此五字案正義比君至升堂云云是古本原有此五字特此字疑比字之訛耳

介立于其左東上○其　殿本監本陳澔集說本作門

與此稍異

視君之母與妻○與字下　殿本閣本陳澔集說本復

有君之兩字

世㮊○世當作泄案世亦姓風俗通秦大夫世鈞是也

但諸書無有以泄㮊爲世㮊者亦不言泄世爲一姓

今依　殿本改

宦於大夫者之爲之服也○諸本宦作官陳澔集說本

通志堂本與此同

宗人視之○　殿本閣本通志堂本並作宗人祝之案

大戴禮釁廟篇雍人拭羊後無用祝辭意當依原本

爲是視猶視牲祝字乃傳訛耳

【漢】鄭玄注　【唐】陸德明音義

# 武英殿仿相臺岳氏本五經

# 禮記

下

上海古籍出版社

# 本册目録

卷第十三

喪大記第二十二　鄭氏注

疾病外内皆埽爲賓客將來問病也。疾困曰病。埽悉報反君大夫徹縣士去琴瑟聲音動人。病者欲靜也。凡樂器。天子宮縣。諸侯軒縣。大夫判縣。士特縣。去琴瑟者。不命之士。縣音懸。去上聲寢東首於北牖下謂君來視之時也。病者恒居北牖下。或爲北墉下。首手又反。牖音酉。舊音容廢牀徹褻衣加新衣體一人廢去也。人始生在地。去牀。庶其生氣反。徹褻衣。則所加者新朝服矣。互言之也。加朝服者。明其終於正也。體。手足也。四人持之。

乾隆四十八年　禮記十三

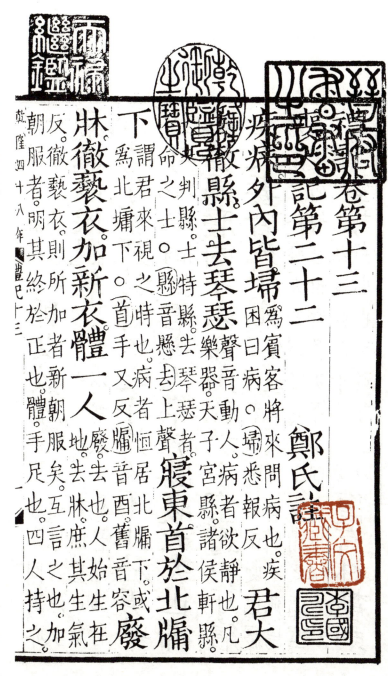

爲其不能自屈伸也○(褻)音薛男女改服爲賓客來問病亦朝服也庶人深衣屬纊以俟絕氣纊今之新綿易動搖置口鼻之上以爲候○(屬)音燭(纊)音曠男子不死於婦人之手婦人不死於男子之手君子重終爲其相褻君夫人卒於路寢大夫世婦卒於適寢內子未命則死於下室遷尸于寢士之妻皆死于寢言死者必皆於正處也寢室通耳其尊者所不燕焉君謂之路寢大夫謂之適寢士或謂之適室此變命婦言世婦者明尊卑同也世婦以君下寢之上爲適寢內子卿之妻也下室其燕處也○(適)丁立反復有林麓則

虞人設階。無林麓則狄人設階。復。招魂復魄也。階。所乘以升屋者。虞人。主林麓之官也。狄人。樂吏之賤者。階。梯也。簨簴之類。○簴音巨。簨恤尹反。小臣復。復者朝服。君以卷。夫人以屈狄。大夫以玄赬。世婦以襢衣。士以爵弁。士妻以稅衣。皆升自東榮。中屋履危。北面三號。捲衣投于前。司服受之。降自西北榮。小臣。君之近臣也。朝服而復。所以事君之衣也。用朝服而復之者。敬也。復。用死者之祭服。以其求於神也。君以卷。謂上公也。夫人以屈狄。互言耳。上公以袞。則夫人用褘衣。而侯伯以鷩。其夫人用揄狄。子男以毳。其夫人乃用屈狄矣。䞓赤也。玄衣赤裳。所謂卿大夫自玄冕而下之服也。其世婦亦以襢衣。榮。屋翼也。升東榮者。謂卿大夫士也。天子諸侯言東霤。危。棟上也。號。若云皐某復也。司服以篋待衣於堂前。○卷古本反屈音闕䞓敕貞反襢知彥反稅他亂反號戶高反

其爲賓。則公館復。私館不復。其在野。則升其乘車之左轂而復私館卿大夫之家也。不於之復。爲主人之惡。○乘繩證反轂工木反惡烏路反

復衣不以衣尸。不以斂不以衣尸謂不以襲也。復者。庶其生也。若以其衣襲斂。是用生施死。於義相反。士喪禮云。以衣衣尸。浴而去之。○衣尸。於既反斂力驗反去起呂反

婦人復。不以袡袡。嫁時上服。而非事鬼神

（之衣。而廉反）（柟）凡復。男子稱名。婦人稱字。（婦人不以名行）唯哭先復。復而後行死事。（氣絕則哭。哭而復。復而不蘇。可以爲死事）始卒。主人啼。兄弟哭。婦人哭踊。（悲哀有深淺也。若嬰兒中路失母。能勿啼乎）既正尸。子坐于東方。卿大夫父兄子姓。立于東方。有司庶士。哭于堂下北面。夫人坐于西方。內命婦姑姊妹子姓。立于西方。外命婦率外宗。哭于堂上北面。（正尸者。謂遷尸牖下。南首也。子姓。謂衆子孫也。姓之言生也。其男子立於主人後。女子立於夫人後。世婦爲內命婦。卿大夫之妻爲外命婦。外宗。姑姊妹之女。大夫之喪。主人坐于東方。主婦坐于西方。其有命夫命婦則坐。無則皆立。命夫命婦來哭者。同宗父兄子姓。姑姊妹子姓也。凡此哭者。尊者坐。卑者立。士之喪。主人父兄子姓皆坐于東方。主婦姑姊妹子姓皆坐于西方。士賤。同宗尊卑皆坐。凡哭尸于室者。主人二手承衾而哭。承衾哭者。哀慕若欲攀援。君之喪未小斂。爲寄公國賓出。大夫之喪未小斂。爲君命出。士之喪。於大夫。不當斂則出。父母

始死悲哀。非所尊不出也。出者或至庭。或至門。國賓聘大夫。不當斂。其來非斂時 ○ 爲于僞反。下同

凡主人之出也。徒跣扱衽拊心。降自西階。君拜寄公國賓于位。大夫於君命迎于寢門外。使者升堂致命。主人拜于下。士於大夫親弔則與之哭。不逆於門外。

拜寄公國賓於位者。於庭鄉其位而拜之。此時寄公位在門西。國賓位在門東。皆北面。小斂之後。寄公東面。國賓門西北面。士於大夫親弔。謂大夫身來弔士也。與之哭。既拜之。即位西階東面哭。大夫特來則北面 ○ 跣悉典反 扱初洽反

夫人爲寄公夫人出。命婦爲夫

人之命出。士妻不當斂。則爲命婦出。出。拜之於堂上也。此時寄公夫人命婦位在堂上北面。小斂之後。尸西東面小斂。主人即位于戶內。主婦東面。乃斂。卒斂。主人馮之踊。主婦亦如之。主人袒。説髦。括髮以麻。婦人髽。帶麻于房中。士既殯説髦。此云小斂。蓋諸侯禮也。士之既殯。諸侯之小斂。於死者但三日也。婦人之髽。帶麻於房中。則西房也。天子諸侯。有左右房。○馮皮冰反。説他活反。髽側瓜反徹帷。男女奉尸夷于堂。降拜。夷之言尸也。於遷尸。主人主婦以下從而奉之。孝敬之心。降拜。拜賓也○奉芳勇反。從才用反。又如字君拜寄公國賓。大夫士拜卿大夫於位。於士旁三拜。夫人亦拜寄公夫人於堂上。大夫內子士妻特拜命婦。氾拜衆賓於堂上。衆賓謂士妻也。尊者皆特拜。拜士與其妻皆旅之。○氾芳劒反主人即位。襲帶絰踊。即位。作階之下位也。有襲絰乃踊。尊卑相變也母之喪。即位而免。記異者。禮斬衰括髮。齊衰免。以至成服而冠。爲母重。初亦括髮。既小斂則免。○免音問。後放此乃奠。小斂奠也弔者襲裘。加武帶絰。與主人拾踊。始死。弔者朝服裼裘。如吉時也。小斂則改襲而加武與帶絰矣。武吉冠之卷也。加武者明不改冠。亦不免也。檀弓曰。主人既小斂。子游趨而出襲裘帶絰而入○拾其劫反裼思歷反卷起權反君喪虞人出木角狄人出壺雍人出鼎。司馬縣之。乃官代哭。代。更也。未殯。哭不絕聲。爲其罷倦。既小斂可以爲漏刻。分時而更哭也。木給爨竈。角以爲㪺水斗。壺漏水之器也。冬漏以火爨鼎沸而後沃之。此挈壺氏所掌也。屬司馬。司馬涖縣其器○縣音懸罷音皮㪺音俱大夫官代哭。不縣壺下君也士代哭不以官自以親疏哭也

君堂上二燭。下二燭。大夫堂上一燭。下二燭士堂上一燭。下一燭燭所以照饌也。滅燎而設燭○饌仕眷反賓

出徹帷君與大夫之禮也。士卒斂即徹帷。徹或爲廢哭尸于堂上。主人在東方。由外來者在西方。諸婦南鄉。由外來。謂奔喪者也。無奔喪者。婦人猶東面。○鄉許亮反婦人迎客送客不下堂。下堂不哭。男子出寢門見人不哭。婦人所有事。自堂及房。男子所有事。自堂及門。非其事處而哭。猶野哭也。出門見人。謂迎賓也。其無女主。則男主拜女賓于寢門內。其無男主。則女主拜男賓于阼階下。子幼則以衰抱之。人爲之拜。爲後者不在。則有爵者辭。無爵者人爲之拜。在竟內則俟之。在竟外則殯葬可也。喪有無後。無無主。拜者皆拜賓於位也。爲後者有爵。攝主爲之辭於賓耳。不敢當尊者禮也。○衰音崔。人爲去聲。至爲人注同。竟音境。君之喪三日。子夫人杖。五日既殯。授大夫世婦杖。子大夫寢門之外杖。寢門之內輯之。夫人世婦在其次則杖。即位則使人執之。子有王命則去杖。國君之命則輯杖。聽卜有事於尸則去杖。大夫於君所則輯杖。於大夫所則杖。三日者。死之後三日也。爲君杖不同日。人君禮大。可以見親疏也。輯。斂也。斂者。謂舉之。不以柱地也。夫人世婦次於房中。即位堂上。堂上近尸殯。使人執杖。不敢自持也。子於國君之命輯杖。下成君。不敢敵之也。卜。卜葬卜日也。凡喪祭虞而有尸。大夫於君所輯杖。謂與之俱即寢門外位也。獨焉則杖。君謂子也。於大夫所杖。俱爲君杖。不相下也。輯側立反。下同　柱知主反

大夫之喪。三日之朝既殯。主人主婦室老皆杖。大夫有君命則去杖。大夫之命則輯杖。內子爲夫人之命去杖。爲世婦之命授人杖大夫有君命去杖。此指大夫之子也。而云大夫者。通實大夫有父母之喪也。授人杖。與使人執

之同也

士之喪二日而殯三日之朝主人杖婦人皆杖於君命夫人之命如大夫於大夫世婦之命如大夫士二日而殯者下大夫也士之禮死與往日生與來日此二日於死者亦得三日也婦人皆杖謂主婦容妾爲君女子子在室者子皆杖不以即位子謂凡庶子也不以即位與去杖同大夫士哭殯則杖哭柩則輯杖哭殯謂既塗也哭柩謂啓後也大夫士之子於父父也尊近哭殯可以杖天子諸侯之子於父父也君也尊遠杖不入廟門弃杖者斷而弃之於隱者杖以喪至尊爲人得而褻之也○斷丁管反君設

大盤造冰焉。大夫設夷盤造冰焉。士併瓦盤。無冰。設牀襢第。有枕。含一牀。襲一牀。遷尸于堂又一牀。皆有枕席。君大夫士一也。此事皆沐浴之後。宜承濡濯弃於坎下。札爛脫在此耳。造猶內也。襢第。袒簀也。謂無席。如浴時牀也。禮自仲春之後。尸既襲。既小斂。先內冰盤中。乃設牀於其上。不施席而遷尸焉。秋涼而止。士不用冰。以瓦為盤。併以盛水耳。漢禮。大盤廣八尺。長丈二。深三尺。赤中。夷盤小焉。周禮。天子夷盤。士喪禮。君賜冰。亦用夷盤。然則其制宜同之。○造七報反。下同。併步頂反。襢之善反。第側里反。含胡暗反。濡奴亂反。濯直孝反。下同。始死。遷尸于牀。幠用斂衾。去死衣。小臣楔齒用角柶。綴足用燕几。君大夫士一也。牀謂所設牀第當牖者也。士喪禮曰。士死於適室。幠用斂衾。去死衣。病時所加新衣及復衣也。去之以俟沐浴。○幠荒胡反　楔桑結反　柶音四　綴丁劣反。又丁衛反　適丁歷反

管人汲。不說繘。屈之。盡階不升堂。授御者。御者入浴。小臣四人抗衾。御者二人浴。浴水用盆。沃水用枓。浴用絺巾。挋用浴衣。如它日。小臣爪足。浴餘水弃于坎。其母之喪。則內御者抗衾而浴。抗衾者。蔽上重形也。挋拭也。爪足。斷足爪。

也。管如字。掌管鑰之人。又古亂反。掌館舍之人也。汲音急。說吐活反。繘均必反。汲水綆也。抗苦浪反。料音主。又音斗。挋音震。管人汲。授御者。御者差沐于堂上。君沐粱。大夫沐稷。士沐粱。甸人爲垼于西牆下。陶人出重鬲。管人受沐。乃煑之。甸人取所徹廟之西北厞薪。用爨之。管人授御者沐。乃沐。沐用瓦盤。挋用巾。如它日。小臣爪手翦須。濡濯弃于坎。差。漸也。漸飯米。取其潘以爲沐也。浴沃用料。沐於盤中。文相變也。士喪禮沐稻。此云士沐粱。蓋天子之士也。以差率而上之。天子沐黍與。

○差七何反垼音役塊竈也重直龍反鬲音歷扉扶味反舊音非淅先歷反潘芳袁反差初佳反率音律又音類

君之喪子大夫公子衆士皆三日不食子大夫公子食粥納財朝一溢米莫一溢米食之無筭士疏食水飲食之無筭夫人世婦諸妻皆疏食水飲食之無筭納財謂食穀也二十兩曰溢於粟米之法一溢爲米一升二十四分升之一諸妻御妾也同言無筭則是皆一溢米或粥或飯○溢音逸莫音暮疏食音嗣下疏食皆同

大夫之喪主人室老子姓皆食粥衆士疏食水飲妻妾疏

食水飲室老。其貴臣也。衆士。所謂衆臣。士亦如之如其子食粥。妻妾疏食水飲既葬。主人疏食。水飲。不食菜果。婦人亦如之。君大夫士一也。練而食菜果。祥而食肉。果。瓜桃之屬食粥於盛。不盥。食於篹者盥。食菜以醯醬。始食肉者。先食乾肉。始飲酒者。先飲醴酒。盛。謂今時杯杅也。篹。竹筥也。歠者不盥。手飯者盥。篹或作簨。○盥古緩反篹悉緩反又蘇管反期之喪。三不食。食疏食。水飲。不食菜果。三月既葬。食肉飲酒。期終喪。不食肉。不飲酒。

父在爲母爲妻九月之喪也食飲猶期之喪也食肉飲酒不與人樂之食肉飲酒亦謂既葬期音基下同爲去聲與音預下同五月三月之喪壹不食再不食可也比葬食肉飲酒不與人樂之叔母世母故主宗子食肉飲酒義服恩輕也故主謂舊君也言故主者關大夫君也比必利反不能食粥羹之以菜可也謂性不能者可食飯菜羹有疾食肉飲酒可也爲其氣微五十不成喪成猶備也所不能備謂不致毀不散送之屬也七十唯衰麻在身言其餘居處飲

食。與吉時同也既葬。若君食之則食之。大夫父之友食之則食之矣。不辟粱肉。若有酒醴則辭。尊者之前。可以食美也。變於顏色亦不可。○君食友食音嗣辟音避小斂於戶內。大斂於阼。君以簟席。大夫以蒲席。士以葦席。簟。細葦席也。三者下皆有莞。○莞音官小斂布絞。縮者一。橫者三。君錦衾。大夫縞衾。士緇衾。皆一。衣十有九稱。君陳衣于序東。大夫士陳衣于房中。皆西領北上。絞紟不在列。絞。既斂所用束堅之者。縮。從也。衣十有九稱。法

乾隆四十八年 禮記十三

天地之終數也。士喪禮小斂陳衣於房中，南領西上，與大夫異。今此同，亦蓋天子之士也。絞紟不在列，以其不成稱，不連數也。小斂無紟，因絞不在列見之也。或曰縮者二。○絞，戶交反，後同。稱，尺證反。衣單複具曰稱。紟，其鴆反，後皆同。從，足容反。見，賢遍反。

大斂，布絞，縮者三，橫者五，布紟，二衾。君、大夫、士一也。君陳衣于庭，百稱，北領西上。大夫陳衣于序東，五十稱，西領南上。士陳衣于序東，三十稱，西領南上。絞紟如朝服，絞一幅爲三不辟，紟五幅無紞。二衾者，或覆之，或薦之。如朝服者，謂布精麤朝服十五升。小斂之絞也。廣終幅。析其末。以爲堅之强也。大斂之絞。一幅三析用之。以爲堅之急也。紞以組類爲之。綴之領側。若今被識矣。生時禪被有識。死者去之。異於生也。士喪禮。大斂亦陳衣於房中。南領西上。與大夫異。今此又同。亦蓋天子之士。紞或爲點。○辟補麥反。又音璧。徐扶移反。紞丁覽反。識式志反。又音志。又音式。下同。去起呂反。

小斂之衣。祭服不倒。尊祭服也。斂者要方。散衣有倒。○倒丁老反。散悉但反。

君無襚。大夫士畢主人之祭服。親戚之衣受之。不以即陳。無襚者。不陳。不以斂。

小斂。君大夫士皆用複衣複衾。大斂。君大夫士祭服無筭。君褶衣褶衾。大夫士猶小斂也（褶袷也。君衣尚多，去其著也。○褶音牒，袷古洽反。）袍必有表，不禪；衣必有裳，謂之一稱。（袍，褻衣，必有以表之，乃成稱也。雜記曰：子羔之襲，繭衣裳與稅衣纁袡爲一，是也。論語曰：當暑袗絺綌，必表而出之，亦爲其褻也。○禪音單，稅吐亂反，袡而廉反。）凡陳衣者實之篋，取衣者亦以篋，升降者自西階。（取猶受也。）凡陳衣不詘，非列采不入，絺綌紵不入。（不屈，謂舒而不卷也。列采，謂正服之色也。絺綌紵者，當暑之褻衣也。襲尸重形，冬夏用袍，及斂則用正服。○詘丘勿反。）凡斂者袒，遷尸者襲。（袒者，於事便也。）君之喪，大胥是斂。衆胥佐之。大夫之喪。大胥侍之。衆胥是斂。士之喪。胥爲侍。士是斂。胥。樂官也。不掌喪事。胥當爲祝。字之誤也。侍猶臨也。大祝之職。大喪贊斂。喪祝。卿大夫之喪掌斂。士喪禮。商祝主斂。○胥之六反。下同。小斂大斂。祭服不倒。皆左衽。結絞不紐。左衽。衽鄉左。反生時也。○鄉許亮反。斂者既斂必哭。士與其執事則斂。斂焉則爲之壹不食。凡斂者六人。斂者必使所與執事者。不欲安人褻之。執或爲僸。○與音預。僸音執。君錦冒黼殺。綴旁七。大夫玄冒黼殺。綴旁五。士緇冒赬殺。

綴旁三。凡冒質長與手齊。殺三尺。自小斂以往用夷衾。夷衾質殺之裁猶冒也。冒者。既襲所以韜尸。重形也。殺。冒之下帬。韜足上行者也。小斂又覆以夷衾。裁猶制也。字或爲材。○殺色戒反又所例反。下同。裁才再反君將大斂。子弁絰。即位于序端。卿大夫即位于堂廉楹西。北面東上。父兄堂下北面。夫人命婦尸西東面。外宗房中南面。小臣鋪席。商祝鋪絞紟衾衣。士盥于盤上。士舉遷尸于斂上。卒斂。宰告。子馮之踊。夫人東面亦如之。子弁絰者，未成服。弁如爵弁而素。大夫之喪，子亦弁絰。大夫之喪，將大斂，既鋪絞紟衾衣，君至，主人迎，先入門右，巫止于門外，君釋菜，祝先入，升堂，君即位于序端，卿大夫即位于堂廉楹西，北面東上，主人房外南面，主婦尸西東面，遷尸，卒斂，宰告，主人降，北面于堂下，君撫之，主人拜稽顙，君降，升主人馮之，命主婦馮之。先入右者，入門而右也。巫止者，君行必與巫，巫主辟凶邪也。釋菜，禮門神也。必禮門神者，禮君非問病弔喪。不入諸臣之家也。主人房外南面。大夫之子尊。得升視斂也。○辟必亦反士之喪將大斂。君不在。其餘禮猶大夫也其餘。謂卿大夫及主婦之位鋪絞紟踊。鋪衾踊。鋪衣踊。遷尸踊。斂衣踊。斂衾踊。斂絞紟踊目孝子踊節君撫大夫。撫內命婦。大夫撫室老。撫姪娣撫以手按之也。內命婦君之世婦。○姪大結反君大夫馮父母妻長子。不馮庶子。士馮父母妻長子庶子。庶子有子。則父母不馮其尸。凡馮尸者。父母先。妻子後目於其親所馮也。馮謂扶持服膺君於臣撫之。父母於子執之。子於父母馮之。婦於舅姑奉之。舅姑於婦撫之。妻於夫拘之。夫於妻於昆弟執之此恩之深淺尊卑之儀也。馮之類必當心。○奉芳勇反拘音俱。一古侯反馮尸不當君所不敢與尊者所馮同處

凡馮尸興必踊悲哀之至。馮尸必坐父母之喪居倚廬不塗。寢苫枕凷。非喪事不言。君爲廬宮之。大夫士襢之宮。謂圍障之也。襢。袒也。謂不障○苫始占反。枕之鴆反。凷苦內反。襢章善反。障音章既葬柱楣塗廬不於顯者君大夫

士皆宮之。不於顯者。不塗見面。凡非適子者。自未葬。以於隱者爲廬。不欲人屬目。蓋廬於東南角。既葬猶然。○屬音燭既葬。與人立。君言王事。不言國事。大夫士言公事。不言家事。此常禮也。君既葬。王政入於國。既卒哭。而服王事。大夫士既葬。公政入於家。既卒哭。弁絰帶。金革之事無辟也。此權禮也。弁絰帶者。變喪服而弔服。輕。可以即事也。○辟音避既練。居堊室。不與人居。君謀國政。大夫士謀家事。既祥。黝堊。祥而外無哭者。

禫而內無哭者，樂作矣故也。黝堊。堊室之飾也。地謂之黝。牆謂之堊。外無哭者，於門外不哭也。內無哭者，入門不哭也。禫踰月而可作樂。樂作無哭者，黝堊或爲要期。禫或皆作道。【黝】於糾反。【堊】烏路反。又烏各反。○禫而從御，吉祭而復寢。從御，御婦人也。復寢，不復宿殯宮也。期居廬，終喪不御於內者，父在爲母、爲妻，齊衰期者，大功布衰九月者，皆三月不御於內。婦人不居廬，不寢苫。喪父母，既練而歸；期九月者，既葬而歸。歸，謂歸夫家也。○【期】音基。【爲】去聲。下竝同。公之喪，大夫俟練，士卒哭而歸此公。公士大夫有地者也。其大夫士歸者。謂素在君所食都邑之臣。大夫士父母之喪。既練而歸。朔月忌日。則歸哭于宗室。諸父兄弟之喪。既卒哭而歸。歸謂歸其宮也。忌日。死日也。宗室。宗子之家。謂殯宮也。禮。命士以上。父子異宮。父不次於子。兄不次於弟。謂不就其殯宮爲次而居。君於大夫世婦。大斂焉。爲之賜。則小斂焉。爲之賜。謂有恩惠也。於外命婦。既加蓋而君至。於臣之妻略也。於士。既殯而往。爲之賜。大斂焉。夫人於世婦。大斂焉。爲之賜。小斂焉於諸妻爲之賜大斂焉於大夫外命婦既殯而往大夫士既殯而君往焉使人戒之主人具殷奠之禮俟于門外見馬首先入門右巫止于門外祝代之先君釋菜于門內祝先升自阼階負墉南面君即位于阼小臣二人執戈立于前二人立于後殷猶大也朝夕小奠至月朔則大奠君將來則具大奠之禮以待之榮君之來也祝負墉南面直君北房戶東也小臣執戈先後君君升而夾階立大夫殯即成服成服則君亦成服錫衰而往弔之○直如字又音值

擯者進當贊主人也。始立門東北面主人拜稽顙君稱言。視祝而踊主人踊稱言舉所以來之辭也。視祝而踊。視相君之禮。當節之也。○相息亮反。下同大夫則奠可也士則出俟于門外。命之反奠乃反奠卒奠主人先俟于門外。君退主人送于門外拜稽顙迎不拜。拜送者。拜迎則爲君之荅己君於大夫疾三問之在殯三往焉士疾壹問之在殯壹往焉所以致殷勤也君弔則復殯服復反也。反其未殯未成服之服。新君事也。謂臣喪既殯後。君乃始來弔也。復或爲服夫人弔於大夫士。主人出迎于門外。見馬首。先入門右。夫人入。升堂即位。主婦降自西階。拜稽顙于下。夫人視世子而踊。奠如君至之禮。夫人退。主婦送于門內。拜稽顙。主人送于大門之外。不拜。（視世子而踊。世子從夫人。夫人以爲節也。世子之從夫人。位如視從君也）大夫君不迎于門外。入即位于堂下。主人北面。衆主人南面。婦人即位于房中。若有君命。命夫命婦之命。四鄰賓客。其君後主人而拜（入即位於下。不升堂。而立阼階之下。西面。下正君也。衆主人南面於其北。婦人即位於房中。君雖不升堂。猶辟之也。後主人而拜者。將拜賓。使主人陪其後。而君前拜。不俱拜者。主人無二也。）君弔見尸柩而后踊（塗之後。雖往不踊也。踊或爲哭。或爲浴）大夫士若君不戒而往。不具殷奠。君退必奠（榮君之來）君大棺八寸。屬六寸。椑四寸。上大夫大棺八寸。屬六寸。下大夫大棺六寸。屬四寸。士棺六寸（大棺。棺之在表者也。檀弓曰。天子之棺四重。水兕革棺被之。其厚三寸。杝棺一。梓棺二。四者皆周。此以內說而出也。然則大棺及屬用梓。椑用杝。以是差

喪大記

之上公革棺不被三重也諸侯無革棺再重也大夫無椑一重也士無屬不重也庶人之棺四寸上大夫謂列國之卿也趙簡子云不設屬椑時僭也屬音燭後同椑步歷反重直龍反下同

君裏棺用朱綠用雜金鐕大夫裏棺用玄綠用牛骨鐕士不綠鐕所以椓著裏鐕子南反釘也椓陟角反

君蓋用漆三衽三束大夫蓋用漆二衽二束士蓋不用漆二衽二束用漆者塗合牝牡之中也衽小要也要一遙反

君大夫鬊爪實于綠中士埋之綠當為角聲之誤也角中謂棺內四隅也鬊亂髮也將實爪髮棺中必為小囊盛之此綠或為

蔞。鬊音舜爪側巧反蔞魯口反

君殯用輴欑至于上畢塗屋大夫殯以幬欑置于西序塗不暨于棺士殯見衽塗上帷之

欑猶菆也。屋殯上覆如屋者也。幬覆也。暨及也。此記參差。以檀弓參之。天子之殯居棺以龍輴欑木題湊象椁。上四注如屋以覆之。盡塗之。諸侯輴不畫龍欑不題湊象椁。其他亦如之。大夫之殯廢輴。置棺西牆下。就牆欑其三面。塗之不及棺者。言欑中狹小。裁取容棺。然則天子諸侯差寬大矣。士不欑。掘地下棺。見小要耳。帷之。鬼神尚幽闇也。士達於天子皆然。幬或作錞。或作埻。○輴勑倫反欑才完反幬音道見賢遍反菆才工反參初金反差初宜反湊七豆反注之樹反差寬。初賣反錞徒對反。

又徒卧反〔蓴〕支允反又支閏反熬君四種八筐大夫三種六筐士二種四筐加魚腊焉熬者煎穀也將塗設於棺旁所以惑蚍蜉使不至棺也士喪禮曰熬黍稷各二筐又曰設熬旁各一筐大夫三種加以粱君四種加以稻四筐則手足皆一其餘設於左右〇〔熬〕五羔反〔穜〕章勇反飾棺君龍帷三池振容黼荒火三列黻三列素錦褚加僞荒纁紐六齊五采五貝黼翣二黻翣二畫翣二皆戴圭魚躍拂池君纁戴六纁披六大夫畫帷二池不振容畫荒火三列黻三列素

錦褚纁紐二玄紐二齊三采三貝黻翣二畫翣二皆戴綏魚躍拂池大夫戴前纁後玄披亦如之士布帷布荒一池揄絞纁紐二緇紐二齊三采一貝畫翣二皆戴綏士戴前纁後緇二披用纁飾棺者以華道路及壙中不欲衆惡其親也荒蒙也在旁曰帷在上曰荒皆所以衣柳也士布帷布荒者白布也君大夫加文章焉黼荒緣邊爲黼文畫荒緣邊爲雲氣火黻爲列於其中耳僞當爲帷或作于聲之誤也大夫以上有褚以襯覆棺乃加帷荒於其上紐所以結連帷荒者也池以竹爲之如小車笭衣以青布柳象宮室

縣池於荒之爪端。若承霤然云。君大夫以銅爲魚。縣於池下。揄。揄翟也。青質五色。畫之於絞繒而垂之。以爲振容。象水草之動搖。行則又魚上拂池。雜記曰。大夫不揄絞屬於池下。則是不振容也。士則去魚。齊象車蓋蕤。縫合雜采爲之。形如爪分然。綴貝落其上及旁。戴之言値也。所以連繫棺束與柳材。使相値。因而結前後披也。漢禮。翣以木爲筐。廣三尺。高二尺四寸。方兩角高。衣以白布。畫者畫雲氣。其餘各如其象。柄長五尺。車行使人持之而從。既窆。樹於壙中。檀弓曰。周人牆置翣是也。綏當爲緌。讀如冠蕤之蕤。蓋五采羽注於翣首也。○褚張呂反。下同。僞位悲反。齊如字。徐才細反。翣所甲反。披彼義反。緌音蕤。揄音遥。壙苦晃反。惡烏路反。縣音懸。分扶問反。又皮莧反。髙古報反。又如字。從才用反。

君葬

用輴。四綍二碑。御棺用羽葆。大夫葬用輴二綍二碑。御棺用茅。士葬用國車。二綍無碑。比出宮。御棺用功布大夫廢輴。此言輴非也。輴皆當爲載以輇車之輇聲之誤也。輇字或作團。是以又誤爲國。輇車柩車也。尊卑之差也。在棺曰綍。行道曰引。至壙將窆。又曰綍而設碑。是以連言之。碑。桓楹也。御棺居前爲節度也。士言比出宮用功布則出宮而止。至壙無矣。綍或爲率。○輴市專反又勑倫反國依注音輇比去聲引音胤率音律

凡封。用綍去碑負引。君封以衡。大夫士以咸。君命毋譁。以鼓封。大夫命毋哭。士哭者相

止也封。周禮作窆。窆，下棺也。此封或皆作斂。檀弓曰。公輸若方小。斂。般請以機封。謂此斂也。然則棺之入坎爲斂。與斂尸相似。記時同之耳。咸讀爲緘。凡柩車及壙。說載除飾而屬紼於柩之緘。又樹碑於壙之前後。以紼繞碑間之鹿盧。輓棺而下之。此時棺下窆。使輓者皆繫紼而繞要。負引。舒縱之。備失脫也。用紼去碑者。謂縱下之時也。衡。平也。人君之喪。又以木橫貫緘耳。居旁持而平之。又擊鼓爲縱舍之節。大夫士旁牽緘而已。庶人縣窆。不引紼也。禮。唯天子葬有隧。今齊人謂棺束爲緘繩。咸或爲椷。○封。彼驗反。下同。咸。古鹹反。說。吐活反。輓。音晚。椷。古咸反。

君松椁。大夫柏椁。士雜木椁。椁。謂周棺者也。天子柏椁以端長六尺。夫子制於中都。使庶人之椁五寸。五寸。謂端方也。

此謂尊者用大材。卑者用小材耳。自天子諸侯卿大夫士庶人六等。其椁長自六尺而下。其方自五寸而上。未聞其差所定也。抗木之厚。蓋與椁方齊。天子五重。上公四重。諸侯三重。大夫再重。士一重。

棺椁之間。君容柷。大夫容壺。士容甒。

間可以藏物。因以爲節。柷昌六反甒音武

君裏椁虞筐。大夫不裏椁。士不虞筐。

裏椁之物。虞筐之文。未聞也

禮記卷第十三

喪大記

興國本附見于此

## 喪大記

士之喪。二日而殯。三日之朝。主人杖。婦人皆杖。於君命。夫人之命。如大夫。於大夫世婦之命。如大夫。子皆杖。不以即位。大夫士哭殯則杖。哭柩則輯杖。弃杖者。斷而弃之於隱者。始死。遷尸于牀。幠用斂衾。去死衣。小臣楔齒用角柶。綴足用燕几。君大夫士一也。管人汲。不說繘屈之。盡階不升堂。授御者入浴。小臣四人抗衾。御者二人浴。浴水用盆。沃水用枓。浴用絺巾。挋用浴衣。如它日。小臣爪足。浴餘水弃于坎。其母之喪。則內御者抗衾而浴。管人汲。授御者。御者差沐于堂上。君沐粱。大夫沐稷。士沐粱。甸人爲垼于西牆下。陶人出重鬲。管人受沐。乃煑之。甸人取所徹廟之西北厞薪。用爨之管人授御者沐乃沐沐用瓦盤挋用巾如它日小臣爪手翦須濡濯弃于坎君設大盤造冰焉大夫設夷盤造冰焉士倂瓦盤無冰設牀襢第有枕含一牀襲一牀遷尸于堂又一牀皆有枕席君大夫士一也君之喪子大夫公子衆士皆三日不食子大夫公子食粥納財朝一溢米莫一溢米食之無算士疏食水飲食之無算夫人世

婦諸妻皆䟽食水飲食之無箅



舉人臣陳昶敬書

禮記卷十三考證

喪大記復者朝服註用朝服而復之者敬也○復之殿本閣本作服之案鄭註依經詮復字當從原本爲是

汜拜衆賓于堂上音義汜芳劒反○劒諸本作歛與韻不合當係劒字之誤

男子出寢門○殿本閣本陳澔集說本門下俱有外字通志堂本與此同

蟄註所以感蚳蜉○案儀禮注感字當作蹙乃仍習已久各本俱同

士棺六寸註綴貝落其上及旁○殿本閣本貝作則落作絡衞湜集說本貝作具案則與具具皆貝字之訛落與絡義同

# 禮記卷第十四

## 祭法第二十三　鄭氏註

祭法。有虞氏禘黃帝而郊嚳。祖顓頊而宗堯。夏后氏亦禘黃帝而郊鯀。祖顓頊而宗禹。殷人禘嚳而郊冥。祖契而宗湯。周人禘嚳而郊稷。祖文王而宗武王。禘。郊。祖。宗。謂祭祀以配食也。此禘。謂祭昊天於圜丘也。祭上帝於南郊曰郊。祭五帝五神於明堂曰祖宗。祖宗通言爾。下有禘郊宗祖。孝經曰。宗祀文王於明堂。以配上帝。明堂月令。春曰其帝大昊。其神句芒。夏曰其帝炎帝。其神祝融中央曰其帝黃帝其神后土秋曰其帝少昊其神蓐收冬曰其帝顓頊其神玄冥有虞氏以上尚德禘郊祖宗配用有德者而已自夏已下稍用其姓代之先後之次有虞氏夏后氏宜郊顓頊殷人宜郊契郊祭一帝而明堂祭五帝小德配寡大德配衆亦禮之殺也○殺口毒反

燔柴於泰壇祭天也瘞埋於泰折祭地也用騂犢壇折封土爲祭處也壇之言坦也坦明貌也折炤晢也必爲炤明之名尊神也地陰祀用黝牲與天俱用犢連言爾○瘞於滯反折之設反舊音逝又音制炤章遙反黝於糾反

埋少牢於泰昭祭時也相近於坎壇祭寒暑也王宮祭日也夜明祭月也

幽宗，祭星也。雩宗，祭水旱也。四坎壇，祭四方也。山林川谷丘陵能出雲，爲風雨，見怪物，皆曰神。有天下者祭百神，諸侯在其地則祭之，亡其地則不祭。昭，明也，亦謂壇也。時，四時也，亦謂陰陽之神也。埋之者，陰陽出入於地中也。凡此以下，皆祭用少牢。相近當爲禳祈，聲之誤也。禳猶卻也。祈，求也。寒暑不時，則或禳之，或祈之。寒於坎，暑於壇。王宮，日壇。王，君也。日稱君。宮，壇營域也。夜明，亦謂月壇也。宗，皆當爲禜，字之誤也。幽禜，亦謂星壇也。星以昏始見。禜之言營也。雩禜，亦謂水旱壇也。雩之言吁嗟也。春秋傳曰：日月星辰之神，則雪霜風雨之不時，於是乎禜之。山川之神。則水旱癘疫之不時。於是乎禜之。四方。即謂山林川谷丘陵之神也。祭山林丘陵於壇。川谷於坎。每方各爲坎爲壇。怪物雲氣非常見者也。有天下。謂天子也。百者假成數也。（相）近上如羊反。下巨依反。王肅作祖迎也（宗）禜敬反。王如字。（見）賢遍反（亡）如字。無也。一音無

大凡生於天地之閒者皆曰命。其萬物死皆曰折。人死曰鬼。此五代之所不變也生時形體異。可同名。至死腐爲野土。異其名。嫌同也。折弃敗之言也。鬼之言歸也。五代謂黃帝。堯舜禹湯周之禮樂所存法也七代之所更立者禘郊宗祖。七代通數顓頊及嚳也。所不變者。則數其所法而已。變之則通其餘不變也

數所不法。爲記者之微意也。少昊氏脩黃帝之法。後王無所取焉。○更古衡反天下有王。分地建國。置都立邑。設廟祧壇墠而祭之。乃爲親疏多少之數。是故王立七廟。一壇一墠。曰考廟。曰王考廟。曰皇考廟。曰顯考廟。曰祖考廟。皆月祭之。遠廟爲祧。有二祧。享嘗乃止。去祧爲壇。去壇爲墠。壇墠有禱焉祭之。無禱乃止。去墠曰鬼。諸侯立五廟。一壇一墠。曰考廟。曰王考廟。曰皇考廟。皆月祭之。顯考廟祖考廟享嘗乃止去祖爲壇去壇爲墠壇墠有禱焉祭之無禱乃止去墠爲鬼大夫立三廟二壇曰考廟曰王考廟曰皇考廟享嘗乃止顯考祖考無廟有禱焉爲壇祭之去壇爲鬼適士二廟一壇曰考廟曰王考廟享嘗乃止顯考無廟有禱焉爲壇祭之去壇爲鬼官師一廟曰考廟王考無廟而祭之去王考爲鬼庶士庶人無廟死曰鬼建國封諸侯也置都立邑爲卿

大夫之采地。及賜士有功者之地。廟之言貌也。宗廟者。先祖之尊貌也。祧之言超也。超上去意也。封土曰壇。除地曰墠。書曰。三壇同墠。王。皇。皆君也。顯。明也。祖。始也。名先人以君明始者。所以尊本之意也。天子遷廟之主。以昭穆合藏於二祧之中。諸侯無祧。藏於祖考之廟中。聘禮曰。不腆先君之祧。是謂始祖廟也。享嘗。謂四時之祭。天子諸侯爲壇墠所禱。謂後遷在祧者也。既事。則反其主於祧。鬼亦在祧。顧遠之於無事。祫乃祭之爾。春秋文二年秋。大事於大廟。傳曰。毀廟之主。陳于大祖。未毀廟之主。皆升合食於大祖。是也。魯煬公者伯禽之子也。至昭公定公。久已爲鬼。而季氏禱之而立其宮。則鬼之主在祧明矣。唯天子諸侯有主禘祫。大夫有祖考者。亦鬼其百世不禘祫無主爾。其無祖考者。庶士以下鬼其考王考。官師鬼其皇考。大夫適士鬼其顯考而巳。大夫祖考。謂別子也。凡鬼者。薦而不祭。王制曰。大夫士有田則祭。無田則薦。適士。上士也。官師。中士下士庶士府史之屬。此適士云顯考無廟。非也。當爲皇考。字之誤。○壇音善適丁歷反。後同。顯考無廟之顯音皇采七代反湯餘讓反

王爲羣姓立社。曰大社。王自爲立社。曰王社。諸侯爲百姓立社。曰國社。諸侯自爲立社。曰侯社。大夫以下成羣立社。曰置社羣。衆也。大夫以下。謂下至庶人也。大夫不得特立社。與民族居。百家以上。則共立一社。今時里社是也。郊特牲曰。唯爲社事單出里。○爲于僞反。下皆同

王爲羣姓立七

祀曰司命曰中霤曰國門曰國行曰泰厲曰戶曰竈王自爲立七祀諸侯爲國立五祀曰司命曰中霤曰國門曰國行曰公厲諸侯自爲立五祀大夫立三祀曰族厲曰門曰行適士立二祀曰門曰行庶士庶人立一祀或立戶或立竈此非大神所祈報大事者也小神居人之間司察小過作譴告者爾樂記曰明則有禮樂幽則有鬼神鬼神謂此與司命主督察三命中霤主堂室居處門戶主出入行主道路行作厲主殺罰竈主飲食之事明堂月令春曰其祀戶祭先脾夏曰其

祀竈。祭先肺。中央曰其祀中霤。祭先心。秋曰其祀門。祭先肝。冬曰其祀行。祭先腎。聘禮曰。使者出。釋幣于行。歸釋幣于門。士喪禮曰。疾病禱於五祀。司命與厲其時不著。今時民家或春秋祠司命行神山神門戶竈在旁。是必春祠司命。秋祠厲也。或者合而祠之。山即厲也。民惡言厲。巫祝以厲山爲之。謬乎。春秋傳曰。鬼有所歸。乃不爲厲。○霤力又反譴棄戰反。此與音餘肺芳廢反腎上忍反惡言烏路反

王下祭殤五。適子。適孫。適曾孫。適玄孫。適來孫。諸侯下祭三。大夫下祭二。適士及庶人。祭子而止。祭適殤者。重適也。祭適殤於廟之奧。謂之陰厭。王子。公子。祭其適殤於其黨之廟。大夫以下庶子。祭其適殤於宗子

之家。皆當室之白。謂之陽厭。凡庶殤不祭。○殤音傷。奧烏報反。厭於豔反。下同

夫聖王之制祭祀也。法施於民則祀之。以死勤事則祀之。以勞定國則祀之。能禦大菑則祀之。能捍大患則祀之。是故厲山氏之有天下也。其子曰農。能殖百穀。夏之衰也。周弃繼之。故祀以爲稷。共工氏之霸九州也。其子曰后土。能平九州。故祀以爲社。帝嚳能序星辰以著衆。堯能賞均刑法以義終。舜勤衆事而野死。

鯀鄣鴻水而殛死禹能脩鯀之功黃帝正名百物以明民共財顓頊能脩之契爲司徒而民成冥勤其官而水死湯以寬治民而除其虐文王以文治武王以武功去民之菑此皆有功烈於民者也及夫日月星辰民所瞻仰也山林川谷丘陵民所取財用也非此族也不在祀典此所謂大神也春秋傳曰封爲上公祀爲大神厲山氏炎帝也起於厲山或曰有烈山氏棄后稷名也共工氏無録而王謂之霸在大昊炎帝之閒著衆謂使

民與事知休作之期也。賞賞善。謂禪舜封禹稷等也。能刑。謂去四凶。義終。謂既禪二十八載乃死也。野死。謂征有苗。死於蒼梧也。殛死。謂不能成其功也。明民。謂使之衣服有章也。民成。謂知五教之禮也。冥。契六世之孫也。其官玄冥。水官也。虐菑。謂桀紂也。烈。業也。族猶類也。祀典。謂祭祀也○禦魚呂反菑音哉扞胡旦反共音恭鄣音章

## 祭義第二十四　鄭氏註

祭不欲數。數則煩。煩則不敬。祭不欲疏。疏則怠。怠則忘。是故君子合諸天道。春禘秋嘗忘與不敬。違禮莫大焉。合於天道。因四時之變化。孝子感時念親。則以此祭之也。春禘者。夏殷

禮也。周以禘爲殷祭。更名春祭曰祠。○數色角反。下同。怠大改反霜露既降。君子履之。必有悽愴之心。非其寒之謂也。春雨露既濡。君子履之。必有怵惕之心。如將見之。非其寒之謂。謂悽愴及怵惕。皆爲感時念親也。霜露既降。禮說在秋。此無秋字。蓋脫爾。○愴初亮反樂以迎來。哀以送往。故禘有樂而嘗無樂。迎來而樂。樂親之將來也。送去而哀。哀其享否不可知也。小言之。則爲一祭之閒。孝子不知鬼神之期。推而廣之。放其去來於陰陽。○放方往反致齊於內。散齊於外。齊之日。思其居處。思其笑語。思其志意，思其所樂，思其所嗜。齊三日，乃見其所爲齊者。致齊，思此五者也。散齊七日，不御、不樂、不弔耳。見所爲齊者，思之孰也。所嗜，素所欲飲食也。春秋傳曰：屈到嗜芰。○(齊)側皆反，後同。(散)悉但反。(樂)音岳，又五孝反。(屈)居勿反。祭之日，入室，僾然必有見乎其位；周還出戶，肅然必有聞乎其容聲；出戶而聽，愾然必有聞乎其歎息之聲。周還出戶，謂薦設時也。無尸者，闔戶若食間，則有出戶而聽之。○(僾)音愛，微見貌。(還)音旋。(愾)開代反。是故先王之孝也，色不忘乎目，聲不絕乎耳，心志嗜欲不忘乎心。致愛則存。致慤則著。著存不忘乎心。夫安得不敬乎存。著。則謂其思念也。○慤苦角反君子生則敬養。死則敬享。思終身弗辱也享猶祭也。饗也。○養以亮反

君子有終身之喪。忌日之謂也。忌日不用。非不祥也。言夫日志有所至。而不敢盡其私也忌日。親亡之日。忌日者。不用舉他事。如有時日之禁也。祥。善也。志有所至。至於親以此日亡。其哀心如喪時

唯聖人爲能饗帝。孝子爲能饗親謂祭之能使之饗也。帝。天也饗者鄉也。鄉之然後能饗焉

言中心鄉之。乃能使其祭見饗也。上饗或爲相。○鄉音向。相去聲。下同 是故孝子臨尸而不怍。君牽牲。夫人奠盎。君獻尸。夫人薦豆。卿大夫相君。命婦相夫人。齊齊乎其敬也。愉愉乎其忠也。勿勿諸其欲其饗之也。色不和曰怍。奠盎。設盎齊之奠也。此時君牽牲。將薦毛血。君獻尸而夫人薦豆。謂繹日也。儐尸。主人獻尸。主婦自東房薦韭菹醢。勿勿猶勉勉也。慤愛之貌。○齊如字。舊子禮反。盎齊才細反。儐音賓 文王之祭也。事死者如事生。思死者如不欲生。忌日必哀。稱諱如見親。祀之忠也。如見親之所愛。如欲色然。其文王與思死者如不欲生。言思親之深也。如欲色者。以時人於色厚。假以喻之詩云。明發不寐。有懷二人。文王之詩也。祭之明日。明發不寐。饗而致之。又從而思之。祭之日。樂與哀半。饗之必樂。已至必哀。明發不寐。謂夜而至旦也。祭之明日。謂繹日也。言繹之夜不寐也。二人。謂父母。容尸侑也。○樂音洛仲尼嘗奉薦而進。其親也慤。其行也趨趨以數。嘗。秋祭也。親。謂身親執事時也。慤與趨趨。言少威儀也。趨讀如促。數之言速也。○趨音促。數色角反。徐音速已祭。

子贛問曰。子之言祭。濟濟漆漆然。今子之祭。無濟濟漆漆。何也。子曰。濟濟者。容也遠也。漆漆者。容也自反也。容以遠。若容以自反也。夫何神明之及交。夫何濟濟漆漆之有乎

漆漆讀如朋友切切。自反。猶言自脩整也。容以遠。言非所以接親親也。容以自反。言非孝子所以事親也。及。與也。此皆非與神明交之道。○贛音貢。濟子禮反。下同。漆音切。容依注如字。王肅以容也遠也。及容以遠。爲客字。口白反。疏從鄭義爲是

反饋樂成。薦其薦俎。序其禮樂。備其百官。君子致其濟濟漆

漆。夫何慌惚之有乎天子諸侯之祭。或從血腥。始至反饋。是進孰也。薦俎。豆與俎也。慌惚。思念益深之時也。言祭事既備。使百官助已祭。然而見其容而自反。是無慌惚之思念。樂成。音岳。又五教反慌況往反惚音忽夫言豈一端而已。夫各有所當也豈一端。言不可以一槩也。禮各有所當。行祭宗廟者。賓客濟濟漆漆。主人慤而趨趨。當丁浪反孝子將祭。慮事不可以不豫。比時具物。不可以不備。虛中以治之比時。猶先時也。虛中。言不兼念餘事。比必利反宮室既脩。牆屋既設。百物既備。夫婦齊戒。沐浴盛服。奉承而進之。洞洞乎。屬屬乎。如弗勝。如將失之。其孝敬之心至也與。脩設。謂掃除及黝堊。○屬音燭。下同。勝音升。與音餘。黝於糾反。堊烏路反。薦其薦俎。序其禮樂。備其百官。奉承而進之。百官助主人進之。於是諭其志意。以其慌惚以與神明交。庶或饗之。庶或饗之。孝子之志也。諭其志意。謂使祝祝饗及侑尸也。或猶有也。言想見其仿佛來。○祝祝上之六反。下之又反。又竝之六反。孝子之祭也。盡其慤而慤焉。盡其信而信焉。盡其敬而敬焉。盡其禮而不過失。

焉。進退必敬。如親聽命。則或使之也。言當盡已而已。如居父母前。將受命而使之。孝子之祭可知也。其立之也敬以詘。其進之也敬以愉。其薦之也敬以欲。退而立。如將受命。已徹而退。敬齊之色不絕於面。詘。充詘。形容喜貌也。進之。謂進血腥也。愉。顏色和貌也。薦之。謂進孰也。欲。婉順貌。齊謂齊莊。○詘求勿反。齊如字。下同。王徐側皆反。孝子之祭也。立而不詘。固也。進而不愉。疏也。薦而不欲。不愛也。退立而不如受命。敖也。已徹而退。無敬齊之色而忘本也如是而祭失之矣固猶質陋也而忘本而行字○敖五報反孝子之有深愛者必有和氣有和氣者必有愉色有愉色者必有婉容和氣謂立而詘孝子如執玉如奉盈洞洞屬屬然如弗勝如將失之嚴威儼恪非所以事親也成人之道也成人既冠者然則孝子不失其孺子之心也○奉芳勇反儼魚檢反恪苦各反先王之所以治天下者五貴有德貴貴貴老敬長慈幼此五者先王之所以定天下也貴有德

何爲也。爲其近於道也。貴貴。爲其近於君也。貴老。爲其近於親也。敬長。爲其近於兄也。慈幼。爲其近於子也。言治國有家道○爲其。于僞反是故至孝近乎王。至弟近乎霸。至孝近乎王。雖天子必有父。至弟近乎霸。雖諸侯必有兄。先王之教因而弗改。所以領天下國家也。天子有所父事。諸侯有所兄事。謂若三老五更也。天子衰。諸侯興。故曰霸。○乎王。于況反子曰。立愛自親始。教民睦也。立敬自長始。教民順也。親。長。父兄也。睦，和厚也。教以慈睦，而民貴有親。教以敬長，而民貴用命。（尊長出教令者。）孝以事親，順以聽命，錯諸天下，無所不行。郊之祭也，喪者不敢哭，凶服者不敢入國門，敬之至也。（祭者吉禮，不欲聞見凶人。錯音措。）祭之日，君牽牲，穆荅君，卿大夫序從。（祭，謂祭宗廟也。穆，子姓也。荅，對也。序，以次第從也。序或爲豫。從，才用反。）既入廟門，麗于碑。卿大夫袒而毛牛尚耳，鸞刀以刲，取膟膋，乃退。爓祭，祭腥而退，敬之至也。（麗猶繫也。毛牛尚耳，以耳毛爲上也。膟膋。血與腸間脂也。爓祭祭腥。祭爓肉腥肉也。湯肉曰爓。爓祭祭腥。或爲合祭腥泄䐈孰也。（刲）苦圭反（膟）音律（膋）力彫反（爓）音燖（泄）息列反（䐈）直輒反

郊之祭。大報天而主日。配以月。夏后氏祭其闇。殷人祭其陽。周人祭日。以朝及闇。主日者以其光明天之神可見者莫著焉。闇昏時也。陽讀爲曰雨曰暘之暘謂日中時也。朝日出時也。夏后氏大事以昏殷人大事以日中。周人大事以日出。亦謂此郊祭也。以朝及闇。謂終日有事

祭日於壇。祭月於坎。以別幽明。以制上下。幽明者謂日照晝。月照夜。（別）彼列反。後同

祭日於東。祭月於西。以別外

內以端其位端正日出於東月生於西陰陽長短終始相巡以致天下之和巡讀如沿漢之沿謂更相從道音沿○巡天下之禮致反始也致鬼神也致和用也致義也致讓也因祭之義汎說禮也致之言至也使人勤行至於此也至於反始謂報天之屬也至於鬼神謂祭宗廟之屬也至於和用謂治民之事以足用也○汎芳劒反致反始以厚其本也致鬼神以尊上也致物用以立民紀也致義則上下不悖逆矣致讓以去爭也合此五者以治天下之禮

也。雖有奇邪而不治者。則微矣。物猶事也。變和言物。互之也。微猶少也。○悖布內反去起呂反奇紀宜反宰我曰。吾聞鬼神之名。不知其所謂。子曰。氣也者。神之盛也。魄也者。鬼之盛也。合鬼與神。教之至也。氣。謂噓吸出入者也。耳目之聰明爲魄。合鬼神而祭之。聖人之教致之也。○魄普白反衆生必死。死必歸土。此之謂鬼。骨肉斃于下。陰爲野土。陰讀爲依蔭之蔭。言人之骨肉。蔭於地中爲土壤。○斃婢世反陰音蔭壤如丈反其氣發揚于上。爲昭明。焄蒿悽愴。此百物之精也。神之著也。焄。謂香臭也。蒿。謂氣烝出貌也。上言衆生。此言百物。明其與人同也。不如人貴爾。蒿或爲藨。○焄許云反。蒿許羔反。藨表驕反。又皮表反。因物之精。制爲之極。明命鬼神。以爲黔首則。百衆以畏。萬民以服。明命猶尊名也。尊極於鬼神。不可復加也。黔首謂民也。則。法也。爲民作法。使民亦事其祖禰鬼神。民所畏服。○黔其廉反。黑也。復扶又反。聖人以是爲未足也。築爲宮室。設爲宗祧。以別親疏遠邇。教民反古復始。不忘其所由生也。衆之服自此。故聽且速也。自。由也。言人由此服於聖人之教也。聽。謂順教令也。速疾也。二端既立。報以二禮。建設朝事。燔燎羶薌。見以蕭光。以報氣也。此教衆反始也。薦黍稷。羞肝肺首心。見間以俠甒。加以鬱鬯。以報魄也。教民相愛。上下用情。禮之至也。二端既立謂氣也。魄也。更有尊名。云鬼神也。二禮謂朝事與薦黍稷也。朝事謂薦血腥時也。薦黍稷所謂饋食也。見及見間。皆當爲覸。字之誤也。羶當爲馨。聲之誤也。燔燎馨香。覸以蕭光。取牲祭脂也。光猶氣也。有虞氏祭首。夏后氏祭心。殷祭肝。周祭肺。覸以俠甒。謂雜之兩甒醴酒也。相愛用情。謂此以人道祭之也。報氣以氣。報魄以實。各首其類。○燎力召反。羶音馨見音諫見間相竝爲覸字。音間俠音夾鰄音武君子反古復始。不忘其所由生也。是以致其敬。發其情。竭力從事。以報其親。不敢弗盡也。從事。謂脩薦可以祭者也是故昔者天子爲藉千畝。冕而朱紘。躬秉耒。諸侯爲藉百畝。冕而青紘。躬秉耒。以事天地。山川。社稷。先古。以爲醴酪齊盛。於是乎取之。敬之至也。藉。藉田也。先古。先祖藉在亦反齊音咨古者天子諸侯必有養獸之官。及歲時。齊戒沐浴而躬朝之。犧牷祭牲必於是取之敬之至也君召牛納而視之擇其毛而卜之吉然後養之君皮弁素積朔月月半君巡牲所以致力孝之至也歲時齊戒沐浴而躬朝之謂將祭祀卜牲君朔月月半巡視之君召牛納而視之更本擇牲意○牷音全

古者天子諸侯必有公桑蠶室近川而爲之築宮仞有三尺棘牆而外閉之及大昕之朝君皮弁素積卜三宮之夫人世婦之吉者使入蠶于蠶室奉種浴于川桑于公桑風戾

以食之大昕。季春朔日之朝也。諸侯夫人三宮。半王后也。風戾之者。及早涼脆採之。風戾之使露氣燥。乃以食蠶。蠶性惡濕。○昕許斤反蠶才南反奉芳勇反種章勇反戾力計反食音嗣脆七歲反燥悉早反惡烏路反歲既單矣世婦卒蠶奉繭以示于君遂獻繭于夫人夫人曰此所以爲君服與遂副褘而受之因少牢以禮之歲單。謂三月月盡之後也。言歲者。蠶歲之大功。事畢於此也。副褘。王后之服。而云夫人。記者容二王之後與。禮之禮奉繭之世婦。○單音丹。與音餘。褘音暉。古之獻繭者其率用此與問者之辭。○率音類。又音律。又所律反及良日夫人繅三盆手遂布于三宮夫人世婦之吉者使繅遂朱綠之玄黃之以爲黼黻文章服既成君服以祀先王先公敬之至也三盆手者三淹也凡繅每淹大揔而手振之以出緒也○繅悉刀反下同盆蒲奔反淹於驗反又於斂反

君子曰禮樂不可斯須去身斯須猶須臾也致樂以治心則易直子諒之心油然生矣易直子諒之心生則樂樂則安安則久久則天天則神天則不言而信神則不怒而威致樂以治心

者也子讀如不子之子諒信也油然物始生好美貌○易以豉反下同諒音亮樂樂竝音洛致禮以治躬則莊敬莊敬則嚴威躬身也心中斯須不和不樂而鄙詐之心入之矣外貌斯須不莊不敬而慢易之心入之矣故樂也者動於內者也禮也者動於外者也樂極和禮極順內和而外順則民瞻其顏色而不與爭也望其容貌而衆不生慢易焉極至也故德煇動乎內而民莫不承聽理發乎外而衆

莫不承順。理。謂言行也。○行下孟反。故曰致禮樂之道。而天下塞焉。舉而錯之無難矣。塞。充滿也。○錯七故反。○樂也者。動於內者也。禮也者。動於外者也。故禮主其減。樂主其盈。禮減而進。以進爲文。樂盈而反。以反爲文。減猶倦也。盈猶溢也。樂以統情。禮以理行。人之情有溢而行有倦。倦則進之。以能進者爲文。溢則使反。以能反者爲文。文謂才美。○減胡斬反。又古斬反。禮減而不進則銷。樂盈而不反則放。故禮有報而樂有反。報皆當爲褒。聲之誤。○銷音消。報保毛反。下同。禮得其報則樂樂得其反則安禮之報樂之反其義一也曾子曰孝有三大孝尊親其次弗辱其下能養公明儀問於曾子曰夫子可以爲孝乎曾子曰是何言與是何言與君子之所謂孝者先意承志諭父母於道參直養者也安能爲孝乎公明儀曾子弟子○養羊尚反後同先悉薦反參所林反曾子曰身也者父母之遺體也行父母之遺體敢不敬乎居處不莊非孝也事君不忠非孝

也。涖官不敬。非孝也。朋友不信。非孝也。戰陳無勇。非孝也。五者不遂。烖及於親。敢不敬乎〔遂猶成也。○莅音利　陳直覲反　烖音災〕亨孰羶薌。嘗而薦之。非孝也。養也。君子之所謂孝也者。國人稱願然曰。幸哉有子如此。所謂孝也已〔然猶而也。○亨普彭反〕衆之本教曰孝。其行曰養。養可能也。敬爲難。敬可能也。安爲難。安可能也。卒爲難。父母既沒。愼行其身。不遺父母惡名。可謂能終矣。仁者仁此者也。禮者履此者也。義者宜此者也。信者信此者也。强者强此者也。樂自順此生。刑自反此作。曾子曰。夫孝。置之而塞乎天地。溥之而横乎四海。施諸後世而無朝夕。推而放諸東海而準。推而放諸西海而準。推而放諸南海而準。推而放諸北海而準。無朝夕。言常行無輟時也。放猶至也。準猶平也。○（遺）如字。又于季反（樂）音岳。又五孝反（溥）芳于反（放）甫往反。下同詩云。自西自東。自南自北。無思不服。此之謂也。曾子曰。樹木以時伐焉。禽獸以時殺焉。夫子曰。斷一樹。殺一獸。不以其時。非孝也。夫子。孔子也。曾子述其言以云。○斷丁管反孝有三。小孝用力。中孝用勞。大孝不匱。勞猶功也思慈愛忘勞。可謂用力矣。尊仁安義。可謂用勞矣。博施備物。可謂不匱矣。思慈愛忘勞。思父母之慈愛已。而自忘己之勞苦。○施始豉反父母愛之。嘉而弗忘。父母惡之。懼而無怨。無怨。無怨於父母之心。○惡烏路反父母有過。諫而不逆。順而諫之父母既沒。

必求仁者之粟以祀之此之謂禮終隃貧困猶不取惡人物以事亡親樂正子春下堂而傷其足數月不出猶有憂色門弟子曰夫子之足瘳矣數月不出猶有憂色何也樂正子春曰善如爾之問也善如爾之問也吾聞諸曾子曾子聞諸夫子曰天之所生地之所養無人爲大父母全而生之子全而歸之可謂孝矣不虧其體不辱其身可謂全矣曾子聞諸夫子述曾子所聞於孔子之言。

色主反。（廖）丑留反。故君子頃步而弗敢忘孝也。今予忘孝之道。予是以有憂色也。頃當爲跬。聲之誤也。予。我也。（頃）缺婢反。一舉足爲跬。再舉足爲步。壹舉足而不敢忘父母。壹出言而不敢忘父母。壹舉足而不敢忘父母。是故道而不徑。舟而不游。不敢以先父母之遺體行殆。壹出言而不敢忘父母。是故惡言不出於口。忿言不反於身。不辱其身。不羞其親。可謂孝矣。徑。步邪趨疾也。忿言不反於身。人不能無忿怒。忿怒之言。當由

其直。直則人服。不敢以忿言來也

昔者有虞氏貴德而尚齒。夏后氏貴爵而尚齒。殷人貴富而尚齒。周人貴親而尚齒

貴。謂燕賜有加於諸臣也。尚。謂有事尊之於其黨也。臣能世祿曰富。舜時多仁聖有德。後德則在小官

虞夏殷周天下之盛王也。未有遺年者。年之貴乎天下久矣。次乎事親也

言其先老也

是故朝廷同爵則尚齒。七十杖於朝。君問則席。八十不俟朝。君問則就之。而弟達乎朝廷矣

同爵尚齒。老者在上也。君問則席。爲之布席於堂上而與

之言。凡朝位立於庭。魯哀公問於孔子。命席。不俟朝。君揖之即退。不待朝事畢也。就之。就其家也。老而致仕。君或不許。異其禮而已。行肩而不併。不錯則隨。見老者則車徒辟。斑白者不以其任行乎道路。而弟達乎道路矣。錯鴈行也。父黨隨行。兄黨鴈行。車徒辟。乘車步行。皆辟老人也。斑白者。髮雜色也。任。所擔持也。不以任。少者代之。○併步頂反。辟音避。鴈行戶剛反。擔都甘反。居鄉以齒。而老窮不遺。強不犯弱。眾不暴寡。而弟達乎州巷矣。老窮不遺。以鄉人尊而長之。雖貧且無子孫。無弃忘也。一鄉者五州。巷猶閭也。○遺如字。一作匱。古之道五



祭義

十不爲甸徒。頒禽隆諸長者。而弟達乎獀狩矣。四井爲邑。四邑爲丘。四丘爲甸。甸。六十四井也。以爲軍田出役之法。五十始衰。不從力役之事也。頒之言分也。隆猶多也。及田者分禽。多其老者。謂遏作未五十者。春獵爲獀。冬獵爲狩。〔甸〕田見反〔頒〕音班〔獀〕音蒐〔狩〕音獸軍旅什伍。同爵則尚齒。而弟達乎軍旅矣。什伍。士卒部曲也。少儀曰。軍尚左。卒尚右。孝弟發諸朝廷。行乎道路。至乎州巷。放乎獀狩。脩乎軍旅。衆以義死之。而弗敢犯也。死之。死此孝弟之禮。〔放〕方往反祀乎明堂。所以教諸侯之孝也。食三老五更於大學。所以教諸侯之弟也。祀先賢於西學。所以教諸侯之德也。耕藉。所以教諸侯之養也。朝覲。所以教諸侯之臣也。五者。天下之大教也。祀乎明堂。宗祀文王。西學。周小學也。先賢。有道德。王所使教國子者。○食音嗣。下同。更古衡反。大學。音泰。下同食三老五更於大學。天子袒而割牲。執醬而饋。執爵而酳。冕而揔干。所以教諸侯之弟也。是故鄉里有齒而老窮不遺。强不犯弱。衆不暴寡。此由大學來者也割牲。制俎實也。冕而揔干。親在舞位以樂侑食也。敎諸侯之弟。次事親天子設四學。當入學而大子齒四學。謂周四郊之虞庠也。文王世子曰。行一物而三善皆得。唯世子而已。其齒於學之謂也天子巡守。諸侯待于竟。天子先見百年者問其國君。以百年者所在。而往見之。守手又反。竟居領反八十九十者東行。西行者弗敢過。西行東行者弗敢過。欲言政者。君就之可也弗敢過者。謂道經之則見之壹命齒于鄉里。再命齒于族。三命不齒。族有七十者弗敢先此謂鄉射飲酒時也。齒者。謂以年次立若坐也。三命。列國之卿也。不復齒。齒席之於賓東。不敢先族之七十者。謂既一人舉觶。乃入也。雖非族亦然。承齒乎族。故言族爾。○觶之豉反七十者。不有大故不入朝。若有大故而入。君必與之揖讓而后及爵者謂致仕在家者。其入朝。君先與之爲禮。而后揖卿大夫士天子有善讓德於天。諸侯有善歸諸天子。卿大夫有善薦於諸侯。士庶人有善本諸父母。存諸長老。祿爵慶賞成諸宗廟。所以示順也薦進也。成諸宗廟。於宗廟命之。祭統有十倫。六曰見爵賞之施焉。○見賢遍反。施始豉反昔者聖人建陰陽天地之情立以爲易易抱龜南面天子卷冕北面雖有明知之心必進斷其志焉示不敢專以尊天也善則稱人過則稱己教不伐以尊賢也立以爲易易謂作易易抱龜易官名周禮曰大卜大卜主三兆三易三夢之占○卷古本反知音智孝子將祭祀必有齊莊之心以慮事以具服物以脩宮室以治百事謂齊之前後也及祭之日顔色必温行必恐如懼不及愛然如懼不及見其所愛者其奠之也

容貌必溫。身必詘。如語焉而未之然。貟之。謂酌尊酒貟之。及酳之屬也。如語焉而未之然。如有所以語親而未見荅。○語魚預反宿者皆出。其立卑靜以正。如將弗見然。宿者皆出。謂賓助祭者。事畢出去也。如將弗見然。祭事畢而不知親所在。思念之深。如不見出也及祭之後。陶陶遂遂。如將復入然。思念既深。如覩親將復入也。陶陶遂遂。遂相隨行之貌。○陶音遙是故慤善不違身。耳目不違心。思慮不違親。結諸心。形諸色。而術省之。孝子之志也。術當爲述。聲之誤也。○思息嗣反建國之神位。右

社稷而左宗廟周尚左也

祭統第二十五　　鄭氏註

凡治人之道莫急於禮。禮有五經。莫重於祭禮有五經。謂吉禮。凶禮。賓禮。軍禮。嘉禮也。莫重於祭。謂以吉禮爲首也。大宗伯職曰。以吉禮事邦國之鬼神祇夫祭者。非物自外至者也。自中出生於心也。心怵而奉之以禮。是故唯賢者能盡祭之義怵。感念親之貌也。怵或爲述。○怵勑律反賢者之祭也。必受其福。非世所謂福也。福者備也。備者百順之名也。無所不順者之謂備。言內盡於己。而外順於道也。忠臣以事其君。孝子以事其親。其本一也世所謂福者。謂受鬼神之佑助也。賢者之所謂福者。謂受大順之顯名也。其本一者。言忠孝俱由順出也。上則順於鬼神。外則順於君長。內則以孝於親。如此之謂備。唯賢者能備。能備然後能祭。是故賢者之祭也。致其誠信與其忠敬。奉之以物。道之以禮。安之以樂。參之以時。明薦之而已矣。不求其爲。此孝子之心也明猶潔也。爲謂福祐爲已之報。長丁丈反。爲于僞反。注同。一如字。祭者所以追養繼孝也孝者畜也順於道不逆於倫是之謂畜畜謂順於德教。○養羊尚反。畜許六反。是故孝子之事親也有三道焉生則養沒則喪喪畢則祭養則觀其順也喪則觀其哀也祭則觀其敬而時也盡此三道者孝子之行也沒終也。○盡子忍反。行下孟反。既內自盡又外求助昏禮是也。故國君取夫人之辭曰請君之玉女與寡人共有敝邑事宗廟社稷此求助之本也言玉女者美言之也君子於玉比德焉○取七住反夫祭也者必夫婦親之所以備外內之官也官備則具備具謂所共衆物水草之菹陸產之醢小物備矣三牲之俎八簋之實美物備矣昆蟲之異草木之實陰陽之物備矣水草之菹芹茆之屬陸產之醢蚳蝝之屬天子之祭八簋昆蟲謂溫生寒死之蟲也內則可食之物有蜩范草木之實菱芡榛栗之屬○蚳丈之反蝝悅專反凡天之所生地之所長苟可薦者莫不咸在示

盡物也。外則盡物。內則盡志。此祭之心也。（咸皆也）是故天子親耕於南郊。以共齊盛。王后蠶於北郊。以共純服。諸侯耕於東郊。亦以共齊盛。夫人蠶於北郊。以共冕服。天子諸侯非莫耕也。王后夫人非莫蠶也。身致其誠信。誠信之謂盡。盡之謂敬。敬盡然後可以事神明。此祭之道也。（純服。亦冕服也。互言之爾。純以見繒色。冕以著祭服。東郊。少陽。諸侯象也。夫人不蠶於西郊。婦人禮少變也。齊或爲粢。純側其反。下純冕同）及時將祭君子乃齊齊之爲言齊也齊不齊以致齊者也是故君子非有大事也非有恭敬也則不齊不齊則於物無防也耆欲無止也及其將齊也防其邪物訖其耆欲耳不聽樂故記曰齊者不樂言不敢散其志也心不苟慮必依於道手足不苟動必依於禮訖猶止也○齊側皆反也齊不齊並如字下以齊之同耆市志反是故君子之齊也專致其精明之德也故散齊七日以定之致齊三

日以齊之。定之之謂齊。齊者精明之至也。然後可以交於神明也。定者。定其志意是故先期旬有一日。宮宰宿夫人。夫人亦散齊七日。致齊三日宮宰。守宮官也。宿讀爲肅。肅猶戒也。戒輕肅重也君致齊於外。夫人致齊於內。然後會於大廟。君純冕立於阼。夫人副褘立於東房。君執圭瓚祼尸。大宗執璋瓚亞祼。及迎牲。君執紖。卿大夫從。士執芻。宗婦執盎從夫人薦涗水。君執鸞刀羞嚌。夫人薦豆。此之謂夫婦親之大廟。始祖廟也。圭瓚。璋瓚。祼器也。以圭璋爲柄。酌鬱鬯曰祼。大宗亞祼。容夫人有故。攝焉。紖所以牽牲也。周禮作緼。芻謂藳也。殺牲時。用薦之。周禮。封人祭祀飾牲。共其水藳。涚盎齊也。盎齊。涚酌也。凡尊有明水。因兼云水爾。嚌。嚌肺祭肺之屬也。君以鸞刀割制之。天子諸侯之祭禮。先有祼尸之事。乃後迎牲。芻或爲犓。○瓚才旦反。紖直忍反。又以忍反。從才用反。下皆同。涚舒銳反。嚌才細反。緼直忍反及入舞。君執干戚就舞位。君爲東上。冕而摠干。率其羣臣。以樂皇尸。是故天子之祭也。與天下樂之。諸侯之祭也。與竟內樂之。冕而總干。率其羣臣。以樂皇尸。此與竟內樂之之義也。君爲東上。近主位也。皇。君也。言君尸者。尊之。○樂音洛。下同。竟音境夫祭有三重焉。獻之屬莫重於祼。聲莫重於升歌。舞莫重於武宿夜。此周道也。武宿夜。武曲名也。周道猶周之禮凡三道者。所以假於外。而以增君子之志也。故與志進退。志輕則亦輕。志重則亦重。輕其志而求外之重也。雖聖人弗能得也。是故君子之祭也。必身自盡也。所以明重也。道之以禮。以奉三重而薦諸皇尸。此聖人之道也。夫祭有餕。餕者祭之末也。不可不知也。是故古之人有言曰。善終者如始。餕其是已。是故古之君子曰。尸亦餕鬼神之餘也。惠術也。可以觀政矣。（術猶法也。爲政尚施惠。盡美能知能惠。詩云。維此惠君。民人所瞻。○餕音俊　施始豉反）是故尸謖。君與卿四人餕。君起。大夫六人餕。臣餕君之餘也。大夫起。士八人餕。賤餕貴之餘也。士起。各執其具以出。陳于堂下。百官進徹之下餕上之餘也進當爲餕。聲之誤也。百官謂有事於君之祭者也。既餕。乃徹之而去。所謂自卑至賤。進徹或俱爲餕。○謖所六反。起也。百官進。依注作餕凡餕之道每變以衆所以別貴賤之等而興施惠之象也是故以四簋黍見其脩於廟中也廟中者竟內之象也鬼神之惠徧廟中。如國君之惠徧竟內也。○別彼列反。下同。見賢遍反。下同祭者澤之大者也是故上有大澤則惠必及下顧上先下後耳。非上積重而下有凍餒之民也是故上有大澤。則民夫人待于下流。知惠之必將至也。由餕見之矣。故曰。可以觀政矣。鬼神有祭。不獨饗之。使人餕之。恩澤之大者也。國君有蓄積。不獨食之。亦以施惠於竟內也。○重直龍反。夫音扶。見如字。夫祭之爲物大矣。其興物備矣。順以備者也。其教之本與。爲物猶爲禮也。興物。謂薦百品。是故君子之教也。外則教之以尊其君長。內則教之以孝於其親。是故明君在上。則諸臣服從。崇事宗廟社稷。則子孫順孝。盡其道。端其義。而教生焉崇猶尊也是故君子之事君也必身行之所不安於上則不以使下所惡於下則不以事上非諸人行諸己非教之道也必身行之言恕己乃行之○惡烏路反是故君子之教也必由其本順之至也祭其是與故曰祭者教之本也已教由孝順生也夫祭有十倫焉見事鬼神之道焉見君臣之義焉見父子之倫焉見貴賤之等焉見親疏之殺焉見爵賞之施焉見夫婦之別焉見政

事之均焉。見長幼之序焉。見上下之際焉。此之謂十倫。倫猶義也。○見去聲。下皆同。殺去聲。鋪筵設同几。爲依神也。詔祝於室。而出于祊。此交神明之道也。同之言詷也。祭者以其妃配。亦不特几也。詔祝告事於尸也。出於祊。謂索祭也。○鋪平聲。爲于僞反。祊伯庚反。詷徒貢反。君迎牲而不迎尸。別嫌也。尸在廟門外則疑於臣。在廟中則全於君。君在廟門外則疑於君。入廟門則全於臣。全於子。是故不出者。明君臣之義也。不迎尸者。欲全其尊也。尸神象也。鬼神之尊在廟中。人君之尊出廟門則伸夫祭之道。孫爲王父尸。所使爲尸者。於祭者子行也。父北面而事之。所以明子事父之道也。此父子之倫也子行猶子列也。祭祖則用孫列。皆取於同姓之適孫也。天子諸侯之祭。朝事延尸於戶外是以有北面事尸之禮。○行戶剛反尸飲五。君洗玉爵獻卿。尸飲七。以瑤爵獻大夫。尸飲九。以散爵獻士及羣有司皆以齒。明尊卑之等也。尸飲五。謂酳尸五獻也。大夫士祭。三獻而獻賓。○酳音靷。又仕覲反夫祭有昭穆。昭穆者。所以別父子遠近長幼親疏之序而無亂也是故有事於大廟則羣昭羣穆咸在而不失其倫此之謂親疏之殺也昭穆咸在同宗父子皆來○昭上遙反後放此古者明君爵有德而祿有功必賜爵祿於大廟示不敢專也故祭之日一獻君降立于阼階之南南鄉所命北面史由君右執策命之再拜稽首受書以歸而舍奠于其廟此爵賞之施也一獻一酳尸也舍當爲釋聲之誤也非時而祭曰奠○鄉許亮反舍音

釋

君卷冕立于阼。夫人副褘立于東房。夫人薦豆執校。執醴授之執鐙。尸酢夫人執柄。夫人受尸執足。夫婦相授受。不相襲處。酢必易爵。明夫婦之別也。校。豆中央直者也。執醴授醴之人。授夫人以豆則執鐙。鐙。豆下跗也。○卷古本反。校戶教反。又戶交反。又下卯反。鐙音登。又丁鄧反。凡爲俎者。以骨爲主。骨有貴賤。殷人貴髀。周人貴肩。凡前貴於後。俎者所以明祭之必有惠也。是故貴者取貴骨。賤者取賤骨。貴者不重。賤者不虛示均也惠均則政行政行則事成事成則功立功之所以立者不可不知也俎者所以明惠之必均也善爲政者如此故曰見政事之均焉殷人貴髀爲其厚也周人貴肩爲其顯也凡前貴於後謂脊脅臂臑之屬○髀必氏反重直龍反臑乃報反肱骨也凡賜爵昭爲一穆爲一昭與昭齒穆與穆齒凡羣有司皆以齒此之謂長幼有序昭穆猶特牲少牢饋食之禮衆兄弟也羣有司猶衆賓下及執事者君賜之爵謂若酬之夫祭有畀煇胞翟閽者惠

下之道也。唯有德之君。爲能行此。明足以見之。仁足以與之。畀之爲言與也。能以其餘畀其下者也。煇者。甲吏之賤者也。胞者。肉吏之賤者也。翟者。樂吏之賤者也。閽者。守門之賤者也。古者不使刑人守門。此四守者。吏之至賤者也。尸又至尊。以至尊既祭之末。而不忘至賤。而以其餘畀之。是故明君在上。則竟內之民無凍餒者矣。此之謂上下之際。明足以見之。見此卑者也。仁足以與之。與此卑者也。煇周禮作韗。謂韗磔皮革之官也。翟。謂敎羽舞者也。古者不使刑人守門。謂夏殷時。○煇況萬反。又音運。下同。甲吏也。胞步交反。下同。肉吏也。翟音狄。樂吏也。閽音昏。守門者也。見賢遍反。磔知宅反。

凡祭有四時。春祭曰礿。夏祭曰禘。秋祭曰嘗。冬祭曰烝。謂夏殷時禮也。○礿羊灼反 礿禘陽義也。嘗烝陰義也。禘者陽之盛也。嘗者陰之盛也。故曰莫重於禘嘗。夏者尊卑著。而秋萬物成 古者於禘也。發爵賜服。順陽義也。於嘗也。出田邑。發秋政。順陰義也。言爵命屬陽。國地屬陰故記曰。嘗之日。發公室。示賞也。草艾則墨。未發秋政。則民弗敢草也。發公室出賞物也。草艾謂艾取草也。秋草木成。可芟艾給爨亨。時則始行小刑也。○艾音刈。芟所銜反。爨音竄。故曰。禘嘗之義大矣。治國之本也。不可不知也。明其義者君也。能其事者臣也。不明其義。君人不全。不能其事。爲臣不全。全猶具也。夫義者所以濟志也。諸德之發也。是故其德盛者其志厚。其志厚者其義章。其義章者其祭也敬。祭敬則竟內之子孫莫敢不敬矣濟成也。發謂機發也。竟內之子孫萬人爲子孫是故君子之祭也。必身親涖之。有故則使人可也。雖使人也。君不失其義者。君明其義故也涖。臨也。君不失其義者。言君雖不自親祭。祭禮無闕。於君德不損也其德薄者其志輕。疑於其義而求祭。使之必敬也。弗可得已。祭而不敬。何以爲民父母矣。夫鼎有銘。銘者自名也。自名以稱揚其先祖之美。而明著之後世者也。爲先祖者。莫不有美焉。莫不有惡焉。銘之義稱美而不稱惡。此孝子孝孫之心也。唯賢者能之。銘。謂書之刻之以識事者也。自名。謂稱揚其先祖之德。著己名於下。銘者論譔其先祖之有德善。功烈勳勞慶賞聲名列於天下。而酌之祭器。自成其名焉。以祀其先祖者也。顯揚先祖。所以崇孝也。身比焉。順也。明示後世。教也。烈業也。王功曰勳。事功曰勞。酌之祭器。言斟酌其美。傳著於鐘鼎也。身比焉。謂自著名於下也。順也。自著名以稱揚先祖之德孝順之行也。教也。所以教後世。○譔音撰。比毗志反。次也。

下皆同傳音附著直略反夫銘者壹稱而上下皆得焉耳矣。是故君子之觀於銘也。既美其所稱。又美其所爲美其所爲美此人爲此銘爲之者。明足以見之。仁足以與之。知足以利之。可謂賢矣。賢而勿伐。可謂恭矣。明足以見之見其先祖之美也。仁足以與之。與其先祖之銘也。非有仁恩君不使與之也。知足以利之。利已名得比於先祖○見賢遍反知音智故衛孔悝之鼎銘曰。六月丁亥。公假于大廟。孔悝衛大夫也。公衛莊公蒯聵也。德孔悝之立已。依禮褒之。以靜國人。自固也。假至也。至於大廟。謂以夏之孟夏禘祭○悝口回反假加百反剺苦怪反聵五怪反公曰叔舅乃祖莊叔左右成公成公乃命莊叔隨難于漢陽即宮于宗周奔走無射公曰叔舅者公爲策書尊呼孔悝而命之也乃猶女也莊叔悝七世之祖衛大夫孔達也隨難者謂成公爲晉文公所伐出奔楚命莊叔從焉漢楚之川也即宮於宗周後反得國坐殺弟叔武晉人執而歸之於京師寘之深室也射厭也言莊叔常奔走至勞苦而不厭倦也周既去鎬京猶名王城爲宗周也○左音佐右音又下啓右同一竝如字難乃旦反射音亦女音汝後同啓右獻公獻公乃命成叔纂乃祖服獻公衛侯衎成公曾孫也亦失

國得反言莊叔之功流於後世啓右獻公使得反國也成叔莊叔叔之孫成子烝鉏也右助也纂繼也服事也獻公反國命成子繼女祖莊叔之事欲其忠如孔達也○纂子管反衎苦旦反

乃考文叔興舊耆欲作率慶士躬恤衞國其勤公家夙夜不解民咸曰休哉

文叔者成叔之曾孫文子圉即悝父也作起也率循也慶善也士之言事也言文叔能興行先祖之舊德起而循其善事○耆市志反解古賣反

公曰叔舅予女銘若纂乃考服

若乃猶女也公命悝予女先祖以銘以尊顯之女繼女父之事欲其忠如文子也成公獻公莊公皆失國得反言孔氏世有功焉寵之也

悝拜稽首曰

對揚以辟之對。遂也。辟。明也。言遂揚君命。以明我先祖之德也。○辟必亦反。又婢尺反勤大命。施于烝彝鼎施猶著也。言我將行君之命。又刻著於烝祭之彝鼎。彝。尊也。周禮。大約劑書於宗彝。○約如字。又於妙反。劑子隨反此衛孔悝之鼎銘也言銘之類衆多也。略取其一以言之古之君子論譔其先祖之美。而明著之後世者也。以比其身。以重其國家如此如莊公命孔悝之爲也。莊公孔悝雖無令德以終其事。於禮是。行之非子孫之守宗廟社稷者。其先祖無美而稱之。是誣也。有善而弗知。不明也。

知而弗傳。不仁也。此三者。君子之所恥也。昔者周公旦。有勳勞於天下。周公既沒。成王康王。追念周公之所以勳勞者。而欲尊魯。故賜之以重祭。外祭則郊社是也。內祭則大嘗禘是也。言此者。王室所銘。若周公之功夫大嘗禘。升歌清廟。下而管象。朱干玉戚。以舞大武。八佾以舞大夏。此天子之樂也。康周公。故以賜魯也。清廟。頌文王之詩也。管象。吹管而舞武象之樂也。朱干。赤盾。戚。斧也。此武象之舞所執也。佾猶列也。大夏

禹樂。文舞也。執羽籥。文武之舞皆八列。互言之耳。康猶褒大也。易晉卦曰。康侯用錫馬。佾音逸盾食準反

子孫纂之至于今不廢所以明周公之德而又以重其國也不廢不廢其此禮樂也。重猶尊也

禮記卷第十四

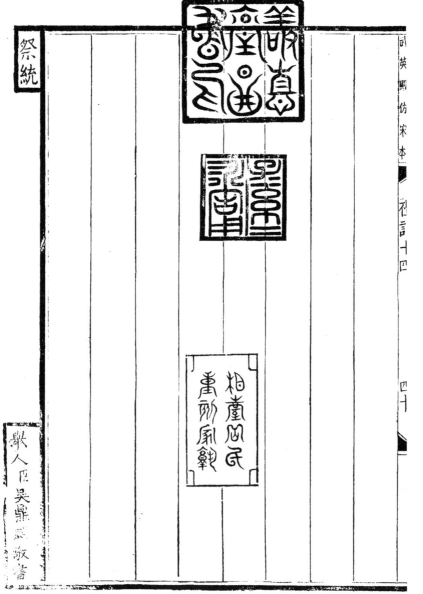

祭統

舉人臣吳鼎盛敬書

禮記卷十四考證

祭義祭不欲疏疏所怠。案此二句文法同上原本則字訛所今依義疏定本改

其薦之也敬以欲註欲婉順貌齊謂齊莊。諸本無上齊字則似謂齊莊三字連上并釋欲字矣于義未協

參直養者也音義參所林反。殿本閣本作所材反乃顒字音非深字音也蓋材係林字之訛

父母愛之嘉而弗忘。殿本閣本陳澔集説本嘉俱作喜文義較順但通志堂本永懷堂本俱與此同而嚴陵方氏慶源輔氏並以嘉字釋經則知古本本如

是也

莫不咸𨑊註咸皆也○案咸訓皆謂可薦之物莫不皆
𨑊也諸本皆作是非

祭統夫人受尸執足○受　殿本閣本通志堂本俱作
授案此言尸酢夫人夫人受酢于尸則執爵足是受
尸而非授尸明矣當從原本

衛孔悝之鼎銘註得孔悝之立巳○得當作德案孔氏
引哀公十五年傳云蒯聵入衛迫孔悝强盟之遂刼
以登臺由是得國是德孔悝之立巳也陳澔亦曰德
悝之立已故褒揚其先世據此得字乃德字之訛

禮記卷第十五

經解第二十六　鄭氏注

孔子曰入其國其教可知也觀其風俗則知其所以教其為人也溫柔敦厚詩教也疏通知遠書教也廣博易良樂教也絜靜精微易教也恭儉莊敬禮教也屬辭比事春秋教也屬猶合也春秋多記諸侯朝聘會同有相接之辭罪辯之事○易良以豉反下易良同屬音燭下同比毗志反故詩之失愚書之失誣樂之失奢易之失賊禮

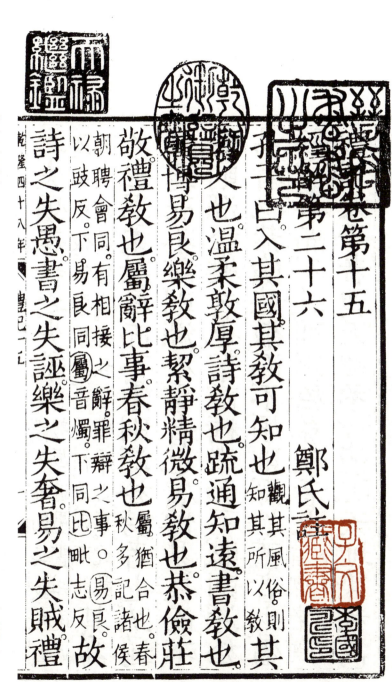

之失煩。春秋之失亂失。謂不能節其教者也。詩敦厚近愚。書知遠近誣。易精微。愛惡相攻。遠近相取。則不能容人。近於傷害。春秋習戰爭之事。近亂其爲人也。温柔敦厚而不愚。則深於詩者也。疏通知遠而不誣。則深於書者也。廣博易良而不奢。則深於樂者也。絜靜精微而不賊。則深於易者也。恭儉莊敬而不煩。則深於禮者也。屬辭比事而不亂。則深於春秋者也言深者。既能以教。又防其失天子者。與天地參。故德配天地。兼利萬物與日月並明明照四海而不遺微小其在朝廷則道仁聖禮義之序燕處則聽雅頌之音行步則有環佩之聲升車則有鸞和之音居處有禮進退有度百官得其宜萬事得其序詩云淑人君子其儀不忒其儀不忒正是四國此之謂也

道猶言也環佩佩環佩玉也所以爲行節也玉藻曰進則揖之退則揚之然後玉鏘鳴也環取其無窮止玉則比德焉孔子佩象環五寸人君之環其制未聞也鸞和皆鈴也所以爲車行節也韓詩內傳曰鸞在衡和在軾前升車則馬動

馬動則鸞鳴，鸞鳴則和應。居處，朝廷與燕也。進退，行步與升車也。發號出令而民說謂之和，上下相親謂之仁，民不求其所欲而得之謂之信，除去天地之害謂之義。義與信，和與仁，霸王之器也。有治民之意而無其器則不成。器，謂所操以作事者也。義信和仁，皆存乎禮。○（說）音悅。（去）羌呂反，下而去之同。（王）于況反。禮之於正國也，猶衡之於輕重也，繩墨之於曲直也，規矩之於方圜也。故衡誠縣，不可欺以輕重；繩墨誠陳，不可欺以曲直規矩誠設不可欺以方圜君子審禮不可誣以姦詐衡稱也縣謂錘也陳設謂彈畫也誠猶審也或作成○圜音圓縣音懸稱尺證反錘直僞反是故隆禮由禮謂之有方之士不隆禮不由禮謂之無方之民敬讓之道也故以奉宗廟則敬以入朝廷則貴賤有位以處室家則父子親兄弟和以處鄉里則長幼有序孔子曰安上治民莫善於禮此之謂也隆禮謂盛行禮也方猶道也春秋傳曰教之以義方故朝覲之禮所

以明君臣之義也。聘問之禮，所以使諸侯相尊敬也。喪祭之禮，所以明臣子之恩也。鄉飲酒之禮，所以明長幼之序也。昏姻之禮，所以明男女之別也。夫禮，禁亂之所由生，猶坊止水之所自來也。故以舊坊為無所用而壞之者，必有水敗；以舊禮為無所用而去之者，必有亂患。春見曰朝，小聘曰問。其篇今亡。昏姻謂嫁取也。壻曰昏，妻曰姻。姻自亦由也。○坊音房。壞音怪。故昏姻之禮廢，則夫婦之道苦而淫辟之罪多矣鄉飲酒之禮廢則長幼之序失而爭鬬之獄繁矣喪祭之禮廢則臣子之恩薄而倍死忘生者衆矣聘覲之禮廢則君臣之位失諸侯之行惡而倍畔侵陵之敗起矣苦謂不至不荅之屬○辟匹亦反倍音佩下同行下孟反故禮之教化也微其止邪也於未形使人日徙善遠罪而不自知也是以先王隆之也易曰君子愼始差若豪氂繆以千里此之謂也隆謂尊盛之也始謂其微

時也○遠于萬反差初佳反又初宜反

# 哀公問第二十七　鄭氏註

哀公問於孔子曰大禮何如君子之言禮何其尊也孔子曰丘也小人不足以知禮謙不荅也君曰否吾子言之也孔子曰丘聞之民之所由生禮爲大非禮無以節事天地之神也非禮無以辨君臣上下長幼之位也非禮無以別男女父子兄弟之親昏姻疏數之交也君

子以此之爲尊敬然言君子以此故尊禮。數色角反然後以其所能敎百姓不廢其會節君子以其所能於禮敎百姓。使其不廢此上事之期節有成事然後治其雕鏤文章黼黻以嗣上事行於民有成功。乃後續以治文飾。以爲尊卑之差其順之。然後言其喪筭。備其鼎俎。設其豕腊。脩其宗廟。歲時以敬祭祀。以序宗族。即安其居。節醜其衣服。卑其宮室。車不雕幾。器不刻鏤。食不貳味。以與民同利。昔之君子之行禮者如此言語也。筭數也。即就也。醜類也。幾附纏之也。言君子既尊禮民以爲順乃後語以喪祭之禮。就安其居處。正其衣服。教之節儉。與之同利者。上下俱足也。○腊音昔幾音祈語魚據反

公曰。今之君子胡莫之行也。孔子曰。今之君子。好實無厭。淫德不倦。荒怠敖慢。固民是盡。午其衆以伐有道。求得當欲不以其所。昔之用民者由前。今之用民者由後。今之君子莫爲禮也。實猶富也。淫放也。固猶故也。午其衆。逆其族類也。當猶稱也。所猶道也。由前。用上所言。由後。用下所言。○好呼報反厭於豔反敖五報反午五故反。一如

字當丁浪反稱尺證反孔子侍坐於哀公。哀公曰。敢問人道誰爲大。孔子愀然作色而對曰。君之及此言也。百姓之德也。固臣敢無辭而對。人道政爲大愀然。變動貌也。作猶變也。德猶福也。辭。讓也。○愀七小反。又子了反公曰。敢問何謂爲政。孔子對曰。政者正也。君爲正。則百姓從政矣。君之所爲。百姓之所從也。君所不爲。百姓何從。言君當務於政公曰。敢問爲政如之何。孔子對曰。夫婦別。父子親。君臣嚴。三者正則庶物從之矣庶物猶衆事也○別彼列反公曰寡人雖無似也願聞所以行三言之道可得聞乎無似猶言不肖孔子對曰古之爲政愛人爲大所以治愛人禮爲大所以治禮敬爲大敬之至矣大昏爲大大昏至矣大昏既至冕而親迎親之也親之也者親之也是故君子興敬爲親舍敬是遺親也弗愛不親弗敬不正愛與敬其政之本與大昏國君取禮也至矣言至大也興敬爲親言相敬則親

〇迎去聲。下同。舍音捨。與音餘。下同。公曰。寡人願有言。然冕而親迎。不已重乎。已猶大也。怪親迎乃服祭服。孔子愀然作色而對曰。合二姓之好。以繼先聖之後。以爲天地宗廟社稷之主。君何謂已重乎。先聖。周公也。〇好呼報反。公曰。寡人固。不固。焉得聞此言也。寡人欲問。不得其辭。請少進。固不固。言吾由鄙固故也。請少進。欲其爲言以曉已。〇焉於虔反。爲去聲。孔子曰。天地不合。萬物不生。大昏。萬世之嗣也。君何謂已重焉。孔子遂言曰內以治宗廟之禮足以配天地之神明出以治直言之禮足以立上下之敬物恥足以振之國恥足以興之爲政先禮禮其政之本與宗廟之禮祭宗廟也夫婦配天地有日月之象焉禮器曰君在阼夫人在房大明生於東月生於西此陰陽之分夫婦之位也直猶正也正言謂出政教也政教有夫婦之禮焉昏義曰天子聽外治后聽內職教順成俗外內和順國家理治此之謂盛德物猶事也事恥臣恥也振猶救也國恥君恥也君臣之行有可恥者禮足以救之足以興復之○分扶問反孔子遂言曰昔三代明王之政必敬其

妻子也有道。妻也者，親之主也，敢不敬與？子也者，親之後也，敢不敬與？君子無不敬也，敬身爲大。身也者，親之枝也，敢不敬與？不能敬其身，是傷其親；傷其親，是傷其本；傷其本，枝從而亡。三者，百姓之象也。身以及身，子以及子，妃以及妃，君行此三者，則愾乎天下矣。大王之道也，如此，國家順矣。愾猶至也。大王居豳，爲狄所伐，乃曰：土地所以養人也，君子不以其所養害所養。乃去之岐。是言百姓之身，猶吾身也；百姓之妻子。猶吾妻子也。不忍以土地之故而害之。去之岐而王迹興焉○妃芳非反愾許乞反。又許氣反公曰：敢問何謂敬身？孔子對曰：君子過言則民作辭，過動則民作則。君子言不過辭，動不過則，百姓不命而敬恭。如是，則能敬其身；能敬其身，則能成其親矣。則，法也。民者化君者也。君之言雖過，民猶稱其辭；君之行雖過，民猶以爲法。公曰：敢問何謂成親？孔子對曰：君子也者，人之成名也。百姓歸之名，謂之君子之子，是使其親爲君子也，是爲成其親之名也已。孔子遂言曰。古之爲政。愛人爲大。不能愛人。不能有其身。不能有其身。不能安土。不能安土。不能樂天。不能樂天。不能成其身。有猶保也。不能保身者。言人將害之也。不能安土。動移失業也。不能樂天。不知已過而怨天也。○樂音洛。怨於元反。又於願反。公曰。敢問何謂成身。孔子對曰。不過乎物。物猶事也。公曰。敢問君子何貴乎天道也。孔子對曰。貴其不已。如日月東西相從而不已也。是天道也。不閉其久是天道也。無爲而物成。是天道也。已成而明。是天道也。已猶止也。是天道也者。言人君法之當如是也。日月相從。君臣相朝會也。不閉其久。通其政教。不可以倦。無爲而成。使民不可以煩也。已成而明。照察有功



公曰。寡人惷愚冥煩。子志之心也。志讀爲識。識知也。冥煩者。言不能明理此事。子之心所知也。欲其要言使易行。○惷始容反。又昌容反。愚也。冥莫亭反。又亡定反。志依注音識。又音試。易以豉反

孔子蹴然辟席而對曰。仁人不過乎物。孝子不過乎物。是故仁人之事親也如事天。事天如事親。是故孝子

成身蹴然。敬貌。物猶事也。事親事天。孝敬同也。孝經曰。事父孝。故事天明。舉無過事。以孝事親。是所以成身。○蹴子六反辟音避公曰。寡人既聞此言也。無如後罪何。既聞此言也者。欲勤行之也。無柰後日過於事之罪何。爲謙辭孔子對曰。君之及此言也。是臣之福也。善哀公及此言。此言善言也

仲尼燕居第二十八　鄭氏註

仲尼燕居。子張子貢言游侍。縱言至於禮。言游。言偃。子游也。縱言。汎說事子曰。居。女三人者。吾語女禮。使

女以禮周流無不徧也居女三人者女三人且坐也使之坐凡與尊者言更端則起○女音汝語魚據反子貢越席而對曰敢問何如對應也子曰敬而不中禮謂之野恭而不中禮謂之給勇而不中禮謂之逆子曰給奪慈仁奪猶亂也巧言足恭之人似慈仁實鮮仁特言是者感子貢也子貢辨近於給○中丁仲反下同給音急又渠急反又其刼反足將注反鮮仙淺反子曰師爾過而商也不及子產猶衆人之母也能食之○不能敎也過與不及言敏鈍不同俱違禮也衆人之母言子產慈仁多不矜莊

又與子張相反。子產嘗以其乘車濟冬涉者。而車梁不成。是慈仁亦違禮。○食音嗣子貢越席而對曰。敢問將何以爲此中者也。子曰。禮乎禮。夫禮所以制中也禮乎禮。唯有禮也子貢退。言游進曰。敢問禮也者。領惡而全好者與。子曰。然領猶治也。好。善也然則何如。子曰。郊社之義。所以仁鬼神也。嘗禘之禮。所以仁昭穆也。饋奠之禮。所以仁死喪也。射鄉之禮。所以仁鄉黨也。食饗之禮。所以仁賓客也仁猶存也。凡存此者。所以全善之道也。郊社嘗禘。饋奠。存死之善者也。射鄉食饗。存生之善者也。郊有后稷。社有句龍。○食音嗣。句音勾。子曰。明乎郊社之義。嘗禘之禮。治國其如指諸掌而已乎。是故以之居處有禮。故長幼辨也。以之閨門之內有禮。故三族和也。以之朝廷有禮。故官爵序也。以之田獵有禮。故戎事閑也。以之軍旅有禮。故武功成也。是故宮室得其度。量鼎得其象。味得其時。樂得其節。車得其式。鬼神得其饗。喪紀得其哀。

辨說得其黨官得其體政事得其施加於身而錯於前凡衆之動得其宜治國指諸掌言易知也郊社嘗禘尊卑之事有治國之象焉辨別也三族父子孫也凡言得者得法於禮也量豆區斗斛也味酸苦之屬也四時有所多及獻所宜也式謂載也所載有尊卑辨禮之說謂禮樂之官教學者黨類也體尊卑異而合同○子曰量音諒錯七故反易以豉反區烏侯反禮者何也即事之治也君子有其事必有其治治國而無禮譬猶瞽之無相與倀倀乎其何之譬如終夜有求於幽室之中非燭何見

若無禮則手足無所錯耳目無所加進退揖讓無所制是故以之居處長幼失其別閨門三族失其和朝廷官爵失其序田獵戎事失其策軍旅武功失其制宮室失其度量鼎失其象味失其時樂失其節車失其式鬼神失其饗喪紀失其哀辨說失其黨官失其體政事失其施加於身而錯於前凡衆之動失其宜如此則無以祖洽於衆也凡言失者無禮故也策謀也祖

始也洽合也言失禮無以爲衆倡始無以合和衆○倡勑良反子曰慎聽之

女三人者吾語女禮猶有九焉大饗有四焉

苟知此矣雖在畎畝之中事之聖人已兩君

相見揖讓而入門入門而縣興揖讓而升堂

升堂而樂闋下管象武夏籥序興陳其薦俎

序其禮樂備其百官如此而后君子知仁焉

行中規還中矩和鸞中采齊客出以雍徹以

振羽是故君子無物而不在禮矣入門而金

作示情也。升歌清廟，示德也。下而管象，示事也。是故古之君子不必親相與言也，以禮樂相示而已。猶有九焉。吾所欲語女，餘有九也。但大饗有四。大饗謂饗諸侯來朝者也。四者謂金再作，升歌清廟，下管象也。事之，謂立置於位也。聖人已者，是聖人也。縣興金作也。金再作者，獻主君又作也。下謂堂下也。象武，武舞也。夏籥，文舞也。序，更也。堂下吹管，舞文武之樂更起也。知仁焉。知禮樂所存也。采齊、雍、振羽皆樂章也。振羽，振鷺。及雍，金作示情也。賓主人各以情相示也。金性內明，象人情也。示德也，相示以德也。清廟頌文王之德。示事也，相示以事也。武象武王之大事也。○縣音懸，中丁仲反，還音旋，齊在細反，又在私反。〔更〕音庚。下同。子曰。禮也者。理也。樂也者。節也。君子無理不動。無節不作。不能詩。於禮繆。不能樂。於禮素。薄於德。於禮虛。繆。誤也。素猶質也。歌詩所以通禮意也。作樂所以同成禮文也。崇德所以實禮行也。王制曰。樂正崇四術。立四教。順先王詩書禮樂以造士。春秋教以禮樂。冬夏教以詩書。王大子。王子。羣后之大子。卿大夫元士之適子。國之俊選。皆造焉。則古之人皆知諸侯之禮樂。〔繆〕音謬子曰。制度在禮。文為在禮。行之其在人乎。文為。文章所為子貢越席而對曰。敢問夔其窮與。見其不達於禮。〔夔〕求龜反〔與〕音餘子曰。古之人與。古之人也。達於禮而不達於樂。謂之素。達於樂而不達於禮。謂之偏。夫夔達於樂而不達於禮。是以傳於此名也。古之人也。素與偏。俱不備耳。夔達於樂。傳世名。此賢人也。非不能。非所謂窮。子張問政。子曰。師乎。前吾語女乎。君子明於禮樂。舉而錯之而已。言禮樂足以爲政也。錯猶施行也。子張復問。子曰。師。爾以爲必鋪几筵。升降酌獻酬酢。然後謂之禮乎。爾以爲必行綴兆。興羽籥。作鐘鼓然後謂之樂乎言而履之禮也行而樂之樂也君子力此二者以南面而立夫是以天下大平也諸侯朝萬物服體而百官莫敢不承事矣禮之所興衆之所治也禮之所廢衆之所亂也目巧之室則有奧阼席則有上下車則有左右行則有隨立則有序古之義也室而無奧阼則亂於堂室也席而無上下則亂於席上也車而無左右則亂於車也行而

無隨則亂於塗也立而無序則亂於位也昔聖帝明王諸侯辨貴賤長幼遠近男女外內莫敢相踰越皆由此塗出也服體體服也謂萬物之符長皆來爲瑞應也衆之所治衆之所以治也衆之所亂衆之所以亂也目巧謂但用巧目善意作室不由法度猶有輿作賓主之處也自目巧以下古今常事不可廢改也○復扶又反樂之音洛又音岳作才故反符長丁丈反隱義云符謂甘露醴泉之屬長謂麟鳳五靈之屬

三子者既得聞此言也於夫子昭然若發矇矣乃曉禮樂不可廢改之意也○矇音蒙

孔子閒居第二十九　　鄭氏註

孔子閒居。子夏侍。子夏曰。敢問詩云。凱弟君子。民之父母。何如斯可謂民之父母矣凱弟，樂易也。○閒音閑，弟徒禮反孔子曰。夫民之父母乎。必達於禮樂之原。以致五至而行三無。以横於天下。四方有敗。必先知之。此之謂民之父母矣原猶本也。横，充也。敗謂禍烖也。子夏曰。民之父母既得而聞之矣。敢問何謂五至。孔子曰。志之所至。詩亦至焉。詩之所至。禮亦至焉。禮之所至。樂亦至焉。樂之所至。哀亦至焉。哀樂相生。是故正明目而視之。不可得而見也。傾耳而聽之。不可得而聞也。志氣塞乎天地。此之謂五至。凡言至者。至於民也。志謂恩意也。言君恩意至於民。則其詩亦至也。詩謂好惡之情也。自此以下。皆謂民之父母者。善推其所有。以與民共之。人耳不能聞。目不能見。行之在胷心也。塞。滿也。○哀樂音洛子夏曰。五至既得而聞之矣。敢問何謂三無。孔子曰。無聲之樂。無體之禮。無服之喪。

此之謂三無。子夏曰。三無既得略而聞之矣。敢問何詩近之於意未察。求其類於詩。詩長人情孔子曰。夙夜其命宥密。無聲之樂也。威儀逮逮。不可選也。無體之禮也。凡民有喪。匍匐救之。無服之喪也詩讀其爲基。聲之誤也。基謀也。密靜也。言君夙夜謀爲政教以安民。則民樂之。此非有鍾鼓之聲也。逮逮安和之貌也。言君之威儀安和逮逮然。則民倣之。此非有升降揖讓之禮也。救之。賙恤之。言君於民有喪。有以賙恤之。則民倣之。此非有衰絰之服。○其音基。逮大計反。選宣面反。匍音扶。又音蒲。匐音服。又蒲北反。衰七雷反。子夏曰。

言則大矣美矣盛矣言盡於此而已乎孔子曰何爲其然也君子之服之也猶有五起焉言盡於此乎意以爲説未盡也服猶習也君子習讀此詩起此之義其説有五也子夏曰何如孔子曰無聲之樂氣志不違無體之禮威儀遲遲無服之喪內恕孔悲無聲之樂氣志既得無體之禮威儀翼翼無服之喪施及四國無聲之樂氣志既從無體之禮上下和同無服之喪以畜萬邦無聲之樂日聞

孔子閒居

四方。無體之禮。日就月將。無服之喪。純德孔明。無聲之樂。氣志既起。無體之禮。施及四海。無服之喪。施于孫子。不違者。民不違君之氣志也。孔。甚也。施。易也。從順也。畜。孝也。使萬邦之民競爲孝也。就。成也。將。大也。使民之傚禮。日有所成。至月則大矣。起。猶行也。○施以豉反。下同。聞音問。施易並以豉反子夏曰。三王之德參於天地。敢問何如斯可謂參天地矣。孔子曰。奉三無私以勞天下。三王。謂禹湯文王也。參天地者。其德與天地爲三也。勞。勞來。○勞力報反。下同。來力代反子夏曰。敢問何謂三無私。孔子曰。天無私覆。地無私載。日月無私照。奉斯三者以勞天下。此之謂三無私。其在詩曰。帝命不違。至于湯齊。湯降不遲。聖敬日齊。昭假遲遲。上帝是祗。帝命式于九圍。是湯之德也。帝天帝也。詩讀湯齊爲湯躋。躋升也。降下也。齊莊也。昭明也。假至也。祗敬也。式用也。九圍九州也。此詩云殷之先君。其爲政不違天之命。至於湯升爲君。又下天之政敎甚疾。其聖敬日莊嚴。其明道至於民遲遲然安和。天是用敬之。命之用事於九州。謂使王也。是湯之德者。是湯奉天無私之德也。○湯齊音躋。日齊側皆反。假音格。王去聲。下王天下。王功。皆同天有四時。春秋冬夏。風雨霜露。無非教也。地載神氣。神氣風霆。風霆流形。庶物露生。無非教也。言天之施化收殺。地之載生萬物。此非有所私也。無非教者。皆人君所當奉行。以爲政教清明在躬。氣志如神。耆欲將至。有開必先。天降時雨。山川出雲。其在詩曰。嵩高惟嶽。峻極于天。惟嶽降神。生甫及申。惟申及甫。惟周之翰。四國于蕃。四方于宣。此文武之德也。清明在躬。氣志如神。謂聖人也。耆欲將至。謂其王天下之期將至也。神有以開之。必先爲之生賢知之輔佐。若天將降時雨。山川爲之先出雲矣。峻。高大也。翰。幹也。言周道將興。五嶽爲之生賢輔佐。仲山甫。及申伯。爲周之幹臣。天下之蕃衞。宣德於四方。以成其王功。此文武之德也。是文王武王奉天地無私之德也。此宣王詩也。文武之時。其德如此。而詩無以言之。取類以明之。○耆市志反　峻私俊反　翰胡旦反。又音寒　爲之。于僞反

三代之王也。必先其令聞。詩云。明明天子。令聞不已。三代之德也。令。善也。言以名德善聞。天乃命之王也。不已。不倦止也。弛其文德。協此四國。大王之德也。弛。施也。協。和也。大王。文王之祖。周道將興。始有令聞。○弛式氏反。一作施。大音泰

子夏蹶然而起負牆而立曰弟子敢不承乎承奉承不失隊也起負牆者所問竟辟後來者○蹶居衛反又音厥隊直媿反辟音避

坊記第三十　鄭氏註

子言之君子之道辟則坊與坊民之所不足者也民所不足謂仁義之道也失道則放辟邪侈也○辟匹亦反又音譬坊音防與音餘大爲之坊民猶踰之言嚴其禁尚不能止況不禁乎故君子禮以坊德刑以坊淫命以坊欲命謂教令子云小人貧斯約富斯驕約斯盜驕斯亂約猶窮也禮

者因人之情而爲之節文。以爲民坊者也。故聖人之制富貴也。使民富不足以驕。貧不至於約。貴不慊於上。故亂益亡。此節文者。謂農有田里之差。士有爵命之級也。慊恨。不滿之貌也。慊或爲嫌。○慊曰簟反子云。貧而好樂。富而好禮。衆而以寧者。天下其幾矣。言如此者寡也。寧。安也。大族衆家。恒多作亂。○好呼報反。樂音洛。幾居豈反。又音譏。詩云。民之貪亂。寧爲荼毒。言民之貪爲亂者。安其荼毒之行。惡之也。○荼音徒。行下孟反。惡烏路反。故制國不過千乘。都城不過百雉。家富不過百乘以此坊民諸侯猶有畔者古者方十里其中六十四井出兵車一乘此兵賦之法也成國之賦千乘雉度名也高一丈長三丈爲雉百雉爲長三百丈方五百步子男之城方五里百雉者此謂大都三國之一○乘繩證反高古報反長直亮反子云夫禮者所以章疑別微以爲民坊者也故貴賤有等衣服有別朝廷有位則民有所讓位朝位也別彼列反○子云天無二日土無二王家無二主尊無二上示民有君臣之別也春秋不稱楚越之王喪禮君不稱天

大夫不稱君。恐民之惑也。楚越之君。僭號稱王。不稱其喪。謂不稱書葬也。春秋傳曰。吳楚之君不書葬。辟其僭號也。臣者天君。稱天子爲天王。稱諸侯不言天公。辟王也。大夫有臣者。稱之曰主。不言君。辟諸侯也。此者皆爲使民疑惑。不知孰者尊也。周禮曰。主友之讎。視從父昆弟。詩云。相彼盍旦。尚猶患之。盍旦。夜鳴求旦之鳥也。求不可得也。人猶惡其欲反晝夜而亂晦明。況於臣之僭君。求不可得之類。亂上下。惑衆也。○（相）息亮反（盍）音渴，又苦蓋反子云。君不與同姓同車。與異姓同車不同服。示民不嫌也。以此坊民。民猶得同姓以弒其君同姓者。謂先王先公子孫有繼及之道者也。其非此則無嫌也。僕右恒朝服，君則各以時事，唯在軍同服爾。子云：君子辭貴不辭賤，辭富不辭貧，則亂益亡。亡，無也。故君子與其使食浮於人也，寧使人浮於食。食，謂祿也。在上曰浮。祿勝已則近貪，已勝祿則近廉。子云：觴酒豆肉讓而受惡，民猶犯齒；衽席之上讓而坐下，民猶犯貴；朝廷之位讓而就賤，民猶犯君。犯猶僭也。齒，年也。禮，六十以上籩豆有加，貴秩異者。詩云：民之無良，相怨一方，受爵不讓，至于已斯亡。良，善也。言無善之人，善遙相怨。

貪爵祿。好得無讓。以至亡己　子云。君子貴人而賤己。先人而後己。則民作讓。故稱人之君曰君。自稱其君曰寡君。寡君猶言少德之君。言之謙　子云。利祿先死者而後生者。則民不偝。先亡者而後存者。則民可以託。言不偷於死亡。則於生存信。○偝音佩。下同　詩云。先君之思。以畜寡人。此衛夫人定姜之詩也。定姜無子。立庶子衎。是爲獻公。畜孝也。獻公無禮於定姜。定姜作詩。言獻公當思先君定公。以孝於寡人。○畜許六反。定姜之詩此是魯詩。毛詩爲莊姜　以此坊民。民猶偝死而號無告死者見僣。其家之老弱。號呼稱冤。無所告無理也。○號戶羔反子云。有國家者。貴人而賤祿。則民興讓。尚技而賤車。則民興藝。言人君貴尚賢者能者。而不吝於班祿賜車服。則讓道興。賢者能者。人所服也。技猶藝也。○技其綺反故君子約言。小人先言。言人尚德不尚言也。約與先。互言爾。君子約則小人多矣。小人先則君子後矣。易曰。君子以多識前言往行以畜其德。○行下孟反畜勑六反子云。上酌民言。則下天上施。上不酌民言。則犯也。下不天上施。則亂也。酌猶取也。取衆民之言以爲政教。則得民心。得民心。則恩澤所加。民受之如天矣。言其尊

○施始豉反。下同　故君子信讓以涖百姓。則民之報禮重。涖。臨也。報禮重者。猶言能死其難。○涖音利　詩云。先民有言。詢于芻蕘。先民。謂上古之君也。詢。謀也。芻蕘。下民之事也。言古之人君。將有政教。必謀之於庶民乃施之　○芻初俱反。蕘如遙反　子云。善則稱人。過則稱己。則民不爭。善則稱人。過則稱己。則怨益亡。詩云。爾卜爾筮。履無咎言。爾。女也。履。禮也。言女鄉卜筮。然後與我爲禮。則無咎惡之言矣。言惡在己。彼過淺。○女音汝。鄉許亮反　子云。善則稱人。過則稱己。則民讓善。詩云。考卜惟王度是鎬京惟龜正之武王成之度謀也鎬京鎬宮也言武王卜而謀居此鎬邑龜則出吉兆王之武王築成之此臣歸美於君○度徒洛反子云善則稱君過則稱己則民作忠君陳曰爾有嘉謀嘉猷入告爾君于內女乃順之于外曰此謀此猷惟我君之德於乎是惟良顯哉君陳蓋周公之子伯禽弟也名篇在尚書今亡嘉善也猷道也於乎是惟良顯哉美君之德○於音烏乎音呼子云善則稱親過則稱己則民作孝大誓曰予克紂非予武惟朕文考無罪

紂克予。非朕文考有罪。惟予小子無良。（大誓。尚書篇名也。克、勝也。非予武。非我武功也。文考。文王也。無罪。則言有德也。無良。無功善也。此武王誓衆以伐紂之辭也。今大誓無此章。則其篇散亡。○大音泰）子云。君子弛其親之過而敬其美。（弛猶弃忘也。孝子不藏識父母之過。○弛式氏反）論語曰。三年無改於父之道。可謂孝矣。（不以已善駁親之過。○駁邦角反）高宗云。三年其惟不言。言乃讙。（高宗殷王武丁也。名篇在尚書。三年不言。有父小乙喪之時也。讙當爲歡。聲之誤也。其既言。天下皆歡喜樂其政教也。○讙音歡）子云。從命不忿。微諫不倦。勞而不怨。可謂孝矣微諫不倦者。子於父母尚和順。不用鄂鄂。論語曰。事父母幾諫。見志不從。又敬不違。內則曰。父母有過。下氣怡色。柔聲以諫。諫若不入。起敬起孝。說則復諫。此所謂不倦。○鄂五各反詩云。孝子不匱匱乏也。孝子無乏止之時子云。睦於父母之黨。可謂孝矣睦厚也。黨猶親也故君子因睦以合族合族。謂與族人燕。與族人食詩云。此令兄弟。綽綽有裕。不令兄弟。交相爲瘉令善也。綽綽寬容貌也。交猶更也。瘉病也。○瘉羊主反。更古衡反子云。於父之執。可以乘其車。不可以衣其衣。君子以廣孝也。父之執，與父執志同者也。可以乘其車，車於身差遠也。謂今與已位等。衣其，去聲。差，初賣反。子云：小人皆能養其親，君子不敬何以辨？辨，別也。養，羊尚反。子云：父子不同位，以厚敬也。同位，尊卑等。爲其相褻。書云：厥辟不辟，忝厥祖。厥，其也。辟，君也。忝，辱也。爲君不君，與臣子相褻，則辱其先祖矣。君父之道宜尊嚴。辟，並必亦反。子云：父母在，不稱老，言孝不言慈，閨門之内戲而不歎。孝上施，言慈則嫌下流也。戲，謂孺子言笑者也。孟子曰：舜年五十而不失其孺子之心。歎，謂有憂戚之聲也。君子以此坊民，民猶有薄

坊記

於孝而厚於慈。子云。長民者。朝廷敬老則民作孝長民。謂天子諸侯也○長丁丈反子云。祭祀之有尸也。宗廟之有主也。示民有事也。脩宗廟。敬祀事。教民追孝也。有事。有所尊事以此坊民。民猶忘其親。子云。敬則用祭器。祭器。籩豆簠簋鉶之屬也。有敬事於賓客則用之。謂饗食也。盤盂之屬爲燕器。○食音嗣後同故君子不以菲廢禮。不以美沒禮。言不可以其薄不及禮而不行禮。亦不可以其美過禮而去禮。禮主敬。廢滅之。是不敬故食禮。主人親饋則客祭。主人不親饋則客不祭。故君子苟無禮。雖美不食焉。易曰。東鄰殺牛。不如西鄰之禴祭。寔受其福。東鄰。謂紂國中也。西鄰。謂文王國中也。此辭在既濟。既濟離下坎上。離爲牛。坎爲豕。西鄰禴祭。則用豕與。言殺牛而凶。不如殺豕受福。喻奢而慢。不如儉而敬也。春秋傳曰。黍稷非馨。明德惟馨。信矣詩云。既醉以酒。既飽以德。言君子饗燕。非專爲酒肴。亦以觀威儀。講德美以此示民。民猶爭利而忘義。

子云。七日戒。三日齊。承一人焉以爲尸。過之者趨走。以敎敬也。戒。謂散齊也。承。猶事也。○齊側皆反散悉但反醴酒在室。醍酒在堂。澄酒在下。示民不淫也。淫猶貪也。澄酒，清酒也。三酒尚質不尚味。○醍音體。尸飲三。衆賓飲一。示民有上下也。上下猶尊卑也。主人主婦上賓獻尸，乃後主人降，洗爵獻賓。因其酒肉。聚其宗族。以教民睦也。言祭有酒肉，羣昭羣穆皆至，而獻酬之，咸有薦俎。故堂上觀乎室。堂下觀乎上。謂祭時肅敬之威儀也。詩云。禮儀卒度。笑語卒獲。卒，盡也。獲，得也。言在廟中者不失其禮儀，皆歡喜得其節也。○度如字，法度也，又涂洛反。子云。賓禮每進以讓。喪禮每加以遠。浴於中霤。飯

於牖下。小斂於戶內。大斂於阼。殯於客位。祖
於庭。葬於墓。所以示遠也。遠之。所以崇敬也。阼或爲堂。霤力
救反飯扶晚反殷人弔於壙。周人弔於家。示民不偝
也。既葬。哀而哭踊。於是弔之。壙苦晃反子云。死。民之卒事也。
吾從周。周於送死尤備以此坊民。諸侯猶有薨而不
葬者。子云。升自客階。受弔於賓位。教民追孝
也。謂反哭時也。既葬矣。猶不由阼階。不忍即父位也。未沒喪不稱君。
示民不爭也。故魯春秋記晉喪曰。殺其君之

坊記

子奚齊及其君卓。没。終也。春秋傳曰。諸侯於其封內。三年稱子。至其臣子。踰年則謂之君矣。奚齊與卓子。皆獻公之子也。獻公卒。其年奚齊殺。明年而卓子殺矣。○殺音試。一如字。卓勑角反　以此坊民。子猶有弑其父者。弑父。不子之甚　子云。孝以事君。弟以事長。示民不貳也。故君子有君不謀仕。唯卜之日稱二君。不貳。不自貳於尊者也。自貳謂若鄭叔段者也。君子有君。謂君之子父在者也。不謀仕。嫌遅爲政也。卜之日。謂君有故而爲之卜也。二當爲貳。唯卜之時。辭得曰君之貳某爾。晉惠公獲於秦。命其大夫歸擇立君。曰其卜貳圉也。○遅直志反。而爲于僞反　喪父三年。

喪君三年。示民不疑也。不疑於君之尊也。君無骨肉之親。不重其服。至尊不明父母在不敢有其身。不敢私其財。示民有上下也。身及財。皆當統於父母也。有猶專也故天子四海之內無客禮。莫敢為主焉。故君適其臣。升自阼階。即位於堂。示民不敢有其室也。臣亦統於君父母在。饋獻不及車馬。示民不敢專也。車馬。家物之重者以此坊民。民猶忘其親而貳其君。子云。禮之先幣帛也。欲民之先事而後祿也。此禮謂所執之摯以見者也。既相見乃奉幣帛以修好也。或云。禮之先辭而後幣帛。○見賢遍反先財而後禮則民利財幣帛也。利猶貪也無辭而行情。則民爭辭。辭讓也。情主利欲也故君子於有饋者弗能見則不視其饋饋。遺也。不能見。謂有疾也。不視猶不內也。○內音納。又如字易曰。不耕穫。不菑畬。凶。言必先種之乃得穫。若先菑乃得畬也。安有無事而取利者乎。田一歲曰菑。二歲曰畬。三歲曰新田。○菑側其反。畬音餘以此坊民。民猶貴祿而賤行。行猶事也。言務得其祿。不務其事。○行下孟反子云。君子不盡利以遺民。不與民爭利也詩云。

彼有遺秉此有不斂穧伊寡婦之利言穫者之遺餘捃拾所以為利。穧子賜反。又才計反故君子仕則不稼田則不漁食時不力珍大夫不坐羊士不坐犬食時謂食四時之膳也。力猶務也。天子諸侯有秩膳。古者殺牲。食其肉。坐其皮。不坐犬羊。是不無故殺之詩云采葑采菲無以下體德音莫違及爾同死葑蔓菁也。陳宋之閒謂之葑。菲當類也。下體謂其根也。采葑菲之菜者采其葉而可食。無以其根美則并取之。苦則弃之。并取之是盡利也。此詩故親令疏者。言人之交。當如采葑采菲。取一善而已。君子不求備於一人。能如此。則德美之音。不離令名。我願與女同死矣。論語曰。故舊無大故。則不弃也。○【富】音富。又音福。【離】力智反以此坊民。民猶忘義而爭利。以亡其身。子云。夫禮坊民所淫。章民之別。使民無嫌。以爲民紀者也。淫。猶貪也。章。明也。嫌。嫌疑也故男女無媒不交。無幣不相見。恐男女之無別也。重男女之會。所以遠別之於禽獸也。有幣者。必有媒。有媒者。不必有幣。仲春之月。會男女之時。不必待幣以此坊民。民猶有自獻其身。獻猶進也詩云。伐柯如之何。匪斧不克。取妻如之何。匪媒不得。蓺麻如之何。橫從其畝。取妻如之何。必告父母伐柯。伐木以爲柯也。克能也。蓺猶樹也。橫從。橫行治其田也。言取妻之法必有媒。如伐柯之必須斧也。取妻之道。必告父母。如樹麻當先易治其田○取七樹反從子容反易以豉反子云。取妻不取同姓。以厚別也厚猶遠也○不取如字。又音娶故買妾不知其姓則卜之妾言買者。以其賤。同之於衆物也。士庶之妾。恒多凡庸。有不知其姓者以此坊民。魯春秋猶去夫人之姓曰吳。其死曰孟子卒吳。大伯之後。魯同姓也。昭公取焉。去姬曰吳而巳。至其死。亦略云孟子卒。不書夫人某氏薨。孟子蓋其且字○大音泰子云。禮非祭男女不交爵交爵謂相獻酢以此坊民陽侯猶殺繆侯而竊其夫人同姓也以貪夫人之色至殺君而立其國未聞○殺音試一如字繆音穆故大饗廢夫人之禮大饗饗諸侯來朝者也夫人之禮使人攝子云寡婦之子不有見焉則弗友也君子以辟遠也有見謂睹其才藝也同志爲友○見賢遍反辟音避遠于萬反故朋友之交主人不在不有大故則不入其門大故喪病以此坊民民猶以色厚於德子云好德如好色此句似不足論語曰未見好德如好色疾時人厚於色之

甚。而薄於德也。〇好呼報反。諸侯不下漁色。謂不內取於國中也。內取國中爲下漁色。昏禮。始納采。謂采擇其可者也。國君而內取。象捕魚然。中網取之。是無所擇。〇中網。丁仲反。故君子遠色以爲民紀。故男女授受不親。不親者。不以手相與也。內則曰。非祭非喪。不相授器。其相授。則女受以篚。其無篚。則皆坐奠之。而後取之。御婦人則進左手。御者在右。前左手。則身微背之。姑姊妹女子子已嫁而反。男子不與同席而坐。女子十年而不出也。嫁及成人。可以出矣。猶不與男子共席而坐。遠別。寡婦不夜哭。嫌思人道。婦人疾。問之。不問其疾。嫌媚。

略之也問增損而已以此坊民。民猶淫泆而亂於族亂族犯非妃匹也。〇泆音逸。妃音配。一如字

子云。昏禮。壻親迎。見於舅姑。舅姑承子以授壻。恐事之違也舅姑妻之父母也。妻之父爲外舅。妻之母爲外姑。父戒女曰。夙夜母違命。母戒女曰。母違宮事。〇迎魚敬反以此坊民。婦猶有不至者不至不親夫以孝舅姑也。春秋成公九年。春二月。伯姬歸於宋。夏五月。季孫行父如宋致女。是時宋共公不親迎。恐其有違而致之也

# 禮記卷第十五







坊記

舉人臣陳昶敬書

禮記卷十五考證

經解易曰君子愼始差若毫釐繆以千里○案此二句乃易緯中文漢書司馬遷傳引此二句顔師古註亦云今易經並無此語孔氏疏指以爲繫辭文亦誤

哀公問出以治直言之禮○陳澔曰直言二字當作朝廷

如此家國順矣○如此下　殿本閣本陳澔集說及通志堂本俱有則字

仲尼燕居官失其體○諸本體並作禮案上節云官得其體則此反上節意亦當作體

孔子閒居威儀逮逮○案詩作棣棣盛也與此所引不同

氣志不違註民不違君之氣志也○民字　殿本坊本悞作只

斯可謂參天地矣○參字下諸本並有於字

是湯之德也註是湯奉天無私之德也○案此釋經德字即奉三無私之德言奉天者舉天可以包地與日月耳　殿本閣本奉天作奉于訛

惟周之翰○惟　殿本閣本坊本俱作爲案詩與原本同

坊記民猶有薄於孝而厚於慈○猶字下　殿本閣本無有字

示民不淫也○案此句與下示民不偝示民不貳句法一例諸本並無民字乃傳寫訛脱也

# 禮記卷第十六

## 中庸第三十一　鄭氏註

天命之謂性。率性之謂道。脩道之謂教。天命，謂天所命生人者也。是謂性命。木神則仁。金神則義。火神則禮。水神則信。土神則知。孝經說曰。性者生之質。命。人所稟受度也。率。循也。循性行之是謂道。脩。治也。治而廣之。人放傚之是曰教。○率所律反。知音智。放方往反。道也者。不可須臾離也。可離非道也。道猶道路也。出入動作由之。離之。惡乎從也。○離力智反。下同。惡音烏。是故君子戒慎乎其所不睹。恐懼乎其所不聞小人閒居爲不善。無所不至也。君子則不然。雖視之無人。聽之無聲。猶戒愼恐懼自脩正。是其不須臾離道。○閒音閑莫見乎隱。莫顯乎微。故君子愼其獨也愼獨者。愼其閒居之所爲。小人於隱者。動作言語。自以爲不見睹。不見聞。則必肆盡其情也。若有佔聽之者。是爲顯見。甚於衆人之中爲之。○見賢遍反。注顯見同。一如字。佔敕廉反喜怒哀樂之未發謂之中。發而皆中節謂之和。中也者天下之大本也。和也者天下之達道也中爲大本者。以其含喜怒哀樂。禮之所由生。政教自此出也。○樂音洛中節。丁仲反。下注爲之中同致中和。天地位焉萬物育焉。致，行之至也。位，猶正也。育，生也，長也。○長，丁丈反。仲尼曰：君子中庸，小人反中庸。君子之中庸也，君子而時中；小人之中庸也，小人而無忌憚也。庸，常也。用中爲常道也。反中庸者，所行非中庸，然亦自以爲中庸也。君子而時中者，其容貌君子，而又時節其中也。小人而無忌憚，其容貌小人，又以無畏難爲常行，是其反中庸也。○憚，徒旦反。難，乃旦反。行，下孟反。子曰：中庸其至矣乎！民鮮能久矣。鮮，罕也。言中庸爲道至美，顧人罕能久行。○鮮，息淺反，下同。罕，呼坦反。

子曰：道之不行也，我知之矣。知者過之，愚者不及也。道之不明也。我知之矣。賢者過之。不肖者不及也。人莫不飲食也。鮮能知味也。罕知其味。謂愚者所以不及也。過與不及。使道不行。唯禮能爲之中。○知者音智。大知。予知。注有知。皆同。子曰。道其不行矣夫。閔無明君教之。○夫音扶子曰。舜其大知也與。舜好問而好察邇言。隱惡而揚善。執其兩端。用其中於民。其斯以爲舜乎。邇。近也。近言而善。易以進人。察而行之也。兩端。過與不及也。用其中於民。賢與不肖。皆能行之也。斯此也。其德如此。乃號爲舜。舜之言充也。○與音餘。下强與皆同。好呼報反。下同

〔易〕以豉反子曰人皆曰予知驅而納諸罟擭陷阱之中而莫之知辟也人皆曰予知擇乎中庸而不能期月守也予我也言凡人自謂有知人使之入罟不知辟也自謂擇中庸而爲之亦不能久行言其實愚又無恒〇〔罟〕音古罔之揔名〔擭〕胡化反捕獸機檻〔阱〕才性反穿地陷獸也〔辟〕音避注知辟辟害皆同〔期〕音基子曰回之爲人也擇乎中庸得一善則拳拳服膺而弗失之矣拳拳奉持之貌〇〔拳〕音權又起阮反〔膺〕徐音應又於陵反子曰天下國家可均也爵祿可辭也白刃可蹈也中庸

不可能也。言中庸難。爲之難。○蹈，音悼。子路問強。強，勇者所好也。○強，其良反。下同。好，呼報反。子曰：南方之強與？北方之強與？抑而強與？言三者所以爲強者異也。抑，辭也。而之言女也，謂中國也。○女，音汝。下抑女同。寬柔以教，不報無道，南方之強也，君子居之。南方以舒緩爲強。不報無道，謂犯而不校也。衽金革，死而不厭，北方之強也，而強者居之。衽，猶席也。北方以剛猛爲強。○衽，而審反，又而鴆反。厭，於豔反。故君子和而不流，強哉矯！中立而不倚，強哉矯！國有道，不變塞焉，強哉矯。國無道。至死不變。強哉矯。此抑女之強也。流猶移也。塞猶實也。國有道。不變以趨時。國無道。不變以辟害。有道無道。一也。矯。強貌。塞或爲色。○矯居表反。下同。子曰。素隱行怪。後世有述焉。吾弗爲之矣。素讀如攻城攻其所傃之傃。傃猶鄉也。言方鄉辟害。隱身而行佹譎。以作後世名也。弗爲之矣。恥之也。○文公云按漢書。素當作索。蓋字之誤也。鄉許亮反。下皆同。君子遵道而行。半塗而廢。吾弗能已矣。廢猶罷止也。弗能已矣。汲汲行道。不爲時人之隱行。○隱行下孟反。君子依乎中庸。遯世不見知而不悔。唯聖者能之。言隱者當如此也。唯舜爲能如此君子之道費而隱言可隱之節也。費猶佹也。道不費則仕。○費扶弗反。又音弗。文公云。符味反夫婦之愚可以與知焉。及其至也。雖聖人亦有所不知焉。夫婦之不肖可以能行焉。及其至也。雖聖人亦有所不能焉與讀爲贊者皆與之與。言匹夫匹婦愚耳。亦可以其與有所知。可以其能有所行者。以其知行之極也。聖人有不能如此。舜好察邇言由此故與。○以與音預。注同。好呼報反。故與音餘天地之大也。人猶有所憾憾恨也。天地至大。無不覆載。人尚有所恨焉。況於聖人能盡備之乎故君子語大。天下莫能載焉。語小天下莫能破焉。語猶說也。所說大事。謂先王之道也。所說小事。謂若愚不肖夫婦之知行也。聖人盡兼行。詩云：鳶飛戾天，魚躍于淵。言其上下察也。察猶著也。言聖人之德至於天。則鳶飛戾天。至於地。則魚躍于淵。是其著明於天地也。○鳶音捐。戾力計、呂結二反。君子之道造端乎夫婦。及其至也。察乎天地。夫婦謂匹夫匹婦之所知所行。○造音皁。子曰：道不遠人。人之爲道而遠人。不可以爲道。言道即不遠於人。人不能行也。詩云：伐柯伐柯。其則不遠。執柯以伐柯。睨而視之。猶以爲遠。

則法也言持柯以伐木將以為柯近以柯為尺寸之法此法不遠人人尚遠之明為道不
可以遠○柯古何反睨音詣故君子以人治人改而止言人
有罪過君子以人道治之其人改則止赦之不責以人所不能忠恕違道不
遠施諸己而不願亦勿施於人違猶去也君子之
道四丘未能一焉所求乎子以事父未能也
所求乎臣以事君未能也所求乎弟以事兄
未能也所求乎朋友先施之未能也聖人而曰我未
能明人當勉之無已庸德之行庸言之謹有所不足不

敢不勉。有餘不敢盡。言顧行。行顧言。庸猶常也。言德常行也。言常謹也。聖人之行實過於人。有餘不敢盡。常爲人法。從禮也。○行行皆下孟反。注之行同。或皆如字。君子胡不慥慥爾。君子。謂衆賢也。慥慥。守實言行相應之貌。○慥七到反。行下孟反。應於陵反。舊如字。君子素其位而行。不願乎其外。素富貴。行乎富貴。素貧賤。行乎貧賤。素夷狄。行乎夷狄。素患難。行乎患難。君子無入而不自得焉。素讀皆爲傃。不願乎其外。謂思不出其位也。自得。謂所鄉不失其道。○難乃旦反。在上位不陵下。在下位不援上援謂牽持之也○援音園正己而不求於人則無怨。上不怨天下不尤人無怨人無怨之者也論語曰君子求諸己小人求諸人故君子居易以俟命小人行險以徼幸易猶平安也俟命聽天任命也險謂傾危之道○易以豉反徼音澆子曰射有似乎君子失諸正鵠反求諸其身反求於其身不以怨人畫曰正棲皮曰鵠○正音征鵠古毒反正鵠皆鳥名也君子之道辟如行遠必自邇辟如登高必自卑自從也邇近也行之以近者卑者始以漸致之高遠○辟音譬卑音婢又如字詩曰妻子好合如鼓瑟琴。兄弟既翕。和樂且耽。宜爾室家。樂爾妻帑琴瑟聲相應和也。翕。合也。耽亦樂也。古者謂子孫曰帑。此詩言和室家之道。自近者始。○好呼報反。樂音洛。下及注同。帑音奴。和胡臥反。子曰。父母其順矣乎謂其教令行。使室家順。子曰。鬼神之爲德。其盛矣乎。視之而弗見。聽之而弗聞。體物而不可遺體猶生也。可猶所也。不有所遺。言萬物無不以鬼神之氣生也。使天下之人。齊明盛服。以承祭祀。洋洋乎。如在其上。如在其左右明猶潔也。洋洋。人想思其傍僾之貌。○齊側皆反。僾於愷反。又音愛。詩曰：神之格思，不可度思，矧可射思。格，來也。矧，況也。射，厭也。思，皆聲之助。言神之來，其形象不可億度而知，事之盡敬而已，況可厭倦乎。○度，待洛反。矧，詩忍反。射，音亦。夫微之顯，誠之不可揜如此夫。言神無形而著，不言而誠。○夫，音扶。子曰：舜其大孝也與。德為聖人，尊為天子，富有四海之內，宗廟饗之，子孫保之。保，安也。○與，音餘。故大德必得其位，必得其祿，必得其名，必得其壽。名，令聞也。○聞，音問。故天之生物，必因其材而篤焉。材，謂其質性也。篤，厚也。言善者天厚其福，惡者天厚其毒。皆由其本而爲之 故栽者培之。傾者覆之。栽讀如文王初載之載。栽猶殖也。培。益也。今時人名草木之殖曰栽。築牆立板亦曰栽。栽或爲茲。覆。敗也。○栽音災。覆芳伏反。載之載並音災 詩曰。嘉樂君子。憲憲令德。宜民宜人。受祿于天。保佑命之。自天申之。故大德者必受命也。憲憲。興盛之貌。保。安也。佑。助也。○嘉戶嫁反。詩作假。音同。又音加。憲音顯。一如字 子曰。無憂者。其唯文王乎。以王季爲父。以武王爲子。父作之。子述之。聖人以立法度爲大事。子能述成之。則何憂乎。堯舜之父子則有凶頑。禹湯之父子。則寡令聞。父子相成。

唯有文王武王纘大王王季文王之緒壹戎衣而有天下身不失天下之顯名尊爲天子富有四海之内宗廟饗之子孫保之纘繼也緒業也戎兵也衣讀如殷聲之誤也齊人言殷聲如衣虞夏商周氏者多矣今姓有衣者殷之冑與壹戎殷者壹用兵伐殷也○纘哉管反大音泰下及注大王皆同衣於巾反武王末受命周公成文武之德追王大王王季上祀先公以天子之禮斯禮也達乎諸侯大夫及士庶人父爲大夫子爲士葬以大夫祭以士父

爲士，子爲大夫，葬以士，祭以大夫。期之喪達乎大夫，三年之喪達乎天子，父母之喪無貴賤一也。末猶老也。追王大王、王季者，以王迹起焉。先公，組紺以上至后稷也。斯禮達於諸侯、大夫、士、庶人者，謂葬之從死者之爵，祭之用生者之祿也。言大夫葬以大夫，士葬以士，則追王者改葬之矣。期之喪達於大夫者，謂旁親所降在大功者，其正統之期，天子、諸侯猶不降也。大夫所降，天子、諸侯絕之不爲服，所不臣乃服之也。承葬祭說期、三年之喪者，明子事父以孝，不用其尊卑變。○末，亡過反。追王，于況反。期音基。組音祖。紺，古闇反。不爲服，于僞反。

子曰：「武王、周公其達孝矣乎！夫孝

者。善繼人之志。善述人之事者也。春秋脩其祖廟。陳其宗器。設其裳衣。薦其時食。脩。謂埽糞也。宗器。祭器也。裳衣。先祖之遺衣服也。設之。當以授尸也。時食。四時祭也。○埽悉報反宗廟之禮。所以序昭穆也。序爵。所以辨貴賤也。序事。所以辨賢也。旅酬下爲上。所以逮賤也。燕毛。所以序齒也。序猶次也。爵。謂公卿大夫士也。事。謂薦羞也。以辨賢者。以其事別所能也。若司徒羞牛。宗伯共雞牲矣。文王世子曰。宗廟之中。以爵爲位。崇德也。宗人授事以官。尊賢也。旅酬下爲上者。謂若特牲饋食之禮。賓弟子兄弟之子。各舉觶於其長也。逮賤者。宗廟之中。以有事爲榮也。燕。謂既祭而燕燕也。燕以髮色爲坐。祭時尊尊也。至燕親親也。齒亦年也。○昭常遙反。文公如字。爲上。文公去聲踐其位。行其禮。奏其樂。敬其所尊。愛其所親。事死如事生。事亡如事存。孝之至也。踐猶升也。其者。其先祖也。踐或爲纘郊社之禮。所以事上帝也。宗廟之禮。所以祀乎其先也。社。祭地神。不言后土者。省文明乎郊社之禮。禘嘗之義。治國其如示諸掌乎。示讀如寘諸河干之寘。寘。置也。物而在掌中。易爲知力者也。序爵。辨賢尊尊親親。治國之要。○示音寘。易以豉反。知音智哀公問政。子曰。文武之政。布在方策。其人存。則其政舉。其人亡。則其政息。方。版也。策。簡也。息。猶滅也。人道敏政。地道敏樹。敏猶勉也。樹。謂殖草木也。人之無政。若地無草木矣。敏或爲謀夫政也者。蒲盧也。蒲盧。蜾蠃。謂土蜂也。詩曰。螟蛉有子。蜾蠃負之。螟蛉。桑蟲也。蒲盧取桑蟲之子去而變化之。以成爲己子。政之於百姓。若蒲盧之於桑蟲然。○夫文公音扶蒲盧竝如字故爲政在人。在於得賢人也取人以身。脩身以道。脩道以仁。取人以身。言明君乃能得人仁者人也。親親爲大。義者宜也。尊賢爲大。親親之殺。尊賢之等。禮所生也。人也讀如相人偶之人。以人意相存問之言。○殺色界反。又所例反在下位不獲乎上。民不可得而治矣此句其屬在下。著脫誤。重在此故君子不可以不脩身。思脩身。不可以不事親。思事親。不可以不知人。思知人。不可以不知天言脩身乃知孝。知孝乃知人。知人乃知賢不肖。知賢不肖。乃知天命所保佑天下之達道五。所以行之者三。曰君臣也。父子也。夫婦也。昆弟也。朋友之交也。五者天下之達道也。知。仁。勇。三者天下之達德也。所以行之者一也。達者常行。百王所不變也。知音智。下近乎知。注言有知皆同。或生而知之。或學而知之。或困而知之。及其知之一也。困而知之。謂長而見禮義之事。已臨之而有不足。乃始學而知之。此達道也。長丁丈反。或安而行之。或利而行之。或勉強而行之。及其成功一也。利。謂貪榮名也。勉強。恥不若人。強其兩反。子曰。好學近乎知。力行近乎仁。知恥近乎勇。知斯三者。則知所以脩身。知所以脩身。則知所以治人。知所以治人。則知所以治天下國家矣。言有知。有仁。有勇。乃知脩身。則脩身以此三者爲基。好，呼報反。行，如字。又下孟反。凡爲天下國家有九經。曰。脩身也。尊賢也。親親也。敬大臣也。體羣臣也。子庶民也。來百工也。柔遠人也。懷諸侯也。體猶接納也。子猶愛也。遠人。蕃國之諸侯也。脩身則道立。尊賢則不惑。親親則諸父昆弟不怨。敬大臣則不眩。體羣臣則士之報禮重。子庶民則百姓勸。來百工則財用足。柔遠人則四方歸之。

懷諸侯則天下畏之不惑。謀者良也。不眩。所任明也。○眩，懸遍反

齊明盛服。非禮不動。所以脩身也。去讒遠色。賤貨而貴德。所以勸賢也。尊其位。重其祿。同其好惡。所以勸親親也。官盛任使。所以勸大臣也。忠信重祿。所以勸士也。時使薄斂。所以勸百姓也。日省月試。既稟稱事。所以勸百工也。送往迎來。嘉善而矜不能。所以柔遠人也。繼絕世。舉廢國。治亂持危。朝聘以時。厚往而

薄來所以懷諸侯也同其好惡。不特有所好惡於同姓。雖恩不同。義必同也。尊重其祿位。所以貴之。不必授以官守。天官不可私也。官盛任使。大臣皆有屬官所任使。不親小事也。忠信重祿。有忠信者重其祿也。時使。使之以時。日省月試。考校其成功也。既讀爲餼。餼稟。稍食也。稟人職曰。乘其事。考其弓弩。以下上其食。○齊側皆反。去起呂反。遠于萬反。好惡皆去聲。又如字。斂力驗反。既音餼。稟彼錦反。又力錦反。稱尺證反。朝直遙反。稾苦報反。一古老反凡爲天下國家有九經所以行之者一也。凡事豫則立。不豫則廢。言前定則不跲。事前定則不困。行前定則不疚。道前定則不窮。一。謂當豫也。跲。躓也。疚。病也。人不能病之。○跲其劫反。又音給。行下孟反。疚音救。躓音致。文公云。與疐通。礙不行也。在下位不獲乎上。民不可得而治矣。獲。得也。言臣不得於君。則不得居位治民。獲乎上有道。不信乎朋友。不獲乎上矣。信乎朋友有道。不順乎親。不信乎朋友矣。順乎親有道。反諸身不誠。不順乎親矣。誠身有道。不明乎善。不誠乎身矣。言知善之爲善。乃能行誠。誠者。天之道也。誠之者。人之道也。誠者。不勉而中。不思而得。從容中道聖人也誠之者擇善而固執之者也言誠者天性也誠之者學而誠之者也因誠身說有大至誠○中丁仲反又如字下同○從七容反博學之審問之慎思之明辨之篤行之有弗學學之弗能弗措也有弗問問之弗知弗措也有弗思思之弗得弗措也有弗辨辨之弗明弗措也有弗行行之弗篤弗措也人一能之已百之人十能之已千之果能此道矣雖愚必明雖柔必強此勸人學誠其身也果猶決也○措七路

反。下同。置也强其良反自誠明謂之性。自明誠謂之教。誠則明矣。明則誠矣。自。由也。由至誠而有明德。是聖人之性者也。由明德而有至誠。是賢人學以成之也。有至誠則必有明德。有明德則必有至誠唯天下至誠爲能盡其性。能盡其性。則能盡人之性。能盡人之性。則能盡物之性。能盡物之性。則可以贊天地之化育。可以贊天地之化育。則可以與天地參矣。盡性者。謂順理之使不失其所也。贊。助也。育。生也。助天地之化生。謂聖人受命在王位。致太平其次致曲。曲能有誠誠則形。形則著。著則明。明則動。動則變。變則化。唯天下至誠爲能化其次。謂自明誠者也。致。至也。曲猶小小之事也。不能盡性。而有至誠於有義焉而已。形謂人見其功也。盡性之誠。人不能見也。著。形之大者也。明。著之顯者也。動。動人心也。變。改惡爲善也。變之久。則化而性善也。至誠之道。可以前知。國家將興。必有禎祥。國家將亡。必有妖孽。見乎蓍龜。動乎四體。禍福將至。善必先知之。不善必先知之。故至誠如神。可以前知者。言天不欺至誠者也。前亦先也。禎祥妖孽。蓍龜之占。雖其時有小人愚主。皆爲至誠能知者出也。四體謂龜之四足。春占後左。夏占前左。秋占前右。冬占後右。○禎音貞妖於驕反孽魚列反見賢遍反。下不見。注著見同著音尸爲于僞反

誠者自成也。而道自道也。言人能至誠。所以自成也。有道藝。所以自道達。○自道音導

誠者物之終始。不誠無物。物。萬物也。亦事也。大人無誠。萬物不生。小人無誠。則事不成

是故君子誠之爲貴。言貴至誠

誠者非自成己而已也。所以成物也。成己仁也。成物知也。性之德也。合外內之道也。以至誠成己則仁道立。以至誠成物則知彌博。此五性之所以爲德也。外內所須而合也。外內猶上下。○

知音智

故時措之宜也時措言得其時而用也故至誠無息不息則久久則徵徵則悠遠悠遠則博厚博厚則高明徵猶效驗也。此言至誠之德。既著於四方。其高厚日以廣大也。徵或爲徵博厚所以載物也高明所以覆物也悠久所以成物也博厚配地高明配天悠久無疆後言悠久者。言至誠之德。既至博厚高明。配乎天地。又欲其長久行之。○疆居良反如此者不見而章不動而變無爲而成天地之道可壹言而盡也言其德化與天地相似。可一言而盡。要在至誠

乾隆四十八年

其爲物不貳則其生物不測言至誠無貳乃能生萬物多無數也天地之道博也厚也高也明也悠也久也此言其著見成功也今夫天斯昭昭之多及其無窮也日月星辰繫焉萬物覆焉今夫地一撮土之多及其廣厚載華嶽而不重振河海而不洩萬物載焉今夫山一卷石之多及其廣大草木生之禽獸居之寶藏興焉今夫水一勺之多及其不測黿鼉蛟龍魚鼈生焉貨財殖焉

此言天之高明本生昭昭地之博厚本由撮土山之廣大本起卷石水之不測本從一勺皆合少成多自小致大爲至誠者亦如此乎昭昭猶耿耿小明也振猶收也卷猶區也○夫音扶撮七活反華戶化戶瓜二反洩息列反卷音權又羌權反藏才浪反勺市若反黿音元鼉徒河反一直丹反

詩曰惟天之命於穆不已蓋曰天之所以爲天也於乎不顯文王之德之純蓋曰文王之所以爲文也純亦不已

天所以爲天文王所以爲文皆由行之無已爲之不止如天地山川之云也易曰君子以順德積小以高大是與○於音烏乎好奴反下於乎同

大哉聖人之道洋洋乎

發育萬物。峻極于天。（育，生也。峻，高大也。）優優大哉。禮儀三百。威儀三千。待其人然後行。故曰：苟不至德。至道不凝焉。（言爲政在人，政由禮也。凝，猶成也。）故君子尊德性而道問學。致廣大而盡精微。極高明而道中庸。温故而知新。敦厚以崇禮。（德性，謂性至誠者。道，猶由也。問學，學誠者也。廣大，猶博厚也。温，讀如燖温之温。謂故學之孰矣，後時習之，謂之温。○燖音尋）是故居上不驕。爲下不倍。國有道。其言足以興。國無道。其默足以容。（興，謂起在位也。○倍

音佩

詩曰。既明且哲。以保其身。其此之謂與保。安也。○哲陟列反。又作知。音智。與音餘子曰。愚而好自用。賤而好自專。生乎今之世。反古之道。如此者。烖及其身者也反古之道。謂曉一孔之人。不知今王之新政可從。○好呼報反。下同。烖音災非天子不議禮。不制度。不考文此天下所共行。天子乃能一之也。禮。謂人所服行也。度。國家宮室及車輿也。文。書名也。今天下車同軌。書同文。行同倫。今。孔子謂其時。○行下孟反雖有其位。苟無其德。不敢作禮樂焉。雖有其德。苟無其位，亦不敢作禮樂焉。言作禮樂者，必聖人在天子之位。子曰：吾說夏禮，杞不足徵也；吾學殷禮，有宋存焉；吾學周禮，今用之，吾從周。徵猶明也。吾能說夏禮，顧杞之君不足與明之也。吾從周，行今之道。王天下有三重焉，其寡過矣乎！三重，三王之禮。○王，于況反，又如字。重，上聲。上焉者雖善無徵，無徵不信，不信民弗從。下焉者雖善不尊，不尊不信，不信民弗從。上謂君也。君雖善善，無明徵，則其善不信也。下謂臣也。臣雖善善，而不尊君，則其善亦不信也。徵或爲證。故君子之道，本諸身。徵諸庶民。考諸三王而不繆。建諸天地而不悖。質諸鬼神而無疑。百世以俟聖人而不惑。質諸鬼神而無疑。知天也。百世以俟聖人而不惑。知人也。知天。知人。謂知其道也。鬼神。從天地者也。易曰。故知鬼神之情狀。與天地相似。聖人則之。百世同道。徵或爲證。○繆音謬。悖布內反。後同

是故君子動而世爲天下道。行而世爲天下法。言而世爲天下則。遠之則有望。近之則不厭。用其法度。想思若其將來也。○遠如字。又于萬反。近如字。又去聲。厭於豔反。後同

詩曰。在彼無惡。在此無射。庶幾夙夜。以永終譽。君子未有不如此而蚤有譽於天下者也射。厭也。永。長也。○惡文公去聲。射音亦。文公音妒。詩作斁仲尼祖述堯舜。憲章文武。上律天時。下襲水土此以春秋之義說孔子之德。孔子曰。吾志在春秋。行在孝經。二經固足以明之。孔子祖述堯舜之道而制春秋。而斷以文王武王之法度。春秋傳曰。君子曷爲爲春秋。撥亂世反諸正。莫近諸春秋。其諸君子樂道堯舜之道與。末不亦樂乎堯舜之知君子也。又曰。是子也。繼文王之體。守文王之法度。文王之法無求而求。故譏之也。又曰。王者孰謂。謂文王也。此孔子兼包堯舜文武之盛德。而著之春秋。以俟後聖者也。律。述也。述天時。謂編年四時具也。襲。因也。因水土。謂記諸夏之事。山川之異。○斷丁亂反。曷爲于僞反。又如字。與音餘　辟如天地之無不持載。無不覆幬。辟如四時之錯行。如日月之代明。萬物並育而不相害。道並行而不相悖。小德川流。大德敦化。此天地之所以爲大也　聖人制作。其德配天地如此。唯五始可以當焉。幬亦覆也。小德川流。浸潤萌芽。喻諸侯也。大德敦化。厚生萬物。喻天子也。幬或作燾。○辟音譬。幬徒報反。錯七各反。當丁浪反。又丁郎反　唯天下至聖爲能聰明叡知足以有臨也。寬裕溫柔，足以有容也。發强剛毅，足以有執也。齊莊中正，足以有敬也。文理密察，足以有別也。言德不如此，不可以君天下也。蓋傷孔子有其德而無其命。○叡音銳。知音智，下聖知同。齊側皆反。別彼列反。溥博淵泉，而時出之。言其臨下普徧，思慮深重，非得其時不出政教。○溥音普。溥博如天，淵泉如淵。見而民莫不敬，言而民莫不信，行而民莫不說。是以聲名洋溢乎中國，施及蠻貊。舟車所至，人力所通，天之所覆，地之所載，日月所照。霜露所隊。凡有血氣者。莫不尊親。故曰配天如天。取其運照不已也。如淵。取其清深不測也。尊親。尊而親之。○見賢遍反說音悅施以豉反貊武伯反隊直類反唯天下至誠爲能經綸天下之大經。立天下之大本。知天地之化育至誠性至誠。謂孔子也。大經謂六藝而指春秋也。大本孝經也夫焉有所倚肫肫其仁。淵淵其淵。浩浩其天安有所倚。言無所偏倚也。而人人自以被德尤厚。似偏頗者。肫肫讀如誨爾忳忳之忳。忳忳懇誠貌也。肫肫或爲純純。○焉於虔反肫之淳反浩胡老反純音淳。又之淳反苟不固聰明聖知達天德者。其孰能知之言唯聖人乃能知聖人也。春秋傳曰。末不亦樂乎。堯舜之知君子。明凡人不知。詩曰。衣錦尚絅。惡其文之著也。故君子之道。闇然而日章。小人之道。的然而日亡言君子深遠難知。小人淺近易知。人所以不知孔子以其深遠。禪爲絅。錦衣之美。而君子以絅表之。爲其文章露見。似小人也。○衣文公去聲。絅口迥反。又口定反。惡烏路反。下惡於志同。著張慮反。闇於感反。又如字。的丁櫟反。禪音丹。爲于僞反。見賢遍反君子之道。淡而不厭。簡而文。溫而理。知遠之近。知風之自。知微之顯。可與入德矣淡其味似薄也。簡而文。溫而理。猶簡而辨。直而溫也。自謂所從來也。三知者。皆言其睹末察本。探端知緒也。入德。入聖人之德。淡徒暫反。又大敢反。厭於豔反。探音貪

詩云。潛雖伏矣。亦孔之昭。故君子內省不疚。無惡於志。

孔。甚也。昭。明也。言聖人雖隱遯。其德亦甚明矣。疚。病也。君子自省。身無愆病。雖不遇世。亦無損害於己志。昭之召反。又章遙反。疚九又反

君子所不可及者。其唯人之所不見乎。詩云。相在爾室。尚不愧于屋漏。

言君子雖隱居。不失其君子之容德也。相。視也。室西北隅謂之屋漏。視女在室獨居耳。猶不愧于屋漏。屋漏非有人也。況有人乎。相去聲。女音汝

故君子

乾隆四十八年

不動而敬。不言而信。詩曰。奏假無言。時靡有爭。假。大也。此頌也。言奏大樂於宗廟之中。人皆肅敬。金聲玉色。無有言者。以時太平。和合無所爭也。○奏如字。詩作鬷。假古雅反。文公音格。是故君子不賞而民勸。不怒而民威於鈇鉞。詩曰。不顯惟德。百辟其刑之。不顯。言顯也。辟。君也。此頌也。言不顯乎文王之德。百君盡刑之。謂諸侯法之也。○鈇方于反。又音斧。鉞音越。辟音璧。是故君子篤恭而天下平。詩云。予懷明德。不大聲以色。予。我也。懷歸也。言我歸有明德者。以其不大聲爲嚴厲之色以威我也。子曰。聲色之於以化民末也。詩曰。德輶如毛。輶。輕也。言化民當以德。德之易舉而用。其輕如毛耳。（輶）音酉。一音由。毛猶有倫。上天之載。無聲無臭至矣。倫猶比也。載讀曰栽。謂生物也。言毛雖輕。尚有所比。有所比則有重。上天之造生萬物。人無聞其聲音者。無知其臭氣者。化民之德。清明如神。淵淵浩浩。然後善。（載）讀曰栽。音災。生也。詩音再。（比）必履反

武英殿仿宋本 禮記十六

禮記卷第十六





相臺岳氏刻梓荆谿家塾

中庸

舉人臣陳昶敬書

禮記卷十六考證

中庸吾弗爲之也註恥之也○案恥之正推弗爲之意

殿本監本作取之也誤甚

射有似乎君子註畫曰正○諸本畫字下俱有布字案

正鳥名周禮射人賓射之儀畫布爲正是也原本無

布字者以凡侯皆布爲之彩畫三分之一不必復言

布耳乃省文非脫簡也

壹戎衣註壹用兵伐殷也○壹用　殿本作壹月訛

子曰好學近乎知○子曰二字鄭註孔疏俱不作衍文

朱子謂家語亦載此章成功一之下有公曰子之言

美矣至矣一段故此下復以子曰起辭今無此段而猶有子曰二字蓋子思删繁文以附于篇而删有不盡者今當爲衍文也

貨財殖焉註皆合少成多自小致大○此二句 殿本閣本坊本並作言天地山川積小致大字句互異

蓋曰文王之所以爲文也註君子以順德積小以高大○案易經本如是諸本高字上有成字疑衍

雖善無徵註徵或爲登○案登字不可解或即證字之訛依 殿本改

# 禮記卷第十七

## 表記第三十二　鄭氏註

子言之。歸乎。君子隱而顯。不矜而莊。不厲而威。不言而信。此孔子行應聘。諸侯莫能用己。心厭倦之辭也。矜。謂自尊大也。厲。謂嚴色。子曰。君子不失足於人。不失色於人。不失口於人。是故君子貌足畏也。色足憚也。言足信也。失。謂失其容止之節也。玉藻曰。足容重。色容莊。口容止。○憚大旦反　甫刑曰。敬忌而罔有擇言在躬。甫刑。尚書篇名。忌之言戒也。言己外敬而心戒愼，則無有可擇之言加於身也。子曰：裼襲之不相因也，欲民之毋相瀆也。不相因者，以其或以裼爲敬，或以襲爲敬。禮盛者以襲爲敬，執玉龜之屬也。禮不盛者以裼爲敬，受享是也。○裼，思櫟反。子曰：祭極敬，不繼之以樂；朝極辨，不繼之以倦。極猶盡也。辨，分別政事也。祭義曰：祭之日，樂與哀半。饗之必樂，已至必哀。○樂音洛，又音岳。朝，直遥反。別，彼列反。子曰：君子愼以辟禍，篤以不揜，恭以遠恥。篤，厚也。揜猶困迫也。○辟音避。遠，于萬反。子曰：君子莊敬日强，安肆日偷。肆猶放恣也。偷，苟且也。肆或爲褻。○强，其良反。偷，他侯反。

君子不以一日使其躬儳焉如不終日儳焉可輕賤之貌也如不終日言人而無禮死無時○儳在鑑反又仕鑑反子曰齊戒以事鬼神擇日月以見君恐民之不敬也擇日月以見君謂臣在邑竟者○齊側皆反見賢遍反竟音境子曰狎侮死焉而不畏也忕於無敬心也○狎下甲反習也忕時世反又時設反子曰無辭不相接也無禮不相見也欲民之毋相褻也辭所以通情也禮謂摯也春秋傳曰古者諸侯有朝聘之事號辭必稱先君以相接也○褻息列反易曰初筮告再三瀆瀆則不告瀆之

言褻之○三去聲又如字子言之仁者天下之表也義者天下之制也報者天下之利也報謂禮也禮尚往來子曰以德報德則民有所勸以怨報怨則民有所懲懲謂創艾○創初亮反艾魚廢反又如字詩曰無言不讎無德不報讎猶荅也大甲曰民非后無能胥以寧后非民無以辟四方大甲湯孫也書以名篇胥相也民非君不能以相安○大音泰辟音必子曰以德報怨則寬身之仁也以怨報德則刑戮之民也寬猶愛也愛身以息怨非禮之正也仁亦

當言民。聲之誤。仁也。依注音民。○子曰。無欲而好仁者。無畏而惡不仁者。天下一人而已矣。是故君子議道自己。而置法以民。一人而已。喻少也。自己。自盡己所能行。○好惡竝去聲。子曰。仁有三。與仁同功而異情。三。謂安仁也。利仁也。強仁也。利仁強仁。功雖與安仁者同。本情則異。○強其兩反。下同。與仁同功。其仁未可知也。與仁同過。然後其仁可知也。仁者安仁。知者利仁。畏罪者強仁。功者人之所貪也。過者人之所辟也。在過之中。非其本情者。或有悔者焉。○知者音智。辟音避。仁者右也。道者左也。仁者人也。道者義也。右也。左也。言相須而成也。人也。謂施以人恩也。義也。謂斷以事宜也。春秋傳曰。執末有言舍之者。此其言舍之何。人也。○斷丁亂反厚於仁者薄於義。親而不尊。厚於義者薄於仁。尊而不親。言仁義竝行者也。仁多則人親之。義多則人尊之道有至。義有考。至道以王。義道以霸。考道以爲無失。此讀當言道有至。有義。有考。字脫一有耳。有至。謂兼仁義者。有義則無仁矣。有考。考。成也。能取仁義之一成之。以不失於人。非性也。○道有至義依注讀爲道有至有義。王于況反子言之。仁有數。義有長短小大中心憯怛愛人之仁也。率法而强之資仁者也。資，取也。數與長短小大互言之耳。性仁義者，其數長大；取仁義者，其數短小。○數，所住反。憯，七感反。怛，丹葛反。詩云：豐水有芑，武王豈不仕。詒厥孫謀，以燕翼子，武王烝哉。數世之仁也。芑，枸檵也。仕之言事也。詒，遺也。燕，安也。烝，君也。言武王豈不念天下之事乎？如豐水之有芑矣，乃遺其後世之子孫以善謀，以安翼其子也。君哉武王，美之也。○芑音起。詒，以之反。數，色主反。枸本亦作苟。檵音計。國風曰：我今不閱，皇恤我後。終身之仁也。閱猶容也。皇，暇也。恤，憂也。言我今尚恐不能自容，何暇憂我後

之人乎○閱音悅

子曰仁之爲器重其爲道遠舉者莫能勝也行者莫能致也取數多者仁也夫勉於仁者不亦難乎取數多言計天下之道仁居其多○勝音升數色住反

是故君子以義度人則難爲人以人望人則賢者可知已矣言以先王成法擬度人則難中也當以時人相比方耳○度待洛反擬魚起反中丁仲反

子曰中心安仁者天下一人而已矣大雅曰德輶如毛民鮮克舉之我儀圖之惟仲山甫舉之愛莫助之輶輕也鮮罕也

儀匹也。圖謀也。愛猶惜也。言德之輕如毛耳。人皆以爲重。罕能舉行之者。作此詩者。周宣王之大臣也。言我之匹謀之。仲山甫則能舉行之。美之也。惜乎時人無能助之者。言賢者少。○輶音酉。一音由鮮息淺反。下竝同

小雅曰。高山仰止。景行行止。仰高勤行者。仁之次也。景明也。有明行者謂古賢聖也。○景行下孟反。注明行同

子曰。詩之好仁如此。鄉道而行。中道而廢。忘身之老也。不知年數之不足也。俛焉日有孳孳。斃而后已。廢喻力極罷頓。不能復行。則止也。俛焉勤勞之貌。斃仆也。○好呼報反。下同。鄉許亮反。數色住反。俛音勉。孳音兹。斃音弊。已音以。罷音皮。復扶又反

作蒲北反。又音赴子曰。仁之難成久矣。人人失其所好。言仁道不成。人所由不得其志也。仁者恭儉。雖有過。不甚矣。唯聖人無過。○易以豉反。下同故仁者之過易辭也。辭猶解說。子曰。恭近禮。儉近仁。信近情。敬讓以行此。雖有過。其不甚矣。夫恭寡過。情可信。儉易容也。以此失之者。不亦鮮乎。言罕以此失之詩云。溫溫恭人。惟德之基。子曰。仁之難成久矣。唯君子能之。言能成人道者少也是故君子不以其所能者病人。不以人之所不能者愧人病。愧。謂罪咎之是故聖人之制行也不制以已使民有所勸勉愧恥以行其言以中人爲制。則賢者勸勉。不及者愧恥。聖人之言乃行也。○制行下孟反禮以節之信以結之容貌以文之衣服以移之朋友以極之欲民之有壹也移讀如水氾移之移移猶廣大也。極。致也。壹。謂專心於善。○移昌氏反。又怡者反。一以示反小雅曰不愧于人不畏于天言人有所行。當慙怖於天人也是故君子服其服則文以君子之容有其容則文以君子之辭遂其辭。則實以君子之德遂猶成也是故君子恥服其服而無其容。恥有其容而無其辭。恥有其辭而無其德。恥有其德而無其行無其行。謂不行其德。〇行下孟反是故君子衰絰則有哀色。端冕則有敬色。甲冑則有不可辱之色言色稱其服也。〇衰七雷反。絰田節反詩云。惟鵜在梁。不濡其翼。彼記之子。不稱其服鵜。鵜鶘。污澤也。污澤善居泥水之中。在魚梁以不濡污其翼爲才。如君子以稱其服爲有德。〇鵜音啼。記紀吏反子言之君子之所謂義者。

貴賤皆有事於天下。天子親耕。粢盛秬鬯。以事上帝。故諸侯勤以輔事於天子言無事而居位食祿。是不義而富且貴子曰。下之事上也。雖有庇民之大德。不敢有君民之心。仁之厚也庇。覆也。無君民之心。是思不出其位是故君子恭儉以求役仁。信讓以求役禮。不自尚其事。不自尊其身。儉於位而寡於欲。讓於賢。卑己而尊人。小心而畏義。求以事君役之言爲也。求以事君者。欲成其忠臣之名也得之自是。不得自是以聽天命。言不易道，徼禄利也。○易音亦。徼古堯反。詩云：莫莫葛藟，施于條枚。凱弟君子，求福不回。凱，樂也。弟，易也。言樂易之君子，其求福，脩德以俟之，不爲回邪之行以要之。如葛藟之延蔓於條枚，是其性也。○藟力水反。施以豉反。枚亡回反。其舜、禹、文王、周公之謂與！有君民之大德，有事君之小心。言此德當不回也。○與音餘。詩云：惟此文王，小心翼翼，昭事上帝，聿懷多福。厥德不回，以受方國。昭，明也。上帝，天也。聿，述也。懷，至也。言述行上帝之德，以至於多福也。方，四方也。受四方之國，謂王天下。○謂王于況反。

子曰：先王謚以尊名，節以壹惠，恥名之浮於行也。謚者，行之迹也。名者，謂聲譽也。言先王論行以爲謚，以尊名者，使聲譽可得而尊信也。壹讀爲一。惠猶善也。言聲譽雖有衆多者，即以其行一大善者爲謚耳。在上曰浮。君子勤行成功，聲譽踰行，是所恥。○謚音示。行，下孟反。下同。是故君子不自大其事，不自尚其功，以求處情；過行弗率，以求處厚；彰人之善而美人之功，以求下賢。率，循也。過行不復循行，猶不二過。○下，戶嫁反。是故君子雖自卑，而民敬尊之。言謙者所以成行立德。子曰：后稷天下之爲烈也豈一手一足哉烈。業也。言后稷造稼穡。天下世以爲業。豈一手一足。喻用之者多無數也唯欲行之浮於名也故自謂便人亦言其謙也。辟仁聖之名。云吾便習於此事之人耳。○便婢面反。又婢緜反。辟音避

子言之君子之所謂仁者其難乎詩云凱弟君子民之父母凱以强教之弟以說安之樂而毋荒有禮而親威莊而安孝慈而敬使民有父之尊有母之親如此而后可以爲民父母矣非至德其孰能如此乎有父之尊。有母之親。謂其尊親

己如父母。强其良反。又其兩反。說音悅令父之親子也。親賢而下無能。母之親子也。賢則親之。無能則憐之。母親而不尊。父尊而不親。水之於民也。親而不尊。火尊而不親。土之於民也。親而不尊。天尊而不親。命之於民也。親而不尊。鬼尊而不親。或見尊。或見親。以其嚴與恩。所尚異也。命。謂四時政令。所以教民勤事也。鬼。謂四時祭祀。所以訓民事君也子曰。夏道尊命。事鬼敬神而遠之。近人而忠焉。先祿而後威。先賞而後罰。親而不尊遠鬼神。近人。謂外宗廟內朝廷。遠于萬反其民之敝惷。而愚喬而野朴而不文以本不困於刑罰。少詐諼也。敝。謂政教衰失之時也。○惷傷容反。又昌容反。又陽江反。又丁絳反。字林丑降反。喬音驕。諼况袁反殷人尊神。率民以事神。先鬼而後禮。先罰而後賞。尊而不親先鬼後禮。謂內宗廟外朝廷也。禮者。君臣朝會。凡以摯交接相施予其民之敝。蕩而不靜。勝而無恥以本伏於鬼神虛無之事。令其心放蕩無所定。困於刑罰。苟勝免而無恥也。月令曰。無作淫巧以蕩上心○勝始證反。伏音誓周人尊禮尚施。事鬼敬神而遠之。

表記

近人而忠焉。其賞罰用爵列。親而不尊。賞罰用爵列。以尊卑爲差。其民之敝，利而巧，文而不慙，賊而蔽。以本數。交接以言辭，尊卑多獄訟。○蔽畢世反，又音弊。數色角反。子曰：夏道未瀆辭，不求備，不大望於民，民未厭其親。殷人未瀆禮，而求備於民。周人强民，未瀆神，而賞爵刑罰窮矣。未瀆辭者，謂時王不尚辭，民不褻爲也。不求備，不大望，言其政寬，責稅輕也。强民，言承殷難變之敝也。賞爵刑罰窮矣，言其繁文備設。○厭於豔反。强其兩反。子曰：虞夏之道，寡怨於民。殷周之道不勝其敝勝猶任也言殷周極文民無恥而巧利後世之政難復○勝音升任如金反子曰虞夏之質殷周之文至矣言後有王者其作質文不能易之虞夏之文不勝其質殷周之質不勝其文言王者相變質文各有所多○勝世證反又音升子言之曰後世雖有作者虞舜弗可及也已矣君天下生無私死不厚其子子民如父母有憯怛之愛有忠利之教親而尊安而敬威而愛富而有禮惠而能散其君子尊仁畏義恥費輕實忠

而不犯義而順文而靜寬而有辨死不厚其子言既不傳位又無以豐饒於諸臣也恥費不爲辭費出空言也實謂財貨也辨別也猶寬而栗也靜或爲情○憯七感反怛旦達反費芳貴反甫刑曰德威惟威德明惟明非虞帝其孰能如此乎德所威則人皆畏之言服罪也德所明則人皆尊寵之言得人也○威如字畏也尚書音畏子言之事君先資其言拜自獻其身以成其信資謀也獻猶進也言臣事君必先謀定其言乃後親進爲君言也是故君有責於其臣臣有死於其言故其受祿不誣其受罪益

寡死其言者。竭力於其所言之事。死而不負於事。不信曰誣子曰。事君大言入則望大利。小言入則望小利大言。可以立大事也。小言。可以立小事也。入。爲君受之。利。祿賞也。入或爲人○爲君。去聲故君子不以小言受大祿。不以大言受小祿言臣受祿各用其德能也易曰。不家食吉此大畜彖辭也。彖曰。不家食吉。養賢也。言君有大畜積。不與家食之而已。必以祿賢者。賢有大小。祿有多少子曰。事君不下達。不尚辭。非其人弗自不下達。不以私事自通於君也。不尚辭。不多出浮華之言也。弗自。不身與相親小雅曰。靖共爾位。正直是與神之聽之式穀以女靖治也爾女也式用也穀祿也言敬治女位之職事正直之人乃與爲倫友神聽女之所爲用祿與女○共音恭女音汝子曰事君遠而諫則諂也近而不諫則尸利也尸謂不知人事無辭讓也○諂勑檢反子曰邇臣守和宰正百官大臣慮四方邇近也和謂調和君事者也齊景公曰唯據與我和宰家宰也家宰主治百官子曰事君欲諫不欲陳陳謂言其過於外也詩云心乎愛矣瑕不謂矣中心藏之何日忘之瑕之言胡也謂猶告也子曰事君難進而易退則位有

序。易進而難退則亂也（亂。謂賢否不別。○易以豉反。下同）故君子三揖而進一辭而退以遠亂也（進難者爲主人之擇己也。退速者。爲君子之倦也。○遠于萬反。爲于僞反。下同）子曰事君三違而不出竟則利祿也人雖曰不要吾弗信也（違猶去也。利祿。言爲貪祿留也。臣以道去君。至於三而不遂去。是貪祿。必以其彊與君要也。○竟音境。要於遙反）子曰事君慎始而敬終（輕交易絕君子所恥）子曰事君可貴可賤可富可貧可生可殺而不可使爲亂（亂。謂違廢事君之禮）子曰事君軍旅不辟難朝廷不辭賤言尚忠且謙也○辟音避難乃旦反處其位而不履其事則亂也履猶行也故君使其臣得志則愼慮而從之否則孰慮而從之終事而退臣之厚也使謂使之聘問師役之屬也愼慮而從之者此已志也欲其必有成也否謂非已志也孰慮而從之又計於已利害也終事而退非已志者事成則去也事或爲身易曰不事王侯高尚其事言臣致仕而去不復事君也君猶高尚其所爲之事言尊大其成功也子曰唯天子受命于天士受命于君言皆有所受不敢專也唯當爲雖字之誤也○唯音雖

故君命順則臣有順命君命逆則臣有逆命言臣受順則行順。受逆則行逆。如其所受於君。則爲君不易矣詩曰鵲之姜姜鶉之賁賁人之無良我以爲君姜姜賁賁。爭鬭惡貌也。良。善也。言我以惡人爲君。亦使我惡。如大鳥姜姜於上。小鳥賁賁於下。○鶉士倫反賁音奔子曰君子不以辭盡人不見人之言語則以爲善。言其餘行。或時惡也。○行下孟反。下同。故天下有道則行有枝葉天下無道則辭有枝葉行有枝葉。所以益德也。言有枝葉。是衆虛華也。枝葉依幹而生。言行亦由禮出。是故君子於有喪者之側不能賻焉。則不問其所費。於有病者之側。不能饋焉。則不問其所欲。有客不能館。則不問其所舍。皆辟有言而無其實。○賻音附。費芳貴反。辟音避。故君子之接如水。小人之接如醴。君子淡以成。小人甘以壞。水相得。合而已。酒醴相得。則敗。淡。無酸酢少味也。接或爲交。○淡大敢反。又大暫反。徐徒闞反。酸悉官反。酢七故反。小雅曰。盜言孔甘。亂是用餤。盜。賊也。孔。甚也。餤。進也。○餤音談。又以占反。子曰。君子不以口譽人。則民作忠。譽。繩也。○譽音餘。繩市升反。左傳以繩爲譽。故君子問人之寒則衣之，問人之飢則食之，稱人之美則爵之。皆爲有言不可以無實。衣於既反。食音嗣。爲于僞反。國風曰：「心之憂矣，於我歸說。」欲歸其所說忠信之人也。說音悅。又始銳反。

子曰：「口惠而實不至，怨菑及其身。」善言而無信，人所惡也。菑音災。惡烏路反。是故君子與其有諾責也，寧有已怨。已，謂不許也。言諾而不與，其怨大於不許。國風曰：「言笑晏晏，信誓旦旦。不思其反，反是不思，亦已焉哉。」此皆相與爲昏禮而不終也。言始合會，言笑和說，要誓甚信，今不思其本恩之反覆。反覆

（之不思。亦已焉哉。無如此人何。怨之深也）子曰。君子不以色親人。情疏而貌親。在小人則穿窬之盜也與。子曰。情欲信。辭欲巧。（巧。謂順而說也。○窬羊朱反。又音豆。與音餘）子言之。昔三代明王。皆事天地之神明。無非卜筮之用。不敢以其私褻事上帝。（言動任卜筮也。神明。謂羣神也）是故不犯日月。不違卜筮。（日月。謂冬夏至。正月及四時也。所不違者。日與牲尸也）卜筮不相襲也。（襲。因也。大事則卜。小事則筮）大事有時日。（大事。有事於大神。有常時常日也）小事無時日。有筮有事於小神。無常時常日。有筮。臨有事筮之外事用剛日。內事用柔日順陰陽也。陽爲外。陰爲內。事之外內別乎四郊。○別彼列反不違龜筮。子曰。牲牷禮樂齊盛。是以無害乎鬼神。無怨乎百姓牷猶純也。○牷音全。齊音粢子曰。后稷之祀易富也。其辭恭。其欲儉。其祿及子孫富之言備也。以傳世之祿。共儉者之祭。易備也。○易以豉反詩曰。后稷兆祀。庶無罪悔。以迄于今兆。四郊之祭處也。迄。至也。言祀后稷於郊。以配天。庶幾其無罪悔乎。福祿傳世。乃至於今。○迄許訖反子曰。大人之器威敬言其用之尊嚴天子無筮謂征伐出師若巡守也。天子至尊。大事皆用卜也。春秋傳曰。先王卜征五年。歲襲其祥諸侯有守筮守筮。守國之筮。國有事則用之天子道以筮始將出。卜之。道有小事則用筮諸侯非其國。不以筮卜宅寢室入他國則不筮。不敢問吉凶於人之國也。諸侯受封乎天子。因國而國。唯宮室欲改易者。得卜之耳天子不卜處大廟卜可建國之處吉。則宮廟吉可知。○大音泰子曰。君子敬則用祭器謂朝聘待賓客崇敬。不敢用燕器也是以不廢日月。不違龜筮。以敬事其君長用龜筮問所貢獻也。○長丁丈反是以上不

瀆於民。下不褻於上。言上之於下以直。則下應之以正。不褻慢也

# 緇衣第三十三

鄭氏註

子言之曰。爲上易事也。爲下易知也。則刑不煩矣。言君不苛虐。臣無姦心。則刑可以措。○子言之曰。此篇二十四章。唯此一子言之。後皆作子曰。易以豉反。下同

子曰。好賢如緇衣。惡惡如巷伯。則爵不瀆而民作愿。刑不試而民咸服。緇衣巷伯。皆詩篇名也。緇衣首章曰。緇衣之宜兮。敝予又改爲兮。適子之館兮。還予授子之粲兮。言此衣緇衣者。賢者也。宜長爲國君。其衣敝。我願改制授之以新衣。是其好賢。欲其貴

之甚也。巷伯六章曰。取彼讒人。投畀豺虎。豺虎不食。投畀有北。有北不受。投畀有昊。此其惡惡。欲其死亡之甚也。爵不瀆者。不輕爵人也。試用也。咸皆也。○好呼報反。下皆同。緇側其反。惡惡上烏路反。下如字。還音旋。衣於既反。緇大雅曰。儀刑文王。萬國作孚。刑法也。孚信也。儀法文王之德而行之。則天下無不爲信者也。文王爲政。克明德慎罰。子曰。夫民教之以德。齊之以禮。則民有格心。教之以政。齊之以刑。則民有遯心。格來也。遯逃也。故君民者子以愛之。則民親之。信以結之。則民不倍。恭以涖之。則民有孫心。涖臨也。孫順也○倍音佩。泣音利。又音類。孫音遜。甫刑曰。苗民匪用命。制以刑。惟作五虐之刑曰法。是以民有惡德。而遂絕其世也。甫刑。尚書篇名。匪。非也。命。謂政令也。高辛氏之末。諸侯有三苗者作亂。其治民不用政令。專制御之以嚴刑。乃作五虐蚩尤之刑。以是爲法。於是民皆爲惡。起倍畔也。三苗由此見滅。無後世。由不任德○蚩。尺之反。

子曰。下之事上也。不從其所令。從其所行。言民化行。不拘於言○行。下孟反。又如字。上好是物。下必有甚者矣。甚者。甚於君也。故上之所好惡。不可不慎也。是民之表也。言民之從君。如影遂表惡烏路反○子曰禹立三年百姓以仁遂焉豈必盡仁言百姓傚禹爲仁非本性能仁也遂猶達也詩云赫赫師尹民具爾瞻甫刑云一人有慶兆民賴之大雅曰成王之孚下土之式皆言化君也孚信也式法也子曰上好仁則下之爲仁爭先人故長民者章志貞教尊仁以子愛百姓民致行己以說其上矣章明也貞正也民致行己者民之行皆盡己心○長丁丈反說音悅詩云有梏德行四國順之梏大也直也○梏音角行下孟反子曰

王言如絲。其出如綸。王言如綸。其出如綍。言出彌大也。綸，今有秩嗇夫所佩也。綍，引棺索也。○綸音倫，又古頑反，綬也。綍音弗。故大人不倡游言。游猶浮也。不可用之言也。可言也。不可行。君子弗言也。可行也。不可言。君子弗行也。則民言不危行。而行不危言矣。危猶高也。言不高於行，行不高於言。言行相應也。○危行而行皆下孟反。下同。詩云。淑慎爾止。不諐于儀。淑，善也。諐，過也。言善慎女之容止，不可過於禮之威儀也。○諐起虔反。女音汝。子曰。君子道人以言。而禁人以行。禁猶謹也。○道音導。

緇衣

故言必慮其所終，而行必稽其所敝，則民謹於言而慎於行。稽猶考也，議也。詩云：慎爾出話，敬爾威儀。話，善言也。○話，胡快反。大雅曰：穆穆文王，於緝熙敬止。緝熙，皆明也。言於明明乎敬其容止。○於音烏，緝七入反。子曰：長民者衣服不貳，從容有常，以齊其民，則民德壹。貳，不壹也。○長，丁丈反。從，七凶反。詩云：彼都人士，狐裘黄黄。其容不改，出言有章，行歸于周，萬民所望。黄衣則狐裘，大蜡之服也。詩人見而說焉。章，文章也。忠信爲周。此詩毛氏有之，三家則亡。○蜡仕嫁反說音悅子曰。爲上可望而知也。爲下可述而志也。則君不疑於其臣。而臣不惑於其君矣志猶知也尹吉曰。惟尹躬及湯。咸有壹德吉當爲告。告古文誥字之誤也。尹告。伊尹之誥也。書序以爲咸有壹德。今亡。咸。皆也。君臣皆有壹德不貳。則無疑惑也○吉音誥詩云淑人君子。其儀不忒。子曰。有國者章義癉惡。以示民厚。則民情不貳章明也。癉。病也。○忒他得反。或作貳。義尚書作善。癉丁但反詩云。靖共爾位。好是正直。子曰。上人疑則百姓惑。下難知則

緇衣

君長勞難知有姦心也。○共音恭。下同。好呼報反故君民者章好以示民俗。慎惡以御民之淫。則民不惑矣淫。貪侈也。孝經曰。示之以好惡。而民知禁。○好如字。又呼報反。惡如字。又烏路反臣儀行。不重辭。不援其所不及。不煩其所不知。則君不勞矣儀當爲義。聲之誤也。言臣義事則行也。重猶尚也。援猶引也。引君所不及。謂必使其君所行如堯舜也。不煩以其所不知。謂必使其知慮如聖人也。凡告喻人。當隨其才以誘之。○儀依注音義。援音袁詩云。上帝板板。下民卒癉。上帝。喻君也。板板。辟也。卒。盡也。癉。病也。此君使民惑之詩。○板布綰反。癉丁但反。辟匹反亦小雅曰。匪其止共。惟王之邛。匪。非也。邛。勞也。言臣不止於恭敬其職。惟使王之勞。此臣使君勞之詩也。○邛其恭反子曰。政之不行也。教之不成也。爵祿不足勸也。刑罰不足恥也。故上不可以褻刑而輕爵。言政教所以明賞罰○褻息列反康誥曰。敬明乃罰。甫刑曰。播刑之不迪。康誥。康叔也。作誥。尚書篇名也。播。猶施也。不迪。衍字耳。迪。道也。言施刑之道。○播補餓反子曰。大臣不親。百姓不寧。則忠敬不足。而富貴已過也。大臣不治。而邇臣比矣。忠敬不足。謂臣不忠

於君。君不敬其臣。邇近也。言近以見遠。言大以見小。互言之。比。私相親也。○比毗志反

故大臣不可不敬也。是民之表也。邇臣不可不慎也。是民之道也。民之道。言民循從也君毋以小謀大。毋以遠言近。毋以內圖外。圖亦謀也。言凡謀之。當各於其黨。於其黨。知其過審也。大臣柄權於外。小臣執命於內。或時交爭。轉相陷害。○柄音秉則大臣不怨。邇臣不疾。而遠臣不蔽矣。疾猶非也

葉公之顧命曰。毋以小謀敗大作。毋以嬖御人疾莊后。毋以嬖御士疾莊士。大夫卿士。葉公

楚縣公葉公子高也。臨死遺書曰顧命。小謀小臣之謀也。大作。大臣之所爲也。嬖御人愛妾也。疾亦非也。莊后適。夫人齊莊得禮者。嬖御士愛臣也。莊士亦謂士之齊莊得禮者。今爲大夫卿、士。○葉舒涉反。敗補邁反。適丁歷反。齊側皆反。子曰。大人不親其所賢。而信其所賤。民是以親失。而教是以煩。親失。失其所當親也。教煩。由信賤也。賤者無壹德也。詩云。彼求我則。如不我得。執我仇仇。亦不我力。言君始求我。如恐不得我。既得我。持我仇仇然不堅固。亦不力用我。是不親信我也。○仇音求。讎也。君陳曰。未見聖。若己弗克見。既見聖。亦不克由聖。克能也。由用也。子曰。小人溺於水。君子溺於口。大人溺於民。皆在其所褻也。言人不溺於所敬者。溺謂覆没不能自理出也。夫水近於人而溺人。德易狎而難親也。易以溺人。言水人所沐浴而自潔清者。至於深淵洪波。所當畏慎也。由近人之故。或泳之游之。褻慢而無戒心。以取溺焉。有德者亦如水矣。初時學其近者小者。以從人事。自以爲可。則侮狎之。至於先王大道。性與天命。則遂扞格不入。迷惑無聞。如溺於大水矣。難親。親之當肅敬。如臨深淵。易以豉反。下同。口費而煩。易出難悔。易以溺人。費猶惠也。言口多空言。且煩數也。過言一出。駟馬不能及。不可得悔也。口舌所覆。亦如溺矣。費或爲哱。或爲悖○費芳貴反數色角反哱布內反夫民閉於人而有鄙心。可敬不可慢。易以溺人言民不通於人道而心鄙詐。難卒告諭。人君敬慎以臨之則可。若陵虐而慢之。分崩怨畔。君無所尊亦如溺矣。○卒寸忽反故君子不可以不慎也慎所可褻。乃不溺矣大甲曰。毋越厥命。以自覆也。若虞機張。往省括于厥度則釋越之言蹷也。厥。其也。覆。敗也。言無自顛蹷女之政教以自毀敗。虞。主田獵之地者也。機。弩牙也。度。謂所擬射也。虞人之射禽。弩已張。從機閒視括。與所射參相得。乃後釋弦發矢。爲政亦以己心。參於羣臣及萬民。可乃後施也。○大音泰覆芳服反。度如字，又大各反。蹷其厥反，又紀衞反，一音厥。女音汝。射食亦反。

兑命曰：惟口起羞，惟甲胄起兵，惟衣裳在笥，惟干戈省厥躬。兑當爲說，謂殷高宗之臣傅說也。作書以命高宗，尚書篇名也。羞猶辱也。衣裳，朝祭之服也。惟口起辱，當愼言語也。惟甲胄起兵，當愼軍旅之事也。惟衣裳在笥，當服以爲禮也。惟干戈省厥躬，當恕已，不尚害乂也。○兑本作說。笥司吏反。說音悅。

大甲曰：天作孽，可違也；自作孽，不可以逭。違猶辟也。逭，逃也。○孽魚列反。逭乎亂反。辟音避。

尹吉曰：惟尹躬天見于西邑夏，自周有終，相亦惟終。尹吉，亦尹誥也。天當爲先。

字之誤。忠信爲周。相。助也。謂臣也。伊尹言尹之先祖。見夏之先君臣。皆忠信以自終。今天絕桀者。以其自作孽。伊尹始仕於夏。此時就湯矣。夏之邑在亳西。見或爲敗。邑或爲予。○吉音誥天依注作先相息亮反亳步各反子曰。民以君爲心。君以民爲體。心莊則體舒。心肅則容敬。心好之身必安之。君好之民必欲之。心以體全亦以體傷。君以民存亦以民亡。莊。齊莊也。○好呼報反。下同詩云。昔吾有先正。其言明且清。國家以寧。都邑以成。庶民以生。誰能秉國成。不自爲正。卒勞百姓先正。先君長也。誰能秉國成。傷今無此人也。成。邦之八成也。誰能秉行之。不自以所爲者正。盡勞來百姓憂念之者與。疾時大臣專功爭美。○〔清〕舊才性反。一云。此詩協韻。宜如字。上先〔正〕當音征〔勞〕力報反〔與〕音餘君雅曰。夏日暑雨。小民惟曰怨。資冬祁寒。小民亦惟曰怨雅書序作牙。假借字也。君雅。周穆王司徒。作尚書篇名也。資當爲至。齊魯之語。聲之誤也。祁之言是也。齊西偏之語也。夏日暑雨。小民怨天。至冬是寒。小民又怨天。言民恒多怨。爲其君難。○〔雅〕音牙〔資〕音至〔祁〕巨依反。字林上尸反子曰。下之事上也。身不正。言不信。則義不壹。行無類也類。謂比式。○〔行〕下孟反。下行有格同比，如字。

子曰：言有物而行有格也，是以生則不可奪志，死則不可奪名。物，謂事驗也。格，舊法也。故君子多聞，質而守之；多志，質而親之；精知，略而行之。質，猶少也。多志，謂博交汎愛人也。精知，孰慮於衆也。精或爲清。○知，如字，一音智。君陳曰：出入自爾師虞，庶言同。自，由也。師、庶，皆衆也。虞，度也。言出内政教，當由女衆之所謀度，衆言同乃行之。政教當由壹也。○度，待洛反。下同。詩云：淑人君子，其儀一也。子曰：唯君子能好其正，小人毒其正。正當爲匹，字之誤也。匹，謂知識朋友。○好，呼報反。下皆同音匹(正)故君子之朋友有鄉。其惡有方鄉。方。喻輩類也。小人徼利。其友無常也。○是故邇者不(鄉)許亮反。又音香。(徼)古堯反惑而遠者不疑也言其可望而知。邇。近也詩云。君子好仇仇。匹也

子曰。輕絕貧賤而重絕富貴。則好賢不堅而惡惡不著也。人雖曰不利。吾不信也言此近徼利也。○(惡)惡上烏路反。下如字。(著)張慮反詩云。朋友攸攝。攝以威儀攸。所也。言朋友以禮義相攝正。不以貧富貴賤之利也

子曰。私惠不歸德。君子不自留焉私惠。謂不以公禮相慶賀。時以小物

相問遺也。言其物不可以爲德。則君子不以身留此人也。相惠以褻瀆邪辟之物。是爲不歸於德。歸或爲懷。○遺于季反辟匹亦反詩云。人之好我。示我周行。行。道也。言示我以忠信之道。○行戶剛反又如字子曰。苟有車。必見其軾。苟有衣。必見其敝。人苟或言之。必聞其聲。苟或行之。必見其成。言凡人舉事必有後驗也。見其軾。謂載也。敝。敗衣也。衣或在內。新時不見。○軾音式。敝婢世反。敗也。又必世反。隱蔽也。見如字。又賢遍反葛覃曰。服之無射。射。厭也。言已願采葛以爲君子之衣。令君子服之無厭。言不虛也。○射音亦子曰。言從而行之。則言不

緇衣

可飾也。行從而言之，則行不可飾也。從猶隨也。行從，下孟反，下「則行」下注「以行」同。故君子寡言而行以成其信，則民不得大其美而小其惡。以行爲驗，虛言無益於善也。寡當爲顧，聲之誤也。寡音顧。詩云：「白圭之玷，尚可磨也；斯言之玷，不可爲也。」玷，缺也。言圭之缺，尚可磨而平之；言之缺，無如之何也。玷，丁簟反，又丁念反。小雅曰：「允也君子，展也大成。」允，信也。展，誠也。君奭曰：「昔在上帝，周田觀文王之德，其集大命于厥躬。」奭，召公名也。作尚書篇名也。古文周田觀文王之德爲割

緇衣

申勸寧王之德。今博士讀爲厥亂勸寧王之德。三者皆異。古文似近之。割之言蓋也。言文王有誠信之德。天蓋申勸之。集大命於其身。謂命之使王天下也。○奭音釋。周田觀文。依注讀爲割申勸寧。召尚照反。王于況反。

子曰。南人有言曰。人而無恒。不可以爲卜筮。古之遺言與。龜筮猶不能知也。而況於人乎。恒。常也。不可爲卜筮。言卦兆不能見其情。定其吉凶也。○與音餘。詩云。我龜既厭。不我告猶。猶。道也。言褻而用之。龜厭之。不告以吉凶之道也。兌命曰。爵無及惡德。民立而正事。純而祭祀。是爲不敬。事煩則亂。事神

**則難**惡德。無恒之德。純猶皆也。言君祭祀。賜諸臣爵。毋與惡德之人也。民將立以爲正。言放傚之疾。事皆如是而以祭祀。是不敬鬼神也。惡德之人使事煩。事煩則亂。使事鬼神。又難以得福也。純或爲煩。○兌音悅。放方往反**易曰不恒其德。或承之羞。恒其德偵。婦人吉。夫子凶**羞猶辱也。偵問也。問正爲偵。婦人從人者也。以問正爲常德則吉。夫子當專行幹事。而以問正爲常德。是亦無恒之人也○偵音貞

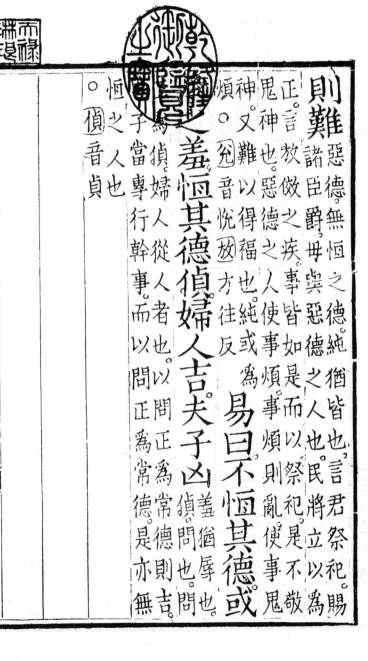

# 禮記卷第十七

緇衣

進士臣王鵬敬書

禮記卷十七考證

表記君子議道自已註自盡已所能行○案正義云君子謀議道理先自已始置法以民者已所能行乃施于人即恕道也　殿本閣本坊本能行作能仁誤

信近情○陳澔集説引王肅語云當爲情近信

衣服以移之註讀如禾汜移之移○禾汜移諸本俱作水汜移解似明順不知移字説文訓爲禾相倚移也原本確有依據後人以爲誤而改之陋矣又陸氏釋文移昌氏反猶大也陳澔作相稱之稱解故音注云移讀爲稱去聲

謚以尊名註使聲譽可得而尊言也○言當作信玩孔疏自明

緇衣則民有孫心○音義孫音遜他本或作愻毛氏六經正誤已力辨其非

詩云彼都人士註此詩毛氏有之三家則亡○案三家齊魯韓也　殿本閣本作二家未知何據

有國者章義癉惡○　殿本閣本陳澔集說本通志堂本國字下有家字義作善案慶賞刑威王侯之柄則言國似不必兼言家至章義字則陸氏音義中明有尚書作善之語矣是古本禮經原不作章善也

昔在上帝○昔在 殿本閣本陳澔集說本通志堂本俱作在昔

禮記卷第十八

奔喪第三十四　　鄭氏註

奔喪之禮。始聞親喪。以哭荅使者。盡哀。問故。又哭盡哀。親。父母也。以哭荅使者。驚怛之哀無辭也。問故。問親喪所由也。雖非父母。聞喪而哭。其禮亦然。○使色吏反。怛都達反。遂行。日行百里。不以夜行。雖有哀戚。猶辟害也。晝夜之分。別於昏明。哭則遂行者。不爲位。○辟音避。分扶問反。又方云反。唯父母之喪。見星而行。見星而舍。侵晨冒昏。彌益促也。言唯。著異也。○冒亡北反。又亡報反。若未得行則成

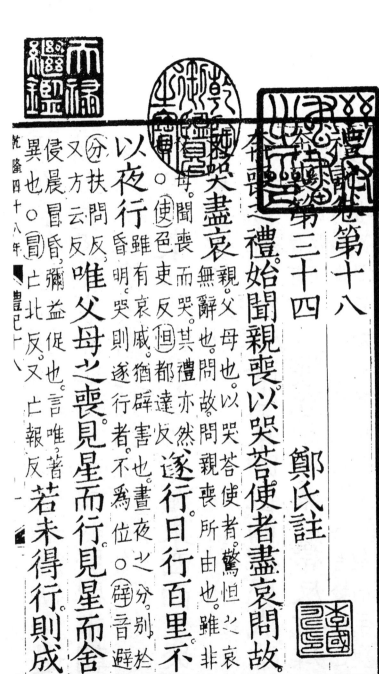

服而后行謂以君命有爲者也。成喪服。得行則行。○爲于僞反：一加字過國至竟哭盡哀而止感此念親。○竟音境。下同。哭辟市朝爲驚衆也。○辟音避望其國竟哭斬衰者也。自是哭且遂行。○衰七雷反。後皆同至於家。入門左。升自西階。殯東。西面坐。哭盡哀。括髮袒括髮袒者。去飾也。未成服者。素委貌深衣。已成服者。固自喪服矣。○括古活反袒徒旱反去羌呂反降堂東即位。西鄉哭。成踊已殯者位在下。○鄉許亮反。下同襲絰于序東。絞帶反位。拜賓成踊襲服衣也。不於又哭乃絰者。發喪已踰日。節於是可也。其未小斂而至。與在家同耳。不散帶者。不見尸柩。凡拜賓者就其位。既拜。反位哭踊。○絞古卯反。下同。又戶交反。踊音勇。送賓反位。有賓後至者。則拜之成踊。送賓皆如初。衆主人兄弟皆出門。出門哭止。闔門。相者告就次。次倚廬也。○相息亮反。下相者音皆同。於又哭。括髮袒成踊。於三哭。猶括髮袒成踊。又哭。至明日朝也。三哭。又其明日朝也。皆升堂括髮袒如始至。必又哭三哭者。象小斂大斂時也。雜記曰。士三踊。其夕哭從朝夕哭不括髮。不袒。不踊。不以為數。三日成服。拜賓送賓皆如初。三日。三哭之明日也。既哭成其喪服。杖於序東。奔喪者非主人則主人爲之拜賓送賓。奔喪者自齊衰以下。入門左。中庭北面哭。盡哀。免麻于序東。即位袒。與主人哭成踊。不升堂哭者。非父母之喪。統於主人也。麻亦絰帶也。於此言麻者。明所奔喪雖有輕者。不至喪所無改服也。凡袒者於位。襲於序東。袒襲不相因位。此麻乃袒。變於爲父母也。○爲于僞反。齊音咨。免音問。下皆同

於又哭三哭皆免袒。有賓則主人拜賓送賓。又哭三哭。亦入門左。中庭北面。如始至時也。丈夫婦人之待之也。皆如朝夕哭位。無變也。待奔喪者無變。嫌賓客之也。於賓客以哀

奔喪

變爲敬。此骨肉。哀則自哀矣。於此乃言待之。明奔喪者至三哭。猶不以序入也。

奔母之喪。西面哭盡哀。括髮袒。降堂東即位。西鄉哭成踊。襲免經于序東。拜賓送賓。皆如奔父之禮。於又哭不括髮。

爲母於又哭而免。輕於父也。其他則同。

婦人奔喪。升自東階。殯東西面坐。哭盡哀。東髽即位。與主人拾踊。

婦人。謂姑姊妹女子子也。東階。東面階也。婦人入者由闈門。東髽。髽於東序。不髽於房。變於在室者也。去纚大紒曰髽。拾。更也。主人與之更踊。賓客之。○髽側瓜反 拾其劫反 去起呂反 纚色買所綺二反 紒音計 更音庚。下同

奔

喪者不及殯先之墓北面坐哭盡哀主人之待之也即位於墓左婦人墓右成踊盡哀括髮東即主人位絰絞帶哭成踊拜賓反位成踊相者告事畢（主人之待之。謂在家者也。哭於墓爲父母則袒。告事畢者。於此後無事也）遂冠歸入門左北面哭盡哀括髮袒成踊東即位拜賓成踊賓出主人拜送有賓後至者則拜之成踊送賓如初衆主人兄弟皆出門出門哭止相者告就次於又哭括髮成踊。於三哭。猶括髮。成踊。三日成服。於五哭。相者告事畢又哭三哭不袒者。哀戚已久。殺之也。逸奔喪禮。說不及殯曰。於又哭。猶括髮。即位。不袒。告事畢者。五哭而不復哭也。成服之朝。爲四哭。此謂既期。乃後歸至者也。其未期。猶朝夕哭。不止於五哭。○冠音官。殺色界反。期音基。下同爲母所以異於父者。壹括髮。其餘免以終事。他如奔父之禮壹括髮。謂歸入門哭時也。於此乃言爲母異於父者。明及殯不及殯。其異者同。○爲于僞反。下同齊衰以下。不及殯。先之墓西面哭盡哀不北面者。亦統於主人免麻于東方。即位。與主人哭成踊。襲。有賓則主人拜賓送賓。賓有後至者拜之如初。相者告事畢。不言袒言襲者。容齊衰親者或袒可。遂冠。歸入門左。北面哭盡哀。免袒成踊。東即位。拜賓成踊。賓出。主人拜送。於又哭免袒成踊。於三哭猶免袒成踊。三日成服。於五哭。相者告事畢。爲父於又哭括髮而不袒。此又哭三哭皆言袒。袒衍字也。聞喪不得奔喪。哭盡哀。問故。又哭盡哀。乃爲位。括髮袒成踊。襲。絰絞帶即位。聞父母喪而不得奔。謂以君命有事。不然者不得爲位。位有酇列之處。如於家朝夕哭位矣。不於又哭乃絰者。喪至此踰已。節於是可也。○酇子短反處昌慮反拜賓反位成踊賓出主人拜送于門外反位若有賓後至者拜之成踊送賓如初於又哭括髮袒成踊於三哭猶括髮袒成踊三日成服於五哭拜賓送賓如初不言就次者。當從其事。不可以喪服廢公職也。其在官亦告就次。言五哭者。以迫公事。五日哀殺。亦可以止若除喪而后歸則之墓哭成踊東括髮袒絰拜賓成踊送賓反位又哭盡哀遂除。於家不哭東。東即主人位。如不及殯者也。遂除。除於墓而歸主人之待之也。無變於服。與之哭不踊無變於服。自若時服也。亦即位于墓左。婦人墓右自齊衰以下。所以異者免麻。凡爲位。非親喪。齊衰以下。皆即位哭盡哀。而東免絰即位。袒成踊謂無君事。又無故可得奔喪。而以己私未奔者也。唯父母之喪。則不爲位。其哭之。不離聞喪之處。齊衰以下。更爲位而哭。皆可行。乃行。○離力智反襲拜賓反位。哭成踊。送賓反位。相者告就次。三日五哭卒。主人出送賓。衆主人兄弟皆出門哭止相者告事畢成服拜賓卒猶止也三日五哭者始聞喪訖夕爲位乃出就次一哭也與明日又明日之朝夕而五哭不五朝哭而數朝夕備五哭而止亦爲急奔喪已私事當畢亦明日乃成服凡云五哭者其後有賓亦與之哭而拜之若所爲位家遠則成服而往謂所當奔者外喪也外喪緩而道遠成服乃行容待齎也齊衰望鄉而哭大功望門而哭小功至門而哭緦麻即位而哭奔喪哭親疏遠近之差也哭父之黨於廟母妻之黨於寢師於廟門外朋友於寢門外所識於野張帷此因

五服聞喪而哭。列人恩諸所當哭者也。黨謂族類無服者也。逸奔喪禮曰。哭父族與母黨於廟。妻之黨於寢。朋友於寢門外。壹哭而已。不踊。言壹哭而已。則不爲位矣凡爲位不奠以其精神不存乎是哭天子九。諸侯七。卿大夫五。士三此臣聞君喪而未奔。爲位而哭。尊卑日數之差也。士亦有屬吏。賤不得君臣之名大夫哭諸侯。不敢拜賓謂哭其舊君。不敢拜賓。辟爲主。○辟音避諸臣在他國。爲位而哭。不敢拜賓謂大夫士使於列國。○使色吏反與諸侯爲兄弟。亦爲位而哭族親昏姻在異國者凡爲位者壹袒謂於禮正。可爲位而哭也。始聞喪。哭而袒。

其明日則否。父母之喪。自若三袒也所識者弔。先哭于家而後之墓。皆爲之成踊。從主人北面而踊從主人而踊。拾踊也。北面。自外來便也。主人墓左西面。○爲于僞反。下注各爲。凡爲同。拾其劫反

凡喪。父在父爲主與賓客爲禮。宜使尊者父沒兄弟同居。各主其喪各爲其妻子之喪爲主也。祔則宗子主之親同長者主之父母沒。如昆弟之喪。宗子主之。○長丁丈反不同親者主之從父昆弟之喪

聞遠兄弟之喪既除喪而后聞喪免袒成踊拜賓則尚左手小功緦麻不稅者也。雖不服。猶免袒。尚左手。吉

拜也。逸奔喪禮曰。凡拜。吉喪皆尚左手。〇稅吐外反無服而爲位者唯嫂叔及婦人降而無服者麻雖無服。猶弔服加麻。袒免。爲位哭也。正言嫂叔。尊嫂也。兄公。於弟之妻。則不能也。婦人降而無服。族姑姊妹嫁者也。逸奔喪禮曰。無服袒免爲位者。唯嫂與叔。凡爲其男子服。其婦人降而無服者麻。〇嫂悉早反

凡奔喪有大夫至袒拜之成踊而后襲於士襲而后拜之主人袒降哭而大夫至。因拜之。不敢成已禮。乃禮尊者。或曰大夫後至者袒拜之。爲之成踊



# 問喪第三十五

鄭氏註

親始死。雞斯徒跣。扱上衽。交手哭。惻怛之心。痛疾之意。傷腎乾肝焦肺。水漿不入口。三日不舉火。故鄰里爲之糜粥以飲食之也。親，父母也。雞斯當爲笄纚。聲之誤也。親始死。去冠。二日乃去笄纚。括髮也。今時始喪者。邪巾貊頭。笄纚之存象也。徒猶空也。上衽深衣之裳前。五藏者。腎在下。肝在中。肺在上。舉三者之焦傷。而心脾在其中矣。五家爲鄰。五鄰爲里。○雞斯依注爲笄纚 笄古兮反 纚色買反。又所綺反 跣悉典反 扱初洽反 衽而鴆反。又而甚反 怛都達反 乾音干 飲音蔭 食音嗣 去起呂反 貊亡瞎反 夫悲哀在中。故形變於外也。痛疾在心。故口不甘味。身不安美也。言人情之中外相應。○夫音扶三日而斂。在牀曰尸。在棺曰柩。動尸舉柩。哭踊無數。惻怛之心。痛疾之意。悲哀志懣氣盛。故袒而踊之。所以動體安心下氣也。婦人不宜袒。故發胷擊心爵踊。殷殷田田。如壞牆然。悲哀痛疾之至也。故曰。辟踊哭泣。哀以送之。送形而往。迎精而反也。故袒而踊之。言聖人制法故使之然也。爵踊。足不絕地。辟。拊心也。哀以送之。謂葬時也。迎其精神而反。謂反哭及日中而虞也。○斂力豔反。下同柩其又反懣亡本反。又音滿。范音悶殷音隱壞音怪辟婢尺反其往送也。望望然汲汲然如有追而弗及也。其反哭也。皇皇然若有求而弗得也。故其往送也如慕。其反也如疑。望望，瞻望之貌也。慕者，以其親之在前。疑者，不知神之來否。求而無所得之也。入門而弗見也。上堂又弗見也。入室又弗見也。亡矣喪矣。不可復見已矣。故哭泣辟踴，盡哀而止矣。說反哭之義也。○復扶又反，下復反復生同。心悵焉愴焉，惚焉愾焉，心絕志悲而

已矣。祭之宗廟，以鬼饗之，徼幸復反也。說虞之義

○悵，勑亮反。愴，初亮反。惚，音忽。愾，音慨。徼，古堯反。成壙而歸，不敢入處室，居於倚廬，哀親之在外也；寢苫枕塊，哀親之在土也。言親在外在土，孝子不忍反室自安也。入處室，或爲入宮。○壙，古晃反。苫，始占反。枕，之蔭。塊，苦對反，又苦怪反。故哭泣無時，服勤三年，思慕之心，孝子之志也，人情之實也。勤謂憂勞。

或問曰：死三日而后斂者，何也？怪其遲也。曰：孝子親死，悲哀志懣，故匍匐而哭之，若將復生

問喪

然安可得奪而斂之也故曰三日而后斂者以俟其生也三日而不生亦不生矣孝子之心亦益衰矣家室之計衣服之具亦可以成矣親戚之遠者亦可以至矣是故聖人爲之斷決以三日爲之禮制也匍匐猶顛蹷或作扶服○匍音蒲又音扶匐蒲北反又音服衰色追反爲于僞反斷丁段反蹷求月反又九月反

或問曰冠者不肉袒何也怪冠衣之相爲也○冠音官

曰冠至尊也不居肉袒之體也故爲之免以代之也

問喪

言身無飾者不敢冠。冠爲褻尊服。肉袒則著免。免狀如冠而廣一寸。○免音問。下皆同。廣古曠反

然則秃者不免。傴者不袒。跛者不踊。非不悲也。身有錮疾。不可以備禮也。故曰。喪禮唯哀爲主矣。女子哭泣悲哀。擊胷傷心。男子哭泣悲哀。稽顙觸地無容。哀之至也。將踊先袒。將袒先免。此三疾俱不踊。不袒。不免。顧其所以否者。各爲一耳。擊胷傷心。稽顙觸地。不踊者若此而可。或曰。男女哭踊。○傴於縷反跛補禍反錮音故稽音啓顙桑朗反

或問曰。免者以何爲也。怪本所爲施也。○爲于僞反。盡篇末皆同曰。不冠

者之所服也。禮曰。童子不緦。唯當室緦。緦者其免也。當室則免而杖矣。不冠者。猶未冠也。當室。謂無父兄而主家者也。童子不杖。不杖者不免。當室則杖而免。免冠之細。別以次成人也。緦者其免也。言免乃有緦服也。○冠之。古亂反 或問曰。杖者何也。怪其義各異 曰。竹桐一也。故爲父苴杖。苴杖竹也。爲母削杖。削杖桐也。言所以杖者義一也。顧所用異耳。○苴七餘反 或問曰。杖者以何爲也。怪所爲施 曰。孝子喪親。哭泣無數。服勤三年。身病體羸。以杖扶病也。言得杖乃能起也。數或爲時則父在不敢杖矣。尊者在故也。堂上不杖。辟尊者之處也。堂上不趨。示不遽也。此孝子之志也。人情之實也。禮義之經也。非從天降也。非從地出也。人情而已矣。父在不杖。謂爲母喪也。尊者在不杖。辟尊者之處不杖。有事不趨。皆爲其感動。使之憂戚也。○辟音避

服問第三十六　鄭氏註

傳曰。有從輕而重。公子之妻爲其皇姑。皇君也。諸侯妾子之妻爲其君姑齊衰。與爲小君同。舅不厭婦也。○傳此引大傳文也。從如字。又才

用反。爲，于僞反。下同。厭，於涉反。下同。有從重而輕。爲妻之父母。妻齊衰而夫從緦麻。不降一等。言非服差。○差，初佳反。又初宜反。下同。有從無服而有服。公子之妻爲公子之外兄弟。謂爲公子之外祖父母從母緦麻。有從有服而無服。公子爲其妻之父母。凡公子厭於君。降其私親。女君之子不降也。傳曰。母出。則爲繼母之黨服。母死。則爲其母之黨服。爲其母之黨服。則不爲繼母之黨服。雖外親。亦無二統。三年之喪。既練矣。有期之喪。既葬矣。則帶其故葛帶。絰期之絰。服其功衰。帶其故葛帶者。三年既練。期既葬。差相似也。絰。期之葛絰。三年既練。首絰除矣。爲父。既練。衰七升。母既葬。衰八升。凡齊衰。既葬。衰或八升。或九升。服其功衰。服麤衰。○期音基。下及注皆同

有大功之喪。亦如之。大功之麻。變三年之練葛。期既葬之葛帶。小於練之葛帶。又當有絰。亦反服其故葛帶。絰期之絰。差之宜也。此雖變麻服葛。大小同耳。亦服其功衰。凡三年之喪既練。始遭齊衰大功之喪。絰帶皆麻

小功無變也。無所變於大功齊斬之服。不用輕累重也。○累劣彼反。又劣僞反

麻之有本者。變三年之葛。有本。謂大功以上也。小功以下。澡麻斷本。○斷丁管反

既練遇麻斷

本者。於免經之。既免去經。每可以經必經。既經則去之雖無變。緣練無首經。於有事則免經如其倫。免無不經。經有不免。其無事則自若練服也。○免音問。下皆同。去起呂反。下同小功不易喪之練冠。如免則經其緦小功之經。因其初葛帶。緦之麻。不變小功之葛。小功之麻。不變大功之葛。以有本爲稅稅亦變易也。小功以下之麻。雖與上葛同。猶不變也。此要其麻有本者。乃變上耳。雜記曰。有三年之練冠。則以大功之麻易之。唯杖屨不易也。○爲稅上如字。下吐外反。下同。要一遙反殤長中。變三年之葛。終殤之月算而反三年之葛是非重麻爲其無卒哭之稅下殤則否謂大功之親爲殤在緦小功者也可以變三年之葛正親親也三年之葛大功變既練齊衰變既虞卒哭凡喪卒哭受麻以葛殤以麻終喪之月數非重之而不變爲殤未成人文不縟耳下殤則否言賤也男子爲大功之殤中從上服小功婦人爲之中從下服緦麻○長丁丈反重直勇反又治龍反爲于僞反注除爲殤在緦皆同

君爲天子三年夫人如外宗之爲君也外宗君外親之婦也其夫與諸侯爲兄弟服斬妻從服期諸侯爲天子服斬夫人亦從服期喪大記曰外宗房中南面○爲于僞反後皆同

世子不爲天子

服遠嫌也。不服與纖外之民同也。○遠于萬反君所主夫人妻大子適婦言妻見大夫以下亦爲此三人爲喪主也。○大音泰下同適丁歷反下同○見賢遍反大夫之適子爲君夫人大子如士服大夫不世子。不嫌也。士爲國君斬小君期。大子君服斬。臣從服期君之母非夫人則羣臣無服唯近臣及僕驂乘從服唯君所服服也妾先君所不服也。禮庶子爲後爲其母緦。言唯君所服伸君也。春秋之義。有以小君服之者。時若小君在則益不可。○乘音剩公爲卿大夫錫衰以居出亦如之當事則弁絰大夫相爲亦然爲其妻往則服之出則否弁絰如爵弁而素加絰也不當事則皮弁出謂以他事不至喪所○錫思歷反凡見人無免絰雖朝於君無免絰唯公門有稅齊衰傳曰君子不奪人之喪亦不可奪喪也見人謂行求見人也無免絰絰重也○稅猶免也古者說或作稅有免齊衰謂不杖齊衰也於公門有免齊衰則大功有免絰也○免音勉去也下弁注同皆音問非稅吐活反又始銳反傳曰罪多而刑五喪多而服五上附下附列也列等比也○上時掌反列音例比必利反

閒傳第三十七　鄭氏註閒傳者以其記喪服之閒輕重所宜

斬衰何以服苴苴惡貌也所以首其內而見諸外也斬衰貌若苴齊衰貌若枲大功貌若止小功緦麻容貌可也此哀之發於容體者也有大憂者面必深黑止謂不動於喜樂之事枲或為似○苴七余反見賢遍反齊音咨枲思里反　斬衰之哭若往而不反齊衰之哭若往而反大功之哭三曲而偯小功緦麻哀容可也此哀之發於聲音者也三曲一舉聲而三折也偯聲餘

從容也。○偯於起反 斬衰唯而不對。齊衰對而不言。大功言而不議。小功緦麻議而不及樂。此哀之發於言語者也。議謂陳説非時事也。○唯于癸反。徐以水反 ○斬衰三日不食。齊衰二日不食。大功三不食。小功緦麻再不食。士與斂焉則壹不食。故父母之喪既殯食粥。朝一溢米。莫一溢米。齊衰之喪疏食水飲。不食菜果。大功之喪不食醯醬。小功緦麻不飲醴酒。此哀之發於飲食者也。父母之喪。既虞卒哭。疏食水飲。不食菜果。期而小祥。食菜果。又期而大祥。有醯醬。中月而禫。禫而飲醴酒。始飲酒者。先飲醴酒。始食肉者。先食乾肉。先飲醴酒。食乾肉者。不忍發御厚味。○與音預。斂去聲。溢音逸。又音實。二十兩也。疏食音嗣。下同。期音基。下同。中如字。又去聲。禫大感反。乾音干。父母之喪。居倚廬。寢苫枕塊。不說絰帶。齊衰之喪。居堊室。芐翦不納。大功之喪。寢有席。小功緦麻。牀可也。此哀之發於居處者也。父母之喪。

既虞卒哭柱楣翦屏芐翦不納期而小祥居堊室寢有席又期而大祥居復寢中月而禫禫而牀芐今之蒲苹也○苫始占反枕之鴆反塊苦對反又苦怪反稅吐活反芐戶嫁反翦子踐反柱知矩反又音炷斬衰三升齊衰四升五升六升大功七升八升九升小功十升十一升十二升緦麻十五升去其半有事其縷無事其布曰緦此哀之發於衣服者也此齊衰多二等大功小功多一等服主於受是極列衣服之差也○去起呂反下同斬衰三升既

間傳

虞卒哭受以成布六升冠七升為母疏衰四升受以成布七升冠八升去麻服葛葛帶三重期而小祥練冠縓緣要絰不除男子除乎首婦人除乎帶男子何為除乎首也婦人何為除乎帶也男子重首婦人重帶除服者先重者易服者易輕者又期而大祥素縞麻衣中月而禫禫而纖無所不佩

葛帶三重謂男子也五分去一而四糾之帶轉既變因為飾也婦人葛絰不葛帶舊說云三糾之練而帶去一股去一股

則小於小功之絰。似非也。易服。謂爲後喪所變也。婦人重帶。帶在下體之上。婦人重之。辟男子也。其爲帶。猶五分絰去一耳。喪服小記曰。除成喪者。其祭也。朝服縞冠。此素縞者。玉藻所云。縞冠素紕。既祥之冠。麻衣十五升。布深衣也。謂之麻者。純用布。無采飾也。大祥除衰杖。黑經白緯曰纖。舊說。纖冠者采纓也。無所不佩。紛帨之屬。如平常也。纖或作綅。○爲于僞反。下爲後同。重直龍反。縓七戀反。緣悅絹反。要一遙反。縞古老反。又古報反。去起呂反。辟音避。紕婢支反。綅息廉反。又音侵。

易服者何。爲易輕者也。因上說而問之。

斬衰之喪。既虞卒哭。遭齊衰之喪。輕者包。重者特。說所以易輕者之義也。既虞卒哭。謂齊衰可易斬服之節也。輕者可施於甲。服齊衰之麻。以包斬衰之葛。謂男子帶。婦人絰也。重者宜主於尊。謂男子之絰。婦人之帶。特其葛不變之也。此言包特者。明於甲可以兩施。而尊者不可貳。既練。遭大功之喪。麻葛重。此言大功可易斬服之節也。斬衰已練。男子除絰而帶獨存。婦人除帶而絰獨存。謂之單。單獨也。遭大功之喪。男子有麻絰。婦人有麻帶。又皆易其輕者以麻。謂之重麻。既虞卒哭。男子帶其故葛帶。絰期之葛絰。婦人絰其故葛絰。帶期之葛帶。謂之重葛。○重直龍反。下不言重言重者同齊衰之喪。既虞卒哭。遭大功之喪。麻葛兼服之。此言大功可易齊衰期服之節也。兼猶兩也。不言包特而兩言者。包特著其義。兼者。明有絰有帶耳。不言重者。

三年之喪。既練。或無經。或無帶。言重者。以明今皆有。期以下固皆有矣。兩者。有麻有葛耳。葛者亦特其重。麻者亦包其輕。

斬衰之葛與齊衰之麻同。齊衰之葛與大功之麻同。大功之葛與小功之麻同。小功之葛與緦之麻同。麻同則兼服之。

此竟言有上服。既虞卒哭。遭下服之差也。唯大功有變三年既練之服。小功以下。則於上皆無易焉。此言大功之葛與小功之麻同。小功之葛與緦之麻同。主為大功之殤長中言之。○為于僞反

兼服之服重者則易輕者也。

服重者謂特之也。則者。則男子與婦人也。凡下服。虞卒哭。男子反其故葛帶。婦人反其故葛經。其上服除。

間傳

則固自受以下服之受矣

## 三年問第三十八　鄭氏註

三年之喪何也。曰稱情而立文。因以飾羣。別親疏貴賤之節。而弗可損益也。故曰無易之道也。稱情而立文。稱人之情輕重。而制其禮也。羣謂親之黨也。無易猶不易也。○稱尺證反。下皆同。別彼列反。易音亦創鉅者其日久。痛甚者其愈遲。三年者。稱情而立文。所以爲至痛極也。斬衰苴杖。居倚廬。食粥。寢苫枕塊。所以爲至痛飾也飾情之章表也○創音瘡三年之喪二十五月而畢哀痛未盡思慕未忘然而服以是斷之者豈不送死有已復生有節也哉復生除喪反生者之事也○斷丁亂反凡生天地之間者有血氣之屬必有知有知之屬莫不知愛其類今是大鳥獸則失喪其羣匹越月踰時焉則必反巡過其故鄉翔回焉鳴號焉蹢躅焉踟躕焉然後乃能去之小者至於燕雀猶有啁噍之頃焉然後

乃能去之。故有血氣之屬者。莫知於人。故人於其親也。至死不窮。四。偶也。言燕雀之恩不如大鳥獸。大鳥獸不如人。舍血氣之類。人最有知而恩深也。於其五服之親。念之至死無止已。○喪息浪反。又如字。過音戈。一古卧反。蹢直亦反。躅直錄反。踟音馳。躕音廚。啁張留反。噍子流反。莫知音智。將由夫患邪淫之人與。則彼朝死而夕忘之。然而從之。則是曾鳥獸之不若也。夫焉能相與羣居而不亂乎。言惡人薄於恩。死則忘之。其相與聚處。必失禮也。○夫音扶。下同。人與音餘。曾則能反。焉於虔反。將由夫脩飾之君子與。則三年之喪二十五月而畢。若駟之過隙。然而遂之。則是無窮也。駟之過隙。喻疾也。遂之。謂不時除也。○駟音四。過古臥反。又音戈。隙去逆反。故先王焉爲之立中制節。壹使足以成文理。則釋之矣。立中制節。謂服之年月也。釋猶除也。去也。○爲于僞反。去起呂反。然則何以至期也。言三年之義如此。則何以有降至於期也。期者。謂爲人後者。父在爲母也。○期音基。下同。曰。至親以期斷。言服之正。雖至親皆期而除也。○斷丁亂反。是何也。問服斷於期之義也。曰。天地則已易矣。四時則已變矣。其在天地之中者。莫不更始焉。以是象之也法此變易。可以期也。然則何以三年也言法此變易可以期。何以乃三年爲曰。加隆焉爾也。焉使倍之。故再期也言於父母加隆其恩。使倍期也。下焉猶然。○焉如字。一於乾反。下同。倍步罪反由九月以下。何也。曰。焉使弗及也言使其恩不若父母故三年以爲隆。緦小功以爲殺。期九月以爲閒。上取象於天。下取法於地。中取則於人。人之所以羣居和壹之理盡矣取象於天地。謂法其變易也。自三年以至緦。皆歲時之數也。言

（既象天地。又足以盡人聚居純厚之恩也○殺色界反）故三年之喪。人道之至文者也。夫是之謂至隆（言三年之喪。喪禮之最盛）是百王之所同。古今之所壹也。未有知其所由來者也（不知其所從來。喻此三年之喪。前世行之久矣）孔子曰。子生三年。然後免於父母之懷。夫三年之喪。天下之達喪也（達。謂自天子至於庶人）

## 深衣第三十九

鄭氏註

古者深衣。蓋有制度。以應規矩繩權衡（言聖人制

事必有法度

短毋見膚衣取蔽形。見賢遍反長毋被土爲汙辱也

續衽鉤邊續猶屬也。衽。衽裳旁者也。屬連之。不殊裳前後也。鉤讀如鳥喙必鉤之鉤。鉤邊。若今曲裾也。續或爲裕。○鉤古侯反。屬音燭。下同。裕以樹反

要縫半下三分要中減一以益下。下宜寛也。要或爲優。○要一遥反。縫扶用反

格之高下可以運肘肘不能不出入。格衣袂當掖之縫也。○格音各。腋也。肘竹九反

袂之長短反詘之及肘袂屬幅於衣。詘而至肘。當臂中爲節。臂骨上下各尺二寸。則袂肘以前尺二寸。肘或爲腕。○袂彌世反。詘丘勿反。腕烏亂反

帶下毋厭髀上毋厭脅當無骨者當骨緩急難爲中也

○厭於甲反。又於涉反。下同。髀畢婢反。一步啓反。當丁浪反。又丁郎反。中丁仲反。又如字

制十有二幅以應十有二月裳六幅。幅分之。以爲上下之殺○殺色界反袂圜以應規謂胡下也。○圜音圓。胡下。下垂曰胡曲袷如矩以應方袷。交領也。古者方領。如今小兒衣領。○袷音劫負繩及踝以應直繩。謂裻與後幅相當之縫也。踝。跟也。○踝胡瓦反。裻音督。跟音根下齊如權衡以應平齊。緝。○齊音咨故規者。行舉手以爲容行舉手。謂揖讓負繩抱方者。以直其政。方其義也。故易曰。坤六二之動。直以方也。言深衣之直方。

應易之文也。政或爲正。下齊如權衡者。以安志而平心也。心平志安。行乃正。或低或仰。則心有異志者與。○行下孟反。又如字。五法已施。故聖人服之。言非法不服也。故規矩取其無私。繩取其直。權衡取其平。故先王貴之。貴此衣也。故可以爲文。可以爲武。可以擯相。可以治軍旅。完且弗費。善衣之次也。完且弗費。言可苦衣而易有也。深衣者。用十五升布。鍜濯灰治。純之以采。善衣。朝祭之服也。自士以上。深衣爲之次。庶人吉服。深衣而巳。○相息亮反。苦衣於既反。易以豉反。鍜丁亂反。純之允反。又之閏反。後同。具父母。

大父母衣純以繢具父母衣純以青如孤子衣純以素尊者存以多飾爲孝繢畫文也三十以下無父稱孤○大音泰繢胡對反純袂緣純邊廣各寸半純謂緣之也緣袂謂其口也緣緆也[illegible]邊衣裳之側廣各寸半則表裏共三寸矣[illegible]袷廣二寸○緣悅絹反廣古曠反緆以豉[illegible]文[illegible]錫

# 禮記卷第十八

相臺岳氏刻梓荆谿家塾

深衣

内閣中書臣費振勳敬書

禮記卷十八考證

奔喪遂冠歸入門左註說不及殯曰○案殯曰　殿本閣本監本俱作殯日以字形相近而訛耳

服問經期之經註首經除矣爲父既練○此二句之中殿本坊本復有爲父既練首經除矣八字案八字羨文玩正義可見

間傳苄翦不納○苄戶嫁反又同芦案爾雅翼地黃生者以水試之沈者爲地黃故苄字从下亦有趨下之義坊本作苄說文及韻會等書俱不載

深衣續衽鉤邊○案深衣制度惟此節難考鄭註云云

禮記卷十八考證

楊復推明其義又引衣圖以證之可以矯疏家之失

# 禮記卷第十九

## 投壺第四十　　鄭氏註

投壺之禮。主人奉矢。司射奉中。使人執壺。矢所投者也。中。士則鹿中也。射人奉之者。投壺射之類也。其奉之。西階上。北面。○奉音捧。下同。又字主人請曰。某有枉矢哨壺。請以樂賓。賓曰。子有旨酒嘉肴。某既賜矣。又重以樂。敢辭。燕飲酒。既脫屨升坐。主人乃請投壺也。否則或射。所謂燕射也。枉。哨。不正貌。爲謙辭。○枉紆往反。哨七笑反。又以救反。樂賓。音洛。下同。以樂音岳主人曰。枉矢哨壺不足辭也。敢固以請。賓曰：某旣賜矣，又重以樂，敢固辭。固之言如故也。言如故辭者，重辭也。主人曰：枉矢哨壺不足辭也，敢固以請。賓曰：某固辭不得命，敢不敬從。不得命，不以命見許。賓再拜受，主人般還曰辟。賓再拜受，拜受矢也。主人旣辟，進授矢兩楹之間也。○般，步干反，下同。還音旋，下同。辟音避，又扶亦反。主人阼階上拜送，賓般還曰辟。拜送，送矢也。辟亦於其階上。已拜受矢，進即兩楹間，退反位，揖賓就筵。主人既拜送矢，又自受矢。進即兩楹間者，言將有事於此

也。退乃揖賓即席。欲與偕進。明爲偶也。賓席。主人席。皆南鄉。閒相去如射物。○鄉許亮反

司射進度壺。閒以二矢半。反位。設中東面。執八筭興。度。壺。度其所設之處也。壺去坐二矢半。則堂上去賓席。主人席。邪行各七尺也。反位。西階上位也。設中東面。既設中。亦實八筭於中。橫委其餘於中西。執筭而立。以請賓侯投。○度徒洛反

請賓曰。順投爲入。比投不釋。勝飲不勝者。正爵既行。請爲勝者立馬。一馬從二馬。三馬既立。請慶多馬。請主人亦如之。請猶告也。順投。矢本入也。比投。不拾也。勝飲不勝。言以能養不能也。正爵。所以正禮之爵也。或

以罰或以慶馬。勝筭也。謂之馬者。若云技藝如此。任爲將帥乘馬也。射投壺。皆所以習武。因爲樂。○比毗志反。頻也。徐扶質反。勝飲於鳩反。爲于僞反。拾其劫反。下同。任而林反。樂音洛

命弦者曰。請奏貍首。閒若一。大師曰諾。弦。鼓瑟者也。貍首。詩篇名也。今逸。射義所云。詩曰曾孫侯氏是也。閒若一者。投壺當以爲志取節焉。○閒去聲。大音泰

左右告矢具。請拾投。有入者。則司射坐而釋一筭焉。賓黨於右。主黨於左。拾更也。告矢具。請更投者。司射也。司射東面立。釋筭則坐。以南爲右。北爲左也。已投者退。各反其位。○更古衡反。下同

卒投。司射執筭曰。左右卒投。請

數二筭爲純一純以取一筭爲奇遂以奇筭告曰某賢於某若干純奇則曰奇鈞則曰左右鈞卒已也賓主之黨畢已投司射又請數其所釋左右筭如數射筭一純以取實於左手十純則縮而委之每委異之有餘則橫諸純下一筭爲奇奇則縮諸純下兼斂左筭實於左手一純以委十則異之其他如右獲畢則司射執奇筭以告於賓與主人也若告云某賢於某者未斥主黨勝與賓黨勝與以勝爲賢尚技藝也鈞猶等也等則左右手各執一筭以告○數色主反純音全下同鄭註儀禮如字全也奇紀宜反勝與音餘命酌曰請行觴酌者曰諾司射又請於賓與主人以行正爵酌者勝

黨之弟子。觴失羊反當飲者皆跪奉觴曰。賜灌。勝者跪曰。敬養。酌者亦酌奠於豐上。不勝者坐取。乃退而跪飲之。灌猶飲也。言賜灌者。服而爲尊敬辭也。周禮曰。以灌賓客。賜灌敬養。各與其偶於西階上。如飲射爵。○跪其委反奉芳勇反養羊尚反。猶飲去聲。下同正爵既行。請立馬。馬各直其筭。一馬從二馬。以慶。慶禮曰。三馬既備。請慶多馬。賓主皆曰諾。飲不勝者畢。司射又請爲勝者立馬。當其所釋筭之前。三立馬者。投壺如射。亦三而止也。三者。一黨不必三勝。其一勝者。并其馬於再勝者以慶之。明一勝不得慶也。飲慶爵者偶親酌。不使弟子。無豐。○直如字。又持吏反爲于偽反正爵既行請徹馬投壺禮畢可以去其勝筭也既徹馬無筭爵乃行。起呂反下同去筭多少視其坐筭用當視坐投壺者之衆寡爲數也。投壺者人四矢。亦人四筭籌室中五扶堂上七扶庭中九扶籌矢也。鋪四指曰扶。一指案寸。春秋傳曰膚寸而合。投壺者或於室或於堂。或於庭。其禮褻。隨晏早之宜。無常處。扶方于反。下同鋪普烏反。又芳夫反筭長尺二寸其節三扶可也。或曰。筭長尺有握。握。素也。長直亮反壺頸脩七寸腹脩五寸口徑二寸半容斗五升壺中實小豆焉爲其矢之躍而出也壺去席二矢半脩長也腹容斗五升三分益一則爲二斗得圜囷之象積三百二十四寸也以腹脩五寸約之所得求其圜周圜周二尺七寸有奇是爲腹徑九寸有餘也實以小豆取其滑且堅○頸吉井反爲于僞反下註同圜音圓囷去倫反奇紀宜反

矢以柘若棘。毋去其皮取其堅且重也舊說云矢大七分或言去其皮節○拓止夜反

魯令弟子辭曰毋憮毋敖毋偝立毋踰言偝立踰言有常爵薛令弟子辭曰毋憮毋敖毋偝立毋踰言若是者浮弟子賓黨主黨年稺者也爲其立堂下相褻慢司射戒令之記魯薛者禮衰乖異不知孰是也憮敖慢也偝立不正鄉前也踰言遠談語

投壺

也。常爵。常所以罰人之爵也。浮亦謂是也。晏子春秋曰。酌者奉觴而進曰。君令浮晏子。晏子時以罰梁丘據。浮或作匏。或作符。踰或爲遥。○憮好吾反敖五報反。舊平聲偝音佩。又符代反浮縛謀反。罰也。爲于僞反鄉音向匏薄交反

鼓○□○○□□○

□○○□半○□○□○○□□○□○

魯鼓○□○○○□□○□○○□□○□

○○□□○半○□○○○□□○薛鼓此魯

薛擊鼓之節也。圜者擊鼙。方者擊鼓。古者舉事。鼓各有節。聞其節則知其事矣。○圜音圓鼙薄迷反

取半以下爲投壺禮。盡用之爲射禮投壺

之鼓半射節者。投壺。射之細也。射。謂燕射

司射庭長及冠士立者。

庭長。司正

皆屬賓黨。樂人及使者童子。皆屬主黨。

也。使者。主人所使薦羞者。樂人。國子能爲樂者。此皆與於投壺。○長丁丈反冠古亂反與音預

魯鼓○□○○□□○○半○□○□○

○○○□○□○

薛鼓○□○○○○□○

□○□○○○□○□○○□○半○□○

□○○○○□○

此二者記兩家之異。故兼列之

# 儒行第四十一

鄭氏註

魯哀公問於孔子曰。夫子之服。其儒服與。哀公館孔子。見其服與士大夫異。又與庶人不同。疑爲儒服而問之。○服與音餘孔子對曰。丘少居魯。衣逢掖之衣。長居宋。冠章甫之冠。丘聞之也。君子之學也博。其服也鄉。丘不知儒服逢猶大也。大掖之衣。大袂禪衣也。此君子有道藝者所衣也。孔子生魯。長而之宋而冠焉。宋其祖所出也。衣少所居之服。冠長所居之冠。是之謂鄉。言不知儒服。非哀公意不在於儒。乃今問其服。庶人禪衣。袂二尺二寸。袪尺二寸。○少詩照反。衣逢於既反。註所衣。衣少同。逢掖上如字。下音亦冠章古亂反。註而冠焉。冠長同。禪音丹。袪去居反哀公曰敢問儒行孔子對曰遽數之不能終其物悉數之乃留更僕未可終也遽猶卒也物猶事也留久也僕大僕也君燕朝則正位掌擯相更之者爲久將倦使之相代○行下孟反下力行同數色主反更平聲卒七忽反爲于僞反下注同哀公命席爲孔子布席於堂與之坐也君適其臣升自阼階所在如主孔子侍曰儒有席上之珍以待聘夙夜强學以待問懷忠信以待舉力行以待取其自立有如此者席猶鋪陳也鋪陳往古堯舜之善道以待見問也大問曰聘舉見舉用也取進取位也○鋪普吾反又音

十

儒有衣冠中動作慎其大讓如慢小讓如僞大則如威小則如愧其難進而易退也粥粥若無能也其容貌有如此者中中閒謂不嚴厲也如慢如僞言之不偪怛也如威如愧如有所畏粥章六反卑謙貌一羊六反偪普力反一音逼怛丹達反

儒有居處齊難其坐起恭敬言必先信行必中正道塗不爭險易之利冬夏不爭陰陽之和愛其死以有待也養其身以有爲也其備豫有如此者齊難齊莊可畏難也行不爭道止不選處所以

遠鬭訟。○齊側皆反。難乃旦反。行如字。舊下孟反。爲于僞反。儒有不寶金玉，而忠信以爲寶；不祈土地，立義以爲土地；不祈多積，多文以爲富。難得而易祿也，易祿而難畜也。非時不見，不亦難得乎？非義不合，不亦難畜乎？先勞而後祿，不亦易祿乎？其近人有如此者。祈猶求也。立義以爲土地，以義自居也。難畜，難以非義久留也。勞猶事也。積或爲貨。○積子賜反。又如字。易以豉反。又如字。畜許六反。見賢遍反。近去聲。

儒有委之以貨財，淹之以樂好，見利不虧其

義。劫之以衆。沮之以兵。見死不更其守。鷙蟲攫搏。不程勇者。引重鼎。不程其力。往者不悔。來者不豫。過言不再。流言不極。不斷其威。不習其謀。其特立有如此者淹謂浸漬之。劫。劫脅也。沮。謂恐怖之也。鷙蟲。猛鳥猛獸也。字從鳥。鷙省聲也。程猶量也。重鼎。大鼎也。搏猛引重。不量勇力堪之與否。當之則往也。雖有負者。後不悔也。其所未見。亦不豫備。平行自若也。不再。猶不更也。不極。不問所從出也。不斷其威。常可畏也。不習其謀。口及則言。不豫其説而順也。斷或爲繼。○淹於廉反。樂五孝反。又音岳。好呼報反。鷙音至。攫俱縛反。一九碧反。搏音博。斷音短又丁亂反儒有可親而不可劫也。可近而不可迫也。可殺而不可辱也。其居處不淫。其飲食不溽。其過失可微辨而不可面數也。其剛毅有如此者淫。謂傾邪也。恣滋味爲溽。溽之言欲也。○數所具反儒有忠信以爲甲冑。禮義以爲干櫓。戴仁而行。抱義而處。雖有暴政。不更其所。其自立有如此者甲。鎧。冑。兜鍪也。干櫓。小楯大楯也儒有一畝之宮。環堵之室。篳門圭窬。蓬戶甕牖。易衣而出。并日而食。上荅之不敢以疑上不荅不敢以諂其仕有如此者言貧窮屈道仕爲小官也宮謂牆垣也環堵面一堵也五版爲堵五堵爲雉篳門荆竹織門也圭窬門旁窬也穿牆爲之如圭矣幷日而食二日用一日食也上荅之謂君應用其言○窬音豆穿木戶也一音臾左傳作竇甕烏貢反牖音酉幷必政反儒有今人與居古人與稽今世行之後世以爲楷適弗逢世上弗援下弗推讒諂之民有比黨而危之者身可危也而志不可奪也雖危起居竟信其志猶將不忘百姓之病也其憂思

有如此者稽猶合也。古人與合則不合於今人也。援猶引也。取也。推猶進也。舉也。危。欲毀害之也。起居猶舉事動作。信讀如屈伸之伸。假借字也。猶。圖也。信或爲身。○援音袁。比毗志反。信音伸。思息嗣反。儒有博學而不窮。篤行而不倦。幽居而不淫。上通而不困。禮之以和爲貴。忠信之美。優游之法。舉賢而容衆。毀方而瓦合。其寬裕有如此者不窮。不止也。幽居謂獨處時也。上通謂仕道達於君也。既仕則不困於道德不足也。忠信之美。美忠信者也。優游之法。法和柔者也。毀方而瓦合。去己之大圭角。下與衆人小合也。必瓦合者。亦君子爲道不遠人。○行下孟

反。去起呂反

儒有內稱不辟親，外舉不辟怨，程功積事，推賢而進達之，不望其報，君得其志，苟利國家，不求富貴。其舉賢援能有如此者。君得其志者，君所欲爲，賢臣成之。○辟音避。怨於元反，又於願反。

儒有聞善以相告也，見善以相示也，爵位相先也，患難相死也，久相待也，遠相致也。其任舉有如此者。相先，猶相讓也。久相待，謂其友久在下位不升，已則待之乃進也。遠相致者，謂已得明君而仕，友在小國不得志，則相致達也。○難乃旦反

儒有澡身而浴德，

陳言而伏。靜而正之。上弗知也。麤而翹之。又不急爲也。不臨深而爲高。不加少而爲多。世治不輕。世亂不沮。同弗與。異弗非也。其特立獨行有如此者。麤猶疏也。微也。君不知已有善言正行。則觀色緣事而微翹發其意使知之。又必舒而脫脫焉。已爲之疾。則君納之速。君納之速。怪妬所由生也。不臨深而爲高。臨衆不以已位尊自振貴也。不加少而爲多。謀事不以已小勝自矜大也。世治不輕。不以賢者並衆。不自重愛也。世亂不沮。不以道衰。廢壞已志也。○澡音早。麤七奴反。沮在呂反。行下孟反。又如字。脫吐外反

儒有上不臣天子。下不

事諸侯。愼靜而尚寬。强毅以與人。博學以知服。近文章。砥厲廉隅。雖分國。如錙銖。不臣不仕。其規爲有如此者强毅以與人。彼來辨言行而不正。不苟屈以順之也。博學以知服。不用已之知。勝於先世賢知之所言也。雖分國如錙銖。言君分國以祿之。視之輕如錙銖矣。八兩曰錙。○砥音脂。又音旨。錙側其反。銖音殊。賢知音智儒有合志同方。營道同術。竝立則樂。相下不厭。久不相見。聞流言不信。其行本方。立義。同而進。不同而退。其交友有如此者同方同術。等志行也。聞流言不

信。不信其友所行。如毀謗也○竝如字。又步頂反。樂音洛。又音岳。厭於豔反。行音衡。又下孟反。志行下孟反

溫良者仁之本也。敬愼者仁之地也。寬裕者仁之作也。孫接者仁之能也。禮節者仁之貌也。言談者仁之文也。歌樂者仁之和也。分散者仁之施也。儒皆兼此而有之。猶且不敢言仁也。其尊讓有如此者。此兼上十有五儒。蓋聖人之儒行也。孔子嫌若斥已。假仁以爲說。仁。聖之次也○孫音遜。接似輒反。又如字。分方云反。又扶問反。施始豉反

儒有不隕穫於貧賤。不充詘

於富貴。不慁君王。不累長上。不閔有司。故曰儒。隕穫困迫失志之貌也。充詘喜失節之貌。慁猶辱也。累猶係也。閔病也。言不爲天子諸侯卿大夫羣吏所困迫而違道。孔子自謂也。充或爲統。閔或爲文。○詘求勿反。又丘勿反。慁胡困反。累力僞反。不爲于僞反今衆人之命儒也妄。常以儒相詬病。妄之言無也。言今世名儒。無有常人。遭人名爲儒。而以儒靳故相戲。此哀公輕儒之所由也。詬病猶恥辱也。○妄音亡。無也。又忘尚反。詬音遘。又呼候反。靳居覲反。杜預云。戲而相媿爲靳也孔子至舍。哀公館之。聞此言也。言加信。行加義。終沒吾世。不敢以儒爲戲儒行之作。蓋孔子自衞初反魯時也。孔子歸至其舍。哀公就而禮館之。問儒服而遂問儒行。乃始覺焉。言沒世不敢以儒爲戲。當時服。○行下孟反

# 大學第四十二　鄭氏註

大學之道。在明明德。在親民。在止於至善。知止而后有定。定而后能靜。靜而后能安。安而后能慮。慮而后能得。物有本末。事有終始。知所先後。則近道矣明明德。謂顯明其至德也。止猶自處也。得。謂得事之宜也。○大舊音泰。劉直帶反。文公云。今讀如字。親程子云。當作新。近去聲古之欲

明明德於天下者。先治其國。欲治其國者。先齊其家。欲齊其家者。先脩其身。欲脩其身者。先正其心。欲正其心者。先誠其意。欲誠其意者。先致其知。知謂知善惡吉凶之所終始也。(治)文公云。平聲。後放此。(知)如字。徐音智。下同。致知在格物。格。來也。物。猶事也。其知於善深。則來善物。其知於惡深。則來惡物。言事緣人所好來也。此致或爲至。(好)呼報反物格而后知至。知至而后意誠。意誠而后心正。心正而后身脩。身脩而后家齊。家齊而后國治。國治而后天下平自天子以至於庶人壹是皆以脩身爲本其本亂而末治者否矣其所厚者薄而其所薄者厚未之有也此謂知本此謂知之至也壹是專行是也○國治並直吏反下同所謂誠其意者毋自欺也如惡惡臭如好好色此之謂自謙故君子必愼其獨也小人閒居爲不善無所不至見君子而后厭然揜其不善而著其善人之視己如見其肺肝然則何益矣此謂

誠於中。形於外。故君子必慎其獨也。謙讀爲慊。慊之言厭也。厭讀爲黶。黶閉藏貌也。○惡惡上烏路反。下如字。好好上呼報反。下如字。謙讀爲慊。文公云。又苦劫反。閒音閑。厭烏斬反。又烏簟反。肺芳廢反。言厭於琰反。一於涉反曾子曰。十目所視。十手所指。其嚴乎。富潤屋。德潤身。心廣體胖。故君子必誠其意。嚴乎言可畏敬也。胖猶大也。三者言有實於內。顯見於外。○胖步丹反。見賢遍反詩云。瞻彼淇澳。菉竹猗猗。有斐君子。如切如磋。如琢如磨。瑟兮僩兮。赫兮喧兮。有斐君子。終不可諠兮。

如切如磋者，道學也。如琢如磨者，自脩也。瑟兮僩兮者，恂慄也。赫兮喧兮者，威儀也。有斐君子，終不可諠兮者，道盛德至善，民之不能忘也。此心廣體胖之詩也。澳，隈崖也。菉竹猗猗，美盛。斐，有文章貌也。諠，忘也。道，猶言也。恂字或作峻，讀如嚴峻之峻，言其容貌嚴栗也。民不能忘，以其意誠而德著也。○澳，於六反，一烏報反。菉，音綠。猗，於宜反，文公云叶韻音阿。斐，芳尾反。磋，七何反。琢，丁角反。僩，下板反，又胡板反。喧，本亦作咺，況晚反。諠，許表反。恂，音峻，一思旬反。慄，利悉反。隈，烏回反。

詩云：於戲前王不忘。君子賢其賢而親其親。

小人樂其樂而利其利。此以没世不忘也。聖人既有親賢之德。其政又有樂利於民。君子小人各有以思之。○於音烏。下於緝同。戲好胡反。又音義。樂音岳。又音洛。文公只音洛

康誥曰。克明德。大甲曰。顧諟天之明命。帝典曰。克明峻德。皆自明也。皆自明明德也。克能也。顧念也。諟猶正也。帝典。堯典。亦尚書篇名也。峻大也。諟或爲題。○大音泰。顧諟音是峻音俊。又私俊反

湯之盤銘曰。苟日新。日日新。又日新。康誥曰。作新民。詩曰。周雖舊邦。其命惟新。是故君子無所不用其極。盤銘。刻戒於盤也。極

猶盡也。君子日新其德。常盡心力。不有餘也

詩云。邦畿千里。維民所止。詩云。緡蠻黃鳥。止于丘隅。子曰。於止。知其所止。可以人而不如鳥乎於止。於鳥之所止也。就而觀之。知其所止。知鳥擇岑蔚安閒而止處之耳。言人亦當擇禮義樂土。而自止處也。論語曰。里仁爲美。擇不處仁。焉得知。○畿音祁　緡音緜。一亡巾反　岑仕金反　蔚音鬱　閒音閑

詩云。穆穆文王。於緝熙敬止。爲人君止於仁。爲人臣止於敬。爲人子止於孝。爲人父止於慈。與國人交止於信緝熙。光明也。此美文王之德光明。敬其所以自止處

○於緝。文公音烏 子曰。聽訟吾猶人也。必也使無訟乎。無情者不得盡其辭。大畏民志情猶實也。無實者多虛誕之辭。聖人之聽訟。與人同耳。必使民無實者不敢盡其辭。大畏其心志。使誠其意不敢訟此謂知本本。謂誠其意也所謂脩身在正其心者。身有所忿懥。則不得其正。有所恐懼。則不得其正。有所好樂。則不得其正。有所憂患。則不得其正。心不在焉。視而不見。聽而不聞。食而不知其味。此謂脩身在正其心懥。怒貌也。或作懫。或爲疐〇身有。文公云。程子曰。當作心。忿弗粉反。懥勑值反。范音稚。又丁四反。好呼報反。樂五孝反。一音岳。懫音致。疐音致。又得計反。所謂齊其家在脩其身者。人之其所親愛而辟焉。之其所賤惡而辟焉。之其所畏敬而辟焉。之其所哀矜而辟焉。之其所敖惰而辟焉。故好而知其惡。惡而知其美者。天下鮮矣。故諺有之曰。人莫知其子之惡。莫知其苗之碩。此謂身不脩不可以齊其家。之。適也。譬猶喻也。言適彼而以心度之曰。吾何以親愛此人。非以其有德美與。吾何以敎惰此人。非以其志行薄與。反以喻己則身脩與否。可自知也。鮮。罕也。人莫知其子之惡。猶愛而不察。碩。大也。○辟音譬。下同。文公讀爲僻。賤惡烏路反。下惡而知同。敖五報反惰徒卧反。鮮仙善反。諺魚變反。碩文公云。叶韻時若反。度徒洛反。與音余。下同。所謂治國必先齊其家者。其家不可敎而能敎人者無之。故君子不出家而成敎於國。孝者所以事君也。弟者所以事長也。慈者所以使衆也。康誥曰。如保赤子。心誠求之。雖不中不遠矣。未有學養子而后嫁者也。養子者。推心爲之。而中於赤子之者欲也。○弟音悌長丁丈反。中丁仲反。一家仁。一國興仁。一家讓。一國興讓。一人貪戾。一國作亂。其機如此。此謂一言僨事。一人定國。一家。一人。謂人君也。戾之言利也。機發動所由也。僨猶覆敗也。春秋傳曰。登戾之。又曰。鄭伯之車僨於濟。戾或爲吝。僨或爲犇。○戾力計反。僨音奮。覆芳福反。堯舜率天下以仁。而民從之。桀紂率天下以暴。而民從之。其所令反其所好。而民不從。言民化君行也。君若好貨。而禁民淫於財利。不能止也。○好呼報反。行下孟反。或如字。是故君子有諸己。而后求諸人。

無諸己而后非諸人。所藏乎身不恕。而能喻諸人者。未之有也。故治國在齊其家。有於已。謂有仁讓也。無於已。謂無貪戾也。詩云。桃之夭夭。其葉蓁蓁。之子于歸。宜其家人。宜其家人。而后可以教國人。詩云。宜兄宜弟。宜兄宜弟。而后可以教國人。詩云。其儀不忒。正是四國。其爲父子兄弟足法。而后民法之也。此謂治國在齊其家。夭夭。蓁蓁。美盛貌。之子者。是子也。○夭於驕反。蓁音臻。所謂平天下在治其國者上老老而民興孝上長長而民興弟上恤孤而民不倍是以君子有絜矩之道也老老長長謂尊老敬長也恤憂也民不倍不相倍弃也絜猶結也挈也矩法也君子有挈法之道謂常執而行之動作不失之倍或作偝矩或作巨○弟音悌倍音佩絜音結文公胡結反挈苦結反所惡於上毋以使下所惡於下毋以事上所惡於前毋以先後所惡於後毋以從前所惡於右毋以交於左所惡於左毋以交於右此之謂絜矩之道絜矩之道善持其所有以恕於人耳治國

之要盡於此。○惡，烏路反。下同。先文公作去聲。詩云：「樂只君子，民之父母。」民之所好好之，民之所惡惡之，此之謂民之父母。言治民之道無他，取於己而已。○只，音紙。好好，皆呼報反。詩云：「節彼南山，維石巖巖。赫赫師尹，民具爾瞻。」有國者不可以不愼，辟則爲天下僇矣。巖巖，喻師尹之高嚴也。師尹，天子之大臣，爲政者也。言民皆視其所行而則之，可不愼其德乎？邪辟失道，則有大刑。○節，音截，又如字。辟，匹亦反。僇，音六。行，下孟反，又如字。詩云：「殷之未喪師，克配上帝。儀監于殷，峻命不易。」道得

衆則得國失衆則失國是故君子先慎乎德
有德此有人有人此有土有土此有財有財
此有用德者本也財者末也外本內末爭民
施奪是故財聚則民散財散則民聚是故言
悖而出者亦悖而入貨悖而入者亦悖而出
師衆也克能也峻大也言殷王帝乙以上未
失其民之時德亦有能配天者謂天享其祭
祀也及紂爲惡而民怨神怒以失天下監視
殷時之事天之大命持之誠不易也道猶言
也用謂國用也施奪施其劫奪之情也悖猶
逆也言君有逆命則民有逆辭也上貪於利

則下人侵畔。老子曰。多藏必厚亡。○喪息浪反。畯恤俊反。易以豉反。施如字。悖布內反。下同。藏才浪反

康誥曰。惟命不于常。道善則得之。不善則失之矣。于，於也。天命不於常。言不專祐一家也

楚書曰。楚國無以爲寶。惟善以爲寶。楚書，楚昭王時書也。言以善人爲寶。時謂觀射父、昭奚恤也。○射食亦反。又食夜反

舅犯曰。亡人無以爲寶。仁親以爲寶。舅犯，晉文公之舅狐偃也。亡人，謂文公也。時辟驪姬之讒，亡在翟。而獻公薨。秦穆公使子顯弔。因勸之復國。舅犯爲之對此辭也。仁親，猶言親愛仁道也。明不因喪規利也。○辟音避。翟音狄。顯許遍反。爲之，于僞反

秦誓曰。若

有一介臣斷斷兮無他技其心休休焉其如有容焉人之有技若己有之人之彥聖其心好之不啻若自其口出寔能容之以能保我子孫黎民尚亦有利哉人之有技媢疾以惡之人之彥聖而違之俾不通寔不能容以不能保我子孫黎民亦曰殆哉秦誓尚書篇名也秦穆公伐鄭為晉所敗於殽還誓其羣臣而作此篇也斷斷誠一之貌也他技異端之技也有技才藝之技也若己有之不啻若自其口出皆樂人有善之甚也美士為彥黎衆也尚庶幾也媢

妬也。違猶戾也。俾使也。佛戾賢人所爲。使功不通於君也。殆危也。彥或作盤。○介古賀反。一音界。斷丁亂反。技其綺反。好去聲。啻音試。惡去聲。下惡人同。敗必邁反。

唯仁人放流之。迸諸四夷。不與同中國。此謂唯仁人爲能愛人。能惡人。

放去惡人媢嫉之類者。獨仁人能之。如舜放四罪而天下咸服。○迸北孟反。文公云。讀爲屛。古字通用。去上聲。

見賢而不能舉。舉而不能先。命也。見不善而不能退。退而不能遠。過也。

命讀爲慢。聲之誤也。舉賢而不能使君以先己。是輕慢於舉人也。○命音慢。文公云。程子云。當作怠。未詳孰是。遠于萬反。

好人之所惡。惡人

大學

之所好，是謂拂人之性，菑必逮夫身。拂，猶佹也。逮，及也。○好惡皆去聲，下同。拂，扶弗反。菑音哉。逮音代，一大計反。夫音扶。佹，九委反。是故君子有大道，必忠信以得之，驕泰以失之。道，行所由。生財有大道，生之者衆，食之者寡，爲之者疾，用之者舒，則財恒足矣。是不務祿不肖，而勉民以農也。○恒文公云。胡登反。仁者以財發身，不仁者以身發財。發，起也。言仁人有財，則務於施與，以起身，成其令名。不仁之人，有身貪於聚斂，以起財，務成富。○施，始豉反。未有上好仁而下不好義者也。未有好義其事不終者也。未有府庫財非其財者也言君行仁道。則其臣必義。以義舉事無不成者。其爲誠然。如已府庫之財。爲已有也孟獻子曰。畜馬乘不察於雞豚。伐冰之家不畜牛羊。百乘之家。不畜聚斂之臣。與其有聚斂之臣。寧有盜臣。此謂國不以利爲利。以義爲利也孟獻子。魯大夫仲孫蔑也。畜馬乘。謂以士初試爲大夫也。伐冰之家。卿大夫以上。喪祭用冰。百乘之家有采地者也。雞豚牛羊。民之所畜養以爲財利者也。國家利義不利財。盜臣損財耳。聚斂之臣乃損義。論語曰。季氏富於周公。而求也爲之聚斂。非吾徒也。小子鳴鼓而攻之可也。（畜）許六反（乘）繩證反。下同（斂）文公云。去聲長國家而務財用者。必自小人矣言務聚財爲己用者必忘義。是小人所爲也。（長）丁丈反彼爲善之。小人之使爲國家。菑害並至。雖有善者。亦無如之何矣彼。君也。君將欲以仁義善之。而使小人治其國家之事。患難猥至。雖有善。不能救之。以其惡之已著也。（難）乃旦反此謂國不以利爲利。以義爲利也

禮記卷第十九

大學

舉人臣王錫奎敬書

禮記卷十九考證

投壺請立馬註當其所釋算之前○之前二字　殿本閣本坊本俱作時也通志堂本與此同

一馬從二馬以慶註三者一黨不必三勝○案不必二字其義最活謂或賓或主之黨有不盡三勝者則以一勝之馬并於再勝者以慶之諸本不必作不得太泥

魯令弟子辨曰註記魯薛者○案此是周公正經而有魯薛之事故推言録記之人所以記魯薛之故　殿本閣本記作謂訛

儒有席上之珍以待聘註席猶鋪陳也鋪陳往古堯舜之善道以待見問也大問曰聘舉見舉用也○殿本閣本作席陳也珍善也鋪陳往古堯舜之善道以待聘名懷忠信之德以待見舉用也文義互異案孔氏此注無疏七經考文所載古本則與原本合

大學音義大文公云今讀如字親程子云當作新○案音義乃唐陸德明所輯不應有程子朱子云云此蓋岳氏節取二子之言以補陸氏所未及故爲諸註疏本所無後凡引程朱語倣此

在明明德註謂顯明其至德也○顯明正義謂身有門

德而更張顯之　殿本閣本顯作枉訛

是以君子有絜矩之道也　矩　殿本作拒從陸氏音義本也下絜矩之道又仍作矩

秦誓曰註秦誓尚書篇名也○　殿本閣本秦誓下有周書二字

人之彥聖而違之俾不通註佛戾賢人所爲○他本俱作拂戾案佛與拂通學記其求之也佛陳氏作拂戾解又楊子法言荒乎淫佛乎正並同

禮記卷第二十

冠義第四十三　　鄭氏註

凡人之所以爲人者禮義也禮義之始在於正容體齊顔色順辭令言人爲禮以此三者爲始容體正顔色齊辭令順而后禮義備以正君臣親父子和長幼言三始既備乃可求以三行也君臣正父子親長幼和而后禮義立立猶成也故冠而后服備服備而后容體正顔色齊辭令順

長丁丈反下同行下孟反

言服未備者未可求以三始也童子之服采衣紒○冠古亂反除下文玄冠及註緇布冠玄冠以外並同紒音計故曰冠者禮之始也是故古者聖王重冠古者冠禮筮日筮賓所以敬冠事敬冠事所以重禮重禮所以爲國本也國以禮爲本故冠於阼以著代也醮於客位三加彌尊加有成也阼謂主人之北也適子冠於阼若不醴則醮用酒於客位敬而成之也戶西爲客位庶子冠於房戶外又因醮焉不代父也冠者初加緇布冠次加皮弁次加爵弁每加益尊所以益成也○阼才故反著張慮反醮子笑反適音嫡已冠而

字之成人之道也字所以相尊也見於母母拜之見於兄弟兄弟拜之成人而與為禮也玄冠玄端奠摯於君遂以摯見於鄉大夫鄉先生以成人見也鄉先生同鄉老而致仕者服玄冠玄端異於朝也○見賢遍反下同摯音至成人之者將責成人禮焉也責成人禮焉者將責為人子為人弟為人臣為人少者之禮行焉將責四者之行於人其禮可不重與言責人以大禮者已接之不可以苟○少去聲之行下孟反下同與音餘故孝

弟忠順之行立。而后可以爲人。可以爲人。而后可以治人也。故聖王重禮。故曰。冠者禮之始也。嘉事之重者也。是故古者重冠。重冠故行之於廟。行之於廟者。所以尊重事。尊重事。而不敢擅重事。不敢擅重事。所以自卑而尊先祖也　嘉事。嘉禮也。宗伯掌五禮。有吉禮。有凶禮。有賓禮。有軍禮。有嘉禮。而冠屬嘉禮。周禮曰。以昏冠之禮親成男女也。○擅市戰反

## 昏義第四十四　鄭氏註

昏禮者。將合二姓之好。上以事宗廟。而下以繼後世也。故君子重之。是以昏禮。納采問名。納吉納徵。請期。皆主人筵几於廟。而拜迎於門外。入揖讓而升。聽命於廟。所以敬慎重正昏禮也。聽命。謂主人聽使者所傳壻家之命○合如字。又音閤。好呼報反。采七在反。請徐音情。又如字。父親醮子而命之迎。男先於女也。子承命以迎。主人筵几於廟。而拜迎于門外。壻執鴈入。揖讓升堂。再拜奠鴈。蓋親受之於父母也。降出御婦車而壻授綏。御輪三周。先俟于門外。婦至壻揖婦以入。共牢而食。合巹而酳。所以合體同尊卑以親之也。酳而無酬酢曰醮。醮之禮。如冠醮與。其異者。於寢耳。壻御婦車輪三周。御者代之。壻自乘其車。先道之歸也。共牢而食。合巹而酳。成婦之義。○醮子妙反。迎魚敬反。下以迎同。先悉薦反。合徐音閤。又如字。巹音謹。破瓢爲卮也。酳音靷。又仕覲反。冠古亂反。下文始於冠同。與音餘敬慎重正。而后親之。禮之大體。而所以成男女之別。而立夫婦之義也。男女有別。而后夫婦有義。夫婦有義而后父子有親。父子有親而后君臣有正。故曰昏禮者禮之本也。言子受氣性純則孝。孝則忠也。○別彼列反。下同。夫禮始於冠，本於昏，重於喪祭，尊於朝聘，和於射鄉。此禮之大體也。始猶根也。本猶榦也。鄉，鄉飲酒。夙興，婦沐浴以俟見。質明，贊見婦於舅姑。婦執笲、棗、栗、段脩以見。贊醴婦。婦祭脯醢，祭醴，成婦禮也。成其爲婦之禮也。贊醴婦當作禮，聲之誤也。○見音現。下同。笲音煩。一皮彥反。器名。以葦若竹爲之。段丁亂反。舅姑入室，婦以特豚饋。明婦順也以饋明婦順者。供養之禮。主於孝順。厥明。舅姑共饗婦。以一獻之禮奠酬。舅姑先降自西階。婦降自阼階。以著代也言既獻之。而授之以室事也。降者。各還其燕寢。婦見及饋饗於適寢。昏禮不言厥明。此言之者。容大夫以上禮多。或異日。○適丁歷反成婦禮。明婦順。又申之以著代。所以重責婦順焉也。婦順者。順於舅姑。和於室人。而后當於夫。以成絲麻布帛之事。以審守委積蓋藏室人。謂女姁女叔諸婦也。當猶稱也。後言稱夫者。不順舅姑。不和室人。雖

有善者。猶不爲稱夫也。當丁浪反。一丁郎反。委於僞反。積子賜反。藏才浪反。猶稱尺證反。下同

是故婦順備而后內和理。內和理而后家可長久也。故聖王重之。順備者。行和當事成審也。行下孟反

是以古者。婦人先嫁三月。祖廟未毀。教于公宫。祖廟既毀。教于宗室。教以婦德、婦言、婦容、婦功。教成祭之。牲用魚。芼之以蘋藻。所以成婦順也。謂與天子諸侯同姓者也。嫁女者。必就尊者教成之。其教之者。女師也。祖廟。女所出之祖也。公。君也。宗室。宗子之家也。婦德。貞順也。婦言。辭令也。婦容。婉娩也。

婦功。絲麻也。祭之。祭其所出之祖也。魚蘋藻。皆水物。陰類也。魚爲俎實。蘋藻爲羹菜。祭無牲牢。告事耳。非正祭也。其齊盛用黍云。君使有司告之。宗子之家。若其祖廟已毀。則爲壇而告焉。○先悉薦反 芼莫報反

古者天子后立六宮。三夫人。九嬪。二十七世婦。八十一御妻。以聽天下之內治。以明章婦順。故天下內和而家理。天子立六官。三公。九卿。二十七大夫。八十一元士。以聽天下之外治。以明章天下之男教。故外和而國治。故曰。天子聽男教。后聽女順。天子

理陽道。后治陰德。天子聽外治。后聽內職。教順成俗。外內和順。國家理治。此之謂盛德。天子六寢。而六宮在後。六官在前。所以承副。施外內之政也。三夫人以下百二十人。周制也。三公以下百二十人。似夏時也。合而言之。取其相應。有象天數也。內治。婦學之法也。陰德。謂主陰事陰令也。是故男教不脩。陽事不得。適見於天。日為之食。婦順不脩。陰事不得。適見於天。月為之食。是故日食則天子素服而脩六官之職。蕩天下之陽事。月食則后素服而脩六宮之職，蕩天下之陰事。故天子之與后，猶日之與月，陰之與陽，相須而后成者也。適之言責也。食者，見道有虧傷也。蕩，蕩滌，去穢惡也。○適，直革反。下同。見，賢遍反。下同。爲，于僞反。下皆同。天子脩男教，父道也；后脩女順，母道也。故曰：天子之與后，猶父之與母也。故爲天王服斬衰，服父之義也；爲后服資衰，服母之義也。父母者，施教令於婦子者也。故其服同。資當爲齊，聲之誤也。○衰，七雷反。資音咨。

## 鄉飲酒義第四十五　鄭氏註

鄉飲酒之義。主人拜迎賓于庠門之外。入三揖而后至階。三讓而后升。所以致尊讓也。（庠。鄉學也。州黨曰序。○庠音詳）盥洗揚觶。所以致絜也。（揚舉也。今禮皆作騰。○盥音管。觶之豉反。又音支）拜至。拜洗。拜受。拜送。拜既。所以致敬也。（拜至。謂始升時拜。拜賓至）尊讓絜敬也者。君子之所以相接也。君子尊讓則不爭。絜敬則不慢。不慢不爭則遠於鬭辨矣。不鬭辨則無暴亂之禍矣。斯君子之所以免於人禍也。故聖人制之以道。道，謂此禮。○遠，于萬反。辨，如字，又甫免反，下同。鄉人、士、君子，尊於房戶之間，賓主共之也。尊有玄酒，貴其質也。鄉人，鄉大夫也。士，州長、黨正也。君子，謂卿大夫也。卿大夫士飲國中賢者，亦用此禮也。共尊者，人臣卑，不敢專大惠。羞出自東房，主人共之也。羞，燕私，可以自專也。○共，音恭。洗當東榮，主人之所以自絜而以事賓也。絜，猶清也。○榮，如字，屋翼也。賓主象天地也。介僎象陰陽也。三賓象三光也。讓之三也，象月之三日而成魄也。四面之坐，象四時也陰陽助天地養成萬物之氣也三賓象天三光者繫於天也古文禮僎皆作遵天地嚴凝之氣始於西南而盛於西北此天地之尊嚴氣也此天地之義氣也天地溫厚之氣始於東北而盛於東南此天地之盛德氣也此天地之仁氣也凝猶成也主人者尊賓故坐賓於西北而坐介於西南以輔賓賓者接人以義者也故坐於西北賓者接人以義言賓來以成主人之德主人者接人以仁以德厚者也故坐於東

南而坐。僎於東北。以輔主人也。以僎輔主人。以其仕在官也。仁義接賓主。有事。俎豆有數。曰聖。聖立而將之以敬。曰禮。禮以體長幼。曰德。聖通也。所以通賓主之意也。將猶奉也。德也者。得於身也。故曰。古之學術道者。將以得身也。是故聖人務焉。術猶藝也。得身者。謂成已令名。免於刑罰也。言學術道。則此說賓賢能之禮。

祭薦。祭酒。敬禮也。嚌肺。嘗禮也。啐酒。成禮也。於席末。言是席之正。非專爲飲食也。爲行禮也。此所以貴禮而賤財也。卒觶，致實於西階上，言是席之上，非專為飲食也，此先禮而後財之義也。先禮而後財，則民作敬讓而不爭矣。非專爲飲食言主於相敬以禮也。致實，謂盡酒也。酒爲觴實。祭薦、祭酒、嚌肺於席中，唯啐酒於席末也。○嚌，才細反。啐，七內反。專爲，于僞反。鄉飲酒之禮：六十者坐，五十者立侍，以聽政役，所以明尊長也。六十者三豆，七十者四豆，八十者五豆，九十者六豆，所以明養老也。民知尊長養老，而后乃能入孝弟。

鄉飲酒義

民入孝弟出尊長養老而后成教成教而后國可安也君子之所謂孝者非家至而日見之也合諸鄉射教之鄉飲酒之禮而孝弟之行立矣此說鄉飲酒謂黨正國索鬼神而祭祀則以禮屬民而飲酒于序以正齒位之禮也其鄉射則州長春秋以禮會民而射于州序之禮也謂之鄉者州黨鄉之屬也或則鄉之所居州黨鄉大夫親爲主人焉如今郡國下令長於鄉射飲酒從大守相臨之禮也○行下孟反屬音燭大守音泰相息亮反漢制郡有大守國有相或息羊反

孔子曰吾觀於鄉而知王道之易易也鄉鄉飲酒也易

易。謂教化之本。尊賢尚齒而已。○易以豉反。下同主人親速賓及介。而衆賓自從之。至于門外。主人拜賓及介。而衆賓自入。貴賤之義別矣。速。謂即家召之。別猶明也。○別彼列反三揖至于階。三讓以賓升。拜至獻酬辭讓之節繁。及介省矣。至于衆賓升受坐祭立飲不酢而降。隆殺之義辨矣。繁猶盛也。小減曰省。辨猶別也。尊者禮隆。卑者禮殺。尊卑別也。○省所領反。又疏幸反。殺色戒反。下同工入升歌三終。主人獻之。笙入三終。主人獻之。間歌三終。合樂三終。工告樂備。遂出。一人揚觶。乃立司正焉。知其能和樂而不流也。工。謂樂正也。樂正既告備而降。言遂出者。自此至去。不復升也。流猶失禮也。立司正以正禮。則禮不失可知。一人或爲二人。○閒去聲。合如字。又音閤。賓酬主人。主人酬介。介酬衆賓。少長以齒。終於沃洗者焉。知其能弟長而無遺矣。遺猶脫也。忘也。○少詩召反。沃於木反。降。說屨升坐。脩爵無數。飲酒之節。朝不廢朝。莫不廢夕。賓出。主人拜送。節文終遂焉。知其能安燕而不亂也朝夕。朝莫聽事也。不廢之者。既朝乃飲。先夕則罷。其正也。終遂猶充備也。○廢朝直遙反。注朝夕既朝同莫音暮先悉薦反貴賤明隆殺辨和樂而不流弟長而無遺安燕而不亂此五行者。足以正身安國矣彼國安而天下安故曰吾觀於鄉而知王道之易易也鄉飲酒之義立賓以象天立主以象地設介僎以象日月立三賓以象三光古之制禮也經之以天地紀之以日月參之以三光政教之本也日出於東。僎所在也。月生於西。介所在也。三光。三大辰也。天之政教。出於大辰焉。○行下孟反亨狗於東方。祖陽氣之發於東方也。祖猶法也。狗所以養賓。陽氣主養萬物。○亨普萌反洗之在阼。其水在洗東。祖天地之左海也。海。水之委也。○阼才路反。委於僞反尊有玄酒。教民不忘本也。大古無酒。用水而已。○大音泰賓必南鄉。東方者春。春之爲言蠢也。產萬物者聖也。南方者夏。夏之爲言假也。養之長之假之仁也。西方者秋。秋之爲言愁也。愁之以時察守義者也。北方者冬。冬之爲言中也。中者藏也。是以天子之立也。左聖鄉。仁右義偝藏也。春猶蠢也。蠢動生之貌也。聖之言生也。假大也。愁讀爲揫。揫斂也。察猶察察。嚴殺之貌也。南鄉。鄉仁。貴長大萬物也。察或爲殺。○鄉許亮反。下皆同。假古雅反。愁子留反。藏如字。下同。偝音佩。殺如字。又色戒反介必東鄉。介賓主也獻酬之禮。主人將西。賓將南。介覵其閒也。○覵音諫主人必居東方。東方者春。春之爲言蠢也。產萬物者也。主人者造之。產萬物者也。言禮之所共。由主人出也。○共音恭月者三日則成魄。三月則成

時。是以禮有三讓。建國必立三卿。三賓者。政教之本。禮之大參也。（言禮者陰也。大數取法於月也）

# 射義第四十六　鄭氏註

古者諸侯之射也。必先行燕禮。卿大夫士之射也。必先行鄉飲酒之禮。故燕禮者。所以明君臣之義也。鄉飲酒之禮者。所以明長幼之序也。（言別。尊卑老穉。乃後射以觀德行也。○長丁丈反。別彼列反）故射者。進退周還必中禮。內志正。外體直。然後持弓矢審固。持弓矢審固。然後可以言中。此可以觀德行矣。內正外直。習於禮樂有德行者也。正鵠之名。出自此也。中丁仲反。下同。正音征。鵠古毒反。又如字。其節。天子以騶虞爲節。諸侯以貍首爲節。卿大夫以采蘋爲節。士以采蘩爲節。騶虞者。樂官備也。貍首者。樂會時也。采蘋者。樂循法也。采蘩者。樂不失職也。是故天子以備官爲節。諸侯以時會天子爲節。卿大夫以循法爲節。士以不失職爲節。故明乎其節之志以不失其事則功成而德行立德行立則無暴亂之禍矣功成則國安故曰射者所以觀盛德也騶虞采蘋采蘩今詩篇名貍首逸下云曾孫侯氏是也樂官備者謂騶虞曰壹發五豝喩得賢者多也于嗟乎騶虞嘆仁人也樂會時者謂貍首曰小大莫處御于君所樂循法者謂采蘋曰于以采蘋南澗之濱循澗以采蘋喩循法度以成君事也樂不失職者謂采蘩曰被之童童夙夜在公○貍力之反是故古者天子以射選諸侯卿大夫士射者男子之事也因而飾之以禮樂也故事之盡禮樂而可

數爲。以立德行者莫若射。故聖王務焉（選士者。先考德行。乃後決之於射。男子生而有射事。長學禮樂以飾之。○數色角反。下同）是故古者天子之制。諸侯歲獻貢士於天子。天子試之於射宮。其容體比於禮。其節比於樂。而中多者。得與於祭。其容體不比於禮。其節不比於樂。而中少者。不得與於祭。數與於祭而君有慶。數不與於祭而君有讓。數有慶而益地。數有讓而削地。故曰。射者。射爲諸侯也（歲獻。）

獻國事之書及計偕物也。三歲而貢士。舊說云。大國三人。次國二人。小國一人。比毗志反。下同。中丁仲反。下同。與音預。下同。是以諸侯君臣盡志於射。以習禮樂。夫君臣習禮樂而以流亡者。未之有也。流猶放也。書曰。流共工于幽州。故詩曰。曾孫侯氏。四正具舉。大夫君子。凡以庶士。小人莫處。御于君所。以燕以射。則燕則譽。言君臣相與盡志於射。以習禮樂。則安則譽也。是以天子制之。而諸侯務焉。此天子之所以養諸侯而兵不用。

諸侯自爲正之具也此曾孫之詩。諸侯之射節也。四正。正爵四行也。四行者。獻賓。獻公。獻卿。獻大夫。乃後樂作而射也。莫䖏。無安居其官次者也。御猶侍也。以燕以射。先行燕禮乃射也。則燕則譽。言國安則有名譽。譽或爲與。孔子射於矍相之圃蓋觀者如堵牆矍相。地名也。樹菜蔬曰圃。○（矍）俱縛反（相）息亮反（圃）音補。又音布（觀）如字。又古亂反射至於司馬使子路執弓矢出延射曰賁軍之將亡國之大夫與爲人後者不入其餘皆入蓋去者半入者半先行飲酒禮。將射。乃以司正爲司馬。子路執弓矢出延射。則爲司射也。延。進也。出進觀者欲射者也。賁讀爲僨。僨猶覆敗也。亡國亡君之國者也。與猶奇也。後人者一人而已。既有爲者。而往奇之。是貪財也。子路陳此三者。而觀者畏其義。則或去也。延或爲誓。○賁音奮將子匠反與音預奇居宜反

又使公罔之裘序點揚觶而語。公罔之裘揚觶而語曰。幼壯孝弟。耆耋好禮。不從流俗。脩身以俟死者。不在此位也。蓋去者半。處者半。序點又揚觶而語曰。好學不倦。好禮不變。旄期稱道不亂者。不在此位也。蓋廑有存者。之。發聲也。射畢。又使此二人舉觶者。古者於旅也語。語謂說義

理也。三十曰壯。耆耄皆老也。流俗，失俗也。處猶留也。八十九十曰旄。百年曰期頤。稱猶言也。道猶行也。言行也者，不言有此行，不可以在此賓位也。序點或爲徐點。壯或爲將。旄期或爲旄勤。今禮揚皆作騰。○好呼報反。下同。旄音耄。勤音勤。又音覲。行下孟反。射之爲言者繹也。或曰舍也。繹者各繹己之志也。故心平體正，持弓矢審固。持弓矢審固，則射中矣。故曰：爲人父者以爲父鵠，爲人子者以爲子鵠，爲人君者以爲君鵠，爲人臣者以爲臣鵠。故射者各射己之鵠。故天子之大射謂之射侯。射侯者射爲諸侯也。射中則得爲諸侯。射不中則不得爲諸侯大射。將祭擇士之射也。以爲某鵠者。將射。還視侯中之時。意曰。此鳥乃爲某之鵠。吾中之則成人。不中之則不成人也。得爲諸侯。謂有慶也。不得爲諸侯。謂有讓也。○[繹]音亦。徐音釋[舍]如字。舊音捨[中]丁仲反。下同[鵠]古毒反。又如字。各[射]食亦反。下射天地四方同天子將祭必先習射於澤。澤者所以擇士也。已射於澤。而后射於射宮。射中者得與於祭。不中者不得與於祭。不得與於祭者有讓。削以地。得與於祭者有慶。益以地。進爵絀地是也（澤宮名也。士謂諸侯朝者。諸臣及所貢士也。皆先令習射於澤。已乃射於射宮。課中否也。諸侯有慶者先進爵。有讓者先削地。○與音預。下同。絀勑律反）故男子生。桑弧蓬矢六。以射天地四方。天地四方者。男子之所有事也。故必先有志於其所有事。然後敢用穀也。飯食之謂也（男子生則設弧於門左。三日負之。人爲之射。乃卜食子也。○飯扶晚反。食音嗣）射者。仁之道也。射求正諸己。己正而后發。發而不中。則不怨勝己者。反求諸己而已矣（諸猶於也孔子曰君子無所爭必也射乎揖讓而升下而飲其爭也君子必也射乎言君子至於射則有爭也下降也飲射爵者亦揖讓而升降勝者袒決遂執張弓不勝者襲說決拾郤左手右加弛弓於其上而升飲君子恥之是以射則爭中○袒音但說吐活反

孔子曰射者何以射何以聽循聲而發發而不失正鵠者其唯賢者乎若夫不肖之人則彼將安能以中何以言其難也聲謂樂節也畫曰正棲皮曰鵠正之言正也鵠之言梏也梏直也言人正直乃能中也發或爲射○正音征夫音扶梏音角

詩云發彼有的以

祈爾爵。祈，求也。求中以辭爵也。酒者所以養老也，所以養病也。求中以辭爵者，辭養也。發猶射也。的，謂所射之識也。言射的必欲中之者，以求不飲女爵也。辭養，讓見養也。爾或爲有。○養，如字，又羊尚反。識，音式，一音志。

# 燕義第四十七

鄭氏註

古者周天子之官有庶子官。庶子官職諸侯卿大夫士之庶子之卒，掌其戒令與其教治。別其等，正其位。職，主也。庶子猶諸子也。周禮諸子之官，司馬之屬也。卒讀皆爲倅。諸子副代父者也。戒令。致於大子之事。教治。脩德學道。位。朝位也。○卒音倅。又蒼忽反。副也。別彼列反。大子。音泰。後大子大學同。國有大事則率國子而致於大子。唯所用之。若有甲兵之事。則授之以車甲。合其卒伍。置其有司。以軍法治之。司馬弗正。國子。諸子也。軍法。百人爲卒。五人爲伍。弗。不也。國子屬大子。司馬雖有軍事。不賦也。○合如字。又音閤。卒子忽反。正音征。凡國之政事。國子存游卒。使之脩德學道。春合諸學。秋合諸射。以考其藝而進退之。游卒。未仕者也。學。大學也。射。射宮也。燕禮有庶

子官。是以義載此以爲說。○卒七內反

諸侯燕禮之義：君立阼階之東南，南鄉爾卿，大夫皆少進，定位也。君席阼階之上，居主位也。君獨升立席上，西面特立，莫敢適之義也。定位者，爲其始入跛蹜，揖而安定也。○鄉許亮反。適音敵。爲于僞反。跛子六反。蹜子昔反。設賓主，飲酒之禮也。使宰夫爲獻主，臣莫敢與君亢禮也。不以公卿爲賓，而以大夫爲賓，爲疑也，明嫌之義也。賓入中庭，君降一等而揖之，禮之也。設賓主者，飲酒致歡

也宰夫主膳食之官也天子使膳宰爲主人公孤也疑自下上至之辭也公卿尊矣復以爲賓則尊與君大相近○亢苦浪反復扶又反大音泰

君舉旅於賓及君所賜爵皆降再拜稽首升成拜明臣禮也君荅拜之禮無不荅明君上之禮也臣下竭力盡能以立功於國君必報之以爵祿故臣下皆務竭力盡能以立功是以國安而君寧禮無不荅言上之不虛取於下也上必明正道以道民民道之而有功然後取其什一故

上用足而下不匱也是以上下和親而不相怨也和寧禮之用也此君臣上下之大義也故曰燕禮者所以明君臣之義也言聖人制禮因事以託政臣再拜稽首是其竭力也君荅拜之是其報以祿惠也○稽音啓席小卿次上卿大夫次小卿士庶子以次就位於下獻君君舉旅行酬而后獻卿卿舉旅行酬而后獻大夫大夫舉旅行酬而后獻士士舉旅行酬而后獻庶子俎豆牲體薦羞皆有等差

所以明貴賤也牲體。俎實也。薦。謂脯醢也。羞。庶羞也。○差初佳反。又初宜反



# 聘義第四十八　鄭氏註

聘禮。上公七介。侯伯五介。子男三介。所以明貴賤也此皆使卿出聘之介數也。大行人職曰。凡諸侯之卿。其禮各下其君二等介紹而傳命。君子於其所尊弗敢質。敬之至也質謂正自相當三讓而后傳命。三讓而后入廟門。三揖而后至階。三讓而后升。所以致尊讓也

此揖讓。主謂賓也。三讓而後傳命。賓至廟門。主人請事時也。賓見主人陳擯。以大客禮當己。則三讓之。不得命。乃傳其君之聘命也。三讓而後入廟門。讓主人廟受也。小行人職曰。凡四方之使者。大客則擯。小客則受其幣。聽其辭。○擯必刃反　使所吏反

**君使士迎于竟。大夫郊勞。君親拜迎于大門之內。而廟受北面拜貺。拜君命之辱。所以致敬也。**貺賜也。賓致命。公當楣再拜。拜聘君之恩惠。辱命來聘者也。○竟音境　勞力報反

**敬讓也者。君子之所以相接也。故諸侯相接以敬讓。則不相侵陵。**君子之相接。賓讓而主人敬也。

**卿爲上擯。大**

夫爲承擯。士爲紹擯。君親禮賓。賓私面私覿。致饔餼。還圭璋。賄贈饗食燕。所以明賓客君臣之義也設大禮則賓客之也。或不親而使臣。則爲君臣也。○還音旋故天子制諸侯。比年小聘。三年大聘。相厲以禮。使者聘而誤。主君弗親饗食也。所以愧厲之也。諸侯相厲以禮。則外不相侵。內不相陵。此天子之所以養諸侯。兵不用。而諸侯自爲正之具也比年小聘。所謂歲相問也。三年大聘。所謂殷相聘也。○比必履反使色吏反以圭璋聘重禮也已聘而還圭璋此輕財而重禮之義也諸侯相厲以輕財重禮則民作讓矣（圭瑞也尊圭璋之類也用之還之皆爲重禮禮必親之不可以已之有遥復之也財謂璧琮享幣也受之爲輕財者財可遥復重賄反幣是也○皆爲于僞反）主國待客出入三積餼客於舍五牢之具陳於内米三十車禾三十車芻薪倍禾皆陳於外乘禽日五雙羣介皆有餼牢壹食再饗燕與時賜無數所以厚重禮也（厚重禮厚此聘禮也○積子賜反倍）

(步罪反。乘繩證反。壹食音嗣)古之用財者不能均如此然而用財如此其厚者，言盡之於禮也。盡之於禮，則內君臣不相陵，而外不相侵，故天子制之，而諸侯務焉爾。(不能均如此，言無則從其實也。言盡之於禮，欲令富者不得過也)聘射之禮，至大禮也。質明而始行事，日幾中而后禮成，非強有力者弗能行也。故強有力者，將以行禮也。(禮成，禮畢也。或曰行成。○幾音譏，又音基。行成，下孟反)酒清，人渴而不敢飲也；肉乾，人飢而不敢食也。日莫人倦。齊莊正齊而不敢解惰。以成禮節。以正君臣。以親父子。以和長幼。此衆人之所難。而君子行之。故謂之有行。有行之謂有義。有義之謂勇敢。故所貴於勇敢者。貴其能以立義也。所貴於立義者。貴其有行也。所貴於有行者。貴其行禮也。故所貴於勇敢者。貴其敢行禮義也。故勇敢强有力者。天下無事則用之於禮義。天下有事。則用之於戰勝。用之於戰勝則無敵用之於禮義則順治外無敵內順治此之謂盛德故聖王之貴勇敢强有力如此也勇敢强有力而不用之於禮義戰勝而用之於爭鬭則謂之亂人刑罰行於國所誅者亂人也如此則民順治而國安也勝克敵也或爲陳○渴苦葛反乾音干莫音暮齊側皆反解佳賣反有行竝下孟反下同陳直靳反

子貢問於孔子曰敢問君子貴玉而賤碈者何也爲玉之寡而碈之多與碈石

（似玉。或作玟也。○碈武巾反。爲于僞反。與音餘。玟武巾反。又音救）孔子曰。非爲碈之多。故賤之也。玉之寡。故貴之也。夫昔者君子比德於玉焉。溫潤而澤。仁也。（色柔溫潤。似仁也。潤或爲濡。○濡音儒）縝密以栗。知也。（縝。緻也。栗。堅貌。○縝音軫。一音眞。知音智）廉而不劌。義也。（劌。傷也。義者不苟傷人也。○劌九衞反。又已芮反）垂之如隊。禮也。（禮尚謙卑。○隊直位反。又音遂）叩之其聲淸越以長。其終詘然。樂也。（樂作則有聲。止則無也。越猶揚也。詘絕。止貌也。樂記曰。止如槀木。○叩音口。詘其勿反。槀苦老反）瑕不揜瑜。瑜不揜瑕。忠也。瑕。玉之病也。瑜。其中間美者。玉之性。善惡不相揜。似忠也。孚尹旁達。信也。孚讀爲浮。尹讀如竹箭之筠。浮筠。謂玉采色也。采色旁達。不有隱翳。似信也。孚或作姇。或爲扶。孚音浮。尹音筍。又作筠。姇音孚 ○氣如白虹。天也。精神見于山川。地也。精神。亦謂精氣也。虹。天氣也。山川。地所以通氣也。○見賢遍反 圭璋特達。德也。特達。謂以朝聘也。璧琮則有幣。惟有德者無所不達。不有須而成也 天下莫不貴者。道也。道者。人無不由之 詩云。言念君子。溫其如玉。故君子貴之也。言。我也。貴玉者。以其似君子也

聘義

喪服四制第四十九　鄭氏註

凡禮之大體。體天地。法四時。則陰陽。順人情。故謂之禮。訾之者。是不知禮之所由生也。禮之言體也。故謂之禮。言本有法則而生也。口毀曰訾。訾音紫。一才斯反　夫禮吉凶異道。不得相干。取之陰陽也。吉禮凶禮異道。謂衣服容貌及器物也　喪有四制。變而從宜。取之四時也。有恩有理。有節有權。取之人情也。恩者仁也。理者義也。節者禮也。權者知也。仁義禮知。人道具矣取之四時謂其數也取之人情謂其制也○知音智下同其恩厚者其服重故爲父斬衰三年以恩制者也服莫重斬衰也○爲于僞反門內之治恩揜義門外之治義斷恩資於事父以事君而敬同貴貴尊尊義之大者也故爲君亦斬衰三年以義制者也資猶操也貴貴謂爲大夫君也尊尊謂爲天子諸侯也三日而食三月而沐期而練毀不滅性不以死傷生也喪不過三年苴衰不補墳墓不培祥之日鼓素琴告

民有終也。以節制者也。資於事父以事母而愛同。天無二日。土無二王。國無二君。家無二尊。以一治之也。故父在爲母齊衰期者。見無二尊也。食。食粥也。沐。沐謂將虞祭時也。補培猶治也。鼓素琴。始存樂也。三年不爲樂。樂必崩。○期音基。下同。苴七餘反。培步回反。徐扶來反。爲于僞反。見賢遍反。杖者何也。爵也。三日授子杖。五日授大夫杖。七日授士杖。或曰擔主。或曰輔病。婦人童子不杖。不能病也。百官備。百物具。不言而事行者扶而起。言而后事行者。杖而起。身自執事而后行者。面垢而巳。禿者不髽。傴者不袒。跛者不踊。老病不止酒肉。凡此八者。以權制者也。五日七日授杖。謂爲君喪也。扶而起。謂天子諸侯也。杖而起。謂大夫士也。面垢而巳。謂庶民也。髽。婦人也。男子免而婦人髽。髽或爲免。○（擔）是豔反。又餘塹反。（垢）音苟。（髽）側爪反。（傴）紆主反。（免）音問。下同始死。三日不怠。三月不解。期悲哀。三年憂。恩之殺也。聖人因殺以制節。不怠。哭不絶聲也。不解。不解衣而居。不倦息也。○（解）佳買反。（朞）音基。（殺）色戒反。（解）衣。古買反此喪之所以三年。賢者不得過。不肖者不得不及。此喪之中庸也。王者之所常行也。書曰。高宗諒闇三年不言。善之也。諒。古作梁。楣謂之梁。闇讀如鶉鵪之鵪。闇謂廬也。廬有梁者。所謂柱楣也。○諒闇。諒讀爲梁。闇讀爲鵪。鵪烏南反。又竝如字。案後音是。柱知主反王者莫不行此禮。何以獨善之也。曰。高宗者武丁。武丁者殷之賢王也。繼世即位而慈良於喪。當此之時。殷衰而復興。禮廢而復起。故善之。善之故載之書中而高之。故謂之高宗。三年之喪，君不言。書云：高宗諒闇，三年不言。此之謂也。然而曰言不文者，謂臣下也。言不文者，謂喪事辨不。所當共也。孝經說曰：言不文者，指士民也。○復，扶又反。文，如字。又音問。辨，皮莧反。共，音恭。禮：斬衰之喪，唯而不對；齊衰之喪，對而不言；大功之喪，言而不議；緦小功之喪，議而不及樂。此謂與賓客也。唯而不對，侑者爲之應耳。言，謂先發口也。○唯，余癸反，徐以水反。侑，音又。爲，于僞反。父母之喪，衰冠繩纓菅屨。三日而食粥，三月而沐，期十三月而練冠，三年而祥。比終茲三節者。仁者可以觀其愛焉。知者可以觀其理焉。強者可以觀其志焉。禮以治之。義以正之。孝子弟弟貞婦。皆可得而觀焉。仁。有恩者也。理。義也。察猶知也。○菅音姦屨紀具反朞音基比必利反知音智弟上音下如字

乾隆四十八年 禮記二十

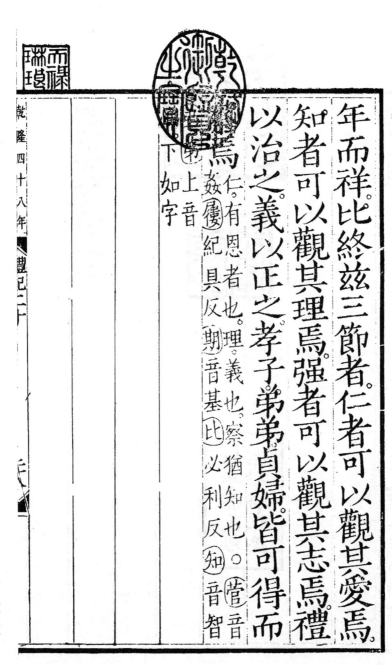

# 禮記卷第二十

相臺岳氏刻
梓荊谿家塾

喪服四制

舉人臣孫衡敬書

禮記卷二十考證

冠義鄉先生註同鄉老而致仕者○案註謂同在鄉老中而此特致仕者耳　殿本閣本同作謂亦通

昏義和於射鄉○案射鄉是兩事故註以鄉飲酒繹鄉字永嘉周氏謂爲之射鄉以厚廉恥馬氏亦云習射尚功習鄉尚齒明射鄉二字是兩事非經文訛倒也今諸本及陳澔集説本並作鄉射此必後人因文義不順而改之恐反誤爲鄉射一事矣

婦執笲註以葦若竹爲之○各本俱作葦苦竹案葦可作索亦可蔽車説文云大葭也苦竹爲兵見宋史王

罕傳以戴氏竹紀考之特竹之一種耳笄之爲笄何

必定須苦竹原本作葦若竹句法與投壺柘若棘同

方是圓相

和于室人註女妐女叔○妐疑姑字之僞正義云女姑

壻之姊女叔壻之妹原本作妐妐職容切集韻云夫

之兄也呂覽姑妐知之則又以爲夫之父並與孔疏

不合但　殿本及永懷堂本俱同或古本原作妐耳

后聽內職○　殿本閣本通志堂本並作內治案周禮

有九嬪職原本作內職亦非無據

天子立六官註六官在前所以承副○諸本副作嗣訛

鄉飲酒義士君子注君子謂卿大夫也○大夫下 殿本閣本俱有士字案鄭氏既以州長黨正釋士字此釋君子不得添入士字係後人悞增無疑

而以流亡者註流猶放也○ 殿本閣本放作族訛

射求正諸已○陳澔集說本無射字

**圖書在版編目(CIP)數據**

禮記/(漢)鄭玄注;(唐)陸德明音義.—上海:
上海古籍出版社,2022.9(2023.8重印)
(武英殿仿相臺岳氏本五經)
ISBN 978-7-5732-0313-7

Ⅰ.①禮… Ⅱ.①鄭… ②陸… Ⅲ.①《禮記》-注
釋 Ⅳ.①K892.9

中國版本圖書館CIP數據核字(2022)第107544號

**武英殿仿相臺岳氏本五經**
**禮記**
(全三册)
[漢]鄭玄　注
[唐]陸德明　音義
上海古籍出版社出版發行
(上海市閔行區號景路159弄1-5號A座5F　郵政編碼201101)
(1)網址:www.guji.com.cn
(2)E-mail:guji1@guji.com.cn
(3)易文網網址:www.ewen.co
常州市金壇古籍印刷廠有限公司印刷
開本890×1240　1/32　印張43.625　插頁15
2022年9月第1版　2023年8月第2次印刷
ISBN 978-7-5732-0313-7
B·1262　定價:298.00元